U0331249

中国学位与研究生教育发展年度报告2018

Annual Report on Graduate Education in China 2018

中国学位与研究生教育发展年度报告课题组 著

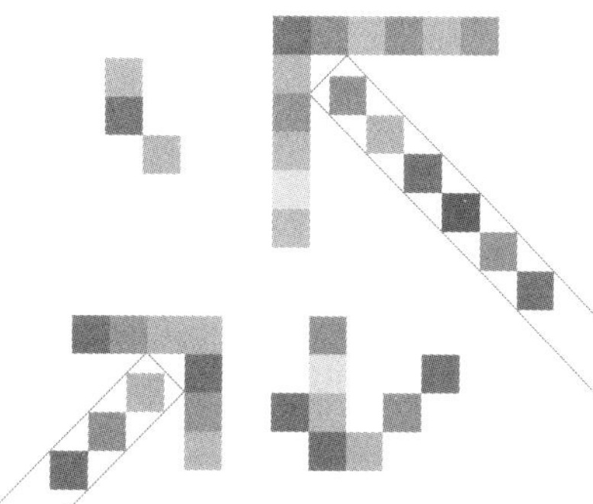

清華大学出版社

北 京

图书在版编目 (CIP) 数据

中国学位与研究生教育发展年度报告. 2018 / 中国学位与研究生教育发展年度报告课题组著. —北京：清华大学出版社，2020.1
ISBN 978-7-302-54650-4

Ⅰ. ①中… Ⅱ. ①中… Ⅲ. ①学位－工作－研究报告－中国－2018 ②研究生教育－研究报告－中国－2018 Ⅳ. ① G643

中国版本图书馆 CIP 数据核字（2020）第 005706 号

责任编辑：张 莹
封面设计：傅瑞学
版式设计：方加青
责任校对：王荣静
责任印制：丛怀宇

出版发行：清华大学出版社
网 址：http://www.tup.com.cn，http://www.wqbook.com
地 址：北京清华大学学研大厦 A 座 邮 编：100084
社 总 机：010-62770175 邮 购：010-62786544
投稿与读者服务：010-62776969，c-service@tup.tsinghua.edu.cn
质 量 反 馈：010-62772015，zhiliang@tup.tsinghua.edu.cn
印 装 者：三河市龙大印装有限公司
经 销：全国新华书店
开 本：215mm×275mm 印 张：21.5 字 数：358 千字
版 次：2020 年 1 月第 1 版 印 次：2020 年 1 月第 1 次印刷
定 价：168.00 元

产品编号：084884-01

中国学位与研究生
教育发展年度报告

编委会名单

前　言

PREFACE

为积极探索研究生教育发展规律，全面展示发展成就，为国家制定政策、战略规划提供更加科学、系统、有效的数据支撑，在教育部发展规划司、学位管理与研究生教育司及中国学位与研究生教育学会的大力支持下，2019 年由清华大学牵头，中国人民大学、天津大学、兰州大学和上海交通大学（按承担章节顺序）四所高校联合参与，协作完成了《中国学位与研究生教育发展年度报告 2018》的编撰工作。

《中国学位与研究生教育发展年度报告 2018》共分 5 章：第 1 章“总论”综述，系统分析了我国学位与研究生教育发展所面临的形势，总结归纳了发展态势及改革进展，并提出了未来发展的对策与建议；第 2 章“规模与结构”，从学位授权、研究生招生、在校生、学位授予等方面分析了我国学位与研究生教育的规模和结构状况；第 3 章“质量与保障”，从在校研究生对高水平论文的贡献、科研项目参与、就业等方面呈现出研究生培养质量，从导师、经费及学科平台等方面分析了研究生培养的支撑条件情况；第 4 章“改革与实践”，阐述了我国学位与研究生教育的改革背景、重点改革举措及院校实践中的典型案例；第 5 章“比较与借鉴”，对比分析了发达国家研究生教育发展的重要指标，编译了若干国外研究生教育重要报告，提炼了国外研究生教育年度改革动态。其中，研究生教育事业发展数据来源于教育部发展规划司，学位授权点及学位授予数据来源于教育部学位管理与研究生教育司，特此致谢！

本书可为政府研究生教育规划决策提供重要参考，为社会了解中国学位与研究生教育发展提供全面信息，为研究生教育实践者和研究者相关工作的开展提供宝贵资料。

中国学位与研究生教育发展年度报告课题组

2019 年 10 月 1 日

目　录 CONTENTS

第1章　总论①

① 本章数据不包括香港、澳门特别行政区及中国台湾地区。

1.1 形势与任务

2018 年是全面贯彻党的十九大精神的开局之年，是实施“十三五”规划承上启下的关键一年，也是改革开放 40 周年。这一年，党和国家领导人提出新的指示，进一步夯实立德树人、培养社会主义建设者和接班人成为研究生教育亟待完成的首要任务；这一年，我国经济运行迈向高质量发展阶段，实现内涵发展、服务国家创新发展战略成为研究生教育的核心目标；这一年，我国研究生教育在改革的“深水区”里持续探索，以制度创新激发发展活力成为研究生教育的重要举措；这一年，若干事件引起了社会公众对研究生教育的热切关注，进一步夯实质量建设成为研究生教育发展的迫切要求。

1.1.1 培养社会主义建设者和接班人：研究生教育亟待夯实立德树人

2018 年 5 月 2 日，习近平总书记在北京大学师生座谈会上指出：培养社会主义建设者和接班人，是我们党的教育方针，是我国各级各类学校的共同使命。大学对青年成长成才发挥着重要作用。高校只有抓住培养社会主义建设者和接班人这个根本才能办好、才能办出中国特色世界一流大学。为此，有三项基础性工作要抓好。第一，坚持办学正确政治方向。世界一流大学都是在服务自己国家发展中成长起来的。我国社会主义教育就是要培养社会主义建设者和接班人。第二，建设高素质教师队伍。人才培养，关键在教师。教师队伍素质直接决定着大学办学能力和水平。第三，形成高水平人才培养体系。人才培养体系必须立足于培养什么人、怎样培养人这个根本问题来建设，可以借鉴国外有益做法，但必须扎根中国大地办大学。①

2018 年 9 月 10 日，习近平总书记在全国教育大会上发表重要讲话，深刻总结了党的十八大以来我国教育事业发展取得的显著成就，对当前和今后一个时期教育工作作出了全面部署。他在讲话中明确了教育的首要问题、教育工作

---

① 习近平. 在北京大学师生座谈会上的讲话 [EB/OL].[2019-04-20]. http: //www.xinhuanet.com/politics/2018-05/03/c_1122774230.htm.

的根本任务，提出了教育改革中的“九个坚持”：坚持党对教育事业的全面领导，坚持把立德树人作为根本任务，坚持优先发展教育事业，坚持社会主义办学方向，坚持扎根中国大地办教育，坚持以人民为中心发展教育，坚持深化教育改革创新，坚持把服务中华民族伟大复兴作为教育的重要使命，坚持把教师队伍建设作为基础工作。①

在建设中国特色社会主义现代化强国的伟大实践中，研究生教育肩负着比以往更为关键的新使命。国家领导人的重要论述是指导新形势下做好教育工作的纲领，是研究生教育发展和改革的基本遵循与行动指南，既为研究生教育的发展指明了方向，又提出了新的要求。为了办好人民满意的教育，我国研究生教育必须坚持党的领导，坚持立德树人根本任务，坚持社会主义办学方向，坚持深化教育改革创新，立足基本国情，遵循教育规律，担负起培养德智体美劳全面发展的社会主义建设者和接班人的重大使命。因此，必须充分发挥思想政治理论课的主渠道作用，增强价值引领，强化导师的育人职责，增强研究生的“四个自信”，加强学术道德和职业伦理教育，引导树立正确的世界观、人生观、价值观，促进研究生扎根人民、深入实践、奉献国家，增强爱国主义情怀。必须坚持把服务中华民族伟大复兴作为教育的重要使命，提升研究生教育服务经济社会发展、服务国家重大战略需求的能力。要扎根中国大地，办好中国特色研究生教育，不断使我国研究生教育同党和国家事业发展要求相适应、同人民群众期待相契合、同我国综合国力和国际地位相匹配。

1.1.2 服务经济社会高质量发展：研究生教育亟待实现内涵发展

党的十九大报告指出：我国经济已由高速增长阶段转向高质量发展阶段。2018 年，面对复杂严峻的国际环境和艰巨繁重的改革发展稳定任务，在习近平新时代中国特色社会主义思想指导下，我国坚持稳中求进工作总基调，落实高质量发展要求，取得了来之不易的成绩。经济运行总体平稳、稳中有进，全年国内生产总值 900 309 亿元，较之上年增长 6.6%。② 然而，我国经济持续健康发展和社会大局稳定的同时也面临着经济转型带来的严峻挑战。经济全球化遭遇波折，保护主义、单边主义加剧。国内经济下行压力加大，消费增速减慢，

---

① 习近平．培养德智体美劳全面发展的社会主义建设者和接班人 [EB/OL].[2019-04-20]. http：//www.moe.gov.cn/jyb_xwfb/s6052/moe_838/201809/t20180910_348145.html.

② 国家统计局．中华人民共和国 2018 年国民经济和社会发展统计公报 [EB/OL].[2019-04-20]. http：//www.stats.gov.cn/tjsj/zxfb/201902/t20190228_1651265.html.

有效投资增长乏力。自主创新能力不强，关键核心技术短板问题凸显。[①] 中央经济工作会议指出，我国发展仍处于并将长期处于重要战略机遇期。要善于化危为机、转危为安，紧扣重要战略机遇新内涵，加快经济结构优化升级，提升科技创新能力，变压力为加快推动经济高质量发展的动力。

“国势之强由于人，人才之成出于学。”在我国转变发展方式、优化经济结构、转换增长动力的关键时期，教育“国之大计、党之大计”的地位更加凸显。研究生教育处于国民教育顶端，是培养高层次人才的主要途径，具有推动基础研究和前沿技术研究、提高我国自主创新能力、解决经济建设和社会发展中的重大理论和现实问题的有利条件，是支撑、推动和引领国家现代化发展的重要基础和引擎。近年来，我国研究生教育体系不断完善，规模持续扩大，结构不断优化，质量稳步提升。但是在学科、类型、层次、区域结构上目前仍然存在与需求不匹配的矛盾，这些矛盾制约着研究生教育整体质量的进一步提升，也不利于研究生教育更好地发挥对经济社会发展的支撑作用。因此，必须加强研究生教育发展与改革的顶层设计，不断使研究生教育同经济社会发展相适应、同国家战略需要相契合，为推动经济高质量发展提供必要的人才和智力支撑。面对经济发展新阶段提出的新问题、新任务，必须坚持党的领导，落实立德树人根本任务，继续深化研究生教育综合改革，以体制机制创新促进结构优化，以学科建设带动整体水平提高，完善研究生教育质量保障体系，推动研究生教育内涵发展再上新水平，不断提升研究生教育服务需求的能力。

1.1.3　进入自身改革发展的新阶段：研究生教育亟待加强制度创新

改革开放以来，我国研究生教育快速发展，高层次人才供给能力持续增强，培养质量稳步提升，国际影响力显著扩大，已经成为世界研究生教育大国，是国家人才竞争和科技竞争的重要支柱，是实施创新驱动发展战略和建设创新型国家的核心要素。进入实现“两个一百年”奋斗目标的关键期、全面深化改革的攻坚期以来，研究生教育发展也进入改革的“深水区”，若干瓶颈性问题亟待解决：符合研究生教育规律的思想政治教育管理体制机制尚不健全，学生党员的引领作用未充分发挥；研究生招生考试的科学性、公平性和安全性面临挑战；寓教于研、产学协同的培养模式有待进一步深化；质量保障体系有待进

① 李克强.2019年政府工作报告[EB/OL].[2019-04-20]. http://www.gov.cn/zhuanti/2019qglh/2019lhzfgzbg/index.htm.

一步夯实强化；对高层次人才培养支撑的投入机制和奖助体系有待优化；中央、省市、院校及第三方机构协同治理体系有待进一步完善。

针对上述改革中的若干瓶颈问题，世界范围内也出现了一些新的观点和探索性的经验：①**在优化培养模式、保障培养质量方面**，美国研究生院理事会（Council of Graduate Schools，CGS）出版了报告《硕士研究生招生——公开、指导与培训》（*Master's Admissions*：*Transparency*，*Guidance and Training*），提出应提高招生程序的透明度、对招生人员进行培训、探索非认知能力的评估机制以及继续开展有关硕士招生最佳路径的研究。英国研究生教育委员会（UK Council for Graduate Education，UKCGE）发布报告《关于授课型硕士课程主管的全国调查报告》（*National Survey of PGT Programme Directors and Administrators*），指出授课型研究生培养的关键在于授课教师的质量，应充分重视教师在授课型硕士教育质量保障中的巨大作用。欧洲大学联合会对300余所欧洲高校进行调查并发布报告《欧洲博士教育：院校结构与方法》，指出应进一步推进博士生培养模式的多元化，以多元化的质量观应对经济社会发展对博士生教育提出的多样化要求。②**在保障研究人员地位与权利、培养新一代研究者方面**，加拿大政府2018年的财政报告提出，2019年的政府财政规划将会把更多的资源用于新一代研究人员的培养中。加拿大研究生研究协会（Canadian Association for Graduate Studies，CAGS）发布报告《为新一代加拿大研究者投资》（*Investing in the next Generation of Canadian Researchers*），明确提出加大包括博士生、博士后在内的所有研究人员的资助力度。2018年4月18日，哈佛大学研究生工会成立，致力于保障美国私立大学研究生权益，该组织得到了哈佛大学的合法性认可。美国大学研究生助理发起了"15美元时薪"运动，以保障研究生的基本生活质量。鉴于研究生是科学研究最主要的资源，澳大利亚研究生教育理事会呼吁为研究生的工作支付报酬。③**在推动研究生教育国际化方面**，一些欧美国家纷纷出台多项措施来增强对国际研究生的吸引力。自2016年以来，英国内政部在牛津大学、剑桥大学、巴斯大学和帝国理工学院试点实行了一项简化处理国际研究生签证申请流程的计划，国际研究生简化签证计划将新增23所试点高校。[①] 2018年12月3日，美国国土安全部（Department of Homeland

① 英国：国际研究生签证计划将新增23所试点高校 [EB/OL]．[2019-05-06]. https：//thepienews.com/news/uk-study-visa-pilot-extended-23-heis/.

Security）提议修改 H-1B 工作签证申请制度，旨在增加硕士及以上学位申请人的中签概率。[①]

针对中国研究生教育改革发展的新阶段、新特征，参考世界研究生教育发展的新思路、新举措，我国研究生教育必须依靠制度创新激发发展活力，突破发展瓶颈，解决深层次的矛盾和问题，确保发展的质量和效益。具体而言，如何充分考虑研究生培养的特殊性，构建全员育人体系；如何加强学位授权审核制度的灵活规范，提高研究生教育对社会需求的服务能力；如何改革招考制度，实现研究生招生的公正、公开与科学；如何完善科教融合、产教融合的培养制度，实现分类培养，为培养拔尖创新人才和行业领军人才提供有力支撑；如何完善质量保障体系，严守研究生培养质量的“底线”等；都是需要依靠制度创新才能解决的重要问题。

1.1.4 回应社会公众关注：研究生教育亟待夯实质量建设

随着研究生招生规模的扩大和培养类型的多元化，社会公众对研究生教育发展愈发关注，2018 年，学术诚信、规模增长、师生关系等成为热点问题，引起公众对于研究生培养质量的广泛讨论。

一是抄袭、剽窃、篡改等少数学术不端事件引发舆论广泛关注。媒体评论称，恪守学术诚信、抵制学术不端，应建立和完善行之有效的学术不端行为处理机制及奖惩制度。[②] 2018 年 5 月 30 日，中共中央办公厅、国务院办公厅印发了《关于进一步加强科研诚信建设的若干意见》，对新时期我国科研诚信建设做了全面细致的部署和安排。《中国科学报》评论认为，此次科研诚信建设规格之高、力度之大、亮点之多前所未有，全面预示着我国科研诚信建设迎来了新时代，有了新机遇。[③]

二是研究生教育规模增长引起热议。据人民网报道，2019 年全国硕士研究生招生考试考生规模达 290 万人，较上年增加 52 万人，增幅达 21.85%，创历

---

① 美国：工作签证申请规则预向高端人才倾斜 [EB/OL]. [2019-05-06].https：//thepienews.com/news/new-h-1b-system-to-favour-us-higher-degree-holders/.

② 营造风清气正的学术环境 [EB/OL].[2019-05-06].http://paper.ce.cn/jjrb/html/2018-10/30/content_375638.htm.

③ 科研诚信建设的新机遇、新挑战 [EB/OL].[2019-05-06].http://news.sciencenet.cn/htmlnews/2018/7/415863.shtm.

史新高。[1]“考研热”的升温持续引发公众讨论：研究生教育如何有量又有质？报纸评论者称，从能力上看，当前我国培养的研究生创新能力和实践能力不强；从实用性角度看，目前跨学科、复合型人才也比较缺乏。[2]

三是师生关系异化的极端事件引起多方讨论。一些社会评论指出，导师“压榨”学生的现象只是个案，不具有普遍性。也有学者认为，异化的师生关系背后，是学术教育资源配置的问题。[3]针对当前研究生教育中的师德师风问题，教育部印发《教育部关于全面落实研究生导师立德树人职责的意见》等规范性文件，文件中的相关改革举措再次引起媒体关注与公众热议。

质量是研究生教育的生命线。研究生教育受到越来越多的关注，不仅说明社会公众对研究生教育的需求增强、对研究生教育重要性的认识加深，也说明我国目前的研究生教育质量仍然难以完全达到公众预期，质量建设永远在路上。为进一步加强质量建设，质量意识必须融入研究生培养的全过程：如何根据院校培养质量制订招生计划，以质量为导向配置招生名额；如何提高研究生培养的透明度，督促院校主动建设和经营学位与研究生教育品牌；如何完善学风监管与惩戒机制，对学术不端实施“零容忍”；如何建立自我评估、诊断式评估和水平评估的系统评估体系，对质量进行全方位的保障；如何充分协调和发挥省级政府、院校的基层学术组织、第三方机构的积极作用，构建良性的质量治理体系等；均是未来研究生教育发展的重要问题。

1.2 发展概况

1.2.1 发展现状

截至2018年底，我国的博士、硕士学位授权一级学科点分别达到3 607个、6 178个，博士、硕士专业学位授权点分别达到183个、7 575个。

① 2019年考研今起开考:290万人报名 创历史新高[EB/OL].[2019-05-06].http://edu.people.com.cn/n1/2018/1222/c1006-30481840.html.此处增幅百分比原始数据有误，原始数据均为21%，现为修订后数据。

② 考研热持续升温 研究生教育如何有量又有质？[EB/OL].[2019-05-06].http://edu.people.com.cn/n1/2018/1122/c1053-30415312.html.

③ 研究生师生关系如何避免异化[EB/OL].[2019-06-01].http://edu.people.com.cn/n1/2016/0531/c1053-28394626.html.

1. 规模结构

从整体规模来看，2018 年全国共招收研究生 857 966 人，与 2017 年相比增长 6.43%。其中博士研究生招生 95 502 人，增长 13.86%； 硕士研究生招生 762 464 人，增长 5.57%。在校研究生为 2 390 107 人，较之 2017 年增长 9.86%。其中在校博士研究生 389 518 人，硕士研究生 2 000 589 人，相比 2017 年分别增长 7.60% 和 10.31%。授予博士学位 65 379 人、硕士学位 665 949 人，与 2017 年相比分别增长 4.21% 和 2.43%。

从层次结构来看，2018 年我国在校生的硕博比略有增加，为 5.14。与此同时，授予学位的硕博比降至 10.19。

从类型结构来看，2018 年招收学术学位研究生 411 378 人，占研究生招生总数的 47.95%，比 2017 年增长 2.51%； 招收专业学位研究生 446 588 人，比 2017 年增长 10.32%； 专业学位研究生招生规模大于学术学位研究生招生规模。其中，在招收的博士研究生中，学术学位研究生为 88 718 人，占博士生招生规模的 92.90%； 招收的硕士研究生中，学术学位研究生 322 660 人，所占比重为 42.32%。

2. 质量水平

从培养质量来看，据不完全统计，2018 年我国在校研究生对国际高水平论文参与率约为 23.58%，国内高水平学术论文发表的参与率约为 23.99%。

从研究生就业状况来看，依据教育部各直属高校发布的《2018 年毕业生就业质量年度报告》，博士生的平均就业率达到了 96.89%，整体而言，博士生选择在学术界就业的比例出现了下降，越来越多的博士毕业生流向企业和机关事业单位。硕士研究生平均就业率达到了 97.63%，企业是吸纳硕士生就业最主要的单位（包括国有企业、“三资”企业、民营企业和其他企业）。

从毕业研究生发展状况来看，对 2018 年度国家自然科学奖授奖项目（军事院校和相关单位获奖项目、获奖人除外）获奖成果的初步统计表明，第一获奖人数总计 38 人。其中国内（不含港、澳、台）获得博士学位的 26 人。2017 年，全国研究与试验发展人员中具有研究生学历者所占比例约为 21.51%； 我国就业人员达到研究生及以上受教育程度的比例约为 0.8%。研究生及以上受教育程度就业人员中，比例最高的是专业技术人员，占 57.7%； 研究生及以上受教育程度城镇就业人员中，从事教育行业的占比最高，为 36.6%。

3. 支撑条件

2018 年，我国研究生教育的支撑条件在整体上进一步改善，导师队伍建设进一步加强，经费投入进一步充实和优化。

在研究生导师方面，2018 年，全国共有研究生导师 430 233 人，博士生生师比为 3.68，硕士生生师比为 4.87。

在经费投入方面，进一步健全了以政府投入为主、教育成本合理分担、培养单位多渠道筹集经费的投入机制，进一步加大资助比例，提高资助水平，完善奖助体系。2018 年我国国家奖学金奖励硕士研究生 3.5 万人，奖励金额 7 亿元； 奖励博士研究生 1.0 万人，奖励金额 3 亿元。该部分奖励规模与上年持平。研究生学业奖学金奖励研究生 154.56 万人，奖励金额 113.59 亿元，覆盖面和资助额度较上年有小幅提高。研究生“三助”岗位津贴资助 138.07 万人次，资助金额 64.22 亿元，增长了 24%。与此同时，2018 年，国家自然科学基金面上项目资助 18 947 项，直接费用 111.53 亿元。重点项目资助 701 项，直接费用 20.54 亿元。青年科学基金资助 17 671 项，直接费用 41.76 亿元。地区科学基金资助 2 937 项，直接费用 11.03 亿元。优秀青年科学基金资助 400 项，直接费用 5.2 亿元。国家杰出青年科学基金资助 199 项，直接费用 6.83 亿元。

在学科支撑方面，根据全国第四轮学科评估结果，北京处于遥遥领先的位置，其次是江苏、上海等；新疆、内蒙古、贵州等省、自治区则排名靠后。从全国首次专业学位水平评估结果来看，北京的专业学位水平和实力同样处于遥遥领先的地位，其次是上海、四川等；而贵州、新疆、海南、内蒙古和宁夏等省、自治区的专业学位水平和实力排名靠后。

1.2.2 国际比较

为更好地定位我国研究生教育在规模、结构、质量、支撑条件等方面的发展现状，特选取美国、加拿大、英国、澳大利亚、德国、法国、日本、韩国、俄罗斯 9 个国家作为参考，通过以下主要发展指标与我国进行了比较分析。

从千人注册研究生数来看，自 2009 年以来，美国、法国始终在 9 人以上；英国在 9 人上下小幅波动，自 2011 年起逐年降低至 8.58 人； 德国、韩国近两年稳定在 6 ～ 8 人； 加拿大 2015 年的千人注册研究生数已接近 5 人； 中国、日本和俄罗斯千人注册研究生数均在 2 人以下。

从学位授予层次结构来看，近年来除德国和美国以外，各国博士学位授予数占学位授予总数（包括博士、硕士、学士学位）的比例大多在 6% 以下（德国、美国除外）；硕士学位授予数占学位授予总数的比例在 10% ～ 30%（德国、法国、澳大利亚除外）。我国博士学位授予数占比最低，仅为 1.30%，硕士学位授予数占比为 13.25%。从本硕比来看，多数西方国家小于 3（除加拿大）。但亚洲国家比值较高，韩国的学士学位授予数为硕士学位授予数的 3 倍以上，日本的本硕比非常高，2017 年达到 8.77。从硕博比看，中国的硕博比在 2018 年达到 6.61，在这 10 个国家中仅次于日本。

从在校研究生类型结构来看，澳大利亚的非学术学位研究生数在 2003 年至 2017 年始终稳定在学术学位研究生数的 4 ～ 5 倍；英国始终稳定在 4 倍左右；德国非学术学位的研究生数量逐年上涨，2015 年已增至学术学位数量的 0.37 倍；法国授予的硕士学位中职业型硕士超过学术型硕士，且数量逐年上涨，目前已增至学术型硕士的 3 倍以上；日本非学术学位研究生数始终占比较低，2017 年约为学术研究生数的 7%；韩国非学术学位研究生数逐年上涨，2017 年学术学位研究生数与非学术学位研究生数基本相当；相较而言，中国非学术学位研究生（专业学位）的规模逐年扩大，主要集中于硕士层次。

从博士研究生教育国际化程度来看，近 10 年来，西方国家在学博士研究生中留学生的比例大多在 20% 以上，英国、美国甚至达到了 40%。截至 2016 年，法国、澳大利亚和加拿大在学博士研究生中留学生的比例在 30% 以上，日本在学博士研究生中留学生比例也逐年稳步增长，2016 年达到 18%。德国、韩国在学博士研究生中留学生比例较低，2016 年达到 9% 左右。中国和俄罗斯在学博士研究生中留学生的比例最低，均低于 6%。

从高等教育部门研究与试验发展（R&D）经费与在学博士研究生人数比例来看，在投入总量上，我国高等教育部门的 R&D 经费总量高于所对比的国家。在每万名在学博士研究生的 R&D 经费上，我国的支撑条件虽在逐年增强（2017 年已达到 8.81 万美元），但与发达国家仍有较大差距：同年韩国为 9.64 万美元；日本为 25.19 万美元；德国为 17.33 万美元；法国为 19.87 万美元。

从具有研究生学历的就业者比例来看，美国、加拿大、澳大利亚和中国就业人群中研究生学历获得者的比例和人数均在不断增加。2015 年，美国的这一比例达到 14.49%，加拿大和澳大利亚近两年都达到 10%。中国虽然相对比例小于其他国家，但较之于 5 年前，高层次人才的增幅规模远大于加拿大和澳大利亚。

1.3 改革重点

2018年我国研究生教育以“服务需求、提高质量”为主线，从坚持党的领导、强化导师立德树人职责、推进“双一流”建设、完善学位授权审核机制四个方面全面推进。

1.3.1 坚持党的领导，培养社会主义建设者和接班人

2018年9月10日，全国教育大会在北京召开，习近平总书记出席会议并发表重要讲话。他指出，培养什么人，是教育的首要问题。我国是中国共产党领导的社会主义国家，这就决定了我们的教育必须把培养社会主义建设者和接班人作为根本任务，培养一代又一代拥护中国共产党领导和我国社会主义制度、立志为中国特色社会主义奋斗终生的有用人才。这是教育工作的根本任务，也是教育现代化的方向目标。

加强党对教育工作的全面领导，是办好教育的根本保证。2018年，围绕培养什么人、怎样培养人、为谁培养人这一根本问题，教育部和各高校积极加强与改进思想政治工作，把做好思想政治工作作为研究生培养的重中之重。

1. 发布专项计划，培育新时代坚定的青年马克思主义者

2018年4月2日，教育部办公厅发布《教育部办公厅关于实施2018年“高校思想政治理论课教师队伍后备人才培养专项支持计划”的通知》，决定在继续实施“高校思想政治理论课教师在职攻读马克思主义理论博士学位专项计划”的同时，自2018年开始实施“高校思想政治理论课教师队伍后备人才培养专项支持计划”。2018年专项计划招生额度在当年全国研究生招生总规模之外单列下达，专门用于相关高校马克思主义理论学科博士、硕士研究生招生。各高校马克思主义学院坚持“马院姓马，在马言马”的鲜明导向和办学原则，创新方式、深化改革，大力培养“在马信马、在马言马、学马用马”的新时代坚定的青年马克思主义者。

2. 创新思政课程教学模式，汇聚合力全员育人

2018年4月12日，教育部发布《新时代高校思想政治理论课教学工作基本要求》，对研究生思想政治理论课教学工作提出基本要求。各高校多措并举，探索创新思政课程教学模式。北京师范大学面向硕士研究生开展以问题为导向

的团队专题循环授课，实施课程负责人、课堂主管教师、课程主讲教师和助教“四位一体”管理模式。博士研究生思政课由校内外专家实行前沿问题专题授课。在教学中充分运用中班教学、小组研讨、实践锻炼等多种方法，增强课堂教学质量与效果。[①] 中央财经大学深化思政课教学改革，用“问题链”教学法点燃学生的心灵。中国传媒大学坚持将马克思主义新闻观融入新闻传播人才培养全过程全环节，着力培养让党和人民放心的新闻舆论工作队伍。南京航空航天大学以纪念马克思诞辰200周年为契机，在全校集中开展马克思主义信仰教育。

3. 遴选样板党支部，发挥示范辐射效应

2018年8月20日，教育部办公厅发布《教育部办公厅关于开展高校“百个研究生样板党支部”和“百名研究生党员标兵”创建工作的通知》，面向全国高校，遴选创建100个研究生样板党支部，推荐产生100名研究生党员标兵，辐射带动全国高校研究生党建工作开展。浙江大学创新党组织建设机制，完善院级党组织书记抓基层党建述职评议考核工作制度，实施基层党支部“对标争先”建设计划，教师党支部书记“双带头人”覆盖率达98.7%。东北师范大学印发《校院（部）两级党组织班子成员联系师生党支部工作制度》和《校院（部）两级领导班子成员和党员学科带头人联系优秀青年教师制度》，完善学科团队党支部建设，积极做好高层次人才党员发展工作和“双带头人”培养工作。

1.3.2 加强师德师风建设，强化导师立德树人职责

2018年1月20日，中共中央、国务院颁布了《中共中央 国务院关于全面深化新时代教师队伍建设改革的意见》，提出全面提高高等学校教师质量，建设一支高素质创新型的教师队伍。着力提高教师专业能力，推进高等教育内涵式发展。把提高教师思想政治素质和职业道德水平摆在首要位置，把社会主义核心价值观贯穿教书育人全过程，突出全员全方位全过程师德养成，推动教师成为先进思想文化的传播者、党执政的坚定支持者、学生健康成长的指导者。

导师是研究生培养的第一责任人，是研究生成长成才的指导者和引路人，建立研究生导师立德树人的长效机制对我国高层次人才培养质量起关键作用。

---

① 教育部．北京师范大学把好“三个关键”切实加强思想政治理论课建设 [EB/OL].[2019-06-01].http://www.moe.gov.cn/jyb_xwfb/s6192/s133/s139/201811/t20181109_354140.html.

1. 国家强化导师立德树人职责，狠抓政策落实

2018 年 1 月 17 日，教育部发布《教育部关于全面落实研究生导师立德树人职责的意见》（以下简称《意见》），明确了研究生导师立德树人职责，具体包括提升研究生思想政治素质、培养研究生学术创新能力、培养研究生实践创新能力、增强研究生社会责任感、指导研究生恪守学术道德规范、优化研究生培养条件、注重对研究生人文关怀七个方面。2018 年 7 月 20 日，教育部学位管理与研究生教育司发布《关于报送研究生导师立德树人职责落实情况的通知》，要求各研究生培养单位报送本单位（本地区）研究生导师队伍建设基本情况、本单位（本地区）落实《意见》情况以及加强研究生导师队伍建设的经验和建议等内容。

2. 院校加强师德师风建设，推行师德“一票否决制”

为加强师德师风建设，各高校完善评价考核机制，加强对研究生导师立德树人职责落实情况的评价。北京大学印发《教师行为规范》《师德“一票否决”实施细则（试行）》等文件，画出高线、亮出红线。北京师范大学出台《违反师德行为处理办法（试行）》，制定 18 条教师行为“不得、不准”底线清单。国防科技大学制定《全面落实研究生导师立德树人职责实施办法（暂行）》，凸显导师示范引领作用。中南大学成立党委教师工作部，探索“综合评价 + 筛查”的校院两级师德考察模式，在重大人才计划推荐、评奖评优中严把师德关。南京大学成立教师职业道德与纪律委员会，修订《关于建立健全师德建设长效机制的实施办法》，完善师德监督举报工作机制，形成齐抓共管师德建设新格局。

1.3.3 以“双一流”建设为契机，深化研究生教育综合改革

2018 年，“双一流”建设从遴选确定建设高校及学科阶段转入实质性建设的阶段。教育部全面部署“双一流”建设工作，会同财政部、国家发展改革委加强引导指导督导，构建协同推进机制，在北京和上海召开专题研修和推进会，引导高校从关注遴选转到加快建设上。

教育部副部长杜占元在 2018 年度省级学位委员会、学科评议组和教指委工作会议上指出，要深刻认识“双一流”建设对研究生教育提出的新任务。一是一流的研究生教育是一流大学的旗帜与标志。从数量上看，我国“双一流”高校的在校研究生已经接近或超过本校学生的 50%，所培养的研究生总量已超过全国培养总数的 50%。二是研究生教育在“双一流”建设中应承担历史重任。

研究生教育在“双一流”建设中，应当发挥好高端引领和战略支撑两个作用。三是研究生教育要抓住机遇、乘势而上。借着“双一流”建设这股东风，要进一步深化研究生教育综合改革，补足短板，通过深化体制机制创新，探索出一条中国特色的研究生教育发展之路。①

1. 服务工程科技与产业发展需要，深化工程专业学位改革

为加快建设创新型国家，更好服务国家工程科技与产业发展需要，2018 年 3 月 14 日，国务院学位委员会、教育部发布《国务院学位委员会、教育部关于对工程专业学位类别进行调整的通知》，决定统筹工程硕士和工程博士专业人才培养，将工程专业学位类别调整为电子信息、机械、材料与化工、资源与环境、能源动力、土木水利、生物与医药、交通运输 8 个专业学位类别。在培养方案方面，为更好地满足创新型国家建设对高层次应用型工程技术创新人才的需求，全国工程专业学位研究生教育指导委员会在广泛征求意见的基础上，制订了工程类硕士专业学位研究生培养方案与工程类博士专业学位研究生培养模式改革方案。2018 年 5 月 4 日，国务院学位委员会办公室发布《关于制订工程类硕士专业学位研究生培养方案的指导意见》，对工程类硕士专业学位研究生的培养定位及目标、学习方式及修业年限、培养方式及导师指导、课程设置及学分要求、专业实践、学位论文、论文评审与答辩、学位授予等方面提出了指导意见，强调了校企联合培养是提高工程类硕士专业学位研究生培养质量的有效方式，培养单位应积极开展校企联合培养。2018 年 5 月 4 日，国务院学位委员会办公室发布《工程类博士专业学位研究生培养模式改革方案》，就工程类博士专业学位研究生的培养目标，培养方式，招生对象，应具备的知识、能力和素质，学位论文要求，质量保障与监督提出了要求，明确提出工程类博士专业学位研究生教育应为培养造就工程技术领军人才奠定基础。

2. 促进内涵发展，创新学科组织模式

部分“双一流”建设院校在探索学科交叉融合机制、搭建跨学科研究生培养平台上作出了有益探索，发挥优势、办出特色，与产业发展、社会需求、科技前沿紧密衔接。例如复旦大学打造张江复旦国际创新中心，推进国际人类表型组重大科学计划，建设微纳电子与量子、脑与类脑智能两个多学科融合创新

---

① 教育部．深化研究生教育改革，推动内涵发展再上新水平 ——教育部副部长杜占元在 2018 年度省级学位委员会、学科评议组和教指委工作会议上的讲话 [EB/OL].[2019-06-01]. http：//www.moe.gov.cn/s78/A22/moe_847/201804/t20180417_333427.html.

中心，以牵头组织创新中心、重大专项与平台为契机，大力引进世界顶级科学家和培育跨学科青年人才，积极参与和发起国际科学合作计划。天津大学根据“强工、厚理、振文、兴医”的布局和“交叉、开放、创新”的原则，启动建设了大型建设工程安全、能源互联网、机器人与智能系统、医工结合等12个学科交叉平台。

3. 精准对接需求，推进产教融合

部分“双一流”建设高校聚焦立德树人根本任务，积极构建高水平研究生培养体系，赋予学生扎实的理论知识和较强的实践能力。上海交通大学加强与中船重工集团、中船工业集团、航天科技集团、中核工业集团全面战略合作，联合成立研发基地，通过企业导师指导、产学研项目合作等方式，针对行业需求精准“定制”培养所需的技术领军人才①。南京理工大学在无锡和宁波建成联合培养博士工作站，积极推进产学研合作成果转化及高端人才联合培养。

4. 强化课程学习，制定核心课程指南

课程学习是我国学位与研究生教育制度的重要特征，是保障研究生培养质量的必备环节，在研究生成长成才中具有全面、综合和基础性作用。重视课程学习，加强课程建设，是提升研究生科研能力、创新能力、实践能力的重要手段，是当前深化研究生教育改革的重要任务。2018年5月4日，国务院学位委员会办公室委托国务院学位委员会学科评议组和全国专业学位研究生教育指导委员会编写各一级学科和专业学位类别的《研究生核心课程指南》，并将其作为研究生课程设置、讲授、学习的重要依据以及教育行政部门和研究生培养单位开展质量评估的重要参考。核心课程指南将包含先修课程信息、修完课程后所获的知识能力、授课方法、课程内容、考核要求以及相关的课外资源，将会为我国研究生课程设置提供重要参考。

1.3.4 完善学位授权审核机制，保证学位授权质量

在2017年国务院学位委员会印发的《博士硕士学位授权审核办法》所建立的常态化授权审核机制上，2018年，学位授权审核工作持续推进，取得了初步成效，并在增强高校自主权上进行了新的探索。

1. 激发高校办学活力，放权部分高校开展学位授权自主审核

开展学位授权自主审核，是进一步加快推动“双一流”建设、支撑高等教

① 上海交通大学“双一流”建设2018年度进展报告[EB/OL].[2019-06-01].http://gk.sjtu.edu.cn/Data/View/1458.

育强国建设的需要；是进一步优化研究生教育结构性供给侧改革，推动研究生教育高质量发展的要求；也是落实国务院"放管服"要求，探索新时代学位授权审核改革的新路子[①]。2018 年 4 月 19 日，国务院学位委员会发布《国务院学位委员会关于高等学校开展学位授权自主审核工作的意见》，要求高等学校合理控制自主审核节奏，根据科学技术发展前沿趋势、经济社会发展需求和本单位学科基础条件，以及资源配置能力，统筹考虑新增学位授权点，每年新增博士学位授权点数量不得超过本单位已有博士学位点数量的 5%。依据《国务院学位委员会关于印发学位授权自主审核单位名单的通知》，北京大学、中国人民大学以及清华大学等 20 所高校获准开展学位授权自主审核。

2. 突出质量导向，稳妥积极推进学位授权审核工作

2018 年 2 月 27 日，国务院学位委员会发布《国务院学位委员会关于下达 2017 年动态调整撤销和增列的学位授权点名单的通知》，全国 129 所高校撤销了 340 个学位授权点。此外，共有 24 个省（区、市）的 87 所高校动态增列了 184 个学位点。2018 年 3 月 22 日，国务院学位委员会发布《国务院学位委员会关于下达 2017 年审核增列的博士、硕士学位授权点名单的通知》，2017 年，共 528 个高校和科研院所获批新增学位点，其中，博士学术学位点 645 个、博士专业学位点 49 个、硕士学术学位点 1 270 个、硕士专业学位点 887 个。2018 年 5 月 2 日，国务院学位委员会发布《国务院学位委员会关于下达 2017 年审核增列的博士、硕士学位授予单位及其学位授权点名单的通知》，北京工商大学等 7 所大学的 16 个学科获得博士学位授权，北京石油化工学院等 4 所高校的 13 个学科和类别获得学科硕士学位授权和专业学位授权，中国民航大学等 21 个博士学位授予单位、山西大同大学等 25 个硕士学位授予单位，需进一步加强建设，补短板强弱项，待其办学水平和研究生培养能力达到相应要求，并通过国务院学位委员会核查后，再开展招生、培养、授予学位工作。

---

① 教育部．落实"放管服"要求，放权部分高校开展学位授权自主审核——国务院学位委员会办公室、教育部学位管理与研究生教育司负责人答记者问 [EB/OL].[2019-06-01].http：//www.moe.gov.cn/jyb_xwfb/s271/201804/t20180427_334522.html.

1.4 改革建议

基于国内外经济社会发展的新形势、研究生教育发展面临的新问题及现阶段的主要任务，有以下建议可资参考。

1. 深入落实立德树人根本任务

继续落实研究生教育培养社会主义建设者和接班人的根本任务，加强研究生的思想政治、品德教育和学风建设。持续加强高校思想政治理论课教师队伍建设，提高高校思想政治理论课教学水平，加大推进“课程思政”建设力度。充分激发导师责任感和使命感，加强导师在立德树人上的重要作用。依据研究生的学习、科研生活特点，推动党员活动与研究生的学术活动紧密关联，基层党组织与研究生的学术组织紧密关联。

2. 提高研究生教育的人才供给能力

在维持当前研究生教育发展速度的基础上，加快发展博士专业学位研究生教育，围绕国家重点企业、行业，加大高层次应用型创新型的人才供给，探索实施国家重点企业全面参与专业博士培养的多种路径。增强硕士研究生教育的活力，充分发挥省市、院校在硕士专业学位按需设置上的自主权，稳步扩大专业学位硕士规模，推动专业学位教育与行业产业及区域发展需求紧密衔接。

3. 夯实研究生培养的平台支撑

突破学科壁垒，创新制度供给，加强资源保障，探索建立以服务国家急需为目标、重大问题为中心、学科群落为依托的拔尖创新人才培养平台，统筹开展前沿科学中心，“双一流”建设、国家各类重点基地以及企事业单位实践基地。

4. 深化研究生培养模式改革

进一步明确各层次、各类型的研究生培养目标，特别是明晰硕士研究生定位，提高培养目标在当前社会发展中的适切性。建立面向不同群体的质量观，实施硕士生招生分类考试和选拔。着力推动科教融合、产教协同的分类培养方式，充分发挥高水平科学研究项目和高层次技术开发项目在研究生培养中的支撑度。探索建立多元化的研究生培养质量评价体系，以分类评价引导分类培养，深化落实培养模式改革。

5. 健全研究生教育多元投入机制，增强研究生教育发展活力

汇聚多方资源，夯实研究生教育的支撑条件，创新社会资源引入机制。加大对研究生的奖助学金投入力度，特别是面向国家基础学科和关键领域，发挥

奖助学金对优秀人才的引导与激励作用。引导行业企业等社会力量支撑研究生培养，以多元投入形成推动研究生教育发展的合力。

6. 构建政府、学校、社会的良性互动机制，完善治理体系

构建与完善教育行政管理部门、研究生培养单位、第三方专业组织各司其职、各尽其责、共促发展的生态系统，强化第三方组织的评价、认证功能，充分发挥第三方组织在研究生教育质量保障中的作用。正确认识新媒体时代舆论的作用，加强舆论管理，提高舆论引导的能力，正确有效发挥公共舆论对研究生教育质量的监督功能。

2018 年，我国研究生教育规模持续增长，研究生教育工作继续以提高质量为核心，研究生教育支撑条件进一步优化。我国研究生教育以“服务需求、提高质量”为主线，坚持党的领导，培养高层次的社会主义建设者和接班人；加强师德师风建设，强化导师立德树人职责；以“双一流”建设为契机，深化综合改革；完善学位授权审核机制，保证学位授权质量，成功实施了“奋进之笔”。

过去一年，研究生教育取得了新进展、实现了新跨越，但是已经开启的新征程上仍有许多问题亟待妥善应对，未来需要在党的坚强领导下，全面贯彻党的教育方针，办好人民满意的教育，实现从研究生教育大国向强国的跨越。

第 2 章　规模与结构①

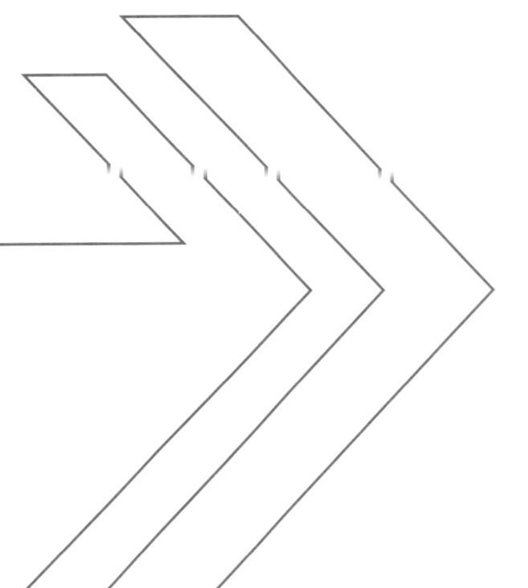

① 本章数据不包括香港、澳门特别行政区及中国台湾地区。

2018 年，全国研究生规模稳定增长，科类结构、类型结构、层次结构、区域结构不断调整优化，更好地适应了社会经济发展需求和人民群众接受更高层次教育的要求。2018 年共有硕士学位授权一级学科点 6 178 个；博士学位授权一级学科点 3 607 个；硕士专业学位授权点 7 575 个；博士专业学位授权点 183 个。全国共招收研究生 85.8 万人，其中硕士研究生 76.2 万人；博士研究生 9.6 万人，专业研究生占比超过 50%。全国共有在校研究生 239.0 万人，在校硕士研究生 200.1 万人，在校博士研究生 39.0 万人，在校硕士研究生规模大约为博士研究生规模的 5 倍。全国授予硕士学位 66.6 万人，博士学位 6.5 万人。硕士学位中，学术学位 30.4 万人，专业学位 36.2 万人，专业学位占比 54.35%。

2.1 研究生招生

2.1.1 规模与结构

1. 研究生招生的规模与结构

2018 年，全国共招收研究生 85.8 万人，其中招收硕士研究生 76.2 万人，比重为 88.87%，招收博士研究生 9.6 万人，比重为 11.13%，招收研究生的硕博比为 7.98（图 2-1）。

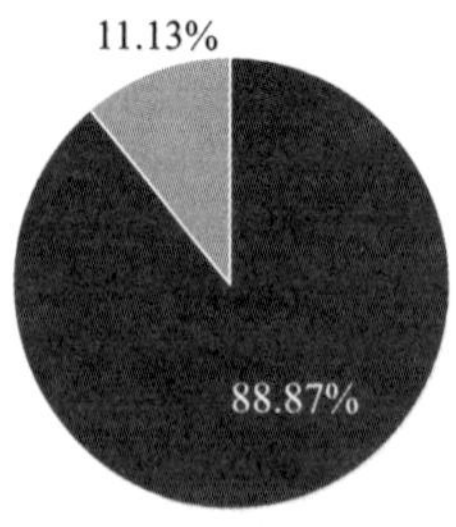

图 2-1 2018 年全国研究生招生结构

资料来源：根据教育部发展规划司提供的数据整理。

在招收的硕士研究生中，学术学位研究生 32.3 万人，所占比重为 42.32%，专业学位研究生 44.0 万人，所占比重为 57.68%； 在招收的博士研究生中，学术学位研究生为 8.9 万人，所占比重为 92.90%，专业学位研究生 0.7 万人，所占比重为 7.10%（表 2-1）。

表 2-1　2018 年全国研究生招生规模与结构

学位类型	硕士生		博士生		合计	
	人数	比重 /%	人数	比重 /%	人数	比重 /%
学术学位	322 660	42.32	88 718	92.90	411 378	47.95
专业学位	439 804	57.68	6 784	7.10	446 588	52.05
总计	762 464	100.00	95 502	100.00	857 966	100.00

资料来源：根据教育部发展规划司提供的数据整理。

2. 学术学位研究生招生的规模与结构

2018 年招收的学术学位研究生中，硕士研究生 32.3 万人，占学术学位研究生招生总数的 78.43%；博士研究生 8.9 万人，占学术学位研究生招生总数的 21.57%；学术学位研究生招生的硕博比约为 3.6。

1）分学科门类学术学位研究生招生的规模与结构

2018 年招收的学术学位研究生总数中，文科类（哲学、经济学、法学、教育学、文学、历史学、管理学、艺术学）招生所占比重为 31.46%，理科类（理学、工学、农学、医学）招生所占比重为 68.52%（表 2-2）。

表 2-2　2018 年分学科门类学术学位研究生招生的规模与结构

学科	硕士生		博士生		合计		硕博比
	人数	比重 /%	人数	比重 /%	人数	比重 /%	
哲学	3 367	1.04	925	1.04	4 292	1.04	3.64
经济学	13 009	4.03	3 134	3.53	16 143	3.92	4.15
法学	25 028	7.76	4 709	5.31	29 737	7.23	5.31
教育学	12 219	3.79	1 489	1.68	13 708	3.33	8.21
文学	18 694	5.79	2 867	3.23	21 561	5.24	6.52
历史学	4 306	1.33	1 143	1.29	5 449	1.32	3.77
理学	54 854	17.00	18 894	21.30	73 748	17.93	2.90
工学	116 318	36.05	35 522	40.04	151 840	36.91	3.27
农学	12 259	3.80	4 167	4.70	16 426	3.99	2.94
医学	29 909	9.27	9 961	11.23	39 870	9.69	3.00
军事学	80	0.02	9	0.01	89	0.02	8.89
管理学	24 011	7.44	4 910	5.53	28 921	7.03	4.89
艺术学	8 606	2.67	988	1.11	9 594	2.33	8.71
合计	322 660	100.00	88 718	100.00	411 378	99.98	3.64

资料来源：根据教育部发展规划司提供的数据整理。

学术学位硕士研究生招生中，工学招生所占比重最大，为 36.05%，其次是理学和医学，分别为 17.00%、9.27%，其他学科门类招生所占比重均不超过 8%；理科类招生所占比重为 66.12%，文科类招生所占比重为 33.86%，理文比例约为 2.0。

学术学位博士研究生招生中，招生所占比重排在前三位的学科门类是工学、理学和医学，所占比重分别为 40.04%、21.30%、11.23%，其他学科门类招生所占比重均不超过 10%； 理科类招生所占比重为 77.26%，文科类招生所占比重为 22.73%，理文比例约为 3.4。

2）分地区学术学位研究生招生的规模与结构①

学术学位硕士研究生招生人数最多的是华东地区，为 9.5 万人；其次为华北地区、华中地区和东北地区，分别为 7.0 万人、3.9 万人和 3.8 万人；招生人数最少的是华南地区，为 2.1 万人。

学术学位博士研究生招生人数最多的是华北地区，为 2.9 万人；其次为华东地区、华中地区和东北地区，分别为 2.5 万人、0.9 万人和 0.9 万人，招生人数最少的是华南地区，为 0.5 万人（图 2-2）。

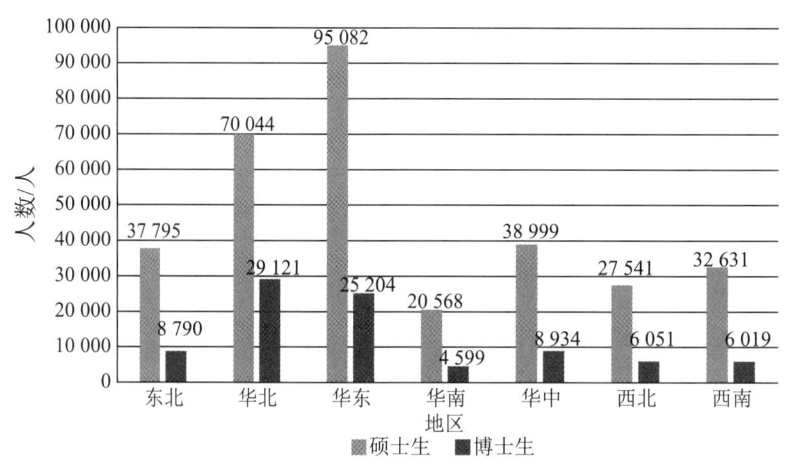

图 2-2　2018 年分地区学术学位研究生的招生规模与结构

资料来源：根据教育部发展规划司提供的数据整理。

华东地区学术学位硕士研究生招生人数在全国学术学位硕士研究生招生总数中所占比重最大，为 29.47%；其次是华北地区和华中地区，这 3 个地区学术学位硕士研究生招生所占比重之和为 63.27%，是培养学术学位硕士研究生的主要区域。

华北地区学术学位博士研究生招生人数在全国学术学位博士研究生招生总数中所占比重最大，为 32.82%；其次是华东地区和华中地区，这 3 个地区学术学位博士研究生招生所占比重之和为 71.30%，是培养学术学位博士研究生的主要区域（图 2-3）。

① 东北地区包括：辽宁省、吉林省、黑龙江省；华北地区包括：北京市、天津市、河北省、山西省、内蒙古自治区；西北地区包括：陕西省、甘肃省、青海省、宁夏回族自治区、新疆维吾尔自治区；华东地区包括：上海市、江苏省、浙江省、安徽省、福建省、江西省、山东省；西南地区包括：重庆市、四川省、贵州省、云南省、西藏自治区；华中地区包括：河南省、湖北省、湖南省；华南地区包括：广东省、广西壮族自治区、海南省。

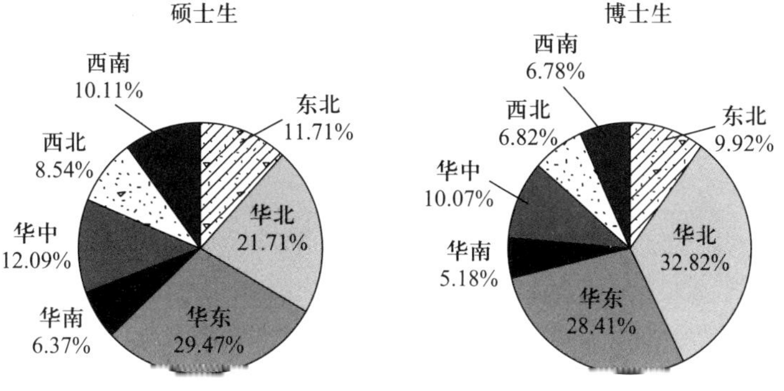

图 2-3　2018 年分地区学术学位研究生的招生结构

资料来源：根据教育部发展规划司提供的数据整理。

北京招收的学术学位硕士研究生人数最多，为 4.6 万人，占全国学术学位硕士研究生招生总数的比重为 14.17%，其次是江苏（8.01%）。其余所占比重超过 5% 的省、直辖市有上海（7.67%）、湖北（6.40%）、陕西（5.44%）、辽宁（5.03%）。学术学位硕士研究生招生人数占全国比重不足 1% 的省、自治区有新疆、内蒙古、贵州、宁夏、海南、青海和西藏（表 2-3）。

北京招收的学术学位博士研究生人数最多，为 2.5 万人，占全国学术学位博士研究生招生总数的比重为 27.90%；其次是上海（9.12%）。其余所占比重超过 5% 的省份是湖北（6.44%）和江苏（7.94%）。学术学位博士研究生招生人数占全国比重不足 1% 的省、自治区有河北、山西、云南、河南、内蒙古、江西、新疆、广西、贵州、海南、宁夏、青海和西藏（表 2-3）。

表 2-3　2018 年分地区学术学位研究生招生的规模与结构

省（区、市）	硕士生		博士生		合计	
	人数	比重 /%	人数	比重 /%	人数	比重 /%
北京	45 710	14.17	24 752	27.90	70 462	17.13
天津	8 981	2.78	2 563	2.89	11 544	2.81
河北	7 062	2.19	795	0.90	7 857	1.91
山西	5 278	1.64	635	0.72	5 913	1.44
内蒙古	3 013	0.93	376	0.42	3 389	0.82
辽宁	16 216	5.03	3 105	3.50	19 321	4.70
吉林	9 865	3.06	2 568	2.89	12 433	3.02
黑龙江	11 714	3.63	3 117	3.51	14 831	3.61
上海	24 737	7.67	8 087	9.12	32 824	7.98
江苏	25 839	8.01	7 045	7.94	32 884	7.99
浙江	10 592	3.28	3 021	3.41	13 613	3.31
安徽	9 025	2.80	2 419	2.73	11 444	2.78
福建	6 773	2.10	1 649	1.86	8 422	2.05
江西	4 980	1.54	521	0.59	5 501	1.34

续表

省（区、市）	硕士生		博士生		合计	
	人数	比重/%	人数	比重/%	人数	比重/%
山东	13 136	4.07	2 462	2.78	15 598	3.79
河南	7 818	2.42	749	0.84	8 567	2.08
湖北	20 646	6.40	5 717	6.44	26 363	6.41
湖南	10 535	3.27	2 468	2.78	13 003	3.16
广东	14 755	4.57	4 017	4.53	18 772	4.56
广西	5 119	1.59	464	0.52	5 583	1.36
海南	694	0.22	118	0.13	812	0.20
重庆	8 628	2.67	1 538	1.73	10 166	2.47
四川	14 878	4.61	3 459	3.90	18 337	4.46
贵州	2 871	0.89	265	0.30	3 136	0.76
云南	5 702	1.77	710	0.80	6 412	1.56
西藏	552	0.17	47	0.05	599	0.15
陕西	17 559	5.44	4 403	4.96	21 962	5.34
甘肃	5 460	1.69	1 032	1.16	6 492	1.58
青海	534	0.17	77	0.09	611	0.15
宁夏	849	0.26	118	0.13	967	0.24
新疆	3 139	0.97	421	0.47	3 560	0.87

资料来源：根据教育部发展规划司提供的数据整理。

学术学位硕士研究生招生所占比重最大的前五个地区依次为：北京、江苏、上海、湖北和陕西，这 5 个省、直辖市学术学位硕士研究生招生所占比重之和为 41.68%。招生人数所占比重最少的 5 个省、自治区依次为青海、西藏、海南、宁夏和贵州，五者累计所占比重之和仅为 1.70%。

学术学位博士研究生招生所占比重最大的前 5 个地区依次为：北京、上海、江苏、湖北和陕西，这 5 个省、直辖市学术学位博士研究生招生所占比重之和为 56.36%。招生人数所占比重最少的 5 个省、自治区依次为西藏、青海、海南、宁夏和贵州，五者累计所占比重之和仅为 0.70%（图 2-4）。

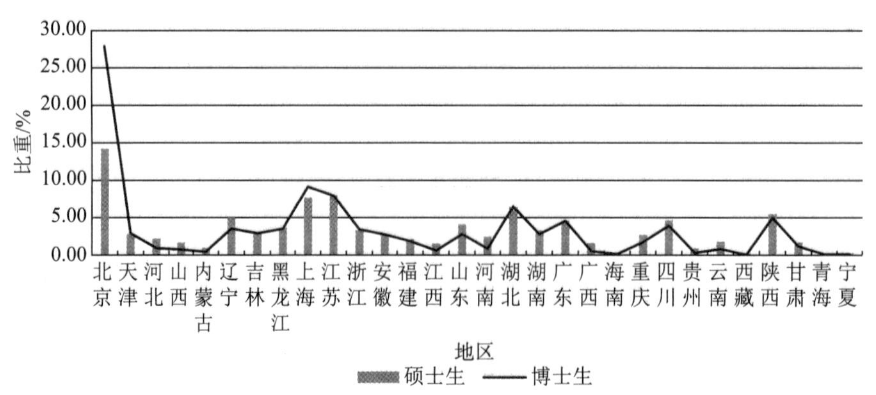

图 2-4　2018 年分地区学术学位研究生的招生结构

资料来源：根据教育部发展规划司提供的数据整理。

3. 专业学位研究生招生的规模与结构

2018 年招收的专业学位研究生中，硕士专业学位研究生 44.0 万人，占专业学位研究生招生总数的比重为 98.48%；博士专业学位研究生 0.7 万人，占专业学位研究生招生总数的比重为 1.52%。

1）分类别专业学位研究生招生的规模与结构

在硕士专业学位研究生招生中，工程硕士专业学位研究生招生人数最多，为 14.2 万人，所占比重最大，为 32.27%；其次为工商管理硕士（10.47%）。其他专业类别占硕士专业学位研究生招生总数中的比重均不超过 10%，招生人数最少的专业类别为出版，仅为 350 人，所占比重为 0.08%（表 2-4）。

表 2-4　2018 年分类别专业学位硕士研究生招生的规模与结构

招生类别	人　数	比重 /%
金融	9 207	2.09
应用统计	3 092	0.70
税务	1 337	0.30
国际商务	2 542	0.58
保险	861	0.20
资产评估	838	0.19
审计	1 473	0.33
法律	18 843	4.28
社会工作	4 146	0.94
警务	433	0.10
教育	34 331	7.81
体育	5 217	1.19
汉语国际教育	4 688	1.07
应用心理	1 892	0.43
翻译	10 495	2.39
新闻与传播	4 820	1.10
出版	350	0.08
文物与博物馆	883	0.20
建筑学	2 345	0.53
工程	141 901	32.27
城市规划	851	0.19
农业推广	16 773	3.81
兽医	1 932	0.44
风景园林	2 545	0.58
林业	1 189	0.27
临床医学	32 780	7.45

续表

招生类别	人　数	比重 /%
口腔医学	1 858	0.42
公共卫生	1 817	0.41
护理	1 917	0.44
药学	3 147	0.72
中药学	958	0.22
中医	8 742	1.99
工商管理	46 057	10.47
公共管理	24 593	5.59
会计	18 192	4.14
旅游管理	1 293	0.29
图书情报	1 318	0.30
工程管理	6 594	1.50
艺术	17 554	3.99
合计	439 804	100.00

注：此表中的数据不包含在职联考。

资料来源：根据教育部发展规划司提供的数据整理。

在博士专业学位研究生招生中，招生类别有 6 个，分别为教育、工程、兽医、临床医学、口腔医学、中医。其中临床医学博士专业学位研究生所占比重最大，为 50.09%（图 2-5）。

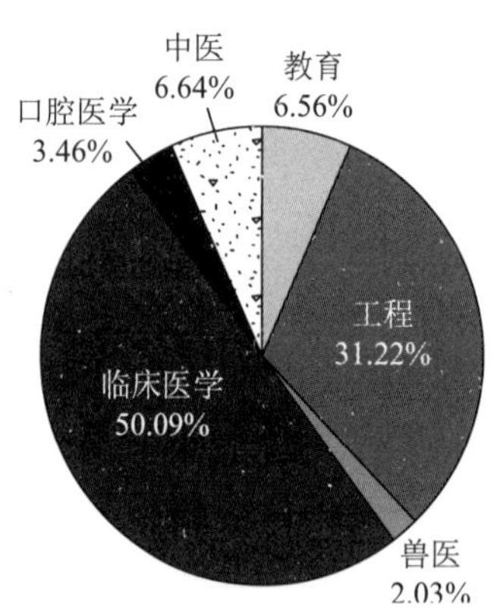

图 2-5　2018 年分类别专业学位博士研究生的招生结构

资料来源：根据教育部发展规划司提供的数据整理。

2）分地区的专业学位研究生招生的规模与结构

专业学位研究生招生总数中，华东地区招生人数最多，为 13.7 万人，所占比重最大，为 30.78%；其次为华北地区（9.1 万人，20.40%）和华中地区（5.3 万人，11.90%）；招生人数最少的地区是华南地区，仅有 3.3 万人，所占比重为 7.40%。

专业学位硕士研究生招生中，华东地区招生人数最多，为 13.5 万人，所占比重为 30.77%；其次是华北地区（9.0 万人，20.36%）和华中地区（5.2 万人，11.88%）；招生人数最少的是华南地区，仅有 3.2 万人，所占比重为 7.34%。

专业学位博士研究生招生中，华东地区招生人数最多，为 2 148 人，所占比重最大，为 31.66%；其次是华北地区（1 566 人，23.08%）和华中地区（895 人，13.19%）；招生人数最少的地区是东北地区，仅有 387 人，所占比重为 5.70%（表 2-5）。

表 2-5　2018 年分地区专业学位研究生招生的规模与结构

区　域	硕士生		博士生		合　计	
	人　数	比重 /%	人　数	比重 /%	人　数	比重 /%
东北	45 267	10.29	387	5.70	45 654	10.22
华北	89 548	20.36	1 566	23.08	91 114	20.40
华东	135 318	30.77	2 148	31.66	137 466	30.78
华南	32 297	7.34	754	11.11	33 051	7.40
华中	52 254	11.88	895	13.19	53 149	11.90
西北	37 364	8.50	480	7.08	37 844	8.47
西南	47 756	10.86	554	8.17	48 310	10.82
合计	439 804	100.00	6 784	100.00	446 588	100.00

资料来源：根据教育部发展规划司提供的数据整理。

2018 年北京的专业学位硕士研究生招生人数为 5.4 万人，占全国专业学位硕士研究生招生总数的比重最大，为 12.32%。其次为江苏（8.15%）和上海（6.79%），而宁夏、海南、青海和西藏的专业学位硕士研究生招生人数占全国比重不足 1%。

2018 年北京的专业学位博士研究生招生人数为 1 336 人，占全国专业学位博士研究生招生总数的比重最大，为 19.69%。其次为上海（945 人，13.93%）和广东（735 人，10.83%），其余地区的专业学位博士研究生招生人数所占比重均未超过 10%（表 2-6）。

表 2-6　2018 年分地区专业学位研究生招生的规模与结构

省（区、市）	硕士生		博士生		合　计	
	人　数	比重 /%	人　数	比重 /%	人　数	比重 /%
北京	54 195	12.32	1 336	19.69	55 531	12.43
天津	13 120	2.98	134	1.98	13 254	2.97
河北	10 418	2.37	71	1.05	10 489	2.35
山西	6 793	1.54	25	0.37	6 818	1.53

续表

省（区、市）	硕士生		博士生		合计	
	人数	比重 /%	人数	比重 /%	人数	比重 /%
内蒙古	5 022	1.14	0	0.00	5 022	1.12
辽宁	22 023	5.01	80	1.18	22 103	4.95
吉林	11 666	2.65	90	1.33	11 756	2.63
黑龙江	11 578	2.63	217	3.20	11 795	2.64
上海	29 859	6.79	945	13.93	30 804	6.90
江苏	35 823	8.15	431	6.35	36 254	8.12
浙江	15 829	3.60	318	4.69	16 147	3.62
安徽	12 251	2.79	175	2.58	12 426	2.78
福建	10 335	2.35	46	0.68	10 381	2.32
江西	9 224	2.10	32	0.47	9 256	2.07
山东	21 997	5.00	201	2.96	22 198	4.97
河南	11 429	2.60	47	0.69	11 476	2.57
湖北	25 559	5.81	274	4.04	25 833	5.78
湖南	15 266	3.47	574	8.46	15 840	3.55
广东	23 008	5.23	735	10.83	23 743	5.32
广西	7 523	1.71	19	0.28	7 542	1.69
海南	1 766	0.40	0	0	1 766	0.40
重庆	13 828	3.14	154	2.27	13 982	3.13
四川	20 321	4.62	345	5.09	20 666	4.63
贵州	4 697	1.07	15	0.22	4 712	1.06
云南	8 739	1.99	40	0.59	8 779	1.97
西藏	171	0.04	0	0	505	0.11
陕西	21 377	4.86	334	4.92	21 377	4.79
甘肃	7 340	1.67	127	1.87	7 467	1.67
青海	1 480	0.34	0	0.00	1 480	0.33
宁夏	1 686	0.38	11	0.16	1 697	0.38
新疆	5 481	1.25	8	0.12	5 489	1.23

注：此表中的数据不包含在职联考。

资料来源：根据教育部发展规划司提供的数据整理。

专业学位硕士研究生招生所占比重最大的前 5 个地区依次为：北京、江苏、上海、湖北和广东，这 5 个省、直辖市专业学位硕士研究生招生所占比重之和为 38.30%。招生人数最少的 5 个省、自治区依次为西藏、青海、宁夏、海南和贵州，五者所占比重之和仅为 2.23%。

专业学位博士研究生招生所占比重最大的前 5 个地区依次为：北京、上海、广东、湖南和江苏，这 5 个省、直辖市专业学位博士研究生招生所占比重之和为 59.27%。内蒙古、海南、西藏和青海未招收专业学位博士研究生（图 2-6）。

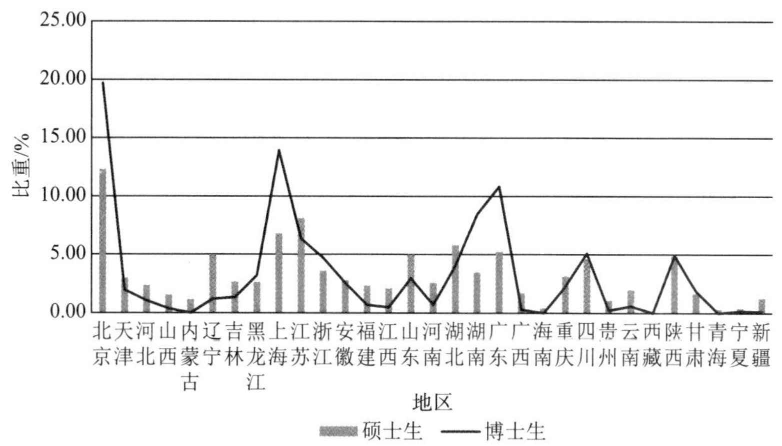

图 2-6　2018 年分地区专业学位研究生的招生结构

资料来源：根据教育部发展规划司提供的数据整理。

2.1.2　发展变化

1. 与 2017 年比发展变化

与 2017 年相比，2018 年全国研究生招生总数增长 5.2 万人，增长 6.43%。其中硕士研究生招生人数增长 4.0 万人，增长 5.57%，博士研究生招生人数增长 1.2 万人，增长 13.86%（表 2-7）。

表 2-7　2017 年和 2018 年研究生的招生规模变化

年　份	硕士生		博士生		合　计	
	人　数	比重 /%	人　数	比重 /%	人　数	增长率 /%
2017	722 225	89.59	83 878	10.41	806 103	—
2018	762 464	88.87	95 502	11.13	857 966	—
增长情况	40 239	—	11 624	—	51 863	6.43

资料来源：根据教育部发展规划司提供的数据整理。

与 2017 年相比，2018 年学术学位研究生招生规模增长 1.0 万人，增长 2.51%，专业学位研究生招生规模增长 4.2 万人，增长 10.32%（表 2-8）。

表 2-8　2017 年和 2018 年研究生的招生规模变化

年　份	学术学位生		专业学位生		合　计	
	人　数	比重 /%	人　数	比重 /%	人　数	增长率 /%
2017	401 299	49.78	404 804	50.22	806 103	—
2018	411 378	47.95	446 588	52.05	857 966	—
增长情况	10 079	—	41 784	—	51 863	6.43

资料来源：根据教育部发展规划司提供的数据整理。

1）学术学位研究生的招生规模变化

从学术学位研究生招生规模总数来看，2017 年至 2018 年，招生规模由

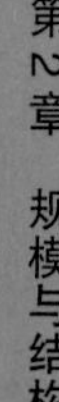

40.1 万人增长到 41.1 万人，增长 2.51%。学术学位硕士研究生招生人数从 32.0 万人增长到 32.3 万人，增长 0.79%，其中人数增长较多的前 3 个学科门类有理学、医学、法学。学术学位博士研究生招生人数从 8.1 万人增长到 8.9 万人，增长 9.29%，其中人数增长较多的前 3 个学科门类有工学、理学、医学（表 2-9）。

表 2-9　2017 年和 2018 年分学科门类学术学位研究生的招生规模与结构变化

学科门类	硕士生			博士生		
	2017 年	2018 年	增长人数	2017 年	2018 年	增长人数
哲学	3 438	3 367	−71	914	925	11
经济学	13 828	13 009	−819	2 980	3 134	154
法学	24 406	25 028	622	4 098	4 709	611
教育学	12 055	12 219	164	1 415	1 489	74
文学	19 019	18 694	−325	2 681	2 867	186
历史学	4 292	4 306	14	1 092	1 143	51
理学	52 600	54 854	2 254	17 481	18 894	1 413
工学	116 754	116 318	−436	32 147	35 522	3 375
农学	11 995	12 259	264	3 712	4 167	455
医学	28 638	29 909	1 271	9 176	9 961	785
军事学	80	80	0	12	9	−3
管理学	24 203	24 011	−192	4 669	4 910	241
艺术学	8 813	8 606	−207	801	988	187
合计	320 121	322 660	2 539	81 178	88 718	7 540

资料来源：根据教育部发展规划司提供的数据整理。

2）专业学位研究生的招生规模变化

2018 年专业学位硕士研究生招生 44.0 万人，相比 2017 年增长 3.8 万人，增长率为 9.38%。其中，工学、管理学和医学专业硕士增长的人数最多，增长人数分别为 1.2 万人、0.6 万人和 0.5 万人。专业博士研究生招生人数增长 4 084 人，其中增长人数较多的专业类别有医学和工学，分别增长 1 911 人和 1 795 人（表 2-10）。

表 2-10　2017 年和 2018 年分学科门类专业学位研究生的招生规模与结构变化

学科门类	硕士生			博士生		
	2017 年	2018 年	增长人数	2017 年	2018 年	增长人数
哲学	0	0	0	0	0	0
经济学	17 924	19 350	1 426	0	0	0
法学	22 552	23 422	870	0	0	0
教育学	41 475	46 128	4 653	170	445	275

续表

学科门类	硕士生			博士生		
	2017 年	2018 年	增长人数	2017 年	2018 年	增长人数
文学	14 076	15 665	1 589	0	0	0
历史学	758	883	125	0	0	0
理学	0	0	0	0	0	0
工学	132 871	145 097	12 226	323	2 118	1 795
农学	18 575	22 439	3 864	35	138	103
医学	46 553	51 219	4 666	2 172	4 083	1 911
军事学	0	0	0	0	0	0
管理学	92 022	98 047	6 025	0	0	0
艺术学	15 298	17 554	2 256	0	0	0
合计	402 104	439 804	37 700	2 700	6 784	4 084

资料来源：根据教育部发展规划司提供的数据整理。

3）分地区研究生的招生规模变化

研究生招生人数增加最多的地区是华东地区，增加 1.7 万人，其次为华北地区和西南地区，分别增加 0.9 万人和 0.6 万人（表 2-11）。

表 2-11　2017 年和 2018 年分地区研究生的招生规模与结构变化

区　域	2017 年		2018 年		增长情况	
	人　数	比重 /%	人　数	比重 /%	增长人数	增长率 /%
华北	181 085	22.46	190 279	22.18	9 194	5.08
东北	87 610	10.87	92 239	10.75	4 629	5.28
华东	240 258	29.80	257 752	30.04	17 494	7.28
华中	97 253	12.06	101 082	11.78	3 829	3.94
华南	53 136	6.59	58 218	6.79	5 082	9.56
西南	81 062	10.06	87 036	10.14	5 974	7.37
西北	65 699	8.15	71 360	8.32	5 661	8.62
合计	806 103	100.00	857 966	100.00	51 863	6.43

资料来源：根据教育部发展规划司提供的数据整理。

2017 年研究生招生人数最多的前 5 个地区分别为：北京、江苏、上海、湖北、陕西。其中北京的招生人数最多，为 12.0 万人；招生人数最少的地区是西藏，为 706 人。

2018 年研究生招生人数最多的前 5 个地区为：北京、江苏、上海、湖北、陕西。其中北京的招生人数最多；为 12.6 万人；招生人数最少的地区仍是西藏，仅有 846 人。各地区的研究生招生规模，增加人数最多的北京，增加 0.6 万人；

其次为江苏，增加 0.5 万人（图 2-7）。

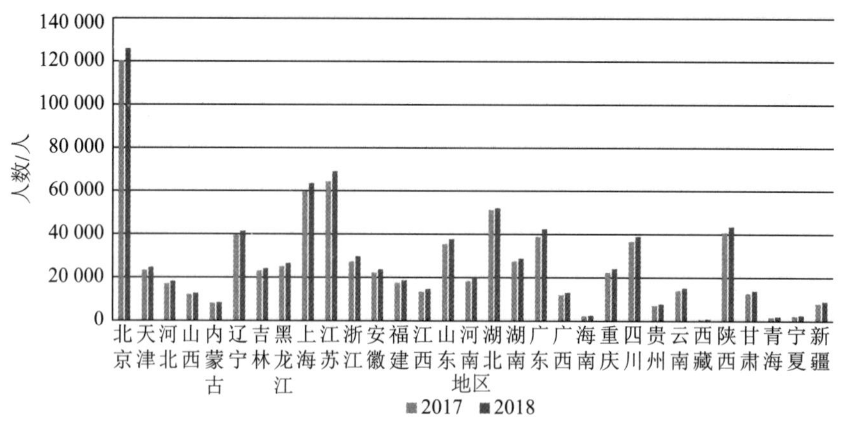

图 2-7　2017 年和 2018 年分地区研究生的招生规模变化

资料来源：根据教育部发展规划司提供的数据整理。

2. 十年来的发展变化

2009 年至 2018 年，研究生招生人数从 64.3 万人增长到 85.8 万人，增长 21.5 万人，增长率为 33.44%。硕士研究生招生人数从 58.1 万人增长到 76.2 万人，增长 18.1 万人，增长率为 31.15%。博士研究生招生规模从 6.2 万人增长到 9.6 万人，增长 3.4 万人，增长率为 54.84%（图 2-8）。

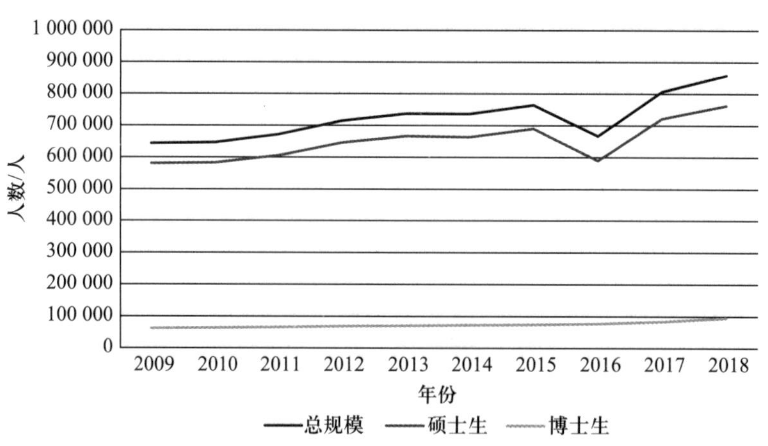

图 2-8　2009—2018 年研究生的招生规模变化

注：2016 年起停止在职联考研究生招生，纳入 2017 年全日制、非全日制研究生招生计划。

资料来源：根据教育部发展规划司提供的数据整理。

从逐年增长率来看，2009 年至 2018 年硕士研究生招生规模在 2017 年的增长率最大，为 22.45%；2016 年的增长率最小，为 -14.53%。博士研究生招生规模增长幅度要小于硕士研究生，2018 年增长率最高，为 13.86%（图 2-9）。

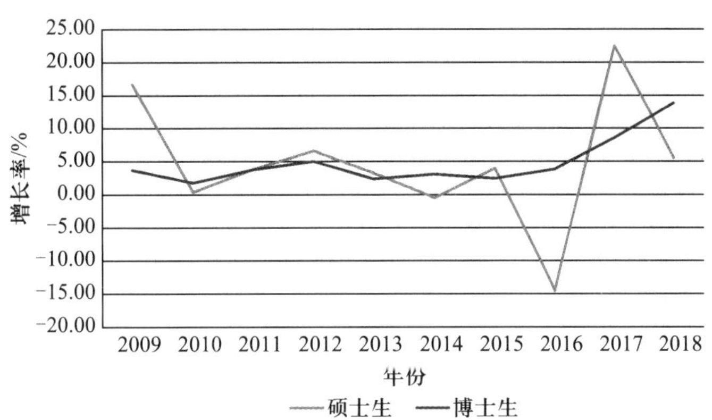

图 2-9　2009—2018 年研究生招生的规模增长率变化

资料来源：根据教育部发展规划司提供的数据整理。

2.2　在校研究生①

2.2.1　规模与结构

1. 在校研究生的规模与结构

2018 年全国共有在校研究生 239.0 万人。在校硕士研究生 200.1 万人，占比为 83.70%；在校博士研究生 39.0 万人，占比为 16.30%，在校硕士研究生规模大约为博士研究生规模的 5 倍（图 2-10）。

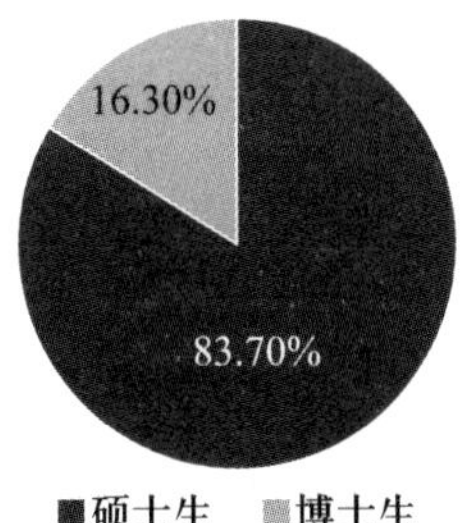

图 2-10　2018 年全国在校研究生结构

资料来源：根据教育部发展规划司提供的数据整理。

在校硕士研究生中，学术学位研究生 93.8 万人，专业学位研究生 106.3 万人；在校博士研究生中，学术学位研究生为 37.5 万人，专业学位研究生 1.4 万人（表 2-12）。

① 本书“在校研究生”包括全日制和非全日制研究生，不包括在职人员攻读硕士。

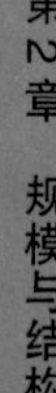

表 2-12　2018 年全国在校研究生的规模与结构

学位类型	硕士生		博士生		合　计	
	人　数	比重 /%	人　数	比重 /%	人　数	比重 /%
学术学位	937 646	71.41	375 344	28.59	1 312 990	54.93
专业学位	1 062 943	98.68	14 174	1.32	1 077 117	45.07
总计	2 000 589	83.70	389 518	16.30	2 390 107	100.00

资料来源：根据教育部发展规划司提供的数据整理。

2. 在校学术学位研究生的规模与结构

1）分学科门类在校学术学位研究生的规模与结构

在校学术学位硕士研究生中，占比最大的前 3 个学科门类是工学（36.09%）、理学（16.32%）、医学（9.06%），占比最小的 3 个学科门类是军事学（0.03%）、哲学（1.10%）、历史学（1.38%）；在校学术学位博士研究生中，占比最大的前 3 个学科门类是工学（42.24%）、理学（19.45%）、医学（9.00%），占比最小的 3 个学科门类是军事学（0.03%）、艺术学（0.92%）、哲学（1.17%）（表 2-13）。

表 2-13　2018 年分学科门类在校学术学位研究生的规模与结构

学科	硕士生		博士生		合　计		硕博比
	人　数	比重 /%	人　数	比重 /%	人　数	比重 /%	
哲学	10 344	1.10	4 396	1.17	14 740	1.12	2.35
经济学	38 298	4.08	14 789	3.94	53 087	4.04	2.59
法学	72 177	7.70	20 121	5.36	92 298	7.03	3.59
教育学	37 411	3.99	6 435	1.71	43 846	3.34	5.81
文学	56 966	6.08	12 797	3.41	69 763	5.31	4.45
历史学	12 912	1.38	5 402	1.44	18 314	1.39	2.39
理学	153 058	16.32	73 000	19.45	226 058	17.22	2.10
工学	338 389	36.09	158 529	42.24	496 918	37.85	2.13
农学	35 296	3.76	16 367	4.36	51 663	3.93	2.16
医学	84 910	9.06	33 791	9.00	118 701	9.04	2.51
军事学	324	0.03	122	0.03	446	0.03	2.66
管理学	70 957	7.57	26 155	6.97	97 112	7.40	2.71
艺术学	26 604	2.84	3 440	0.92	30 044	2.29	7.73
合计	937 646	100.00	375 344	100.00	1 312 990	100.00	2.50

资料来源：根据教育部发展规划司提供的数据整理。

2）分地区在校学术学位研究生的规模与结构

在校学术学位硕士研究生中，人数最多的是华东地区，为 27.6 万人；其次为华北地区、华中地区、东北地区；人数最少的是华南地区，为 6.1 万人。在校学术学位博士研究生中，人数最多的是华北地区，为 12.1 万人；其次为华东地区、东北地区、华中地区；人数最少的是华南地区，为 1.8 万人（图 2-11）。

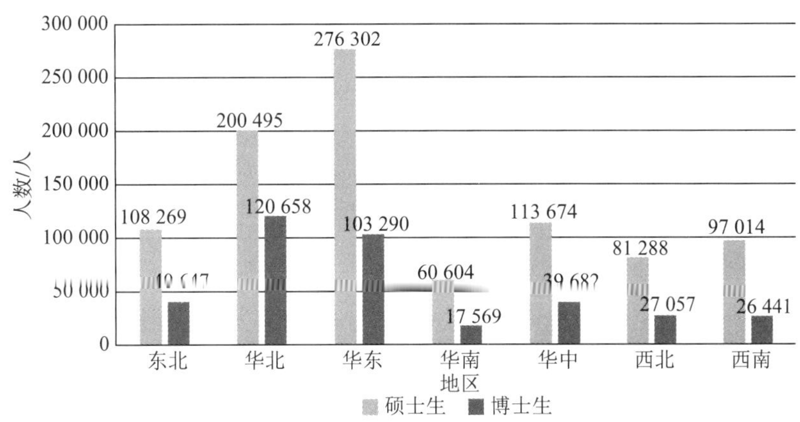

图 2-11　2018 年分地区在校学术学位研究生的规模与结构

资料来源：根据教育部发展规划司提供的数据整理。

在校学术学位硕士研究生中，华东地区所占比重最大，为 29.47%；其次为华北地区、华中地区、东北地区；华南地区所占比重最小，为 6.46%。在校学术学位博士研究生中，华北地区所占比重最大，为 32.15%；其次为华东地区、东北地区、华中地区；华南地区所占比重最小，为 4.68%（图 2-12）。

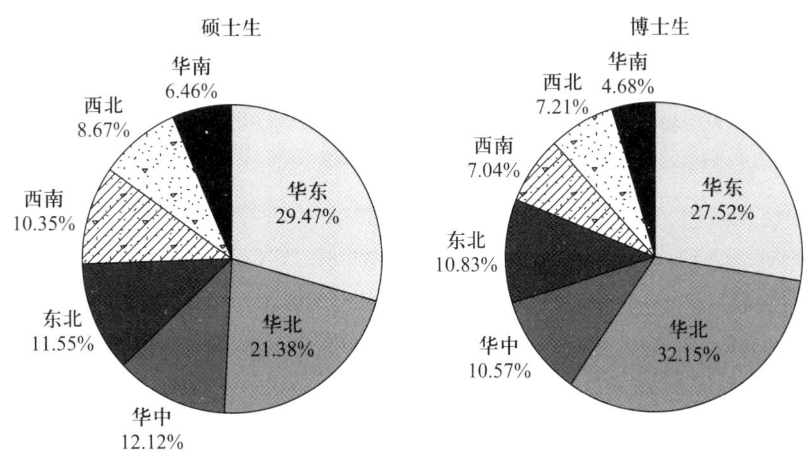

图 2-12　2018 年分地区在校学术学位研究生的结构

资料来源：根据教育部发展规划司提供的数据整理。

2018 年北京的在校学术学位硕士研究生有 12.8 万人，规模最大，占全国在校学术学位硕士研究生总数的 13.64%。占比超过 5% 的省、直辖市有江苏（8.19%）、上海（7.36%）、湖北（6.42%）、陕西（5.49%）和辽宁（5.05%），其余省、自治区、直辖市的在校学术学位硕士研究生人数占比均低于 5%。

2018 年北京的在校学术学位博士研究生有 10.2 万人，规模最大，占全国在校学术学位博士研究生总数的 27.31%。占比超过 5% 的省、直辖市有上海

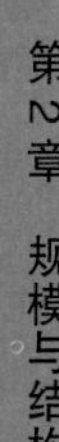

（8.67%）、江苏（8.22%）、湖北（6.59%）、陕西（5.55%），其余省、自治区、直辖市的在校学术学位博士研究生人数占比均低于 5%（表 2-14）。

表 2-14　2018 年分地区在校学术学位研究生的规模与结构

省（区、市）	硕士生		博士生		合计	
	人数	比重 /%	人数	比重 /%	人数	比重 /%
北京	127 870	13.64	102 489	27.31	230 359	17.54
天津	26 290	2.80	10 185	2.71	36 475	2.78
河北	21 090	2.25	3 401	0.91	24 491	1.87
山西	15 910	1.70	2 888	0.77	18 798	1.43
内蒙古	9 335	1.00	1 695	0.45	11 030	0.84
辽宁	47 339	5.05	15 714	4.19	63 053	4.80
吉林	28 847	3.08	10 845	2.89	39 692	3.02
黑龙江	32 083	3.42	14 088	3.75	46 171	3.52
上海	69 033	7.36	32 557	8.67	101 590	7.74
江苏	76 795	8.19	30 849	8.22	107 644	8.20
浙江	31 060	3.31	12 219	3.26	43 279	3.30
安徽	25 568	2.73	8 619	2.30	34 187	2.60
福建	19 864	2.12	6 828	1.82	26 692	2.03
江西	14 864	1.59	1 751	0.47	16 615	1.27
山东	39 118	4.17	10 467	2.79	49 585	3.78
河南	21 737	2.32	2 702	0.72	24 439	1.86
湖北	60 242	6.42	24 732	6.59	84 974	6.47
湖南	31 695	3.38	12 248	3.26	43 943	3.35
广东	43 229	4.61	15 612	4.16	58 841	4.48
广西	15 279	1.63	1 564	0.42	16 843	1.28
海南	2 096	0.22	393	0.10	2 489	0.19
重庆	25 936	2.77	6 395	1.70	32 331	2.46
四川	44 118	4.71	15 974	4.26	60 092	4.58
贵州	8 507	0.91	898	0.24	9 405	0.72
云南	16 956	1.81	3 050	0.81	20 006	1.52
西藏	1 497	0.16	124	0.03	1 621	0.12
陕西	51 467	5.49	20 849	5.55	72 316	5.51
甘肃	16 105	1.72	4 178	1.11	20 283	1.54
青海	1 641	0.18	206	0.05	1 847	0.14
宁夏	2 556	0.27	288	0.08	2 844	0.22
新疆	9 519	1.02	1 536	0.41	11 055	0.84
合计	937 646	100.00	375 344	100.00	1 312 990	100.00

资料来源：根据教育部发展规划司提供的数据整理。

在校学术学位硕士研究生占比最大的前 5 个地区依次为：北京、江苏、上海、湖北和陕西，这 5 个省、直辖市学术学位硕士研究生招生所占比重之和为

41.10%。在校生人数占比最小的 5 个省、自治区依次为：西藏、青海、海南、宁夏和贵州，五者累计所占比重之和仅为 1.74%。

在校学术学位博士研究生占比最大的前 5 个地区依次为：北京、上海、江苏、湖北和陕西，这 5 个省、直辖市在校学术学位博士研究生所占比重之和为 56.34%。在校生人数占比最小的 5 个省、自治区依次为西藏、青海、宁夏、海南和贵州，五者累计所占比重之和仅为 0.51%（图 2-13）。

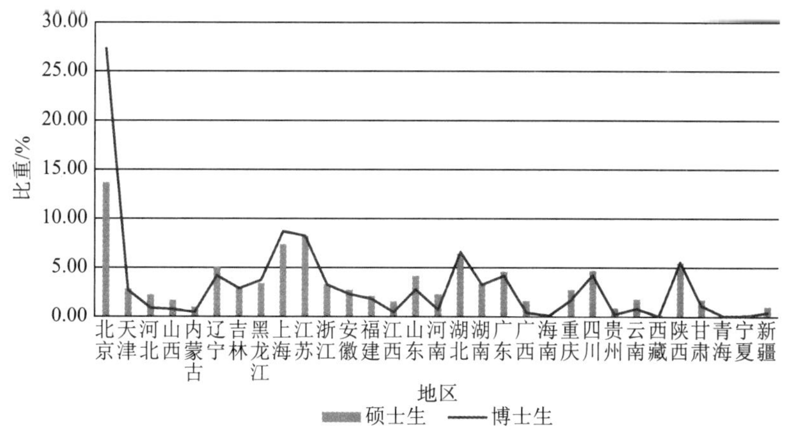

图 2-13　2018 年分地区学术学位研究生在校生的结构

资料来源：根据教育部发展规划司提供的数据整理。

3. 在校专业学位研究生的规模与结构

2018 年全国共有在校专业学位研究生 107.7 万人，其中硕士研究生 106.3 万人，占在校专业学位研究生总数的 98.68%，博士研究生 1.4 万人，占在校专业学位研究生总数的 1.32%。

1）分类别在校专业学位研究生的规模与结构

在校专业学位硕士研究生中，工程硕士专业学位研究生所占比重最大，为 32.44%；其次是工商管理，占比为 11.97%；其他类别的在校硕士专业学位研究生所占比重均不超过 10%；在校硕士专业学位研究生所占比重最小的专业类别是出版（表 2-15）。

表 2-15　2018 年分类别在校专业学位硕士研究生的规模与结构

专业类别	人　数	比重 /%
金融	19 493	1.83
应用统计	6 315	0.59
税务	2 643	0.25
国际商务	5 381	0.51
保险	1 816	0.17
资产评估	1 724	0.16

续表

专业类别	人　数	比重/%
审计	3 198	0.30
法律	46 334	4.36
社会工作	8 567	0.81
警务	985	0.09
教育	69 362	6.53
体育	11 466	1.08
汉语国际教育	11 265	1.06
应用心理	4 050	0.38
翻译	23 157	2.18
新闻与传播	10 470	0.99
出版	783	0.07
文物与博物馆	1 956	0.18
建筑学	6 372	0.60
工程	344 815	32.44
城市规划	2 126	0.20
农业推广	33 190	3.12
兽医	3 825	0.36
风景园林	6 017	0.57
林业	2 424	0.23
临床医学	90 761	8.54
口腔医学	5 199	0.49
公共卫生	4 247	0.40
护理	4 599	0.43
药学	7 471	0.70
中药学	2 439	0.23
中医	22 355	2.10
工商管理	127 279	11.97
公共管理	63 155	5.94
会计	41 101	3.87
旅游管理	3 079	0.29
图书情报	2 760	0.26
工程管理	15 597	1.47
艺术	45 167	4.25
合计	1 062 943	100.00

资料来源：根据教育部发展规划司提供的数据整理。

在校专业博士研究生中，临床医学专业在校生人数最多，为 7 965 人；占 56.19%，其次为工程，为 3 295 人，占 23.26%（表 2-16）。

表 2-16　2018 年分类别在校专业学位博士研究生的规模与结构

专业类别	人　数	比重 /%
教育	1 315	9.28
工程	3 295	23.26
兽医	193	1.36
临床医学	7 965	56.19
口腔医学	552	3.89
中医	854	6.03
合计	14 174	100.00

资料来源：根据教育部发展规划司提供的数据整理。

2）分地区在校专业学位研究生的规模与结构

在校硕士专业学位研究生中，华东地区在校生人数最多，为 33.0 万人，所占比重最大，为 31.08%；华南地区在校生人数最少，为 7.6 万人，所占比重最小，为 7.17%。在校博士专业学位研究生中，华东地区在校生人数最多，为 4 309 人，所占比重最大，为 30.40%；东北地区在校生人数最少，为 625 人，所占比重最小，为 4.41%（表 2-17）。

表 2-17　2018 年分地区在校专业学位研究生的规模与结构

区域	硕士生		博士生		合　计	
	人　数	比重 /%	人　数	比重 /%	人　数	比重 /%
华北	214 256	20.16	3 930	27.73	218 186	20.26
东北	108 737	10.23	625	4.41	109 362	10.15
华东	330 395	31.08	4 309	30.40	334 704	31.07
华中	127 602	12.00	1 902	13.42	129 504	12.02
华南	76 263	7.17	1 397	9.86	77 660	7.21
西南	115 848	10.90	1 126	7.94	116 974	10.86
西北	89 842	8.45	885	6.24	90 727	8.42
合计	1 062 943	100.00	14 174	100.00	1 077 117	100.00

资料来源：根据教育部发展规划司提供的数据整理。

2018 年北京的在校专业学位硕士研究生为 12.9 万人，规模最大，占比为 12.18%，其余占比超过 5% 的省、直辖市有江苏（8.12%）、上海（7.06%）、湖北（5.69%）、广东（5.14%）、辽宁（5.02%），其余省、自治区的在校专业学位硕士研究生人数占比均低于 5%，其中海南、西藏、青海和宁夏地区的在校专业学位硕士研究生人数占全国比重不足 1%。

2018 年北京的在校专业学位博士研究生为 3 541 人，规模最大，占比为 24.98%；上海占比也超过 10%，达到 15.27%；占比在 5% ～ 10% 的省份有广东（9.64%）、湖南（9.40%）、四川（5.74%）、浙江（5.11%）。内蒙古、海南、西藏和青海地区没有在校专业学位博士研究生（表 2-18）。

表 2-18　2018 年分地区在校专业学位研究生的规模与结构

省（区、市）	硕士生		博士生		合　计	
	人　数	比重 /%	人　数	比重 /%	人　数	比重 /%
北京	129 473	12.18	3 541	24.98	133 014	12.35
天津	31 350	2.95	278	1.96	31 628	2.94
河北	25 305	2.38	86	0.61	25 391	2.36
山西	16 161	1.52	25	0.18	16 186	1.50
内蒙古	11 967	1.13	0	0.00	11 967	1.11
辽宁	53 328	5.02	139	0.98	53 467	4.96
吉林	28 968	2.73	146	1.03	29 114	2.70
黑龙江	26 441	2.49	340	2.40	26 781	2.49
上海	75 035	7.06	2 165	15.27	77 200	7.17
江苏	86 296	8.12	623	4.40	86 919	8.07
浙江	38 544	3.63	724	5.11	39 268	3.65
安徽	29 029	2.73	248	1.75	29 277	2.72
福建	26 304	2.47	133	0.94	26 437	2.45
江西	22 609	2.13	48	0.34	22 657	2.10
山东	52 578	4.95	368	2.60	52 946	4.92
河南	26 513	2.49	47	0.33	26 560	2.47
湖北	60 494	5.69	523	3.69	61 017	5.66
湖南	40 595	3.82	1 332	9.40	41 927	3.89
广东	54 623	5.14	1 366	9.64	55 989	5.20
广西	17 232	1.62	31	0.22	17 263	1.60
海南	4 408	0.41	0	0.00	4 408	0.41
重庆	32 545	3.06	258	1.82	32 803	3.05
四川	50 221	4.72	813	5.74	51 034	4.74
贵州	11 526	1.08	15	0.11	11 541	1.07
云南	21 061	1.98	40	0.28	21 101	1.96
西藏	495	0.05	0	0.00	495	0.05
陕西	52 454	4.93	661	4.66	53 115	4.93
甘肃	17 969	1.69	205	1.45	18 174	1.69
青海	3 101	0.29	0	0.00	3 101	0.29
宁夏	3 574	0.34	11	0.08	3 585	0.33
新疆	12 744	1.20	8	0.06	12 752	1.18
合计	1 062 943	100.00	14 174	100.00	1 077 117	100.00

资料来源：根据教育部发展规划司提供的数据整理。

在校专业学位硕士研究生占比最大的前 5 个地区依次为：北京、江苏、上海、湖北和广东，这 5 个省、直辖市专业学位硕士研究生招生所占比重之和为 38.19%。在校生人数占比最小的 5 个省、自治区依次为：西藏、青海、宁夏、海南和贵州，五者累计所占比重之和仅为 2.17%。

在校专业学位博士研究生占比最大的前 5 个地区依次为：北京、上海、广东、湖南和四川，这 5 个省、直辖市在校专业学位博士研究生所占比重之和为 65.03%。在校生人数占比最少的 5 个省、自治区依次为：西藏、青海、内蒙古、海南和新疆，五者累计所占比重之和仅为 0.06%（图 2-14）。

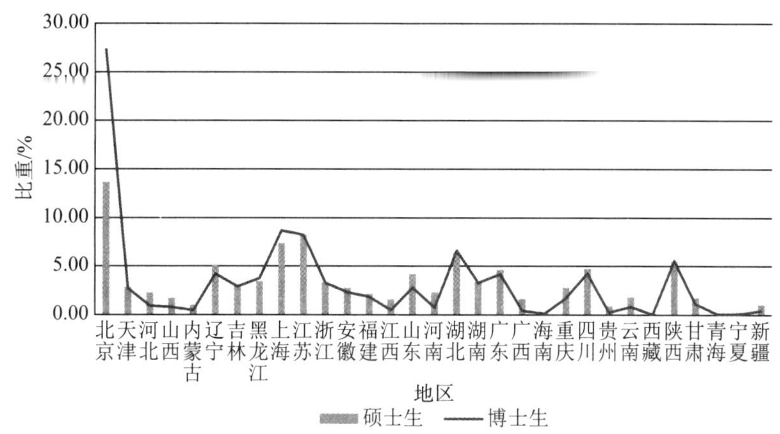

图 2-14　2018 年分地区在校专业学位研究生的结构

资料来源：根据教育部发展规划司提供的数据整理。

2.2.2　发展变化

1. 与 2017 年比发展变化

与 2017 年相比，2018 年全国在校研究生规模增长 21.4 万人，增长 9.86%。其中在校硕士研究生增长 18.7 万人，增长 10.31%；在校博士研究生增长 2.8 万人，增长 7.60%。可以看出，与 2017 年相比，在校硕士研究生和博士研究生均稳定增长，硕士研究生增长幅度大于博士研究生增长幅度（表 2-19）。

表 2-19　2017 年和 2018 年全国在校研究生的规模与结构变化

年份	硕士生		博士生		合计	
	人数	比重 /%	人数	比重 /%	人数	增长率 /%
2017	1 813 678	83.36	361 997	16.64	2 175 675	—
2018	2 000 589	83.70	389 518	16.30	2 390 107	—
增长情况	186 911	—	27 521	—	214 432	9.86

资料来源：根据教育部发展规划司提供的数据整理。

从学术学位研究生在校生规模来看，与 2017 年相比，2018 年我国在校学术学位研究生规模增长 3.4 万人，增长 2.67%。从专业学位研究生在校生规模来看，与 2017 年相比，2018 年在校专业学位研究生规模增长 18.0 万人，增长为 20.11%（表 2-20）。

表 2-20　2017 年和 2018 年全国在校研究生的规模与结构变化

年份	学术学位		专业学位		合　计	
	人　数	比重 /%	人　数	比重 /%	人　数	增长率 /%
2017	1 278 892	58.78	896 783	41.22	2 175 675	—
2018	1 312 990	54.93	1 077 117	45.07	2 390 107	—
增长情况	34 098	—	180 334	—	214 432	9.86

资料来源：根据教育部发展规划司提供的数据整理。

1）分学科门类在校学术学位研究生的规模与结构变化

2017 年和 2018 年在校学术学位研究生人数最多的前 3 个学科门类均是工学、理学、医学，在校学术学位研究生人数最少的 3 个学科门类均是军事学、哲学、历史学。相比于 2017 年，在校生规模增长较大的学科门类有工学、理学和医学，规模有所减少的学科门类有经济学、管理学和军事学。

学术学位硕士研究生在校生人数从 92.6 万人增长到 93.8 万人，增长 1.21%，其中人数增长较多的学科门类有理学、医学、法学，人数减少较多的学科门类有经济学、管理学、艺术学。

学术学位博士研究生在校生人数从 35.2 万人增长到 37.5 万人，增长 6.50%，其中人数增长较多的学科门类有工学、理学、医学，人数增长较少的学科门类有历史学、艺术学、哲学（图 2-15）。

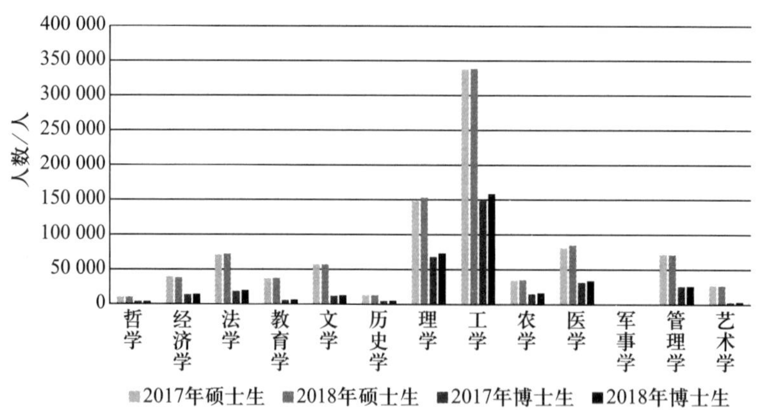

图 2-15　2017 年和 2018 年分学科门类在校学术学位研究生的规模与结构变化

资料来源：根据教育部发展规划司提供的数据整理。

2）分学科门类在校专业学位研究生的规模与结构变化

2017 年至 2018 年，专业学位硕士研究生在校生规模的增长率为 19.81%。其中增长率较大的学科门类有工学和管理学。专业学位博士研究生在校生规模增长 4 614 人，增长率为 48.26%，其中增长人数较多的学科门类有医学和工学，分别增长 2 182 人和 1 973 人（表 2-21）。

表 2-21　2017 年和 2018 年分学科门类在校专业学位研究生的规模与结构变化

学科门类	硕士生			博士生		
	2017 年	2018 年	增长人数	2017 年	2018 年	增长人数
哲学	0	0	0	0	0	0
经济学	35 216	40 570	5 354	0	0	0
法学	47 280	55 886	8 606	0	0	0
教育学	73 959	96 143	22 184	958	1 315	357
文学	30 200	34 410	4 210	0	0	0
历史学	1 700	1 956	256	0	0	0
理学	0	0	0	0	0	0
工学	293 963	353 313	59 350	1 322	3 295	1 973
农学	33 845	45 456	11 611	91	193	102
医学	124 544	137 071	12 527	7 189	9 371	2 182
军事学	0	0	0	0	0	0
管理学	208 727	252 971	44 244	0	0	0
艺术学	37 789	45 167	7 378	0	0	0
合计	887 223	1 062 943	175 720	9 560	14 174	4 614

资料来源：根据教育部发展规划司提供的数据整理。

3）分地区在校研究生的规模与结构变化

2017 年和 2018 年在校研究生人数最多的地区均是华东地区，分别为 64.4 万人、71.4 万人，其次为华北地区、华中地区，人数最少的均是华南地区，分别为 13.9 万人、15.6 万人（表 2-22）。

表 2-22　2017 年和 2018 年分地区在校研究生的规模与结构变化

区域	2017 年		2018 年		增长情况	
	人　数	比重 /%	人　数	比重 /%	增长人数	增长率 /%
华北	498 128	22.90	539 339	22.57	41 211	19.22
东北	239 056	10.99	258 278	10.81	19 222	8.96
华东	643 949	29.60	714 296	29.89	70 347	32.81
华中	257 191	11.82	282 860	11.83	25 669	11.97
华南	139 184	6.40	155 833	6.52	16 649	7.76
西南	216 888	9.97	240 429	10.06	23 541	10.98
西北	181 279	8.33	199 072	8.33	17 793	8.30
合计	2 175 675	100.00	2 390 107	100.00	214 432	9.86

资料来源：根据教育部发展规划司提供的数据整理。

2017 年和 2018 年在校研究生总数最多的前 5 个省、直辖市均为北京、江苏、上海、湖北、陕西，在校研究生总数最少的 5 个省、自治区均为海南、西藏、青海、宁夏、贵州。2017 年和 2018 年千人在校生数最多的 5 个省、直辖市均为北京、上海、天津、陕西、辽宁，千人在校生数最少的 5 个地区均为河南、贵州、西藏、河北、广西。与2017年相比，2018年各地区在校生总数均有不同程度增长，其中增长人数最多的前5个省、直辖市依次为北京、江苏、上海、湖北、广东，增长人数最少的3个省、自治区依次为西藏、青海、海南（表2-23）。

表2-23 2017年和2018年分地区在校研究生的规模与结构变化

省（区、市）	2017年		2018年		增长情况	
	人 数	千人在校生	人 数	千人在校生	增长人数	增长率/%
北京	339 239	15.63	363 373	16.87	24 134	11.25
天津	60 297	3.87	68 103	4.37	7 806	3.64
河北	45 637	0.61	49 882	0.66	4 245	1.98
山西	32 173	0.87	34 984	0.94	2 811	1.31
内蒙古	20 782	0.82	22 997	0.91	2 215	1.03
辽宁	107 524	2.46	116 520	2.67	8 996	4.20
吉林	63 454	2.34	68 806	2.54	5 352	2.50
黑龙江	68 078	1.80	72 952	1.93	4 874	2.27
上海	161 046	6.66	178 790	7.38	17 744	8.27
江苏	176 713	2.20	194 563	2.42	17 850	8.32
浙江	74 404	1.32	82 547	1.44	8 143	3.80
安徽	57 761	0.92	63 464	1.00	5 703	2.66
福建	47 587	1.22	53 129	1.35	5 542	2.58
江西	34 530	0.75	39 272	0.84	4 742	2.21
山东	91 908	0.92	102 531	1.02	10 623	4.95
河南	44 830	0.47	50 999	0.53	6 169	2.88
湖北	133 968	2.27	145 991	2.47	12 023	5.61
湖南	78 393	1.14	85 870	1.24	7 477	3.49
广东	102 912	0.92	114 830	1.01	11 918	5.56
广西	30 404	0.62	34 106	0.69	3 702	1.73
海南	5 868	0.63	6 897	0.74	1 029	0.48
重庆	58 349	1.90	65 134	2.10	6 785	3.16
四川	101 535	1.22	111 126	1.33	9 591	4.47
贵州	18 591	0.52	20 946	0.58	2 355	1.10
云南	36 609	0.76	41 107	0.85	4 498	2.10
西藏	1 804	0.54	2 116	0.62	312	0.15
陕西	115 949	3.02	125 431	3.25	9 482	4.42
甘肃	34 548	1.32	38 457	1.46	3 909	1.82
青海	4 112	0.69	4 948	0.82	836	0.39
宁夏	5 341	0.78	6 429	0.93	1 088	0.51
新疆	21 329	0.87	23 807	0.96	2 478	1.16
合计	2175675	1.57	2390107	1.71	214432	9.86

资料来源：根据教育部发展规划司提供的数据整理。

2. 十年发展变化

2009年至2018年，全国在校研究生规模人数从140.4万人增长到239.0万人，增长了 98.6 万人，增长 70.23%。其中在校硕士研究生增长 83.9 万人，增长 72.29%，在校博士研究生增长 14.7 万人，增长 60.30%。可以看出，这 10 年间在校硕士研究生和博士研究生均有所增长，硕士研究生增长幅度大于博士研究生增长幅度（图 2-16）。

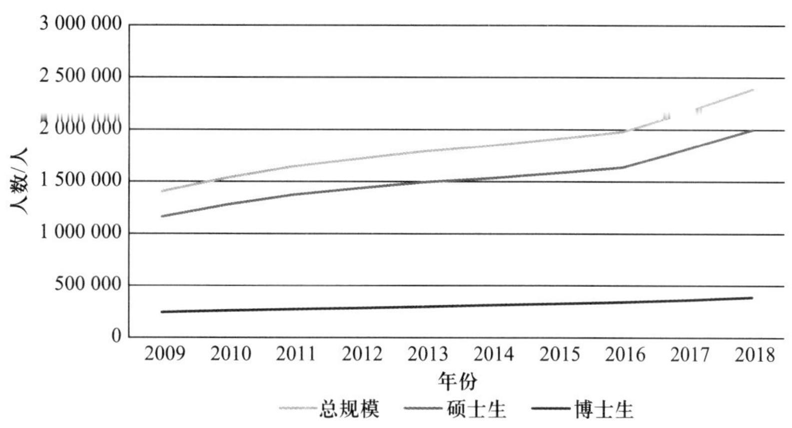

图 2-16　2009—2018 年在校研究生的规模变化

资料来源：根据教育部发展规划司提供的数据整理。

从逐年增长率来看，2009 年至 2018 年在校硕士研究生规模在 2009 年的增长率最大，为 10.97%，2014 年的增长率最小，为 2.64%。在校博士研究生规模增长幅度要小于硕士研究生，2018 年增长率最高，为 7.60%（图 2-17）。

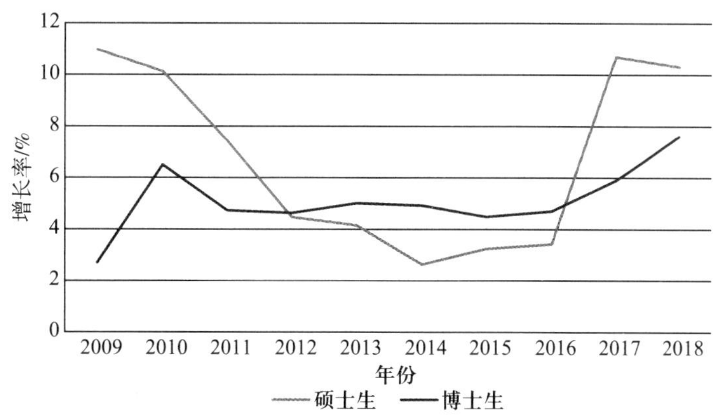

图 2-17　2009—2018 年在校研究生的规模增长率变化

资料来源：根据教育部发展规划司提供的数据整理。

2.3　学位授予

截至 2018 年底，全国共有硕士学位授权一级学科点 6 178 个，博士学位授权一级学科点 3 607 个，其中，硕士学位授权一级学科点最多的 5 个省、直辖市为北京、江苏、山东、辽宁、湖北，博士学位授权一级学科点最多的5个省、直辖市为北京、江苏、上海、湖北、陕西。博士专业学位授权点183个，硕士专业学位授权点7 575个，其中硕士专业学位授权点最多的5个省、直辖市为北京、江苏、湖北、陕西、山东，博士专业学位授权点最多的5个省、直辖市为北京、上海、江苏、广东、湖北。

2.3.1 学位授予的规模与结构

1. 学位授予规模

2018年，全国授予学士学位429.6万人、硕士学位66.6万人、博士学位6.5万人，授予学位的硕博比为10.19，授予学位的本硕比为6.45。硕士学位中，学术学位30.4万人，占比45.66%；专业学位36.2万人，占比54.34%。博士学位中，学术学位6.0万人，占比91.69%；专业学位5 432人，占比8.31%（表2-24）。

表2-24 2018年全国研究生学位授予规模

学位层次	学术学位		专业学位		合计	
	人数	比重%	人数	比重%	人数	比重%
硕士	304 042	45.66	361 907	54.34	665 949	100
博士	59 947	91.69	5 432	8.31	65 379	100

资料来源：根据国务院学位委员会办公室提供的数据整理。

2. 学位授予结构

1）学位授予的层次结构

2018年全国授予学术博士和学术硕士占比分别为16.47%、83.53%。学术学位的硕博比为5.07（表2-25）。

表2-25 2018年分学科门类研究生学术学位授予结构

学科	硕士比重/%	博士比重/%	硕博比
哲学	83.34	16.66	5.00
经济学	88.74	11.26	7.88
法学	89.34	10.66	8.38
教育学	92.89	7.11	13.07
文学	90.23	9.77	9.23
历史学	84.82	15.18	5.59
理学	76.60	23.40	3.27
工学	82.42	17.58	4.69

续表

学　　科	硕士比重 /%	博士比重 /%	硕 博 比
农学	77.59	22.41	3.46
医学	78.94	21.06	3.75
管理学	89.11	10.89	8.19
艺术学	94.13	5.87	16.02
合计	83.53	16.47	5.07

资料来源：根据国务院学位委员会办公室提供的数据整理。

2）学术学位授予的学科结构

学位授予的学科结构，包括学位授予中按不同学科门类所授予的学位数量及其比例关系、按一级学科所授予的学位数量及其比例关系。

第一，学科门类的学位授予结构。

全国共授予学术硕士学位 30.4 万人。工学硕士学位授予量占学术硕士学位授予量的比重最大，为 34.45%。工学、理学、医学、管理学这 4 个学科门类的硕士学位授予量所占比重之和为 67.38%。

全国共授予学术博士学位 6.0 万人。工学博士学位授予量占学术博士学位授予量的比重最大，为 37.26%。工学、理学、医学、管理学这 4 个学科类别的博士学位授予量所占比重之和为 78.39%（表 2-26）。

表 2-26　2018 年分学科门类研究生学术学位授予规模与结构

学　　科	硕　　士		博　　士	
	人　数	比重 /%	人　数	比重 /%
哲学	3 286	1.08	657	1.10
经济学	17 764	5.84	2 253	3.76
法学	24 706	8.13	2 947	4.92
教育学	11 093	3.65	849	1.42
文学	19 472	6.40	2 109	3.52
历史学	4 130	1.36	739	1.23
理学	46 902	15.43	14 326	23.90
工学	104 728	34.45	22 335	37.26
农学	9 854	3.24	2 846	4.75
医学	26 479	8.71	7 064	11.78
管理学	26 751	8.80	3 268	5.45
艺术学	8 877	2.92	554	0.92
合计	304 042	100.00	59 947	100.00

资料来源：根据国务院学位委员会办公室提供的数据整理。

第二，一级学科的学位授予结构。

现行的《学位授予和人才培养学科目录（2018 年）》有 13 个学科门类，除哲学门类之外，其余 12 个学科门类都包含两个或两个以上一级学科。下面分别介绍这些学科门类的一级学科（不含哲学、军事学）的学科结构（不含专业学位数）。

（1）经济学门类。经济学所包含的一级学科有 2 个，即理论经济学和应用经济学，其中授予应用经济学硕士学位和博士学位的人数较多，比重分别为 83.33% 和 70.34%（表 2-27）。

表 2-27　2018 年授予经济学门类一级学科硕士和博士学位人数及比重

学　科	硕　士		博　士		硕博比
	人　数	比重 /%	人　数	比重 /%	
理论经济学	2 894	16.67	656	29.66	4.41
应用经济学	14 462	83.33	1 556	70.34	9.29
合计	17 356	100.00	2 212	100.00	7.85

资料来源：根据国务院学位委员会办公室提供的数据整理。

（2）法学门类。法学所包含的一级学科有 6 个，该门类的构成主体为法学，法学硕士学位授予量占该门类硕士学位授予量的 44.84%，法学博士学位授予量占该门类博士学位授予量的 37.87%。公安学硕士学位和博士学位授予量所占比重都较低，分别为 0.80% 和 0.37%（表 2-28）。

表 2-28　2018 年授予法学门类一级学科硕士和博士学位人数及比重

学　科	硕　士		博　士		硕博比
	人　数	比重 /%	人　数	比重 /%	
法学	11 080	44.84	1 116	37.87	9.93
政治学	3 758	15.21	520	17.65	7.23
社会学	1 699	6.88	288	9.77	5.90
民族学	1 062	4.30	199	6.75	5.34
马克思主义理论	6 915	27.98	813	27.59	8.51
公安学	198	0.80	11	0.37	18.00
合计	24 712	100.00	2 947	100.000	8.39

资料来源：根据国务院学位委员会办公室提供的数据整理。

（3）教育学门类。教育学所包含的一级学科有 3 个，教育学硕士学位授予量所占比重为 51.70%，博士学位授予量占该门类博士学位授予量的 49.33%（表 2-29）。

表 2-29　2018 年授予教育学门类一级学科硕士和博士学位人数及比重

学　科	硕　士		博　士		硕博比
	人　数	比重 /%	人　数	比重 /%	
教育学	6 385	51.70	480	49.33	13.30
心理学	2 431	19.68	265	27.24	9.17
体育学	3 534	28.62	228	23.43	15.50
合计	12 350	100.00	973	100.00	12.69

注：由于部分一级学科可授予不同学科门类的学位，如心理学可授予教育学、理学学位，所以分一级学科统计的学位授予数与分学科门类统计的学位授予数略有出入，下同。

资料来源：根据国务院学位委员会办公室提供的数据整理。

（4）文学门类。文学所包含的一级学科有 3 个，中国语言文学硕士学位授予量所占比重为 42.06%；博士学位授予量占该门类博士学位授予量的 61.73%（表 2-30）。

表 2-30　2018 年授予文学门类一级学科硕士和博士学位人数及比重

学　科	硕　士		博　士		硕博比
	人　数	比重 /%	人　数	比重 /%	
中国语言文学	8 164	42.06	1 292	61.73	6.32
外国语言文学	7 972	41.07	519	24.80	15.36
新闻传播学	3 274	16.87	282	13.47	11.61
合计	19 410	100.00	2 093	100.00	9.27

资料来源：根据国务院学位委员会办公室提供的数据整理。

（5）历史学门类。历史学所包含的一级学科有 3 个，中国史硕士学位和博士学位授予量所占比重最大，分别为 71.60% 和 71.85%；考古学硕士学位和博士学位授予量所占比重最小，分别为 7.82% 和 10.42%（表 2-31）。

表 2-31　2018 年授予历史学门类一级学科硕士和博士学位人数及比重

学　科	硕　士		博　士		硕博比
	人　数	比重 /%	人　数	比重 /%	
考古学	323	7.82	77	10.42	4.19
中国史	2 957	71.60	531	71.85	5.57
世界史	850	20.58	131	17.73	6.49
合计	4 130	100.00	739	100.00	5.59

资料来源：根据国务院学位委员会办公室提供的数据整理。

（6）理学门类。理学所包含的一级学科有 14 个，生物学硕士学位和博士学位授予量所占比重最大，分别为 24.95% 和 30.05%（表 2-32）。

表 2-32　2018 年授予理学门类一级学科硕士和博士学位人数及比重

学　科	硕　士		博　士		硕博比
	人　数	比重 /%	人　数	比重 /%	
数学	6 174	15.21	1 168	9.14	5.29
物理学	4 173	10.28	1 948	15.25	2.14
化学	9 277	22.86	2 982	23.34	3.11
天文学	97	0.24	123	0.96	0.79
地理学	3 686	9.08	691	5.41	5.33
大气科学	727	1.79	229	1.79	3.17
海洋科学	877	2.16	294	2.30	2.98
地球物理学	336	0.83	181	1.42	1.86
地质学	1 688	4.16	565	4.42	2.99
生物学	10 124	24.95	3 839	30.05	2.64
系统科学	247	0.61	45	0.35	5.49
科学技术史	166	0.41	48	0.38	3.46
生态学	1 715	4.23	496	3.88	3.46
统计学	1 294	3.19	168	1.31	7.70
合计	40 581	100.00	12 777	100.00	3.18

资料来源：根据国务院学位委员会办公室提供的数据整理。

（7）工学门类。工学所包含的一级学科有 38 个。2018 年，全国共授予工学硕士学位 10.7 万人，博士学位 2.3 万人。该门类中授予硕士学位比重最大的 3 个一级学科依次为：机械工程、计算机科学与技术、材料科学与工程，授予博士学位比重最大的 3 个一级学科依次为：材料科学与工程、机械工程、计算机科学与技术（表 2-33）。

表 2-33　2018 年授予工学门类一级学科硕士和博士学位人数及比重

学　科	硕　士		博　士		硕博比
	人　数	比重 /%	人　数	比重 /%	
力学	1 867	1.75	758	3.31	2.46
机械工程	10 251	9.60	1 693	7.39	6.05
光学工程	1 647	1.54	599	2.61	2.75
仪器科学与技术	1 886	1.77	271	1.18	6.96
材料科学与工程	9 129	8.55	2 852	12.45	3.20
冶金工程	514	0.48	248	1.08	2.07
动力工程及工程热物理	3 452	3.23	958	4.18	3.60
电气工程	4 936	4.62	773	3.37	6.39
电子科学与技术	5 023	4.71	1 251	5.46	4.02
信息与通信工程	8 453	7.92	1 258	5.49	6.72

续表

学　科	硕　士		博　士		硕博比
	人　数	比重 /%	人　数	比重 /%	
控制科学与工程	7 064	6.62	1 194	5.21	5.92
计算机科学与技术	9 536	8.93	1 561	6.81	6.11
建筑学	864	0.81	201	0.88	4.30
土木工程	7 654	7.17	1 220	5.32	6.27
水利工程	1 649	1.54	356	1.55	4.63
测绘科学与技术	1 041	0.98	254	1.11	4.10
化学工程与技术	6 268	5.87	1 421	6.20	4.41
地质资源与地质工程	1 899	1.78	616	2.69	3.08
矿业工程	969	0.91	309	1.35	3.14
石油与天然气工程	1 207	1.13	223	0.97	5.41
纺织科学与工程	694	0.65	150	0.65	4.63
轻工技术与工程	673	0.63	153	0.67	4.40
交通运输工程	2 709	2.54	502	2.19	5.40
船舶与海洋工程	867	0.81	195	0.85	4.45
航空宇航科学与技术	1 513	1.42	453	1.98	3.34
兵器科学与技术	487	0.46	172	0.75	2.83
核科学与技术	526	0.49	368	1.61	1.43
农业工程	942	0.88	264	1.15	3.57
林业工程	354	0.33	167	0.73	2.12
环境科学与工程	4 406	4.13	1 214	5.30	3.63
生物医学工程	1 192	1.12	476	2.08	2.50
食品科学与工程	2 646	2.48	410	1.79	6.45
城乡规划学	760	0.71	65	0.28	11.69
风景园林学	815	0.76	55	0.24	14.82
软件工程	2 000	1.87	103	0.45	19.42
安全科学与工程	746	0.70	143	0.62	5.22
公安技术	103	0.10	2	0.01	51.50
网络空间安全	16	0.01	6	0.03	2.67
合计	106 758	100.00	22 914	100.00	4.66

资料来源：根据国务院学位委员会办公室提供的数据整理。

（8）农学门类。农学所包含的一级学科有 9 个。2018 年，全国共授予农学硕士学位 9 379 人，农学博士学位 2 867 人。授予硕士学位比重最大的 3 个一级学科依次为：林学、作物学、兽医学，比重最小的 3 个依次为：草学、水产、农业资源与环境。授予博士学位比重最大的 3 个一级学科依次为：作物学、植物保护、兽医学，比重最小的 3 个依次为：草学、水产、农业资源与环境（表 2-34）。

表 2-34　2018 年授予农学门类一级学科硕士和博士学位人数及比重

学　科	硕　士		博　士		硕博比
	人　数	比重 /%	人　数	比重 /%	
作物学	1 482	15.80	600	20.93	2.47
园艺学	1 132	12.07	301	10.50	3.76
农业资源与环境	806	8.59	287	10.01	2.81
植物保护	1 152	12.28	452	15.77	2.55
畜牧学	1 142	12.18	370	12.91	3.09
兽医学	1 471	15.68	386	13.46	3.81
林学	1 534	16.36	295	10.29	5.20
水产	486	5.18	119	4.15	4.08
草学	174	1.86	57	1.99	3.05
合计	9 379	100.00	2 867	100.00	3.27

资料来源：根据国务院学位委员会办公室提供的数据整理。

（9）医学门类。医学所包含的一级学科有 11 个。2018 年，全国共授予医学硕士学位 2.9 万人，医学博士学位 7 801 人。授予硕士学位比重最大的 3 个依次为：临床医学、药学、基础医学。授予博士学位比重最大的 3 个一级学科依次为：临床医学、药学、基础医学（表 2-35）。

表 2-35　2018 年授予医学门类一级学科硕士和博士学位人数及比重

学　科	硕　士		博　士		硕博比
	人　数	比重 /%	人　数	比重 /%	
基础医学	2 977	10.26	1 030	13.20	2.89
临床医学	11 194	38.58	3 722	47.71	3.01
口腔医学	703	2.42	145	1.86	4.85
公共卫生与预防医学	2 013	6.94	418	5.36	4.82
中医	2 179	7.51	663	8.50	3.29
中西医结合	1 026	3.54	286	3.67	3.59
药学	6 406	22.08	1 170	15.00	5.48
中药学	1 516	5.22	318	4.08	4.77
特种医学	49	0.17	9	0.12	5.44
护理学	953	3.28	40	0.51	23.83
合计	29 016	100.00	7 801	100.00	3.72

资料来源：根据国务院学位委员会办公室提供的数据整理。

（10）管理学门类。管理学所包含的一级学科有 5 个。2018 年，全国共授予管理学硕士学位 2.8 万人，管理学博士学位 3 395 人。工商管理硕士学位授予量所占比重最大，为 48.08%，管理科学与工程博士学位授予量所占比重最大，为 36.11%（表 2-36）。

表 2-36　2018 年授予管理学门类一级学科硕士和博士学位人数及比重

学　科	硕　士		博　士		硕博比
	人　数	比重 /%	人　数	比重 /%	
管理科学与工程	4 703	16.79	1 226	36.11	3.84
工商管理	13 467	48.08	1 068	31.46	12.61
农林经济管理	542	1.93	289	8.51	1.88
公共管理	8 202	29.28	691	20.35	11.87
图书情报与档案管理	1 097	3.92	121	3.56	9.07
合计	28 011	100.00	3 395	100.00	8.25

资料来源：根据国务院学位委员会办公室提供的数据整理。

（11）艺术学门类。艺术学所包含的一级学科有 5 个。2018 年，全国共授予艺术学硕士学位 9 054 人，艺术学博士学位 572 人。设计学硕士学位授予量所占比重最大，为 32.99%，美术学博士学位授予量所占比重最大，为 28.32%（表 2-37）。

表 2-37　2018 年授予艺术学门类一级学科硕士和博士学位人数及比重

学　科	硕　士		博　士		硕博比
	人　数	比重 /%	人　数	比重 /%	
艺术学理论	957	10.57	113	19.76	8.47
音乐与舞蹈学	1 715	18.94	75	13.11	22.87
戏剧与影视学	1 263	13.95	131	22.90	9.64
美术学	2 132	23.55	162	28.32	13.16
设计学	2 987	32.99	91	15.91	32.82
合计	9 054	100.00	572	100.00	15.83

资料来源：根据国务院学位委员会办公室提供的数据整理。

3）专业学位授予的类别结构

2018 年硕士专业学术学位授予人数最多的前 5 个专业类别有工程（37.43%）、工商管理（9.98%）、临床医学（8.33%）、教育（8.33%）、法律（4.83%），授予人数最少的 5 个专业类别有警务（0.04%）、出版（0.07%）、城市规划（0.12%）、中药学（0.13%）、旅游管理（0.16%）（表 2-38）。

表 2-38　2018 年分类别硕士专业学位授予的规模与结构

专业类别	人　数	比重 /%
法律	17 484	4.83
教育	30 135	8.33
工程	135 462	37.43
建筑学	1 685	0.47
临床医学	30 147	8.33
工商管理	36 121	9.98

续表

专业类别	人　数	比重 /%
农业推广	14 732	4.07
兽医	1 542	0.43
公共管理	15 773	4.36
口腔医学	1 510	0.42
公共卫生	1 999	0.55
会计	11 719	3.24
体育	4 294	1.19
艺术	12 820	3.54
风景园林	1 945	0.54
汉语国际教育	4 490	1.24
翻译	8 371	2.31
社会工作	2 997	0.83
金融	6 585	1.82
应用统计	1 977	0.55
税务	1 009	0.28
国际商务	2 177	0.60
保险	720	0.20
资产评估	720	0.20
警务	144	0.04
应用心理	1 308	0.36
新闻与传播	3 309	0.91
出版	244	0.07
文物与博物馆	598	0.17
林业	584	0.16
护理	914	0.25
药学	1 513	0.42
中药学	458	0.13
旅游管理	581	0.16
图书情报	711	0.20
工程管理	1 552	0.43
审计	1 212	0.33
城市规划	441	0.12
中医	1 924	0.53
合计	361 907	100.00

资料来源：根据国务院学位委员会办公室提供的数据整理。

2018 年授予的博士专业学位占比最大的专业类别是临床医学，所占比重为 91.27%；其次是口腔医学，所占比重为 4.05%（表 2-39）。

表 2-39　2018 年分类别博士专业学位授予的规模与结构

专业类别	人　数	比重 /%
教育	82	1.51
工程	86	1.58
临床医学	4 958	91.27
兽医	54	0.99
口腔医学	220	4.05
中医	[illegible]	0.59
合计	5 432	100.00

资料来源：根据国务院学位委员会办公室提供的数据整理。

4）学位授予的区域结构

学士学位授予中，华东地区比重最大，为 30.54%，西北地区比重最小，为 7.44%；硕士学位授予中，华东地区比重最大，为 29.12%，华南地区比重最小，为 6.32%；博士学位授予中，华北地区的比重最大，为 34.29%，华南地区的比重最小，为 5.27%（图 2-18）。

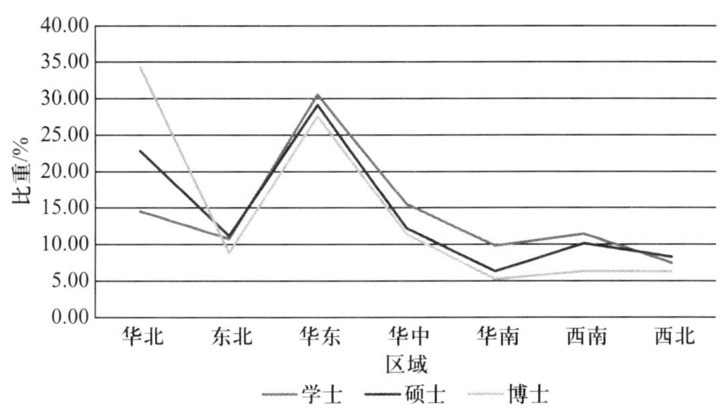

图 2-18　2018 年各地区学位授予的结构

资料来源：根据国务院学位委员会办公室提供的数据整理。

2018 年硕士学位授予最多的 5 个地区分别为：北京、江苏、上海、湖北和陕西。北京所占比重为 14.62%，其他地区所占比重均低于 10%。博士学位授予量最多的 5 个地区分别为：北京、上海、江苏、湖北和陕西。北京所占比重为 29.75%，其他地区所占比重均低于 10%。

从各地区分布情况来看，北京是我国研究生教育尤其是博士研究生教育的中心。上海的硕士学位授予量为全国第三，博士学位授予量仅次于北京。江苏、湖北是全国的教育大省，其学士、硕士、博士学位授予量均位列全国前五。陕西硕士学位授予量和博士学位授予量位居全国前五（表 2-40）。

表 2-40　2018 年各省、自治区、直辖市学位授予规模

省（区、市）	学士		硕士		博士	
	人数	比重 /%	人数	比重 /%	人数	比重 /%
北京	170 722	3.97	97 346	14.62	19 453	29.75
天津	85 541	1.99	19 593	2.94	1 896	2.90
河北	186 205	4.33	16 839	2.53	471	0.72
山西	115 623	2.69	11 036	1.66	383	0.59
内蒙古	65 729	1.53	7 096	1.07	214	0.33
辽宁	201 810	4.70	33 368	5.01	2 060	3.15
吉林	127 426	2.97	20 022	3.01	1 809	2.77
黑龙江	132 880	3.09	20 940	3.14	1 906	2.92
上海	105 596	2.46	47 440	7.12	5 879	8.99
江苏	320 722	7.47	52 912	7.95	5 394	8.25
浙江	165 513	3.85	22 036	3.31	2 082	3.18
安徽	166 019	3.86	16 306	2.45	1 404	2.15
福建	132 521	3.08	13 734	2.06	909	1.39
江西	139 878	3.26	11 676	1.75	254	0.39
山东	281 488	6.55	29 851	4.48	2 117	3.24
河南	276 052	6.43	15 525	2.33	600	0.92
湖北	215 691	5.02	42 764	6.42	4 814	7.36
湖南	174 148	4.05	22 902	3.44	2 046	3.13
广东	272 207	6.34	30 040	4.51	3 146	4.81
广西	122 272	2.85	10 261	1.54	267	0.41
海南	26 765	0.62	1 793	0.27	33	0.05
重庆	113 244	2.64	19 165	2.88	1 397	2.14
四川	202 901	4.72	29 946	4.50	2 294	3.51
贵州	69 699	1.62	5 864	0.88	88	0.13
云南	99 423	2.31	11 921	1.79	342	0.52
西藏	6 131	0.14	495	0.07	8	0.01
陕西	185 392	4.32	35 608	5.35	3 177	4.86
甘肃	71 265	1.66	9 922	1.49	655	1.00
青海	10 556	0.25	1 497	0.22	19	0.03
宁夏	17 423	0.41	1 471	0.22	12	0.02
新疆	34 996	0.81	6 580	0.99	250	0.38
合计	4 295 838	100.00	665 949	100.00	65 379	100.00

资料来源：根据国务院学位委员会办公室提供的数据整理。

2.3.2　发展变化

1. 与 2017 年比发展变化

与 2017 年相比①，2018 年全国学位授予规模增长 0.22%。其中学士学位

① 2017 年博士学位授予数不含西藏自治区。

授予人数减少 0.17%，硕士学位授予人数增加 2.43%，博士学位授予人数增加 4.21%。从各层次学位授予人数的比重看，与 2017 年相比，2018 年学士学位授予人数占全国学位授予人数的比重略有下降，硕士和博士学位授予人数的比重略有上升（表 2-41）。

表 2-41　2017 年和 2018 年学位授予的规模与结构变化

年　份	学　士		硕　士		博　士		合　计	
	人　数	比重 /%	人　数	比重 /%	人　数	比重 /%	人　数	比重 /%
2017	4 303 139	85.79	650 156	12.96	62 737	1.25	5 016 032	100.00
2018	4 295 838	85.45	665 949	13.25	65 379	1.30	5 027 166	100.00
增长率 /%	−0.17		2.43		4.21		0.22	

资料来源：根据国务院学位委员会办公室提供的数据整理。

2017 年至 2018 年，学士学位授予中，比重最大的均为华东地区，比重最小的均为西北地区；硕士学位授予中，比重最大均为华东地区，比重最小的均为华南地区；博士学位授予中，比重最大均为华北地区，比重最小的均为华南地区（表 2-42）。

表 2-42　2017 年和 2018 年分地区学位授予的规模与结构变化　　单位：人

区　域	学　士		硕　士		博　士	
	2017 年	2018 年	2017 年	2018 年	2017 年	2018 年
华北	623 454	623 820	150 157	151 910	21 826	22 417
东北	462 804	462 116	74 963	74 330	5 513	5 775
华东	1 311 861	1 311 737	187 830	193 955	17 079	18 039
华中	672 279	665 891	79 225	81 191	7 100	7 460
华南	421 510	421 244	40 403	42 094	3 454	3 446
西南	489 295	491 398	64 493	67 391	3 983	4 129
西北	321 936	319 632	53 085	55 078	3 782	4 113
合计	4 303 139	4 295 838	650 156	665 949	62 737	65 379

资料来源：根据国务院学位委员会办公室提供的数据整理。

2. 十年发展变化

2009 年至 2018 年，全国研究生学位授予人数增长 24.3 万人，增长 49.70%。其中硕士研究生增长 22.7 万人，增长 51.61%，博士学位授予人数增长 1.6 万人，增长 32.67%。可以看出，这 10 年间硕士学位和博士学位授予人数均有所增长，硕士学位授予人数增长幅度大于博士学位授予人数(图 2-19)。

从逐年增长率来看，2009 年至 2018 年硕士学位授予规模在 2012 年的增长率最大，为 12.90%。博士学位授予规模增长幅度要小于硕士学位授予规模，同样在 2012 年增长率最大，为 10.95%（图 2-20）。

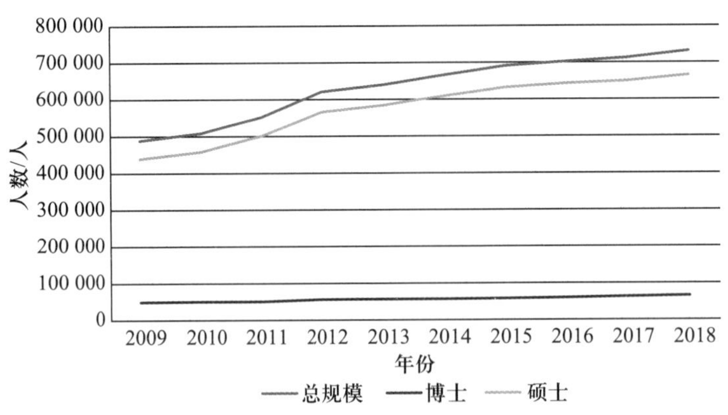

图 2-19　2009—2018 年研究生学位授予的规模变化

资料来源：根据国务院学位委员会办公室提供的数据整理。

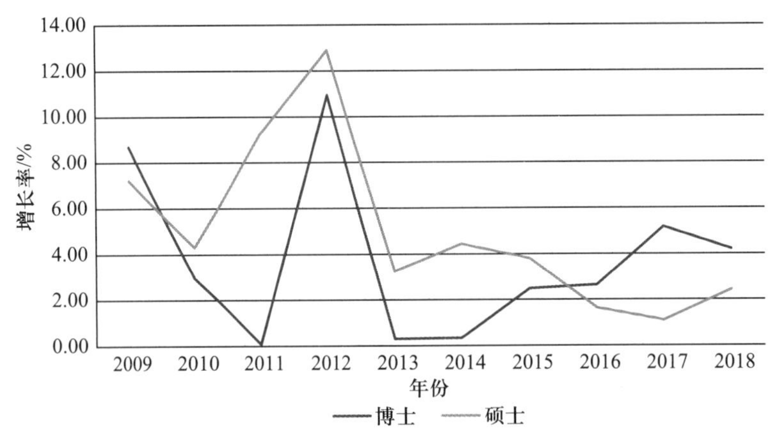

图 2-20　2009—2018 年研究生学位授予的规模增长率变化

资料来源：根据国务院学位委员会办公室提供的数据整理。

2.4　研究生教育、地区生产总值与 R & D 经费

研究生教育规模不仅受到教育本身的影响，也受到政府、社会和市场等外在因素的影响。本节选取地区生产总值、R & D（研究与试验发展）经费与高等教育规模等因素来分析在校研究生规模。

2.4.1　描述性分析

2017 年，我国国内生产总值为 83.2 万亿元，人均国内生产总值为 6.0 万元。从各个地区来看，广东地区生产总值最高，为 9.0 万亿元，其次为江苏、山东、浙江和河南，排名前五省份的地区生产总值占全国生产总值的 41.65%。国内生产总值最低的为西藏，其次为青海、宁夏、海南和甘肃，这些省、自治区生产

总值占比均低于 1%，总占比仅为 2.33%。从人均地区生产总值来看，北京人均地区生产总值最高，为 12.9 万元；其次为上海和天津。甘肃人均地区生产总值最低，为 2.8 万元；其次为云南和贵州。我国 R&D 经费内部支出为 1.8 万亿元。从各个地区来看，广东地区 R&D 经费最高，为 2 344 亿元，其次为江苏、山东、北京和浙江，排名前五省、直辖市的 R&D 经费占全国经费的 52.27%。R&D 经费最低的为西藏，其次为青海、海南、宁夏和新疆，这些省、自治区总占比仅为 0.79%。人均 R&D 经费最高的地区为北京，为 7 276 元；其次为上海、天津、江苏和浙江。

从在校研究生数来看，人数最多的 5 个省、直辖市分别为：北京、江苏、上海、湖北和陕西。从分布情况来看，北京市是我国研究生教育尤其是博士研究生教育的中心。上海市的在校博士生数仅次于北京，在校研究生数为全国第三位。江苏、湖北是全国的教育大省，其在校博士生与在校研究生数均位列全国前五，且江苏省地区生产总值与 R&D 经费内部支出排名也很靠前。陕西省在校博士生与在校研究生数均位居全国第五位。广东省在校博士生数位居全国第六位（表 2-43）。

表 2-43　2017 年分地区生产总值、R&D 经费内部支出与在校研究生情况

省（区、市）	地区生产总值 / 亿元	R&D 经费 / 亿元	人均 R&D 经费 / 元	研究生 / 人	博士生 / 人
北京	28 015	1 580	7 276	339 239	99 889
天津	18 549	459	2 946	60 297	9 473
河北	34 016	452	601	45 637	3 111
山西	15 528	148	400	32 173	2 719
内蒙古	16 096	132	523	20 782	1 558
辽宁	23 409	430	984	107 524	15 366
吉林	14 945	128	471	63 454	10 476
黑龙江	15 903	147	387	68 078	13 132
上海	30 633	1 205	4 984	161 046	31 875
江苏	85 870	2 260	2 815	176 713	29 155
浙江	51 768	1 266	2 239	74 404	11 976
安徽	27 018	565	903	57 761	7 919
福建	32 182	543	1 389	47 587	6 256
江西	20 006	256	553	34 530	1 437
山东	72 634	1 753	1 752	91 908	10 060
河南	44 553	582	609	44 830	2 345

续表

省（区、市）	地区生产总值 / 亿元	R&D 经费 / 亿元	人均 R&D 经费 / 元	研究生 / 人	博士生 / 人
湖北	35 478	701	1 187	133 968	24 326
湖南	33 903	569	829	78 393	12 271
广东	89 705	2 344	2 098	102 912	15 686
广西	18 523	142	291	30 404	1 382
海南	4 463	23	250	5 868	313
重庆	19 425	365	1 186	58 349	6 213
四川	36 980	638	768	101 535	15 562
贵州	13 541	96	268	18 591	750
云南	16 376	158	329	36 609	2 721
西藏	1 311	3	85	1 804	94
陕西	21 899	461	1 202	115 949	20 188
甘肃	7 460	88	337	34 548	3 970
青海	2 625	18	300	4 112	176
宁夏	3 444	39	571	5 341	219
新疆	10 882	57	233	21 329	1 379

资料来源：根据国家统计局、《中国科技统计年鉴》和教育部发展规划司的数据整理。

2.4.2 相关性分析

为了分析研究生教育与地区生产总值和R&D经费的相关性，我们用2011—2017年共7年的在校研究生规模来分析其与地区生产总值、人均地区生产总值、R&D经费内部支出、人均R&D经费内部支出及高等教育总规模的相关关系。

通常情况下，相关系数为0～0.3，表示相关程度极低；相关系数为0.3～0.5，表示相关程度低；相关系数为0.5～0.7，表示相关程度一般；相关系数为0.7～0.9，表示相关程度高；相关系数达到0.9以上，表明相关程度极高。

从在校研究生与地区生产总值的相关性结果中（表2-44），我们可以发现研究生总规模与地区生产总值有着显著的相关性，硕士研究生与地区生产总值的相关系数在0.5左右。近10年间在校硕士研究生和博士研究生均有所增长，但硕士研究生增长明显高于博士研究生的增长，博士研究生增长的规模和速度相对较慢，故出现了博士研究生与地区生产总值的相关性较弱且不显著现象。

表 2-44　2011—2017 年在校研究生与地区生产总值的相关性

变　量	2011 年	2012 年	2013 年	2014 年	2015 年	2016 年	2017 年
研究生总规模	0.455**	0.454**	0.456***	0.435**	0.440**	0.445**	0.459***
硕士生	0.501***	0.503***	0.504***	0.493***	0.501***	0.505***	0.520***
博士生	0.300	0.293	0.298	0.262	0.263	0.267	0.268
学术学位生	0.452**	0.443**	0.437**	0.405**	0.403**	0.405**	0.405**
专业学位生	0.460***	0.484***	0.500***	0.503***	0.521***	0.524***	0.551***

注：*** $p<0.01$，** $p<0.05$，* $p<0.1$。

总体来看，研究生总规模与地区生产总值的相关性有小幅降低，2011 年到 2013 年系数相对稳定，在 2014 年降低后，相关系数又有小幅度增长。分层次类型来看，硕士研究生规模与地区生产总值的相关系数较大，且和研究生总规模相关系数变化情况类似，在 2014 年有小幅度降低，整体保持稳定；博士研究生规模与地区生产总值的相关性较弱且不显著。分类型结构来看，学术学位研究生规模与地区生产总值的相关系数呈减小状态；专业学位研究生规模与地区生产总值的相关系数，和学术学位研究生相关系数变化相反，呈现出逐年增长的状态（图 2-21）。

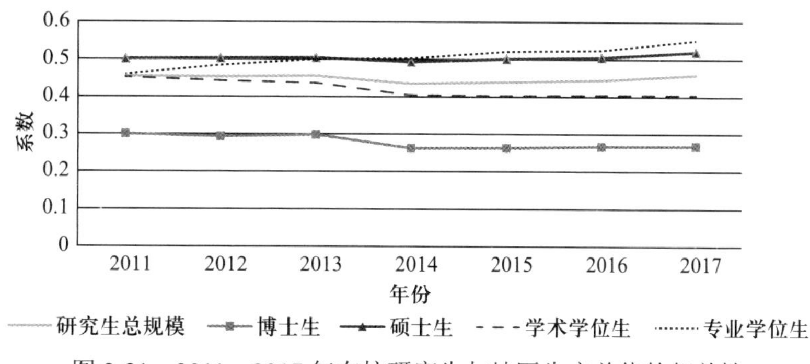

图 2-21　2011—2017 年在校研究生与地区生产总值的相关性

从在校研究生与人均地区生产总值的相关性结果中，我们可以发现研究生规模与人均地区生产总值有着显著的相关性，相关系数均在 0.6 以上（表 2-45）。

表 2-45　2011—2017 年在校研究生与人均地区生产总值的相关性

变　量	2011 年	2012 年	2013 年	2014 年	2015 年	2016 年	2017 年
研究生总规模	0.625***	0.628***	0.641***	0.642***	0.659***	0.671***	0.706***
硕士生	0.615***	0.620***	0.635***	0.641***	0.659***	0.668***	0.705***
博士生	0.632***	0.626***	0.635***	0.618***	0.630***	0.645***	0.671***
学术学位生	0.617***	0.620***	0.632***	0.631***	0.645***	0.658***	0.691***
专业学位生	0.650***	0.644***	0.657***	0.664***	0.685***	0.690***	0.721***

注：*** $p<0.01$，** $p<0.05$，* $p<0.1$。

2011 年到 2017 年，研究生总规模与人均地区生产总值的相关系数总体上逐渐增大，在 2014 年有着小幅增长。分层次类型来看，硕士研究生规模与人均地区生产总值的相关系数在逐年增长；博士研究生规模与人均地区生产总值的相关系数除在 2012 年和 2014 年有降低外，其余年份均呈增长状态。分类型结构来看，学术学位研究生规模与人均地区生产总值的相关系数除在 2014 年有小幅降低外，其余年份均呈增长状态；专业学位研究生规模与人均地区生产总值的相关系数除在 2012 年有小幅降低外，其余年份均呈增长状态（图 2-22）。

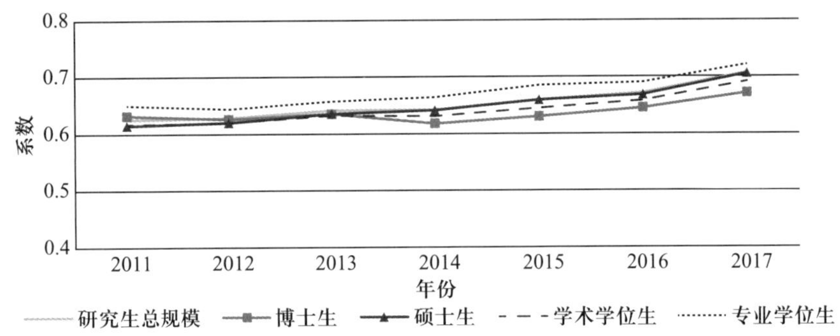

图 2-22　2011—2017 年在校研究生与人均地区生产总值的相关性

从 2011—2017 年在校研究生与 R&D 经费内部支出的相关性结果来看，我们发现研究生总规模与 R&D 经费的相关性较高，相关系数在 0.7 左右。研究生总规模与 R&D 经费的相关系数逐年减小。分层次类型来看，硕士研究生规模与 R&D 经费的相关系数和博士研究生规模与 R&D 经费的相关系数均逐年减小。分类型结构来看，学术学位研究生规模与 R&D 经费的相关系数逐年降低；专业学位研究生规模与 R&D 经费的相关系数也呈下降趋势（表 2-46、图 2-23）。

表 2-46　2011—2017 年在校研究生与 R&D 经费内部支出的相关性

变　量	2011 年	2012 年	2013 年	2014 年	2015 年	2016 年	2017 年
研究生总规模	0.759***	0.742***	0.734***	0.712***	0.705***	0.695***	0.688***
硕士生	0.776***	0.762***	0.756***	0.741***	0.736***	0.729***	0.725***
博士生	0.680***	0.653***	0.644***	0.602***	0.591***	0.574***	0.552***
学术学位生	0.754***	0.733***	0.721***	0.691***	0.679***	0.666***	0.647***
专业学位生	0.767***	0.761***	0.763***	0.755***	0.757***	0.748***	0.751***

注：*** $p<0.01$，** $p<0.05$，* $p<0.1$。

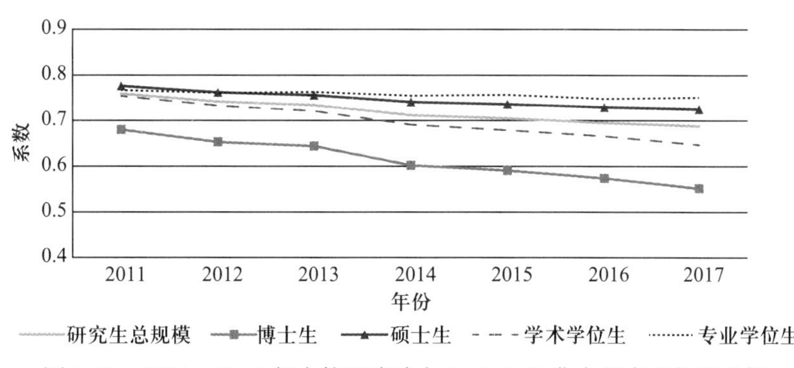

图 2-23　2011—2017 年在校研究生与 R & D 经费内部支出的相关性

从 2011—2017 年在校研究生与人均 R & D 经费内部支出的相关性结果来看，我们发现研究生总规模与人均 R & D 经费的相关性较高，相关系数在 0.8 以上。研究生总规模与人均 R & D 经费的相关系数逐年增大。分层次类型来看，2017 年硕士研究生规模与人均 R & D 经费的相关系数大于 2011 年硕士研究生规模与人均 R & D 经费的相关系数，博士研究生规模与人均 R & D 经费的相关系数最大，但逐年减小，并在 2017 年又有所增加。分类型结构来看，2017 年学术学位研究生规模与人均 R & D 经费的相关系数大于 2011 年学术学位研究生规模与人均 R & D 经费的相关系数；专业学位研究生规模与人均 R & D 经费的相关系数总体上也呈增长趋势（表 2-47、图 2-24）。

表 2-47　2011—2017 年在校研究生与人均 R&D 经费内部支出的相关性

变　量	2011 年	2012 年	2013 年	2014 年	2015 年	2016 年	2017 年
研究生总规模	0.835***	0.839***	0.845***	0.856***	0.856***	0.857***	0.875***
硕士生	0.805***	0.812***	0.822***	0.834***	0.833***	0.835***	0.854***
博士生	0.890***	0.886***	0.883***	0.880***	0.876***	0.873***	0.885***
学术学位生	0.829***	0.837***	0.843***	0.855***	0.854***	0.854***	0.873***
专业学位生	0.843***	0.836***	0.844***	0.850***	0.851***	0.852***	0.865***

注：*** $p<0.01$，** $p<0.05$，* $p<0.1$。

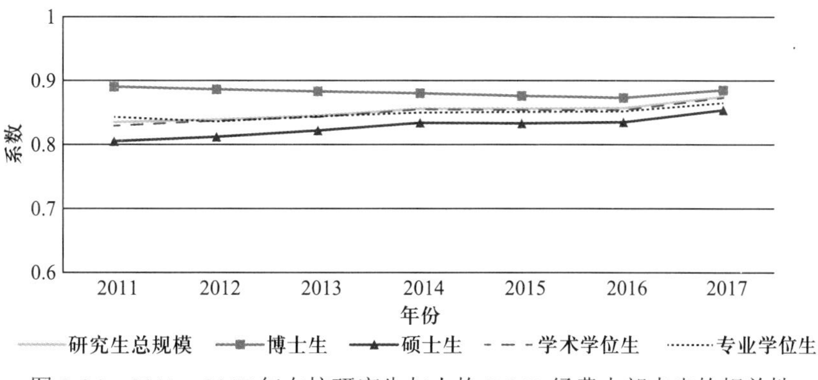

图 2-24　2011—2017 年在校研究生与人均 R&D 经费内部支出的相关性

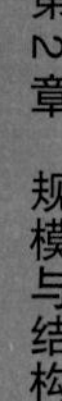

从 2011—2017 年在校研究生与高等教育总规模的相关性结果来看，我们发现研究生总规模与高等教育总规模的相关性系数差异较大。研究生总规模与高等教育总规模的相关系数均逐年减小。分层次类型来看，硕士研究生总规模与高等教育总规模的相关系数大于 0.6，博士研究生总规模与高等教育总规模的相关系数较小，最小仅为 0.410。分类型结构来看，学术学位研究生总规模与高等教育总规模的相关系数逐年减小；专业学位研究生规模与高等教育总规模经费的相关系数小幅度增大。这说明博士研究生增长的规模和速度相对较慢，专业研究生规模获得较大发展（表 2-48、图 2-25）。

表 2-48　2011—2017 年在校研究生与高等教育总规模的相关性

变　量	2011 年	2012 年	2013 年	2014 年	2015 年	2016 年	2017 年
研究生总规模	0.679***	0.657***	0.638***	0.612***	0.605***	0.599***	0.605***
硕士生	0.728***	0.707***	0.686***	0.670***	0.665***	0.661***	0.666***
博士生	0.509***	0.486***	0.472***	0.431**	0.421**	0.413**	0.410**
学术学位生	0.682***	0.652***	0.626***	0.589***	0.577***	0.567***	0.559***
专业学位生	0.658***	0.666***	0.662***	0.662***	0.665***	0.662***	0.679***

注：*** $p<0.01$，** $p<0.05$，* $p<0.1$。

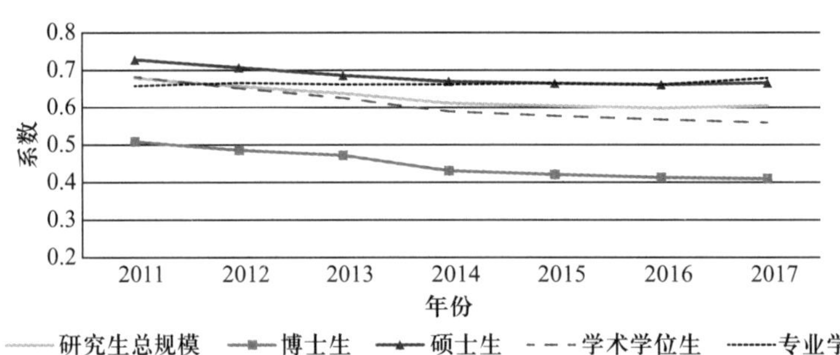

图 2-25　2011—2017 年在校研究生与高等教育总规模的相关性

横向来看，对比研究生总规模与生产总值与 R & D 经费的相关结果，研究生总规模与人均地区生产总值、R & D 经费的相关性要高于地区生产总值的相关性。纵向来看，研究生总规模与人均地区生产总值的相关性逐年增加，但与 R & D 经费的相关性逐年减少。改革开放以来，研究生教育主要分布在经济发达地区，虽然近年来研究生教育布局结构有所优化，但依然没有改变“存量决定增量”的增长模式。人均地区生产总值和人均 R & D 经费较高的地区，往往是经济发达地区，同时也是传统研究生教育发达地区。地区生产总值较高的地区，往往是 R & D 经费内部支出大省，但近年来其研究生教育并未随着经济总量增长和 R & D 经费增加相应地扩大规模。北京和上海，既是人均地区生产总值的排头兵，又是研究生教育的重要集聚地，依托于庞大的“发展存量”，研究生的规模占比较高。作为经济生产总值和R&D经费内部支出最多的广东省，相比于北京、上海、江苏等省、直辖市，其研究生规模仍较小。近些年专业学位迅猛发展，由于其“发展存量”较少，更多的是和当地发展相结合，故专业学位规模不但与生产总值的相关性逐年增加，而且与科研投入的相关性也在逐年增加。

多年来，我国研究生教育始终结合国家战略和经济社会发展需求，建立了较为完备的学位与研究生教育体系，发展成为研究生教育大国。但是，与经济社会发展需求和国际高水平研究生教育相比，我国研究生教育仍然存在明显差距。我国研究生教育的规模和结构与经济社会发展的需求之间还存在着一定的不适应性。我国仍需对研究生教育的区域布局、人才培养的学科结构、类型结构、层次结构等进行调整优化。习近平总书记在全国教育大会上的讲话中明确指出：要提升教育服务经济社会发展能力，调整优化高校区域布局、学科结构、专业设置，建立健全学科专业动态调整机制，加快一流大学和一流学科建设，推进产学研协同创新，积极投身实施创新驱动发展战略，着重培养创新型、复合型、应用型人才。这为研究生教育的改革与发展指明了方向，研究生教育必须通过规模与结构的调整优化，更好地适应经济社会发展需求，更多培养高层次的高质量人才，更好满足人民群众接受高层次高等教育的愿望，为实现教育现代化作出贡献。

从发展规模看，要继续保持研究生教育规模适度增长，适度扩大博士研究生教育规模，持续增强不同层次、不同类型的研究生教育服务经济社会发展的能力，优化研究生教育学科结构。支持建设一批国家发展急需、影响未来发展的学科专业，促进哲学社会科学与自然科学、基础学科与应用学科协调发展。完善学科设置与管理模式，支持引导学位授予单位不断优化学科结构，优化研究生教育层次与类型结构。加强博士专业学位的设置工作。积极发展硕士专业学位研究生教育，保持硕士专业学位研究生教育合理发展速度。建立以职业需求为导向的硕士专业学位研究生教育发展机制，加快完善专业学位体系，满足各行各业对高层次应用型人才的需求。优化研究生教育区域结构。既要支持中西部研究生薄弱地区的发展，更要支持发达地区、中心城市研究生教育的发展。形成“需求和条件相结合”的刚性约束机制，使得研究生人才培养能够在办学条件和社会需求的双重机制下发展，既要考虑办学条件，同时也要考虑人才培养的社会需求。

2.5 本章小结

2018 年我国研究生教育规模持续增长。全国研究生教育的科类结构、类型结构、层次结构、区域结构持续调整。

从科类结构看，全国共授予学术硕士学位 30.4 万人。工学硕士学位授予量占学术硕士学位授予量的比重最大，为 34.45%。全国共授予学术博士学位 6.0 万人。工学博士学位授予量占学术博士学位授予量的比重最大，为 37.26%。与 2017 年相比，工学硕士和工学博士所占比重均有增加。

从类型结构看，与 2017 年相比，2018 年专业学位在硕士和博士层次所占比重均有增大。2018 年，硕士专业学位授予人数最多的专业类别是工程，所占比重为 37.43%，博士专业学位授予人数最多的专业类别是临床医学，所占比重为 91.27%。与 2017 年相比，工程硕士占比虽然小幅度减小，但仍在专业硕士中占有最大比重，临床医学博士占比增大。

从层次结构看，与 2017 年相比，2018 年全国学位授予规模增长 0.22%。其中，学士学位授予人数减少 0.17%，硕士学位授予人数增加 2.43%，博士学位授予人数增加 4.21%。从各层次学位授予人数的比重来看，与 2017 年相比，2018 年学士学位授予人数占全国学位授予人数的比重略有下降，硕士和博士学位授予人数的比重略有上升。

从区域结构看，与 2017 年相比，2018 年硕士学位授予北京所占比重为 14.62%，其他省（区、市）所占比重均低于 10%。博士学位授予北京所占比重为 29.75%，其他省（区、市）所占比重均低于 10%。与 2017 年相比，硕士学位授予量最多的依然是北京、江苏、上海、湖北和陕西； 博士学位授予数最多的依然是北京、上海、江苏和湖北。

第 3 章　质量与保障①

① 本章数据不包括香港、澳门特别行政区及中国台湾地区。

研究生教育是培养高层次人才的主要途径，是国家创新体系的重要组成部分，是科技第一生产力、人才第一资源、创新第一动力的重要结合点，直接关系到国家竞争力水平，并对整个教育体系的质量和水平有着引领和标识作用。因此，提高研究生培养质量及其条件支撑水平是推动我国研究生教育内涵式发展的重要环节。

3.1 培养质量

研究生培养质量是一个复杂的概念，可从培养过程、培养结果等多维度进行表征，培养研究生的科学研究能力是最为重要的培养目标之一，而就业状况则可以在一定程度上间接反映研究生培养质量。基于此，本报告通过分析研究生参与项目研究、参与高水平学术论文发表以及研究生就业状况来体现我国研究生培养的质量。

3.1.1 研究生参与项目研究情况

研究生参与项目研究有助于提高学术能力，训练科学思维，深耕专业知识，同时在项目研究中锻炼团队合作能力、组织协调能力等，无论对研究生从事科学研究抑或就业都具有重要的意义。

2016 年我国各类高等学校开展科技类研究项目共计 481 264 项，有 632 819 名研究生参与，人均参与 0.76 项。从学校隶属看，地方院校研究生人均参与 1.03 项，部委院校和教育部直属院校人均参与均为 0.56 项。研究生人均参与基础研究 0.71 项，应用研究 0.82 项，试验发展 0.73 项。地方院校研究生人均参与项目数最多，基础研究、应用研究和试验发展分别为 0.92、1.15 和 1.01 项；部委院校研究生参与最多的是基础研究（0.60），其次是应用研究（0.55），人均参与试验发展为 0.39 项； 教育部直属院校研究生参与最多的是试验发展（0.58），其次是应用研究（0.57）、基础研究（0.54）。从学校类型看，其他类院校（如财经、政法、体育、艺术、民族等类院校）研究生人均参与项目 1.41

项，师范院校研究生人均参与 1 项，医药院校人均参与 0.95 项，参与最低的是工科院校，人均参与 0.68 项。除医药院校人均参与试验发展 1.33 项，其他各类院校研究生人均参与应用研究项目数相对较多，其他院校研究生人均参与 1.56 项，师范院校人均 1.25 项，医药院校人均 0.98 项。综上所述，我国研究生参与基础研究的人数有待提高（表 3-1）。

表 3-1　2016 年研究生参与高等学校研究与发展项目的类型分布

类型	研究项目		基础研究		应用研究		试验发展	
	项目数 / 项	参与研究生 / 人	项目数 / 项	参与研究生 / 人	项目数 / 项	参与研究生 / 人	项目数 / 项	参与研究生 / 人
合计	481 264	632 819	210 477	298 133	229 426	278 374	41 361	56 312
按学校隶属分								
部委院校	28 528	50 947	11 929	19 903	15 110	27 244	1 489	3 800
教育部直属院校	173 154	310 600	80 681	150 136	74 416	129 470	18 057	30 994
地方院校	279 582	271 272	117 867	128 094	139 900	121 660	21 815	21 518
按学校类型分								
综合大学	148 944	201 167	71 004	107 282	66 540	78 324	11 400	15 561
工科院校	188 042	275 926	65 976	104 844	99 961	139 243	22 105	31 839
农林院校	36 475	47 084	15 114	22 101	17 909	20 471	3 452	4 512
医药院校	61 258	64 588	34 562	38 109	24 296	24 675	2 400	1 804
师范院校	37 638	37 732	20 913	23 608	15 093	12 049	1 632	2 075
其他	8 907	6 322	2 908	2 189	5 627	3 612	372	521

资料来源：教育部科学技术司 . 2017 年高等学校科技统计资料汇编 [M]. 北京：高等教育出版社，2018.

分地区参与情况如表 3-2 所示。2016 年，全国研究生人均参与项目 0.76 项，其中西藏研究生人均参与研究与发展项目最多，为 1.96 项，其次为贵州（1.43 项）、江西（1.33 项）、新疆（1.26 项）、海南（1.24 项）、河南（1.14 项）；研究生人均参与项目最少的分别为北京（0.54 项）、吉林（0.57 项）、江苏（0.57 项）、辽宁（0.59 项）、黑龙江（0.64 项）。[①] 西藏（72.36%）、新疆（68.85%）、广西（66.09%）、安徽（62.57%）、青海（62.03%）等地研究生参与基础研究的比例均高于 60%；福建（83.39%）、甘肃（55.93%）、贵州（54.45%）、天津（52.98%）、北京（52.81%）、内蒙古（51.03%）、湖北（50.88%）等地研究生参与应用研究的比例均超过 50%；而参与试验发展项目的研究生总体

① “研究生人均参与项目数”少在一定程度上也反映出研究生参与项目的积极性很高，因此该指标需辩证来看。

偏少，河南（22.71%）、内蒙古（16.96%）和陕西（16.63%）的研究生参与比位列前三。

表 3-2　2016 年研究生参与高等学校研究与发展项目的地区分布

地区	项目数 / 项	参与研究生 / 人	基础研究参与研究生 / 人	应用研究参与研究生 / 人	试验发展参与研究生 / 人
全国	481 264	632 819	298 133	278 374	56 312
北京	52 767	98 117	41 953	51 813	4 351
天津	12 993	17 889	6 812	9 478	1 599
河北	9 886	8 720	4 593	3 790	337
山西	5 513	7 373	3 997	2 960	416
内蒙古	5 289	5 791	1 854	2 955	982
辽宁	17 553	29 969	14 354	12 723	2 892
吉林	10 286	17 997	10 739	6 159	1 099
黑龙江	12 710	19 786	9 822	9 599	365
上海	29 290	40 431	20 148	16 430	3 853
江苏	39 034	68 174	35 665	25 259	7 250
浙江	29 038	31 157	15 798	13 471	1 888
安徽	16 753	16 665	10 428	5 823	414
福建	16 398	23 016	3 144	19 192	680
江西	8 915	6 722	3 108	3 179	435
山东	19 966	26 643	13 543	9 242	3 858
河南	9 074	7 927	2 375	3 752	1 800
湖北	23 554	30 883	10 564	15 714	4 605
湖南	15 026	17 080	6 924	7 852	2 304
广东	39 510	40 589	23 321	13 438	3 830
广西	10 881	10 432	6 895	3 259	278
海南	1 509	1 214	688	350	176
重庆	12 427	16 020	7 044	7 622	1 354
四川	26 059	24 395	10 173	10 206	4 016
贵州	8 179	5 708	2 319	3 108	281
云南	8 777	11 501	6 619	3 949	933
西藏	390	199	144	53	2
陕西	26 022	34 819	18 021	11 007	5 791
甘肃	5 911	6 388	2 455	3 573	360
青海	696	1 027	637	376	14
宁夏	2 400	2 662	1 569	1 021	72
新疆	4 458	3 525	2 427	1 021	77

资料来源：教育部科学技术司 .2017 年高等学校科技统计资料汇编 [M]. 北京：高等教育出版社，2018.

2016 年我国各类高等学校开展人文、社会科学研究项目共计 412 649 项，研究生参与仅占总研究人数的 8.53%。从学校隶属看，教育部直属院校的研究生参与比较高，为 22.43%，其次为部委院校（10.53%），地方院校仅为 5.14%。从学校类型看，体育院校研究生投入人文、社会科学研究与发展课题的参与比最高，占比 11.62%，其次是综合大学（10.12%）、财经院校（8.95%）；研究生参与比最低的分别是语言院校（4.23%）、艺术院校（4.30%）和民族院校（4.73%）（表 3-3）。

表 3-3　2016 年高等学校人文、社会科学课题的类型分布

类　型	课题数 / 项	当年投入人数[①] /（人・年）	参与研究生数 /（人・年）	研究生参与比[②] / %
合计	412 649	99 041.30	8 451.80	8.53
按学校隶属分				
教育部直属院校	96 188	18 205.60	4 083.50	22.43
部委院校	14 551	3 901.60	410.70	10.53
地方院校	301 910	76 934.10	3 957.60	5.14
按学校类型分				
综合大学	137 331	31 012.10	3 139.40	10.12
理工农医院校	116 453	28 739.20	2 266.40	7.89
高等师范院校	70 572	16 927.70	1 398.40	8.26
语言院校	11 948	2 632.10	111.40	4.23
财经院校	45 529	11 884.40	1 063.10	8.95
政法院校	12 226	2 533.40	140	5.53
体育院校	4 579	1 324.70	153.90	11.62
艺术院校	7 982	2 159.50	92.80	4.30
民族院校	6 029	1 828.20	86.40	4.73

资料来源：教育部社会科学司 .2016 年全国高校社科统计资料汇编 [M]. 北京：高等教育出版社，2018.

从地区上看，研究生参与比最高的是北京，为 21.38%；其次是甘肃（20.01%）、天津（17.70%）、陕西（16.91%）、上海（16.02%）；参与最少的是广西，仅为 0.52%，其次是贵州（0.84%）、西藏（0.95%）、江西（0.95%）、海南（1.24%）（表 3-4）。

表 3-4　2016 年高等学校人文、社会科学课题的地区分布

地　区	课题数 / 项	当年投入人数 /（人・年）	参与研究生数 /（人・年）	研究生参与比 / %
合计	412 649	99 041.30	8 451.80	8.53
北京	38 322	7 606.30	1 626.20	21.38
天津	9 510	3 210.40	568.30	17.70
河北	13 681	4 368.30	226.40	5.18
山西	3 839	1 556.80	98.50	6.33
内蒙古	2 934	1 032.40	38.80	3.76
辽宁	14 870	3 813.90	444.60	11.66
吉林	10 518	3 072.70	263.60	8.58

① 当年投入人数和参与研究生数均为全时人员，即在统计年度中，从事研究与发展（包括科研管理）或从事研究与发展成果应用、科技服务（包括科研管理）工作时间占本人全部工作时间 90% 及以上的人员，即工作时间在 9 个月以上的人员。寒暑假和加班工作时间不计，一年按 10 个月计。

② 研究生参与比 = 参与研究生数 ÷ 当年投入人数 ×100%。

续表

地　区	课题数/项	当年投入人数/（人·年）	参与研究生数/（人·年）	研究生参与比/%
黑龙江	4 598	2 658.20	85.80	3.23
上海	22 453	4 490.00	719.50	16.02
江苏	28 636	6 712.60	702.80	10.47
浙江	34 319	7 223.20	518.00	7.17
安徽	12 156	2 954.40	174.60	5.91
福建	16 019	3 363.60	146.50	4.36
江西	11 337	1 367.80	13.00	0.95
山东	18 772	4 884.10	111.00	2.27
河南	16 810	3 142.50	128.20	4.08
湖北	19 783	4 390.80	476.40	10.85
湖南	19 731	4 657.40	230.90	4.96
广东	31 100	6 720.90	341.80	5.09
广西	9 358	2 911.10	15.20	0.52
海南	2 287	547.30	6.80	1.24
重庆	11 142	2 988.20	306.40	10.25
四川	20 744	5 058.50	176.10	3.48
贵州	5 655	1 322.70	11.10	0.84
云南	7 679	2 616.20	215.40	8.23
西藏	760	158.00	1.50	0.95
陕西	15 196	2 677.90	452.80	16.91
甘肃	3 947	1 243.60	248.80	20.01
青海	447	302.20	10.00	3.31
宁夏	1 700	386.80	24.90	6.44
新疆	4 346	1 602.5	67.9	4.24

资料来源：教育部社会科学司 . 2016 年全国高校社科统计资料汇编 [M]. 北京：高等教育出版社，2018.

综上所述，我国高等学校人文、社科课题研究中，31 个省（区、市）中只有 9 个省市研究生参与比超过了 10%，研究生尚未成为人文社科研究的主力军。

3.1.2　研究生参与高水平学术论文发表

1. 参与国际高水平论文①的发表

本报告以科学引文索引（SCI）、社会科学引文索引（SSCI）、艺术与人文科学引文索引（A & HCI）三大检索库中的“热点论文”（hot papers）

① 高水平论文的来源、参与率的计算方法与公式以及权重分配方案见附录五。

作为国际高水平论文的主要来源。依据“基本科学指标”（essential science indicators，ESI）的检索结果（检索时间为 2019 年 3 月 29 日），2018 年度共有 515 篇由中国学者参与的学术论文入选“热点论文”，筛选得到能确定全部作者身份的有效文献 400 篇。这 400 篇学术论文将成为本报告的分析对象。

1）国际高水平论文发表中我国在校研究生的参与情况

在 400 篇由我国学者参与的热点论文中，以中国机构为第一署名单位的论文有 296 篇，其他国家或地区机构作为第一署名单位的论文有 104 篇。

在以我国机构为第一署名单位的296篇论文中，研究生参与撰写的有161篇，占 54.39%，其中研究生作为第一作者的论文 42 篇，占 14.19%。在以其他国家或地区机构为第一署名单位的 104 篇论文中，研究生参与撰写的有 29 篇。

换言之，2018 年度我国在校研究生共参与 190 篇国际高水平论文的撰写，总参与率为 47.50%。由此可见，2018 年度我国在校研究生在国际高水平论文发表中表现活跃，具有很高的参与度。具体参与情况如表 3-5 所示。

表 3-5　2018 年我国在校研究生参与国际高水平论文情况　　单位：篇

参与程度		第一作者单位是否为中国		合　计
		是	否	
研究生是否参与	是	161	29	190
	否	135	75	210
合计		296	104	400
研究生是否为第一作者	是	42	3	45
	否	254	101	355
合计		296	104	400

表 3-6 显示了我国在校研究生参与国际高水平论文发表的学科分布情况。2018 年，我国在校研究生参与发表的国际高水平论文涵盖 21 个领域，并主要集中在化学、工程学、材料学、农业科学 4 个领域。研究生在这 4 个领域所发表的论文，约占研究生参与论文总数的 3/5。但从表中也可看出，研究生急需在数学等基础学科以及分子生物学和基因学、神经科学和行为科学等前沿交叉学科开展高水平研究，以提高我国在国际上的科研竞争力。

表 3-6　2018 年我国在校研究生参与国际高水平论文发表的学科分布

学科类别	研究生参与篇数	学科类别	研究生参与篇数
化学	36	地理科学	4
工程学	35	数学	4
材料学	30	分子生物学和基因学	3
农业科学	11	神经科学和行为科学	3

续表

学科类别	研究生参与篇数	学科类别	研究生参与篇数
环境与生态学	10	社会科学	3
物理学	10	经济与商业	2
生物与生物化学	9	微生物学	2
计算机科学	9	空间科学	1
临床医学	7	免疫学	1
药理学与毒理学	5	交叉学科	1
植物与动物科学	4		

2）国际高水平论文发表中我国在校研究生的贡献情况

为从整体上把握2018年度我国在校研究生对国际高水平论文发表所做的贡献，以参与率为指标，通过对2018年国际高水平论文中以我国机构为第一署名单位的296篇论文进行统计分析，可计算得到研究生的篇均参与率为23.58%。这表明在校研究生在国际高水平论文发表中扮演了重要角色。

对该参与率的分布做进一步统计可得表3-7。结果表明：在2018年度以我国机构为第一署名单位的国际高水平论文中，研究生参与率在0～25%、26%～50%、51%～75%、76%～100%的论文分别占70.95%、23.65%、4.05%、1.35%。参与率的分布结构呈“金字塔”形，即参与率低的篇数占大多数，随着参与率的提高，相对应篇数的比例逐渐减少。由此可知，研究生参与核心研究的程度有待提高。

表3-7　2018年度发表的国际高水平论文中我国在校研究生的参与率

参与率	0～25%	26%～50%	51%～75%	76%～100%	平均参与率/%
篇数/篇	210	70	12	4	23.58
频率/%	70.95	23.65	4.05	1.35	
累计频率/%	70.95	94.60	98.65	100.00	

2. 参与国内高水平论文的发表

以《中国学术期刊评价研究报告（2016—2017）》中期刊综合得分排在前5%的权威期刊上的高被引论文作为国内高水平论文的主要来源。依据检索结果（检索时间2019年4月19日），共得到2018年国内高水平有效论文998篇。

1）国内高水平论文发表中我国在校研究生的参与情况

在998篇论文中，研究生作为第一作者的论文至少有235篇，占样本总数的23.55%，其中硕士研究生作为第一作者的论文占样本总数的6.41%；博士研究生作为第一作者的论文约占样本总数的13.73%；不能确定学习阶段的研究生作为第一作者的论文占样本总数的3.41%。详见表3-8。

表3-8 2018年高水平论文中第一作者的身份信息概况

第一作者身份	篇　数	占总数比例/%	第一作者身份	篇　数	占总数比例/%
硕士研究生	64	6.41	正高职称	511	51.20
博士研究生	137	13.73	副高职称	147	14.73
研究生[①]	34	3.41	中级职称	71	7.11
无法确定[②]	19	1.90	其他	15	1.50

国外所实行的通讯作者制度仅被国内部分刊物采用。在124篇标明了通讯作者的文章中，研究生作为通讯作者的论文有18篇，占样本总数的14.52%。其中，硕士研究生为通讯作者的有3篇，占样本总数的2.42%；博士研究生作为通讯作者的有15篇，占样本总数的12.10%。结果表明，在校研究生群体在通讯作者群中仍占少数，绝大多数的通讯作者为具有副高职称及以上的科研人员。详见表3-9。

表3-9 2018年国内高水平论文中通讯作者的身份信息概况

通讯作者身份	篇　数	占总数比例/%	通讯作者身份	篇　数	占总数比例/%
硕士研究生	3	2.42	正高职称	73	58.87
博士研究生	15	12.10	副高职称	25	20.16
无法确定	1	0.81	中级职称	7	5.65

2）国内高水平论文发表中我国在校研究生的贡献情况

为从整体上把握2018年我国在校研究生对国内高水平论文发表的贡献情况，对2018年度的参与率进行测算。通过计算可得研究生的篇均参与率为23.99%。这说明我国研究生对国内高水平论文发表也有较为重要的作用。

对该参与率的分布做进一步的统计，如表3-10所示，在2018年度的国内高水平论文中，研究生参与率在0～25%、26%～50%、51%～75%、76%～100%的论文分别占57.82%、25.75%、11.32%、5.11%。

表3-10 2018年度发表的国内高水平论文中我国在校研究生的参与率

参与率	0～25%	26%～50%	51%～75%	76%～100%	平均参与率/%
篇数	577	257	113	51	23.99
频率/%	57.82	25.75	11.32	5.11	
累计频率/%	57.82	83.57	94.89	100.00	

① “研究生”指不能确定学习阶段是硕士研究生还是博士研究生的研究生。

② “无法确定”指论文未标明作者身份，不能判断其身份是老师还是学生。

3.1.3 研究生就业状况

研究生的就业状况是研究生培养质量的重要体现之一。由于缺乏全国层面公开的相关数据，此处仅以官方公布的教育部75所直属高校的就业质量年度报告为样本，从博士毕业生就业状况和硕士生就业状况两个层面对研究生的就业状况进行概要分析，分析视角涉及就业率、就业单位分布、就业行业分布及就业地域分布等不同维度。

1. 博士毕业生就业状况

博士生作为社会中的高级人才资源，其就业不仅关乎学术职业群体的活力和水平，而且对知识经济的形成和发展具有重要影响。为了了解当前博士生整体的就业情况和贡献，我们选取了教育部直属75所高校的博士生就业数据作为分析样本，通过系统梳理各校发布的《2018年毕业生就业质量年度报告》，呈现博士生本年度就业的整体状况与特点（表3-11）。

表 3-11　2018 年我国代表性高校博士毕业生就业去向概况

类型	国内升学	出国留学	签协议或合同就业	自主创业	灵活就业
排名前五	中国农业大学、中山大学、北京交通大学、清华大学、中国矿业大学（北京）	清华大学、北京大学、浙江大学、厦门大学、复旦大学	西南财经大学、中南大学、合肥工业大学、中国石油大学（华东）、中国药科大学	中国地质大学（武汉）、对外经贸大学、中央财经大学、复旦大学、清华大学	北京大学、北京师范大学、中国传媒大学、清华大学、中央音乐学院
平均值	10.83%	2.81%	79.86%	0.13%	2.01%

从博士生的整体就业状况来看，博士生的平均就业率达到了96.89%，部分师范、农林和交通等行业院校的博士生就业率略低，如北京师范大学、陕西师范大学、华中农业大学、南京农业大学和西南交通大学的博士生就业率为88%～92%。其中，就具体的就业去向而言，呈现以下特点。

一是选择直接签约就业的博士生占比虽然最高，但不同类型高校内部存在一定的差异。总体看博士毕业生中选择直接签约的比例平均为79.86%，其中，工科类、财经类和艺术类等行业特色明显的高校的直接签约比例较高，占比均在90%以上。如西南财经大学（100%）、中南大学（99.45%）、合肥工业大学（96.67%）、中国石油大学（华东95.51%）和中国药科大学（95.41%）等等。而一些综合型高水平大学的直接签约就业的比例则较低，如北京大学、清华大学、复旦大学、同济大学和中山大学等高校博士生选择直接签约就业的比例不到70%。

二是高水平综合型大学与农林、师范类高校博士毕业生中入博士后流动站的比例较高。统计显示博士毕业生从事博士后研究的比例平均达到 10.83%，其中，中山大学（25.88%）、清华大学（22.20%）、北京大学（17.81%）、重庆大学（12.91%）、上海交通大学（12.90%）、兰州大学（12.69%）、复旦大学（12.34%）、中国人民大学（12.13%）、浙江大学（11.91%）、武汉大学（11.90%）和厦门大学（10.40%）等综合类大学毕业生中选择从事博士后研究的比例均超过了 10%。而行业特色高校中，如北京师范大学（11.72%）、华东师范大学（19.24%）、中国农业大学（28.39%）、华中农业大学（29.84%）、中国地质大学（武汉 21.19%，北京 17.55%）等高校博士生从事博士后研究的比例也超过了 10%。

三是毕业博士生中到国外攻读博士后或工作的比例较低，平均只有 2.81%，且主要集中在高水平研究型大学中，例如清华大学和北京大学毕业博士生赴国外的比例分别达到 10.80%、12.60%，浙江大学、厦门大学和复旦大学博士生中赴国外的比例也分别占到 6.44%、6.60% 和 4.91%。

从博士生就业单位的性质来看，教育单位、科研单位、企业（国企、“三资”企业和民营企业）、机关与其他事业单位是吸纳博士生就业最多的几种类型。整体而言，与 2007 年蔡学军、范巍对全国博士毕业生就业去向统计[①]相比，2018 年教育部直属高校博士生选择在学术界（高等教育单位和科研单位）就业的比例平均为 50.19%，出现了一定程度的下降，越来越多的博士毕业生流向企业和机关事业单位。

首先，博士毕业生在高等教育单位就职的比例有下降趋势，统计结果表明博士毕业生平均在高等教育单位就职的比例为 42.07%。绝大多数高校博士生在教育单位就职比例均小于 65%，特别是清华大学、山东大学、湖南大学、上海交通大学和同济大学等一些综合性大学的比例不到 30%。毕业生选择教育单位就业超过 65% 的高校只有中南财经政法大学（87.50%）、湖南大学（75.32%）、中国矿业大学（69.96%）、北京师范大学（67.51%）、兰州大学（67.17%）和东华大学（65.71%）。

其次，博士毕业生在科研单位就业的平均比例为 8.12%，其中在科研单位就职较多的高校主要有北京大学（12.92%）、清华大学（13.8%）、中国地质

① 蔡学军，范巍．中国博士发展状况 [M]. 北京：北京大学出版社，2011：23.

大学（北京 11.98%）、华中农业大学（13.09%）和中国农业大学（11.64%），其余高校的毕业博士生选择在科研单位就职的比例均低于 10%。

再次，党政机关与其他事业单位成为吸纳博士生就业的重要单位，平均占比达到 20.66%，其中尤以在京高校和财经类高校表现最为明显。统计发现，北京大学（16.61%）、清华大学（14.30%）、中国人民大学（23.60%）和北京师范大学（14.28%），以及财经政法类高校如中国政法大学（27.56%，不包含其他事业单位）、中央财经大学（25.29%）、对外经贸大学（21.05%）和西南财经大学（12.5%），上述几类高校的毕业博士生到机关事业单位就职比例均超过 10%。

最后，毕业博士生去往企业就职的比例出现了上升，平均达到 20.14%，其中北京大学（31.04%）、清华大学（48.40%）、同济大学（34.26%）等高水平一流大学和对外经贸大学（40.80%）、上海财经大学（33.70%）、中国矿业大学（北京 36.13%）和中国石油大学（华东 37.08%）等行业类高校的博士毕业生在企业就职比例超过了 30%。因此面对博士毕业生在学术界、企业界就业一降一升的趋势，博士生培养单位应转变传统博士生教育质量观，增强博士生教育的弹性，提升博士生在学术界与企业界就业的可迁移能力。

此外，在就业地域上，2018 届毕业博士生体现出非常强的属地就业特征，特别是在北京、上海和南京等科教发达和经济承载力较高的地区，属地就业的现象就更为突出。例如北京中医药大学和中央财经大学，属地就业率分别是 72.19%、55.17%。上海财经大学和东华大学，属地就业率分别为 62%、55.70%。南京大学和东南大学，属地就业率分别达到 56.66%、73.85%。其余地区所属高校博士毕业生的属地就业率也平均达到了 51.67%，这在一定程度上也意味着博士生的培养对于所在区域科教和经济发展具有较高的支撑和回报。

2. 硕士毕业生就业状况

经过多年的本科教育规模扩张之后，硕士研究生的招生和毕业人数也相应得到快速递增，其就业也引发相关部门和社会的关注。为了呈现当前硕士研究生毕业的整体状况和特征，我们同样利用教育部直属的 75 所高校发布的《2018 年毕业生就业质量年度报告》作为分析样本展开研究。

从总体上来看，硕士研究生的就业率非常高，平均就业率高达 97.63%，许多学校的硕士生就业率在 99% 以上，比较而言，人文师范和农业类高校的硕士生就业率略低，整体就业率在 90% ～ 95%，如西南大学（91.29%）、陕西师范大学（91.53%）、北京语言大学（90.80%）和华中农业大学（93.86%）。在具体的就业去向上，平均87%以上的毕业生选择直接工作就业（包括签就业协议、签就业合同或灵活就业等形式）。选择继续在国内深造读博的比例并不高，国内升学的比例平均只有6.26%，升学比例较高的大学依次为北京中医药大学（20.80%）、南京农业大学（15.19%）、中南大学（13.69%）、上海交通大学（13.22%）、南京大学（11.59%）、兰州大学（11.23%）、浙江大学（10.07%）和中国农业大学（9.61%），其余大部分高校的硕士毕业生选择升学的比例不足6%。此外，在出国留学和就业方面，出国率最高的大学大多集中在北京与上海两地，如北京大学、清华大学、上海交通大学、同济大学、北京外国语大学、上海外国语大学、中国农业大学和中央音乐学院，以及京沪两地之外的浙江大学、厦门大学和中国石油大学（华东），上述高校的出国率均超过3%，而其余高校硕士毕业生的出国率均低于3%。故而，从硕士研究生的就业去向来看，硕士教育的就业属性日益突出，进一步调整学术学位与专业学位的结构，增强专业学位研究生的培养质量，仍是未来硕士研究生教育发展的主要任务。

在就业单位性质方面，首先，企业是吸纳硕士生就业最主要的单位（包括国有企业、“三资”企业、民营企业和其他企业），在企业就业的比例平均达到66.42%。根据企业就业比例的高低，大致可归类为三个区间，财经、理工和能源等行业特色显著大学的硕士研究生在企业就业的比例非常高，如上海财经大学、对外经贸大学、上海交通大学和西安交通大学等校硕士毕业生在企业就职的比例超过了75%；人文艺术和师范类高校硕士毕业生选择企业就业的比例相对较低，如中央音乐学院、中央美术学院、北京师范大学和华东师范大学等高校的比例不到50%。其余大部分高校硕士毕业生到企业就业的比例基本为50%～75%。其次，教育、科研、医疗和其他类事业单位也是吸引硕士研究生就业的重要机构，在上述四类单位中就业的比例达到21.14%。不过不同类型学校之间存在一定的差异，在京高校和中山大学与兰州大学硕士生的事业单位就业率超过了30%，财经政法、理工特色的高校硕士毕业生选择在事业单位就业的比例相对较低，不到15%。而大部分高校为15%～30%。最后，在硕士毕业生中有约7%的学生选择到党政机关就业，其中财经政法类高校和区域顶尖大学硕士毕业生在党政机关就业的比例相对较高，如北京大学、浙江大学、山东大学、中国人民大学和中央财经大学等高校硕士毕业生在党政机关的就职率高于10%，相比之下，理工类和行业类高校硕士毕业生到党政机关就业的比例较低，均不到5%（表3-12）。

表 3-12　2018 年硕士毕业生就业单位性质

单位性质	就业比例	大　学
企业	>75%	上海财经大学、东华大学、武汉理工大学、西安电子科技大学、中国药科大学、中国石油大学（华东）、湖南大学、中央财经大学、东南大学、浙江大学、上海交通大学、西南财经大学、对外经贸大学、南京农业大学、西安交通大学、中国矿业大学（北京）
	50% ~ 75%	华中科技大学、中南财经政法大学、清华大学、厦门大学、南京大学、重庆大学、合肥工业大学、华中农业大学、南开大学、同济大学、中南大学、山东大学、天津大学、中国政法大学、中国人民大学、北京大学、中山大学、中国农业大学、四川大学、北京外国语大学、武汉大学
	<50%	兰州大学、中央音乐学院、中国地质大学（北京）、北京中医药大学、北京师范大学、中央美术学院、华东师范大学、中国传媒大学、中国矿业大学(徐州）
事业单位	>30%	中央音乐学院、北京中医药大学、北京师范大学、中国地质大学（北京）、兰州大学、中山大学
	15% ~ 30%	中南大学、华东师范大学、中央美术学院、武汉大学、合肥工业大学、北京外国语大学、山东大学、厦门大学、华中科技大学、上海交通大学、西安交通大学、四川大学、东南大学、南开大学、南京农业大学、南京大学、中国矿业大学（北京）、中国人民大学
	<15%	同济大学、北京大学、中国传媒大学、浙江大学、中国农业大学、中国石油大学（华东）、清华大学、中国药科大学、重庆大学、天津大学、中国矿业大学（徐州）、湖南大学、东华大学、武汉理工大学、中国政法大学、中南财经政法大学、中央财经大学、对外经贸大学
党政机关	>10%	浙江大学、中国政法大学、北京大学、中国人民大学、北京师范大学、北京外国语大学、兰州大学、中国农业大学、清华大学、南开大学、中央财经大学、对外经贸大学、山东大学
	5% ~ 10%	南京大学、天津大学、武汉大学、中南财经政法大学、中国矿业大学（北京）、厦门大学、中国传媒大学、中国地质大学（北京）、华中科技大学、四川大学、中山大学、南京农业大学
	<5%	西安交通大学、中南大学、重庆大学、同济大学、上海交通大学、中国石油大学（华东）、武汉理工大学、东南大学、湖南大学、中央美术学院、北京中医药大学、合肥工业大学、中国药科大学、东华大学

在就业行业方面，通过对相关高校发布的信息进行系统梳理后发现，当前我国主要研究型大学硕士生就业的主要行业从高到低依次为金融业，信息传输、软件和信息技术服务业，制造业，教育，公共管理、社会保障和社会组织，科学研究和技术服务业，卫生和社会工作，房地产业。从中可以看出硕士研究生就业行业主要集中于社会公共事务、高知识附加值和高利润行业，上述 8 个行业中硕士就业的比例占到总体的 75.38%。具体来看，不同类型高校毕业生就业又具有特殊性，师范类院校毕业的硕士研究生主要倾向于在教育行业就业，如北京师范大学和华东师范大学硕士毕业生在教育行业就业比例分别达到 51.96%、48.68%；政法类高校主要倾向在公共管理类行业就业，如中国人民

大学和中国政法大学在相关行业就业的比例分别为 23.45%、27.50%；财经类院校硕士毕业生更多是在金融行业就业，如中央财经大学、上海财经大学和西南财经大学的就业比例依次为 53.26%、34.01%、45.61%；理工类高校硕士毕业生主要面向信息传输、软件和信息技术服务业与制造业，如清华大学、天津大学、西安交通大学、华中科技大学和电子科技大学等高校硕士毕业生在这两类行业中就业的比例均超过 30%。

此外，在就业区域方面，各高校硕士毕业生在选择就业地区时表现出很强的属地就业特征，属地就业比例在 40% 左右，而且就业比例与属地的科教和经济强度有着重要关联。统计显示，除北京大学与清华大学之外，北京、上海、广州、南京和杭州五地高校毕业生的属地就业比例均在 50% 以上，而其余地区高校的硕士毕业生的属地就业率无一例外均低于 50%。故而从地区与人才的良性互动来看，一方面，国家应继续加大对中西部地区的政策倾斜力度，适度增加西部地区高校的学位授权点数量，提高经济欠发达地区自身培养硕士毕业生的能力；另一方面，中西部地区政府应培育新兴产业，加大高新技术型企业的扶持力度，吸引相关专业的硕士生当地就业。

3.2 毕业研究生发展状况

毕业研究生是我国宝贵的人力资源，他们的发展状况关乎人力资源强国的建设，同时也能从一个侧面反映出我国研究生教育的培养质量。

3.2.1 博士学位获得者是我国自然科学研究领域的中坚力量

博士学位获得者已成为我国自然科学研究领域的中坚力量，以 2018 年度国家自然科学奖为例，共授奖 38 项，其中一等奖 1 项、二等奖 37 项。[①] 对这 38 项（军事院校和相关单位获奖项目、获奖人除外）获奖成果的初步统计表明，第一获奖人数总计 38 人。其中，非博士学位获得者 1 人，境外博士学位获得者 11 人，占 28.95%，国内获得博士学位 26 人。在国内博士学位获得者中，1999 年及以前获得博士学位 21 人，2000—2009 年获得博士学位 5 人。

① 科技部 . 2018 年度国家自然科学奖获奖项目目录及简介 [EB/OL].(2019-01-08)[2019-05-05]. http://www.most.gov.cn/ztzl/gjkxjsjldh/jldh2018/jldh18jlgg/201812/t20181226_144346.htm.

3.2.2 硕士、博士已成为我国研究与试验发展研究人员的重要构成

研究与试验发展人员的数量是衡量一个国家或地区科技资源和科研能力的重要指标，反映着国家投入从事拥有自主知识产权的研究开发活动的人力规模。从 2018 年《中国科技统计年鉴》中的相关数据可知，研究生学历者是我国研究与试验发展研究的主体。2017 年，全国共有 6 213 627 名研究与试验发展人员，其中博士毕业 416 912 人，硕士毕业 919 915 人，两者合计占比为 21.51%。按执行部门划分来看，2017 年高等学校及研究与开发机构的人力资源构成中，具有研究生学历人员的比例最高，分别为 71.25% 和 53.36%（表 3-13）。

表 3-13　2017 年分执行部门研究与试验发展人员情况

执行部门	合计 / 人	博士毕业 / 人	硕士毕业 / 人	毕业研究生所占比重 /%
全国总计	6 213 627	416 912	919 915	21.51
企业	4 626 672	43 327	344 623	8.39
研究与开发机构	462 213	81 962	164 660	53.36
高等学校	913 590	278 341	372 564	71.25
其他	211 152	13 282	38 068	24.32

资料来源：国家统计局社会科技和文化产业统计司，科学技术部战略规划司．中国科技统计年鉴 2018[M]. 北京：中国统计出版社，2018.

从地区分布来看，我国研究与试验发展人员主要分布在江苏、广东、浙江等经济发达地区，西藏和吉林的研究生学历人员比例最高，分别达 53.49% 和 41.73%，浙江最低，仅占 13.08%（表 3-14）。从中可知，在具有研究生学历的研究与试验发展人员所占比例方面，各省分布不均衡问题较为突出，值得引起重视。特别是对于一些经济发达的省份而言，更应加大研究与试验发展人员中具有研究生学历（特别是博士生学历）的比重，以持续增强科技自主创新的能力。

表 3-14　2017 年分地区研究与试验发展人员情况

地　区	合计 / 人	博士毕业 / 人	硕士毕业 / 人	毕业研究生所占比重 /%
全国	6 213 627	416 912	919 915	21.51
北京	397 281	75 091	85 941	40.53
天津	165 638	10 710	21 394	19.38
河北	185 683	7 407	29 995	20.14
山西	78 142	5 698	12 585	23.40
内蒙古	48 755	2 337	7 158	19.47
辽宁	146 402	15 070	29 079	30.16
吉林	83 505	12 358	22 492	41.73

续表

地　区	合计 / 人	博士毕业 / 人	硕士毕业 / 人	毕业研究生所占比重 /%
黑龙江	71 321	7 677	16 820	34.35
上海	262 299	28 182	43 257	27.24
江苏	754 228	37 331	96 082	17.69
浙江	558 573	22 024	51 011	13.08
安徽	228 245	12 555	29 792	18.55
福建	207 608	10 668	24 551	16.96
江西	99 643	4 883	13 701	18.65
山东	500 357	22 737	63 242	17.18
河南	266 427	10 185	32 467	16.01
湖北	235 263	18 310	29 428	20.29
湖南	205 083	14 412	31 909	22.59
广东	879 854	33 995	120 610	17.57
广西	71 954	5 901	17 586	32.64
海南	13 486	1 394	2 683	30.23
重庆	131 977	9 641	18 008	20.95
四川	241 556	18 777	45 982	26.81
贵州	52 746	2 827	8 572	21.61
云南	77 584	6 019	13 699	25.42
西藏	2 509	299	1 043	53.49
陕西	150 793	11 760	30 676	28.14
甘肃	40 973	4 410	8 778	32.19
青海	9 675	603	1 470	21.43
宁夏	17 232	1 054	2 606	21.24
新疆	28 835	2 597	7 298	34.32

资料来源：国家统计局社会科技和文化产业统计司，科学技术部战略规划司．中国科技统计年鉴2018[M]．北京：中国统计出版社，2018.

3.2.3　毕业研究生所在地区、从事职业的分布具有差异性

大力发展教育事业，提高高层次人才在就业人员中的比例，是发挥我国人力资源优势、建设创新型国家、加快推进社会主义现代化的必然选择。2017 年，全国就业人员达到研究生及以上受教育程度的比例为 0.80%。

从地区分布来看，毕业研究生所在地区具有较大差异性，北京地区“研究生及以上”的就业人员比例达到 7.20%；其次是上海和天津，分别占 4.80% 和 2.30%。青海、西藏、贵州等省区“研究生及以上”人员所占比重均仅占 0.20%（表 3-15）。由此可见，我国就业人员中受过研究生教育的人才的地区分布极不均衡，从长远来看，这种不均衡将影响到不同区域之间的协调和可持续发展的能力和潜力。对于经济和高等教育欠发达的西部地区而言，一方面要通过政

策层面的适当倾斜以增强这些地区的自身“造血能力”；另一方面也要通过各种优惠措施，多措并举以在更大程度和范围上吸引东中部地区的优秀人才。

表 3-15　2017 年分地区全国就业人员受教育程度构成　　%

地　区	合计	未上过学	小学	初中	高中	中等职业教育	高等职业教育	大学专科	大学本科	研究生及以上
全国（不含港澳台）	100.0	2.30	16.90	43.40	12.80	5.20	1.20	9.40	8.00	0.80
北京	100.0	0.10	2.30	20.70	12.50	7.00	1.60	18.20	30.40	7.20
天津	100.0	0.40	7.10	34.50	11.80	10.40	1.30	13.60	18.70	2.30
河北	100.0	0.90	12.30	49.80	13.50	6.00	1.00	9.80	6.20	0.50
山西	100.0	1.20	11.70	45.20	14.00	5.70	1.10	11.60	8.90	0.80
内蒙古	100.0	2.00	16.00	43.70	12.60	3.80	0.60	11.90	8.90	0.50
辽宁	100.0	0.40	11.20	51.30	9.90	5.10	1.20	10.00	9.90	0.90
吉林	100.0	0.70	16.40	46.90	13.70	4.10	1.10	8.40	8.30	0.50
黑龙江	100.0	0.80	15.20	51.10	11.80	3.30	0.90	8.30	8.00	0.60
上海	100.0	0.60	4.40	28.80	12.20	5.80	2.10	16.40	25.00	4.80
江苏	100.0	2.00	13.40	37.80	13.10	6.60	2.00	13.50	10.80	0.90
浙江	100.0	1.80	15.00	37.20	14.10	4.10	1.30	12.60	12.90	1.00
安徽	100.0	7.10	20.00	46.70	9.30	3.50	0.70	7.00	5.20	0.40
福建	100.0	2.30	19.30	40.10	12.00	6.30	1.10	9.00	9.20	0.60
江西	100.0	1.90	19.90	47.70	14.00	4.20	0.90	6.40	4.70	0.30
山东	100.0	2.40	14.60	46.50	12.50	7.10	1.10	8.50	6.50	0.60
河南	100.0	2.10	14.20	51.60	14.40	4.10	1.10	7.60	4.60	0.30
湖北	100.0	2.70	17.10	43.30	13.80	5.90	1.40	8.20	6.50	1.10
湖南	100.0	1.20	15.50	43.60	17.50	4.70	1.20	9.10	6.50	0.60
广东	100.0	0.50	10.70	41.90	18.90	7.60	1.80	10.80	7.30	0.50
广西	100.0	1.00	18.00	51.60	9.60	5.70	1.10	7.30	5.20	0.40
海南	100.0	1.80	12.90	51.40	12.70	5.70	0.90	7.90	6.50	0.30
重庆	100.0	1.90	27.20	33.30	12.50	4.50	1.20	10.70	7.80	0.90
四川	100.0	3.40	29.40	39.20	9.80	4.10	1.00	7.60	5.10	0.40
贵州	100.0	8.40	32.20	39.10	6.70	2.90	0.50	4.80	5.20	0.20
云南	100.0	4.70	32.60	42.80	6.10	3.70	0.70	4.60	4.50	0.40
西藏	100.0	23.70	46.40	12.80	3.30	1.40	0.50	6.00	5.50	0.20
陕西	100.0	2.30	13.00	44.20	14.10	4.40	1.60	11.40	8.20	0.70
甘肃	100.0	4.80	24.60	40.60	11.80	3.20	0.70	7.20	6.80	0.30
青海	100.0	6.10	25.10	35.70	10.10	2.80	0.70	10.50	8.90	0.20
宁夏	100.0	5.20	16.50	39.70	11.20	4.80	0.90	11.70	9.70	0.50
新疆	100.0	1.40	16.30	40.70	10.60	6.10	1.10	12.40	10.80	0.70

资料来源：国家统计局人口和就业统计司．中国人口和就业统计年鉴 2018[M]. 北京：中国统计出版社，2018.

从职业构成来看，2017 年，“研究生及以上”的就业人员中有 57.7% 是专业技术人员，其他比例较高的依次是办事人员和有关人员（22%），以及商业、服务业人员（12.50%）。从性别差异来看，研究生及以上受教育程度就业人员中，女性专业技术人员的比例（63.30%）要高出男性专业技术人员比例（53.40%）约 10 个百分点（表 3-16）。由此可知，研究生及以上教育程度的人员对于专业技术人员构成起着重要的支撑作用。

表 3-16　2017 年分受教育程度、性别的全国就业人员职业构成　　%

受教育程度	就业人员	单位负责人	专业技术人员	办事人员和有关人员	商业、服务业人员	农林牧渔水利业生产人员	生产运输设备操作人员及有关人员	其他
总计	100	1.70	9.00	9.30	30.10	27.60	21.70	0.60
大学专科	100	3.60	24.00	24.00	34.40	1.30	11.80	0.80
大学本科	100	4.00	36.80	28.80	23.10	0.50	6.20	0.60
研究生及以上	100	4.50	57.70	22.00	12.50	0.20	2.80	0.30
男	100	2.20	7.40	10.10	28.80	23.50	27.30	0.70
大学专科	100	4.80	17.50	24.60	34.60	1.30	16.20	0.90
大学本科	100	5.60	30.60	30.20	24.00	0.50	8.50	0.70
研究生及以上	100	6.10	53.40	23.30	13.30	0.20	3.40	0.30
女	100	1.00	11.10	8.20	31.90	32.90	14.40	0.50
大学专科	100	2.10	31.90	23.30	34.20	1.20	6.50	0.80
大学本科	100	2.20	44.20	27.00	22.00	0.40	3.60	0.50
研究生及以上	100	2.40	63.30	20.40	11.60	0.20	2.00	0.20

资料来源：国家统计局人口和就业统计司. 中国人口和就业统计年鉴2018[M]. 北京：中国统计出版社，2018.

2017 年，研究生及以上受教育程度城镇就业人员中，从事教育行业的占 36.60%，从事公共管理、社会保障和社会组织行业的占 10.60%，从事卫生和社会工作行业的占 10.50%。从 2012 年到 2017 年的纵向比较情况来看，研究生在采矿业、制造业等传统行业就业的比例总体呈现下降趋势，而研究生在教育、租赁和商务服务业等行业就业的比例总体呈现上升趋势，这从一个侧面反映了我国经济结构的不断调整和转型升级（表 3-17）。

表 3-17　2017 年研究生及以上城镇就业人员行业构成　　%

行　业	2012 年	2013 年	2014 年	2015 年	2016 年	2017 年
城镇就业人员	100	100	100	100	100	100
农、林、牧、渔业	0.30	0.30	0.40	0.10	0.30	0.10

续表

行　业	2012 年	2013 年	2014 年	2015 年	2016 年	2017 年
采矿业	0.90	0.80	0.50	0.60	0.70	0.40
制造业	14.70	11.60	9.10	11.70	10.20	7.20
电力、热力、燃气及水生产和供应业	1.60	1.00	1.40	1.80	1.70	1.60
建筑业	1.50	1.40	1.50	1.40	1.50	1.20
批发和零售业	3.60	4.40	4.40	4.70	4.30	3.80
交通运输、仓储和邮政业	2.10	1.80	1.60	1.70	1.40	1.20
住宿和餐饮业	0.40	0.30	0.70	0.40	0.30	0.50
信息传输、软件和信息技术服务业	6.30	7.10	6.40	6.50	5.80	4.60
金融业	6.50	6.80	6.70	6.80	7.80	7.00
房地产业	1.00	1.00	0.70	1.00	0.90	1.00
租赁和商务服务业	3.20	4.40	3.50	3.20	3.20	4.20
科学研究和技术服务业	8.50	7.70	8.60	5.60	5.90	5.10
水利、环境和公共设施管理业	0.90	0.70	1.00	0.70	0.50	0.70
居民服务、修理和其他服务业	0.40	0.40	0.40	0.90	1.00	1.50
教育	22.50	24.00	26.50	29.40	30.20	36.60
卫生和社会工作	10.70	10.00	10.80	8.80	9.20	10.50
文化、体育和娱乐业	2.90	2.90	2.60	1.70	1.80	2.00
公共管理、社会保障和社会组织	12.20	13.30	13.20	12.80	12.90	10.60

资料来源：国家统计局人口和就业统计司．中国人口和就业统计年鉴 2018[M]. 北京：中国统计出版社，2018.

3.3 条件保障

研究生教育是高等教育人才培养的最高层次，承担着培养高层次人才、创造高水平科研成果、提供高水平社会服务的重任，高水平的师资队伍、充足的经费、完善的奖助政策、高水平的学科平台是保障研究生教育质量的基本条件和重要支撑。

3.3.1 师资队伍

1. 导师

导师是研究生培养的第一责任人，肩负着遵循研究生教育规律，创新研究生指导方式，潜心研究生培养，全过程育人、全方位育人的重要责任，是研究生成长成才的指导者和引路人。

研究生导师可分为博士研究生导师（以下简称“博导”）、硕士研究生导师（以下简称“硕导”）和博士研究生、硕士研究生导师（以下简称“博、硕导”）

三种类型，博导仅指导博士研究生，硕导仅指导硕士研究生，博、硕导既可以指导博士研究生，也可以指导硕士研究生。

如表 3-18 所示，2018 年全国共有研究生导师 430 233 人，从专业技术职务来看，以正高级和副高级为主，两者的比例分别为 47.32% 和 44.67%，中级仅占 8.01%。从指导关系来看，硕导比例最高，占 75.39%。

表 3-18　2018 年研究生指导教师情况（总计）

类　别		人　数	比例 /%
按专业技术职务分	正高级	203 574	47.32
	副高级	192 206	44.67
	中级	34 453	8.01
按指导关系分	博导	19 238	4.47
	硕导	324 357	75.39
	博、硕导	86 638	20.14
总　计		430 233	100

资料来源：根据教育部发展规划司提供的数据整理。

从年龄结构来看，博导和博、硕导在 50 ～ 59 岁的比例最高，分别占导师总数的 43.53% 和 41.77%，40 岁以下的仅分别占 9.94% 和 14.03%； 硕导在 40 ～ 49 岁的比例最高，占 40.58%，40 岁以下的占 28.03%（表 3-19）。

表 3-19　2018 年研究生导师年龄分布情况

导师类型	40 岁以下	40 ～ 49 岁	50 ～ 59 岁	60 岁及以上	总计
博导 /%	9.94	26.44	43.53	20.10	100.00
硕导 /%	28.03	40.58	28.60	2.79	100.00
博、硕导 /%	14.03	33.48	41.77	10.72	100.00
总计 / 人	104 990	165 728	137 324	22 191	430 233

资料来源：根据教育部发展规划司提供的数据整理。

从区域分布来看，研究生导师数量最多的 5 个省和直辖市分别是北京（66 365 人，占比 15.42%）、江苏（33406 人，占比 7.76%）、上海（25 582 人，占比 5.95%）、广东（24 762 人，占比 5.75%）、湖北（23 494 人，占比 5.46%）。如果仅计算具有博士生指导资格（博导 + 博、硕导）的人数，则 2018 年全国有 105 876 人具有博导资格，其中排名前 10 的省（自治区、直辖市）分别是北京（27 630 人）、江苏（9 145 人）、上海（8 852 人）、广东（6 629 人）、湖北（6 031 人）、陕西（5 228 人）、黑龙江（3 784 人）、四川（3 758 人）、辽宁（3 752 人）和山东（3 402 人），见表 3-20。

表 3-20　2018 年分省（自治区、直辖市）不同类型研究生导师分布

地区	博　导		硕　导		博、硕导		总计	
	人　数	比重 /%	人　数	比重 /%	人　数	比重 /%	人　数	比重 /%
北京	6 166	9.29	38 735	58.37	21 464	32.34	66 365	100
天津	904	8.90	7 253	71.37	2 006	19.73	10 163	100
河北	43	0.41	9 384	88.40	1 188	11.19	10 615	100
山西	250	2.99	7 374	88.17	739	8.84	8 363	100
内蒙古	37	0.84	3 911	88.46	473	10.70	4 421	100
辽宁	175	0.93	15 155	80.16	3 577	18.91	18 907	100
吉林	1 781	17.10	8 267	79.38	367	3.52	10 415	100
黑龙江	395	2.78	10 404	73.33	3 389	23.89	14 188	100
上海	2 025	7.92	16 730	65.40	6 827	26.68	25 582	100
江苏	2 362	7.07	24 261	72.62	6 783	20.31	33 406	100
浙江	84	0.56	11 538	77.49	3 267	21.95	14 889	100
安徽	0	0.00	10 532	78.77	2 839	21.23	13 371	100
福建	261	2.60	7 896	78.76	1 868	18.64	10 025	100
江西	338	6.00	4 923	87.33	376	6.67	5 637	100
山东	226	1.03	18 608	84.54	3 176	14.43	22 010	100
河南	137	0.89	13 880	90.46	1 326	8.65	15 343	100
湖北	848	3.61	17 463	74.33	5 183	22.06	23 494	100
湖南	256	1.83	11 068	79.19	2 653	18.98	13 977	100
广东	958	3.87	18 133	73.23	5 671	22.90	24 762	100
广西	40	0.53	6 736	90.07	703	9.40	7 479	100
海南	14	1.02	1 177	85.54	185	13.44	1 376	100
重庆	92	0.84	8 991	82.55	1 809	16.61	10 892	100
四川	526	3.12	13 123	77.74	3 232	19.14	16 881	100
贵州	14	0.30	4 300	91.76	372	7.94	4 686	100
云南	66	0.70	8 305	88.00	1 066	11.30	9 437	100
西藏	9	1.37	590	89.80	58	8.83	657	100
陕西	999	5.34	13 466	72.03	4 229	22.63	18 694	100
甘肃	21	0.34	5 040	82.02	1 084	17.64	6 145	100
青海	52	4.91	959	90.56	48	4.53	1 059	100
宁夏	67	3.57	1 738	92.64	71	3.79	1 876	100
新疆	92	1.80	4 417	86.30	609	11.90	5 118	100
合计	19 238	4.47	324 357	75.39	86 638	20.14	430 233	100

资料来源：根据教育部发展规划司提供的数据整理。

从研究生导师的职称构成来看，接近一半的研究生导师为正高级职称。正高级职称导师最多的 5 个地区分别是北京（34 830 人）、江苏（14 496 人）、广东（12 583 人）、上海（11 485 人）和湖北（10 797 人）。研究生导师队伍中，中级职称导师占比最高的 5 个地区分别是山西（15.35%）、湖南（15.26%）、福建（14.99%）、云南（10.98%）和江西（10.38%）（表 3-21）。

表 3-21　2018 年分省（自治区、直辖市）研究生导师的职称结构

地区	正高级		副高级		中　级		总计	
	人　数	比重 /%	人　数	比重 /%	人　数	比重 /%	人　数	比重 /%
北京	34 830	52.48	27 271	41.09	4 264	6.43	66 365	100
天津	5 349	52.63	4 292	42.23	522	5.14	10 163	100
河北	5 379	50.67	4 521	42.59	715	6.74	10 615	100
山西	3 115	37.25	3 964	47.40	1 284	15.35	8 363	100
内蒙古	2 379	53.81	1 761	39.83	281	6.36	4 421	100
辽宁	8 466	44.78	8 593	45.45	1 848	9.77	18 907	100
吉林	4 491	43.12	4 933	47.36	991	9.52	10 415	100
黑龙江	7 055	49.73	6 031	42.51	1 102	7.76	14 188	100
上海	11 485	44.89	12 162	47.54	1 935	7.57	25 582	100
江苏	14 496	43.39	16 120	48.25	2 790	8.36	33 406	100
浙江	7 644	51.34	6 443	43.27	802	5.39	14 889	100
安徽	6 195	46.33	6 479	48.46	697	5.21	13 371	100
福建	4 660	46.48	3 862	38.52	1 503	14.99	10 025	100
江西	2 419	42.91	2 633	46.71	585	10.38	5 637	100
山东	10 052	45.67	9 681	43.98	2 277	10.35	22 010	100
河南	6 353	41.41	7 496	48.86	1 494	9.73	15 343	100
湖北	10 797	45.96	10 934	46.54	1 763	7.50	23 494	100
湖南	6 331	45.30	5 512	39.44	2 134	15.26	13 977	100
广东	12 583	50.82	9 820	39.66	2 359	9.52	24 762	100
广西	4 182	55.92	2 874	38.43	423	5.65	7 479	100
海南	743	54.00	530	38.52	103	7.48	1 376	100
重庆	4 497	41.29	5 937	54.51	458	4.20	10 892	100
四川	7 823	46.34	7 997	47.37	1 061	6.29	16 881	100
贵州	2 627	56.06	2 044	43.62	15	0.32	4 686	100
云南	4 187	44.37	4 214	44.65	1 036	10.98	9 437	100
西藏	216	32.88	382	58.14	59	8.98	657	100
陕西	8 271	44.24	8 985	48.06	1 438	7.70	18 694	100
甘肃	2 904	47.26	3 081	50.14	160	2.60	6 145	100
青海	785	74.13	271	25.59	3	0.28	1 059	100
宁夏	870	46.38	899	47.92	107	5.70	1 876	100
新疆	2 390	46.70	2 484	48.53	244	4.77	5 118	100
合计	203 574	47.32	192 206	44.67	34 453	8.01	430 233	100

资料来源：根据教育部发展规划司提供的数据整理。

从地区结构来看，硕导占比最大的是西南地区，比重为 82.98%；占比最小的是华北地区，为 66.71%。博导分布与硕导恰恰相反，博导占比最大的是华北地区，比重为 7.41%；占比最小的为西南地区，为 1.66%（表 3-22）。

表 3-22　2018 年各地区研究生导师的类型结构

地区	博　导		硕　导		博、硕导		总计	
	人　数	比重 /%	人　数	比重 /%	人　数	比重 /%	人　数	比重 /%
华北	7 400	7.41	66 657	66.71	25 870	25.89	99 927	100
东北	2 351	5.40	33 826	77.74	7 333	16.86	43 510	100
华东	5 296	4.24	94 488	75.64	25 136	20.12	124 920	100
中南	2 253	2.61	68 457	79.20	15 721	18.19	86 431	100
西南	707	1.66	35 309	82.98	6 537	15.36	42 553	100
西北	1 231	3.74	25 620	77.89	6 041	18.37	32 892	100
合计	19 238	4.47	324 357	75.39	86 638	20.14	430 233	100

资料来源：根据教育部发展规划司提供的数据整理。

2. 生师比

研究生生师比是指平均每名研究生导师指导的研究生人数，即研究生数与研究生导师数的比值。2018 年研究生生师比情况如表 3-23 所示，2018 年，我国在校博士研究生共 389 518 人，在校硕士研究生共 2 000 589 人。博士研究生生师比为 3.68，硕士研究生生师比为 4.87。

表 3-23　2018 年研究生生师比情况

类　型		2018 年
在校研究生 / 人	博士研究生	389 518
	硕士研究生	2 000 589
	在校生合计	2 390 107
研究生导师 / 人	博导	19 238
	硕导	324 357
	博、硕导	86 638
	合计导师数	430 233
生师比	博士研究生生师比	3.68
	硕士研究生生师比	4.87

注：（1）在校研究生数中包含专业学位研究生；

（2）研究生生师比的计算公式为

博士研究生生师比 = 在校博士研究生数 /（博导数 + 博、硕导数）

硕士研究生生师比 = 在校硕士研究生数 /（硕导数 + 博、硕导数）

合计导师数 = 博导数＋硕导数＋博、硕导数

资料来源：根据教育部发展规划司提供的数据整理。

从不同省（自治区、直辖市）来看，西藏自治区的博士研究生生师比最低，仅为 1.85，其次是河南（1.88）、海南（1.97），表明不超过 2 名博士研究生就可以拥有 1 位研究生导师；青海、广西、宁夏、新疆、贵州、江西、广东、云南、河北和山西则不超过 3 名博士研究生可以拥有 1 位研究生导师。最高的为吉林，达到 5.12，其次是湖南（4.67）、四川（4.47）、辽宁（4.23）、湖北

（4.19）、陕西（4.11），这意味着1位导师将指导5位左右的博士研究生。

硕士研究生生师比最低的分别是西藏自治区（3.07），其次是河南（3.17）、宁夏回族自治区（3.39）、山西（3.95），表明不超过4名硕士研究生可以拥有1位研究生导师；最高的为江西（7.07），其次是吉林（6.70）、天津（6.23）、上海（6.12），这意味着1位导师将指导7位左右的硕士研究生（表3-24）。

表3-24　2018年分省（自治区、直辖市）研究生生师比

地区	博士研究生生师比	硕士研究生生师比	地区	博士研究生生师比	硕士研究生生师比
北京	3.84	4.27	湖北	4.19	5.33
天津	3.60	6.23	湖南	4.67	5.27
河北	2.83	4.39	广东	2.56	4.11
山西	2.95	3.95	广西	2.15	4.37
内蒙古	3.32	4.86	海南	1.97	4.78
辽宁	4.23	5.37	重庆	3.50	5.41
吉林	5.12	6.70	四川	4.47	5.77
黑龙江	3.81	4.24	贵州	2.37	4.29
上海	3.92	6.12	云南	2.73	4.06
江苏	3.44	5.25	西藏	1.85	3.07
浙江	3.86	4.70	陕西	4.11	5.87
安徽	3.12	4.08	甘肃	3.97	5.56
福建	3.27	4.73	青海	2.06	4.71
江西	2.52	7.07	宁夏	2.17	3.39
山东	3.18	4.21	新疆	2.20	4.43
河南	1.88	3.17			

资料来源：根据教育部发展规划司提供的数据整理。

3. 教师

高素质教师是高水平研究生教育的前提和基础。研究生教育是培养高素质专业化教师队伍的重要途径。近年来，随着我国研究生教育规模的逐步扩大，高校教师中具有研究生学历的比例显著上升，其中，博士生人数占总师资人数的比例从2007年的11.21%上升至2018年的25.93%，提高了14.72个百分点；硕士生所占比例从2007年的31.07%上升至2018年的36.60%，提高了5.53个百分点（表3-25）。

表3-25　普通高校专任教师学历情况　　%

年　份	博　士	硕　士	本　科	专科及以下
2007	11.21	31.07	55.33	2.39
2008	12.28	32.39	53.16	2.17
2009	13.58	33.52	51.01	1.89
2010	14.92	34.50	48.92	1.67

续表

年　份	博　士	硕　士	本　科	专科及以下
2011	16.33	35.07	47.04	1.56
2012	17.66	35.67	45.24	1.42
2013	19.06	35.79	44.54	1.41
2014	20.41	36.03	42.24	1.32
2015	21.52	36.20	41.02	1.26
2016	22.86	36.31	39.61	1.22
2017	24.06	36.36	38.44	1.13
2018	25.93	36.60	36.56	0.90

资料来源：根据教育部发展规划司提供的数据整理。

2018 年度，我国高校共有 1 672 753 名专任教师，其中拥有博士学位的教师数为 433 807 名，占全国专任教师数的 25.93%，拥有硕士学位、本科学位、专科及以下学位的教师占比分别为36.60%、36.56%、0.90%。从中我们可以得出，在我国高校教师中，拥有研究生学位的占大多数，达到了 62.53%，但与居世界领先地位的国家相比，我国高校教师团队中的研究生学位获得者的比例仍有待提升（表 3-26）。

表 3-26　2018 年普通高校专任教师不同学历分布情况　　单位：人

学　历	合　计	博　士	硕　士	本　科	专科及以下
合计	1 672 753	433 807	612 308	611 594	15 044
按学校隶属分					
部委院校	48 334	30 024	11 888	6 298	124
教育部直属院校	157 413	116 800	29 001	11 436	176
地方院校	1 467 006	286 983	571 419	593 860	14 744
按学校类型分					
综合大学	472 265	136 215	159 331	172 768	3 951
理工院校	575 031	149 376	203 433	216 760	5 462
农业院校	62 630	21 931	21 481	18 718	500
林业院校	11 843	4 160	3 686	3 898	99
医药院校	124 365	28 977	46 955	47 097	1 336
师范院校	176 459	48 139	69 842	57 501	977
语文院校	26 079	5 858	12 566	7 533	122
财经院校	142 732	26 123	61 879	53 548	1 182
政法院校	21 787	4 528	8 309	8 820	130
体育院校	10 487	1 333	4 226	4 663	265
艺术院校	33 245	2 340	14 342	15 666	897
民族院校	15 830	4 827	6 258	4 622	123

资料来源：根据教育部发展规划司提供的数据整理。

如表 3-27 所示，从学校隶属关系的角度来看，部委院校专任教师中拥有博士学位的人数占比达到了 62.12%，教育部直属院校专任教师中这一比例则高达 74.20%，但在地方院校的专任教师中，这一比例仅为 19.56%，仍有很大的提升空间。而从学校类型的角度来看，拥有博士学位的专任教师均值为 25.93%，占整体比例较高的分别是林业院校（35.13%）、农业院校（35.02%）、民族院校（30.49%），上述类型院校的专任教师中拥有博士学位的比重超过均值；而艺术院校（7.04%）、体育院校（12.71%）、财经院校（18.30%）等院校这一占比则低于平均水平。

表 3-27　2018 年普通高校专任教师学历情况　%

学　历	合　计	博　士	硕　士	本　科	专科及以下
合计	100	25.93	36.60	36.56	0.90
按学校隶属分					
部委院校	100	62.12	24.60	13.03	0.26
教育部直属院校	100	74.20	18.42	7.26	0.11
地方院校	100	19.56	38.95	40.48	1.01
按学校类型分					
综合大学	100	28.84	33.74	36.58	0.84
理工院校	100	25.98	35.38	37.70	0.95
农业院校	100	35.02	34.30	29.89	0.80
林业院校	100	35.13	31.12	32.91	0.84
医药院校	100	23.30	37.76	37.87	1.07
师范院校	100	27.28	39.58	32.59	0.55
语文院校	100	22.46	48.18	28.89	0.47
财经院校	100	18.30	43.35	37.52	0.83
政法院校	100	20.78	38.14	40.48	0.60
体育院校	100	12.71	40.30	44.46	2.53
艺术院校	100	7.04	43.14	47.12	2.70
民族院校	100	30.49	39.53	29.20	0.78

资料来源：根据教育部发展规划司提供的数据整理。

3.3.2　财政支持

教育经费和科研经费是研究生教育的重要支撑，通过助研金、奖学金等形式为研究生的生活、学习提供了重要经济保障。

1. 教育经费

2017 年，全国教育经费总投入为 42 562.01 亿元，比上年的 38 888.39 亿元增长 9.45%。其中，国家财政性教育经费（主要包括一般公共预算安排的教育经费、政府性基金预算安排的教育经费、企业办学中的企业拨款、校办产业和社会服务收入用于教育的经费等）为 34 207.75 亿元，比上年的 31 396.25 亿元增长 8.95%。2017 年全国国内生产总值为 827 122 亿元，国家财政性教育经费占国内生产总值比例为 4.14%，较 2016 年的 4.22% 有所下降，但始终稳定在 4% 以上。2017 年全国普通高等学校生均一般公共预算教育事业费支出为 20 298.63 元，比上年增长 8.27%，7 个地区的支出绝对值高于全国水平，分别是北京市（63 805.40 元）、西藏自治区（34 070.32 元）、上海市（33 711.72 元）、青海省（25 439.03 元）、宁夏回族自治区（25 080.97 元）、广东省（24 149.23 元）、天津市（23 422.18 元），支出绝对值最低的是辽宁省（13 252.89 元），相对增长最快的是天津市（19.61%）。2017 年全国普通高等学校生均一般公共预算公用经费为 8 506.02 元，比上年增长 5.44%，12 个地区的公用经费绝对值高于全国水平，其中排名前五的分别是北京市（32 126.86 元）、上海市（18 146.62 元）、天津市（13 382.15 元）、青海省（12 760.45 元）和甘肃省（12 293.51 元），公用经费较低的分别是山东省（3 536.26 元）、湖南省（4 194.51 元）和云南省（5 061.68 元）（表 3-28）。

表 3-28　2017 年分省（自治区、直辖市）普通高等学校生均一般公共预算支出

地　区	教育事业费			公用经费		
	2016 年 / 元	2017 年 / 元	增长率 /%	2016 年 / 元	2017 年 / 元	增长率 /%
全国	18 747.65	20 298.63	8.27	8 067.26	8 506.02	5.44
北京	55 687.68	63 805.40	14.58	29 346.33	32 126.86	9.47
天津	19 581.45	23 422.18	19.61	9 690.57	13 382.15	38.09
河北	16 151.52	17 134.71	6.09	8 067.89	7 834.22	−2.90
山西	13 910.03	13 659.81	−1.80	5 508.98	5 585.81	1.39
内蒙古	18 298.34	18 654.08	1.94	6 378.36	6 741.17	5.69
辽宁	12 768.27	13 252.89	3.80	5 656.75	5 249.98	−7.19
吉林	17 517.39	17 973.10	2.60	7 737.82	8 153.47	5.37
黑龙江	14 942.16	15 379.91	2.93	5 391.04	5 469.38	1.45
上海	30 292.80	33 711.72	11.29	16 117.34	18 146.62	12.59
江苏	19 057.20	20 274.76	6.39	7 895.42	8 420.73	6.65
浙江	18 289.20	20 113.29	9.97	8 045.70	9 297.02	15.55
安徽	12 786.08	14 389.81	12.54	7 160.62	6 773.80	−5.40
福建	16 151.67	19 164.75	18.65	7 267.94	9 694.83	33.39
江西	14 303.69	14 680.65	2.64	4 901.92	5 127.55	4.60
山东	12 892.11	13 769.62	6.81	3 258.02	3 536.26	8.54
河南	12 601.16	13 741.99	9.05	6 778.87	7 112.47	4.92
湖北	16 816.17	16 842.55	0.16	7 128.30	6 747.58	−5.34

续表

地　区	教育事业费			公用经费		
	2016 年 / 元	2017 年 / 元	增长率 /%	2016 年 / 元	2017 年 / 元	增长率 /%
湖南	12 281.82	13 945.66	13.55	4 235.62	4 194.51	−0.97
广东	20 398.26	24 149.23	18.39	8 665.85	10 254.16	18.33
广西	14 374.16	16 124.80	12.18	8 395.30	10 677.18	27.18
海南	16 815.30	17 942.13	6.70	9 838.93	9 758.56	−0.82
重庆	15 093.72	15 226.00	0.88	8 470.93	7 209.91	−14.89
四川	12 236.78	13 983.05	14.27	4 695.80	5 069.07	7.95
贵州	15 586.11	17 781.19	14.08	5 200.02	6 542.64	25.82
云南	14 931.80	15 424.55	3.30	5 961.89	5 061.68	−15.10
西藏	33 384.17	34 070.32	2.06	13 629.37	8 709.98	−36.09
陕西	14 413.14	16 115.35	11.81	6 738.53	6 519.85	−3.25
甘肃	18 053.38	19 841.84	9.91	11 220.89	12 293.51	9.56
青海	24 694.50	25 439.03	3.01	12 723.16	12 760.45	0.29
宁夏	27 272.72	25 080.97	−8.04	14 778.14	11 496.18	−22.21
新疆	18 188.38	17 207.82	−5.39	6 534.96	5 533.82	−15.32

资料来源：根据《全国教育经费执行情况统计公告》整理。

2018 年，我国不断完善研究生资助体系，继续加大对研究生尤其是家庭经济困难学生的资助，出台了一系列相关文件。如教育部、财政部为深入贯彻党的十九大精神，不断健全学生资助制度，根据当前学生勤工助学工作的新特点及新需要，教育部、财政部于 2018 年 8 月对现行的《高等学校勤工助学管理办法》进行了修订。《高等学校勤工助学管理办法（2018 年修订）》（教财〔2018〕12 号）中强调了勤工助学是高等学校学生资助政策体系的重要组成部分，是提升学生综合能力和素质的有效途径，是实现全程育人、全方位育人的有效平台，并将勤工助学薪金标准由每小时不低于 8 元提高至不低于 12 元。教育部、财政部、民政部、人力资源和社会保障部、国务院扶贫办、中国残联六部门于 2018 年 10 月联合印发了《教育部等六部门关于做好家庭经济困难学生认定工作的指导意见》（教财〔2018〕16 号），对包括全日制研究生在内的家庭经济困难学生认定的对象、基本原则、组织机构及职责、认定依据、工作程序等进行了明确规定。

目前我国建立的研究生资助体系包括研究生国家奖学金、国家助学金、学业奖学金、“三助”岗位津贴、国家助学贷款、基层就业学费补偿贷款代偿、应征入伍国家资助、校内奖助学金及新生入学“绿色通道”等。

研究生国家奖学金是根据财政部、教育部印发的《研究生国家奖学金管理暂行办法》（财教〔2012〕342 号），由中央财政出资设立，用于奖励普通高等学校中表现优异的全日制研究生。每年奖励 4.50 万名在读研究生，其中，博士研究生 1 万名，硕士研究生 3.50 万名。博士研究生国家奖学金奖励标准为每生每年 3 万元；硕士研究生国家奖学金奖励标准为每生每年 2 万元。由表 3-29 可知，2014—2018 年我国对研究生国家奖学金的资助金额始终保持在每年 10 亿元，累计投入 50 亿元，共奖励表现优异的博士研究生 5 万人，硕士研究生 17.50 万人，博士研究生平均获奖比例为 2.90%，硕士研究生平均获奖比例为 1.98%。

表 3-29　国家奖学金资助情况统计

年份	博士研究生				硕士研究生			
	在校生数 / 万人	奖励生数 / 万人	获奖比例 / %	奖励金额 / 亿元	在校生数 / 万人	奖励生数 / 万人	获奖比例 / %	奖励金额 / 亿元
2014	31.27	1.00	3.20	3.00	153.50	3.50	2.28	7.00
2015	32.67	1.00	3.06	3.00	158.47	3.50	2.21	7.00
2016	34.20	1.00	2.92	3.00	163.90	3.50	2.14	7.00
2017	36.20	1.00	2.76	3.00	227.76	3.50	1.54	7.00
2018	38.95	1.00	2.57	3.00	200.06	3.50	1.75	7.00
总计	173.29	5.00	平均: 2.90	15.00	903.69	17.50	平均: 1.98	35.00

资料来源：根据《全国教育事业发展统计公报》和《中国学生资助发展报告》整理得到。

研究生学业奖学金是根据财政部、教育部制定的《研究生学业奖学金管理暂行办法》（财教〔2013〕219 号），由中央财政对中央高校研究生按照博士研究生每生每年 1 万元（70%）、硕士研究生每生每年 0.80 万元（40%）的标准以及在校生人数的一定比例给予支持，中央高校按规定统筹利用财政拨款、学费收入、社会捐助等，奖励支持表现良好的研究生在全面实行研究生教育收费制度的情况下更好地完成学业。由表 3-30 可知，研究生学业奖学金的覆盖面以年均 24.29% 的速度扩大，而奖励金额则以年均 30.60% 的速度递增。人均奖励金额由 6 029.96 元提高到 7 349.25 元，但仍低于中央财政设计的奖励标准，由此可知，研究生学业奖学金在实际操作过程中，各高校为实现研究生教育全面收费制度的平稳过渡，扩大了奖励覆盖面，并随着该制度的推进，逐步向学业奖学金的预期目标努力。

表 3-30　研究生学业奖学金资助情况统计

年　份	资助人数 / 万人	奖励金额 / 亿元	人均奖励金额 / 元
2014	64.76	39.05	6 029.96
2015	100.31	70.41	7 019.24
2016	132.18	93.25	7 054.77
2017	143.47	104.32	7 271.21
2018	154.56	113.59	7 349.25

资料来源：根据《中国学生资助发展报告》整理得到。

为帮助家庭经济困难的学生顺利完成学业，2007 年教育部、财政部印发的《高等学校勤工助学管理办法》（教财〔2007〕7 号）中首次将研究生纳入勤工助学的管理中，研究生可通过“助教、助研、助管”获得工作报酬。由表 3-31 可知，研究生“三助”岗位津贴的覆盖面虽然在 2018 年有所减小，但资助金额以年均 22.16% 的速度持续增长。每人次可获得津贴由 2014 年的 2 441 元提高到 2018 年的 4 651 元，年均增长 17.49%。

表 3-31　“三助”岗位津贴情况统计

年　份	在校研究生数 / 万人	资助人次 / 万人次	资助金额 / 亿元	生均津贴 / 元
2014	184.77	118.14	28.84	2 441
2015	191.14	137.43	36.33	2 644
2016	198.10	164.93	45.39	2 752
2017	263.96	168.33	51.75	3 074
2018	239.01	138.07	64.22	4 651

资料来源：根据《全国教育事业发展统计公报》和《中国学生资助发展报告》整理得到。

国家助学贷款是由政府主导、财政贴息、金融机构向高校家庭经济困难学生提供的旨在帮助高校家庭经济困难学生解决学费与住宿费的信用助学贷款。2014 年 7 月，国家决定调整国家助学贷款资助标准，研究生每年最高贷款额度由 0.60 万元提高到 1.20 万元。从表 3-32 可知，国家助学贷款的发放人数和发放金额均呈线性增长，发放人数年均增长率为 12.62%，发放金额年均增长率为 18.16%，覆盖面不断扩大，资助学生人数不断增加，对保证高校家庭经济困难学生顺利入学和完成学业发挥了重要作用。

表 3-32　国家助学贷款情况统计

年　份	发放人数 / 万人	发放金额 / 亿元	支付贴息 / 亿元	占资助总额比例 /%
2014	277.81	166.99	28.76	23.29
2015	332.57	219.86	26.09	25.93
2016	378.21	263.21	26.45	27.54
2017	409.16	284.20	29.31	27.05
2018	446.94	325.54	32.20	28.30

资料来源：根据《中国学生资助发展报告》整理得到。

2.R&D 经费

2017 年，我国共投入 R&D 经费 17 606.10 亿元，比上年增加 1 929.40 亿元，增长 12.3%，增速较上年提高 1.70 个百分点；R&D 经费投入强度（与国内生产总值之比）为 2.13%，比上年提高 0.02 个百分点。按 R&D 人员（全时工作量）计算的人均经费为 43.60 万元，比上年增加 3.20 万元。分活动类型看，全国基础研究经费 975.50 亿元，比上年增长 18.50%； 应用研究经费 1 849.20 亿元，增长 14.80%； 试验发展经费 14 781.4 亿元，增长 11.60%。基础研究、应用研究和试验发展经费所占比重分别为 5.50%、10.50% 和 84%。分活动主体看，各类企业经费支出 13 660.20 亿元，比上年增长 12.50%； 政府属研究机构经费支出 2 435.70 亿元，增长 7.80%； 高等学校经费支出 1 266 亿元，增长 18.10%。企业、政府属研究机构、高等学校经费支出所占比重分别为 77.60%、13.80% 和 7.20%。分地区看，R&D 经费投入超过千亿元的省（市）有 6 个，分别为广东（占 13.30%）、江苏（占 12.80%）、山东（占 10%）、北京（占 9%）、浙江（占 7.20%）和上海（占 6.80%）。R&D 经费投入强度（与地区生产总值之比）超过全国平均水平的省（市）有 7 个，分别为北京、上海、江苏、广东、天津、浙江和山东（表 3-33）。

表 3-33　2017 年分省（自治区、直辖市）R&D 经费情况

地区	经费 / 亿元	经费投入强度 /%	地区	经费 / 亿元	经费投入强度 /%
北京	1 579.70	5.64	湖北	700.60	1.97
天津	458.70	2.47	湖南	568.50	1.68
河北	452.00	1.33	广东	2 343.60	2.61
山西	148.20	0.95	广西	142.20	0.77
内蒙古	132.30	0.82	海南	23.10	0.52
辽宁	429.90	1.84	重庆	364.60	1.88
吉林	128.00	0.86	四川	637.80	1.72
黑龙江	146.60	0.92	贵州	95.90	0.71
上海	1 205.20	3.93	云南	157.80	0.96
江苏	2 260.10	2.63	西藏	2.90	0.22
浙江	1 266.30	2.45	陕西	460.90	2.10
安徽	564.90	2.09	甘肃	88.40	1.19
福建	543.10	1.69	青海	17.90	0.68
江西	255.80	1.28	宁夏	38.90	1.13
山东	1 753.00	2.41	新疆	57.00	0.52
河南	582.10	1.31	**全国**	17 606.10	2.13

资料来源：国家统计局社会科技和文化产业统计司，科学技术部战略规划司．中国科技统计年鉴 2018[M]. 北京：中国统计出版社，2018.

3. 国家自然科学基金

2017 年，国家自然科学基金面上项目资助 18 136 项，直接费用 106.86 亿元； 重点项目资助 667 项，直接费用 19.87 亿元； 青年科学基金资助 17 523 项，

直接费用 40.03 亿元； 地区科学基金资助 3 017 项，直接费用 10.95 亿元； 优秀青年科学基金资助 399 项，直接费用 5.19 亿元； 国家杰出青年科学基金资助 198 项，直接费用 6.79 亿元。

2018 年，国家自然科学基金面上项目资助 18 947 项，直接费用 111.53 亿元；重点项目资助 701 项，直接费用 20.54 亿元；青年科学基金资助 17 671 项，直接费用 41.76 亿元；地区科学基金资助 2 937 项，直接费用 11.03 亿元；优秀青年科学基金资助 400 项，直接费用 5.20 亿元；国家杰出青年科学基金资助 199 项，直接费用 6.83 亿元。

在国家自然科学基金的各类项目当中，博士生所占的比重总体上呈上升趋势，其中重点项目中博士生所占的比例最高。地区项目中博士生所占的比重较低。2011—2018 年各类项目人员组成中博士生所占比重见表 3-34。

表 3-34 2011—2018 年各类项目人员组成中博士生所占比重 %

年 份	面上项目	重点项目	青年项目	地区项目
2011	22.54	28.82	18.99	5.62
2012	22.52	28.78	18.31	5.66
2013	22.79	29.17	17.58	5.53
2014	23.29	29.48	17.14	5.29
2015	23.14	30.34	16.69	4.93
2016	23.86	30.86	16.70	5.24
2017	23.99	29.56	16.99	6.06
2018	24.29	30.06	17.51	5.98

资料来源：根据国家自然科学基金委员会历年年度报告整理。

硕士生也是国家自然科学基金项目的重要组成力量。各类项目人员组成中硕士生所占的比例均在 20% 以上，见表 3-35。

表 3-35 2011—2018 年各类项目人员组成中硕士生所占比重 %

年 份	面上项目	重点项目	青年项目	地区项目
2011	27.89	20.44	26.96	29.77
2012	28.33	22.27	27.8	30.79
2013	28.34	21.08	27.8	31.14
2014	28.35	22.30	28.15	31.52
2015	30.28	23.50	29.15	32.46
2016	30.34	23.67	29.98	33.17
2017	30.57	23.61	30.23	33.21
2018	30.86	23.04	31.09	34.44

资料来源：根据国家自然科学基金委员会历年年度报告整理。

地方政府也纷纷通过设立项目、学术竞赛等对研究生的科研训练提供财政支持。湖南省为强化研究生科研创新能力培养，鼓励和引导在校研究生积极开展创新性研究课题，产出更多的高水平科学研究成果，全面提高研究生培养质量，面向全省高校在读全日制硕士研究生、博士研究生设立了研究生科研创新项目。江苏省为提高研究生培养质量，开展了研究生科研创新实践大赛（立项15项左右，由省级财政资助，每项20万元），旨在深化人才培养模式改革，充分发挥大赛的导向作用、激励作用和推动作用，以赛促学、以赛促教、以赛促改；实施江苏省研究生暑期学校项目（立项20项左右，由省级财政资助，每项20万元），旨在充分利用研究生教育教学的优质资源，推动省内研究生培养单位、相关学科实现研究生培养的优势互补、资源共享、学分互认机制的形成，拓宽研究生学术视野，激发创新思维，提升研究生培养质量；按一定学科领域建立江苏省研究生学术创新论坛（立项40项左右，由省级财政资助，每项10万元），立足江苏、面向长三角、辐射全国的研究生创新培养与学术交流平台。通过举办以研究生为主体的创新论坛，促进各学科研究生交流与合作，拓宽研究生的学术视野，激发创新思维。

3.3.3 学科支撑

学科是研究生培养的直接载体，学科水平高低将直接影响到研究生培养质量的高低。2017年12月28日，教育部学位与研究生教育发展中心公布了全国第四轮学科评估结果。2018年7月26日，该机构公布了全国首次专业学位水平评估结果。下面将从省域层面对评估的结果进行相关统计分析，以更好了解我国学科整体实力和竞争力。

1. 全国第四轮学科评估结果的差异

从表3-36中的统计结果来看①，北京处于遥遥领先的位置，A+学科约占全国1/2，A以上学科约占全国1/4。江苏、上海的学科实力也具有明显优势。表现较好的还有湖北、陕西、山东、广东、辽宁、浙江、湖南、四川等省。而新疆、内蒙古、贵州、海南、宁夏、青海和西藏等省区在学科建设上还需要继续努力。

---

① 由于中国地质大学、中国矿业大学、中国石油大学3所高校两地办学且共同参加评估，因此各按两所高校进行计算，学科总数为5 191个；河北工业大学等异地办学高校数据计入高校所在城市；中国科学院大学等不纳入统计范围。

表 3-36　全国各省（自治区、直辖市）第四轮学科评估结果分档统计结果[①]

序号	地区	总计	占比 /%	A+	A	A−	B+	B	B−	C+	C	C−
1	北京	654	12.60	93	39	62	104	85	73	79	64	55
2	江苏	466	8.98	23	17	40	75	70	59	58	68	56
3	上海	350	6.74	26	27	38	69	56	35	43	29	27
4	湖北	307	5.91	14	10	28	53	48	41	35	42	36
5	陕西	263	5.07	6	7	14	61	43	42	33	24	33
6	山东	257	4.95	5	2	6	34	35	46	37	41	51
7	广东	255	4.91	4	3	24	43	40	44	39	32	26
8	辽宁	251	4.84		5	10	29	47	34	34	43	49
9	浙江	211	4.06	13	11	20	22	26	29	44	29	17
10	湖南	199	3.83	7	3	15	33	37	30	23	29	22
11	四川	199	3.83	5	2	20	32	30	19	28	31	32
12	河南	159	3.06	1		3	10	19	24	35	36	31
13	黑龙江	159	3.06	6	6	11	20	37	17	21	18	23
14	天津	151	2.91	2	9	20	31	16	12	20	20	21
15	吉林	150	2.89	1	5	12	23	21	29	12	24	23
16	安徽	148	2.85	7	3	6	12	22	26	22	20	30
17	福建	141	2.72	1	4	6	22	23	26	24	18	17
18	重庆	132	2.54		1	7	24	21	23	20	19	17
19	河北	122	2.35			1	3	13	23	28	24	30
20	云南	104	2.00	1		1	5	17	11	15	24	30
21	江西	90	1.73		1	3	4	5	19	20	23	15
22	山西	86	1.66				5	11	21	21	14	14
23	广西	83	1.60				2	8	15	21	17	20
24	甘肃	81	1.56	1	1		10	10	19	19	8	13
25	新疆	50	0.96					5	10	14	9	12
26	内蒙古	45	0.87				2	6	9	6	9	13
27	贵州	42	0.81				1	1	5	8	16	11
28	海南	19	0.37					2	1	6	4	6
29	宁夏	11	0.21						2	3	1	5
30	青海	5	0.10						2	1	1	1
31	西藏	1	0.02								1	

本轮学科评估中，将“人才培养质量”放在首位，明显提高了人才培养质量的指标权重，构建“培养过程质量”“在校生质量”“毕业生质量”三维度人才培养质量的评价模式，并尝试引入在校生和用人单位调查，更全面地考查

① 第四轮学科评估首次采用”分档”方式公布评估结果，分为”A+”到”C−”九档，其中：前 2%（或前 2 名）为 A+；2% ～ 5% 为 A；6% ～ 10% 为 A−；11% ～ 20% 为 B+；21% ～ 30% 为 B；31% ～ 40% 为 B−；41% ～ 50% 为 C+；51% ～ 60% 为 C；61% ～ 70% 为 C−；学科排名 70% 以下不予公布。

学生在学质量与毕业后职业发展质量。

2. 全国首次专业学位水平评估结果的差异

2018 年 7 月，教育部学位与研究生教育发展中心公布了自 2016 年启动的全国首次专业学位水平评估结果，此次评估在法律、教育、临床医学（不含中医）、口腔医学、工商管理、公共管理、会计、艺术（音乐）8 个专业学位类别开展，全国符合条件的 293 个单位的 650 个专业学位授权点全部参评。

从表 3-37 的分省统计结果来看，北京的专业学位水平和实力同样处于遥遥领先的地位，其中 A+ 专业学位点 13 个，占全国比例为 72%，A+ 专业学位点在全国处于绝对领先地位。上海有 A+ 专业学位点 4 个，从上榜专业学位点总数来看，仅次于北京，居全国第二位。除此之外，四川、浙江、江苏、广东、湖北、辽宁、天津、陕西、湖南等地区的专业学位水平和实力在全国也较为靠前。而贵州、新疆、海南、内蒙古和宁夏等西部地区的专业学位水平和实力则排名靠后。

表 3-37　全国各省（自治区、直辖市）首次专业学位水平评估分档统计结果①

序号	地区	总计	A+	A	A−	B+	B	B−	C+	C	C−
1	北京	76	13	6	9	15	10	6	9	6	2
2	上海	39	4	6	6	7	5	3	3	3	2
3	四川	18	1		4	4	1	3	1	2	2
4	浙江	16		3	2	1	1	4	1	4	
5	广东	34		2	4	4	5	5	4	5	5
6	江苏	41		2	3	4	10	5	10	7	
7	天津	16		2	2	4	2	2	1	1	2
8	吉林	11		2		2	1	1	2	1	2
9	湖北	30		1	7	4	1	6	3	2	6
10	辽宁	24		1	4	1	6	4	1	2	5
11	陕西	17		1	3	3	4	2		3	1
12	福建	15		1	3		1	2	5	2	1
13	重庆	13		1	1	1	3	1	4		2
14	湖南	19			3	2	5	2	2	2	3
15	安徽	12			1	2	1	2	1	3	2
16	山东	22				5	2	3	3	4	5

① 评估结果通过精准计算，按“分档”呈现，具体方法是按“专业学位整体水平得分”的位次百分位，将每个专业学位类别前 75% 的参评单位分为 9 档公布：前 2%（或前 2 名）为 A+，2% ～ 7% 为 A（不含 2%，下同），7% ～ 15% 为 A−，15% ～ 25% 为 B+，25% ～ 35% 为 B，35% ～ 45% 为 B−，45% ～ 55% 为 C+，55% ～ 65% 为 C，65% ～ 75% 为 C−。

续表

序号	地区	总计	A+	A	A−	B+	B	B−	C+	C	C−
17	黑龙江	11				3		1	2	2	3
18	河南	12				1	1	3	2	1	4
19	江西	11				1	1	3	1	4	1
20	甘肃	7				1	1	2	1	1	1
21	云南	9					2	1	2	3	1
22	河北	7					2		1	2	2
23	广西	8					1	1	1	1	4
24	贵州	6						1	1	3	1
25	山西	7						1	1	2	3
26	新疆	3						1		2	
27	海南	3						1		1	1
28	内蒙古	3						1		1	1
29	宁夏	2								1	1
合计		492	18	28	52	65	66	67	62	71	63

此次专业学位水平评估中的指标体系突出了以下四个特点：一是突出教师的实践指导能力，二是突出毕业生发展质量，三是突出学生实践能力培养，四是突出不同专业学位特色。因此，从此次公布的分档结果中大概可以看出，排名靠前地区的专业学位点对于专业学位高层次人才培养质量方面起到了重要的引领和支撑作用，而排名靠后的西部欠发达地区的专业学位点在提升人才培养质量方面则还有较大的提升空间。

3.4 本章小结

从培养质量上看，我国在校研究生积极参与论文撰写和项目研究，并取得了一定的成绩，在应用研究领域发挥了重要的作用，但基础学科和前沿交叉学科参与研究的数量和程度有待提高。另外，参与人文、社科研究的研究生相对较少，研究生尚未成为人文社科研究的主力军。因此在今后研究生培养过程中，应鼓励研究生积极参与科学研究，勇于探索，提高学术研究的水平。

我国研究生的平均就业率很高，但也出现了一些现象值得关注：一是博士毕业生在高等教育单位、科研单位就职的比例有下降趋势，而党政机关与其他事业单位以及企业就业的比例出现了上升，达到 20.66%，成为吸纳博士生就业的重要单位。二是硕士毕业生选择直接工作就业的占比最高，而选择继续深造读博的比例并不高。因此我国研究生教育需重新审视博士、硕士生的培养定位，调整培养目标，使其更加适应经济社会发展需求。

研究生及以上受教育程度的人员对于专业技术人员构成起着重要的支撑作用，从国家自然科学奖署名情况可知，博士学位获得者是我国自然科学研究领域的中坚力量，由此可见研究生教育对于我国的科技发展具有重要的作用，但研究生学历者在各省（区、市）分布不均衡。此外，研究生在采矿业、制造业等传统行业就业的比例总体呈现下降趋势，而在教育、房地产业、租赁和商务服务业、卫生和社会工作等行业就业的比例总体呈现上升趋势。

从导师队伍构成来看，我国研究生导师仍主要由拥有正高级和副高级职称的教师担任，年龄在 40 岁以上的居多，北京、江苏、上海、广东、湖北等地的研究生导师数量最多，山西、湖南、福建、云南和江西拥有中级职称的导师占比最高，硕导占比最大的是西南地区，最小的是华北地区； 而博导占比则相反，最大的是华北地区，最小的为西南地区。从生师比来看，西藏自治区的博士研究生生师比最低，其次是河南、海南，不超过 2 名博士研究生就可以拥有 1 位研究生导师； 最高的为吉林，达到 5.12，其次是湖南、四川、辽宁、湖北、陕西，一名导师将指导 5 位左右的博士研究生。硕士研究生生师比最低的也是西藏自治区，其次是河南、宁夏回族自治区、山西，不超过 4 位硕士研究生可以拥有 1 位研究生导师； 最高的为江西，其次是吉林、天津、上海，一名导师将指导 7 位左右的硕士研究生。

高校教师中具有研究生学历的比例显著上升，博士生人数占总师资人数的比例较 2017 年提高了 14.72 个百分点； 硕士生所占比例则提高了 5.53 个百分点，在我国高校教师中 60% 以上均拥有研究生学位，其中部委院校专任教师中拥有博士学位的人数占比最高，但在地方院校的专任教师中占比不足 20%。林业院校、农业院校、民族院校的专任教师中拥有博士学位的比重超过均值； 而艺术院校、体育院校、财经院校等院校这一占比则低于平均水平。

我国的教育经费总投入持续上涨，研究生资助体系日趋完善，研究生国家奖学金、国家助学金、学业奖学金、“三助”岗位津贴、国家助学贷款、基层就业学费补偿贷款代偿、应征入伍国家资助、校内奖助学金及新生入学“绿色通道”等充分发挥了奖优、助困等作用，有力地支撑了我国研究生的培养。国家自然科学基金及地方政府等也纷纷通过设立项目、学术竞赛等对研究生的科研训练提供财政支持。

学科是研究生培养的直接载体，学科水平高低将直接影响到研究生培养质量的高低。从全国第四轮学科评估结果来看，北京处于遥遥领先的位置，其次是江苏、上海等，而新疆、内蒙古、贵州等省、自治区在学科建设上还需要继续努力。从全国首次专业学位水平评估结果来看，北京的专业学位水平和实力同样处于遥遥领先的地位，其次是上海、四川等，而贵州、新疆、海南、内蒙古和宁夏等省、自治区的专业学位水平和实力则排名靠后。由此可见，排名靠前省区的学科对于高层次人才培养质量方面起到了重要的引领和支撑作用，而排名靠后的西部欠发达省、自治区的学科在提升人才培养质量方面则还有较大提升空间。

第 4 章　改革与实践①

① 本章数据不包括香港、澳门特别行政区及中国台湾地区。

2018 年，我国学位与研究生教育工作以习近平新时代中国特色社会主义思想为指引，认真学习贯彻落实党的十九大精神，以“服务需求、提高质量”为工作主线，坚定走内涵发展道路，坚持稳中求进总基调，以奋进状态书写了“奋进之笔”，学位与研究生教育事业取得了新进展。

4.1 落实立德树人根本任务，坚持社会主义办学方向

4.1.1 背景与意义

党的十九大报告指出，要全面贯彻党的教育方针，落实立德树人根本任务，发展素质教育，推进教育公平，培养德智体美全面发展的社会主义建设者和接班人。①

我国研究生教育作为国民教育的最高层次，是培养拔尖创新人才和释放人才红利的主要途径，是国家人才竞争和科技竞争的支柱，是实施创新驱动发展战略和建设创新型国家的核心要素，是科技第一生产力、人才第一资源、创新第一动力的重要结合点。2017 年，我国已成为世界研究生教育第二大国，在校研究生已近 264 万。② 在研究生教育中坚持社会主义办学方向，落实立德树人根本任务，关系到研究生教育培养什么人、为谁培养人、如何培养人的重要问题。有利于研究生教育坚持正确的政治方向，有利于培养德智体美劳全面发展的社会主义建设者和接班人，有利于培养担当民族复兴大任的时代新人，有利于扎根中国大地，建设中国特色高层次人才培养体系，有利于研究生教育服务国家经济社会发展大局，助力人才强国和科教兴国战略的实现。

2018 年是全面贯彻党的十九大精神开局之年，是全国教育大会召开之年，

① 习近平．决胜全面建成小康社会 夺取新时代中国特色社会主义伟大胜利 [EB/OL].[2019-03-20].http://cpc.people.com.cn/n1/2017/1028/c64094-29613660.html.

② 特稿．教育部学位与研究生教育发展中心主任、《中国研究生》杂志主编黄宝印就全国高校“百个研究生样板党支部”和“百名研究生党员标兵”创建工作回答记者提问 [EB/OL].[2019-03-15].http://www.cdgdc.edu.cn/xwyyjsjyxx/zxkb/jrjz/dfxx/284342.shtml.

我国学位与研究生教育工作在教育部的统一部署下，全面贯彻党的十九大精神和全国教育大会精神，深入学习习近平总书记系列重要讲话，以习近平新时代中国特色社会主义思想作为学位与研究生教育工作的思想指南、行动指南、工作指南，努力开创新时代研究生教育改革发展新局面。为了造就一支有理想信念、道德情操、扎实学识、仁爱之心的研究生导师队伍，全面提升研究生思想政治理论课教学水平，培养德智体美劳全面发展的社会主义建设者和接班人，教育部在2018年度开展师德师风建设、实施“高校思想政治理论课教师队伍后备人才培养专项支持计划”、发布新时代高校思想政治理论课教学工作基本要求、开展“研究生党建双创活动”等，这些举措使研究生教育立德树人的根本任务有了整体规划和顶层设计，体现了德育为先的育人导向，落实了导师是研究生培养第一责任人的职责。同时，进一步加强了研究生思想政治理论课建设，把提高研究生中国特色社会主义道路自信、理论自信、制度自信、文化自信落到实处。新时代研究生党支部、研究生党员的示范引领作用得以充分发挥，从严治党、从严治教坚持不懈，党对研究生教育的全面领导得到加强，研究生教育的政治方向更加坚定，党的教育方针得到切实贯彻落实。

4.1.2 政策与实践

1. 落实研究生导师立德树人职责

立德树人是新时期我国教育改革发展的根本任务，也是坚持社会主义办学方向的基础。研究生导师在落实立德树人根本任务方面具有不可替代的作用。2018年1月17日，教育部发布《教育部关于全面落实研究生导师立德树人职责的意见》（以下简称《意见》）。《意见》指出，要落实导师是研究生培养第一责任人的要求，坚持社会主义办学方向，坚持教书和育人相统一，坚持言传和身教相统一，坚持潜心问道和关注社会相统一，坚持学术自由和学术规范相统一，以德立身、以德立学、以德施教。遵循研究生教育规律，创新研究生指导方式，潜心研究生培养，全过程育人、全方位育人，做研究生成长成才的指导者和引路人。《意见》强调，政治素质过硬、师德师风高尚、业务素质精湛是研究生导师必须满足的三大基本素质要求。《意见》明确了研究生导师立德树人职责，具体包括提升研究生思想政治素质、培养研究生学术创新能力、培养研究生实践创新能力、增强研究生社会责任感、指导研究生恪守学术道德规范、优化研究生培养条件、注重对研究生人文关怀七个方面。

研究生导师立德树人既是贯彻党的十九大关于落实立德树人根本任务的切实举措，也是近年来高校师德建设的重要组成。教育部发布意见以后，各地各高校积极落实、扎实推进系列工作。

首先是建章立制，制定各自的实施细则和工作要求。例如，天津市于2018年8月发布《市教委关于印发全面落实研究生导师立德树人职责实施意见的通知》。江苏省学位委员会、江苏省教育厅于2018年10月发布《关于加强研究生导师队伍建设的意见》《江苏省研究生导师职业道德规范“十不准”（试行）》等系列政策举措。中国人民大学发布了《中国人民大学教师职业道德规范（试行）》《中国人民大学师德建设长效机制实施办法（试行）》等关于立德树人的8个文件。前三个文件着重于“立德”，对教职工特别是研究生导师在师德师风、培养人才、学术道德规范等方面进行了非常细致的要求。后五个文件着重于“育人”，以博士学位论文质量为切入点，提出了全面提升博士生培养质量的“一揽子”措施。[①]西安交通大学2018年5月发布《西安交通大学落实研究生导师立德树人职责实施细则》。要求导师认真履行培养职责，把研究生培养全过程归纳为“八要”“十不准”，共提出了58个具体要求。通过“八要”“十不准”的实施，促使从细小处做起，以身作则，身体力行，让导师从内心深处对这些规范产生共鸣与认同，从而自觉去遵守。[②]

其次是开展特色教育活动，以富有感染力的形式将立德树人的根本任务内化于心、外显于行。如北京邮电大学加强师德培训，对研究生导师遵循教育规律、创新指导方式、潜心研究生培养方面给予全面指导和支持。定期开展“导师与学生面对面”活动，帮助研究生增强“四个意识”、坚定“四个自信”。注重对研究生人文关怀，构建和谐导学关系，增进师生感情，建立良好的师生互动机制。[③]复旦大学从2018年起，将导师培训与导师上岗挂钩，明确规定只有参加过培训的研究生导师才有上岗资格。研究生院专门设立“研究生导师服务中心”，中心具有组织导师交流活动、接受导师日常咨询、调解师生矛盾等多重功能，搭建起了不同学科导师、导师与学生、导师与管理部门之间的有效沟通

---

① 研究生司.中国人民大学全面落实研究生导师立德树人职责经验做法[EB/OL].[2019-06-25].http://www.moe.gov.cn/s78/A22/A22_ztzl/ztzl_qmlsdsldsrzz/201901/t20190104_365952.html.

② 研究生司.西安交通大学推出研究生导师“八要”“十不准”立德树人行为引导机制[EB/OL].[2019-03-15].http://www.moe.gov.cn/s78/A22/moe_847/201807/t20180709_342433.html.

③ 思想政治工作司.党政协同 合力育人 北京邮电大学扎实推进研究生思想政治工作体系建设[EB/OL].[2019-03-15].http://www.moe.gov.cn/s78/A12/moe_2154/201809/t20180930_350514.html.

交流平台。[①]

2. 继续加强研究生思想政治教育工作

首先，实施思政课教师后备人才培养专项计划。2018 年 4 月 2 日，教育部办公厅发布《教育部办公厅关于实施 2018 年“高校思想政治理论课教师队伍后备人才培养专项支持计划”的通知》，通知指出，教育部决定在继续实施“高校思想政治理论课教师在职攻读马克思主义理论博士学位专项计划”的同时，自 2018 年开始实施“高校思想政治理论课教师队伍后备人才培养专项支持计划”。2018 年专项计划招生额度是各有关招生单位在 2017 年马克思主义理论学科博士、硕士研究生招生人数基础上的增加数，在 2018 年全国研究生招生总规模之内单列下达，专门用于相关高校马克思主义理论学科博士、硕士研究生招生，不得挪作他用。2018 年计划增加招生 1 490 人，其中，博士研究生 500 人，硕士研究生 990 人。2018 年专项计划招生培养任务由 50 所高校共同承担。

教育部关于加强高校思想政治理论课教师队伍建设的相关举措，在高校中得到普遍落实。承担高校思想政治理论课教师队伍后备人才培养专项支持计划的 50 所高校均积极组织招生，顺利完成了招生任务。

其次，加强高校思想政治理论课教学工作。明确高校思想政治理论课教学工作基本要求对于规范思想政治理论课建设具有十分重要的意义。2018 年 4 月 12 日，教育部发布《新时代高校思想政治理论课教学工作基本要求》，规定硕士研究生“中国特色社会主义理论与实践研究”课 2 学分，同时须从“自然辩证法概论”课和“马克思主义与社会科学方法论”课中选择 1 门作为选修课程，占 1 学分。博士研究生“中国马克思主义与当代”课 2 学分，同时可开设“马克思恩格斯列宁经典著作选读”课（列入学校博士生公共选修课）。鼓励各地各高校结合实际开设思想政治理论课选修课。

一些高校在研究生教育中贯彻落实教育部《新时代高校思想政治理论课教学工作基本要求》过程中，创新工作举措，把思想政治理论课教学工作基本要求落到实处。清华大学近年来重点对博士生思想政治理论课进行改革探索与实践。“中国马克思主义与当代”课程率先推出了全程实行“教学相长课程手册”管理的课堂教学新模式。这种“教学相长”教学模式，强调在思想政治理论课

① 研究生司 . 复旦大学全面落实研究生导师立德树人职责经验做法 [EB/OL].[2019-06-25].http://www.moe.gov.cn/s78/A22/A22_ztzl/ztzl_qmlsdsldsrzz/201901/t20190104_365945.html.

教学中不仅要注重教师积极性和创造性的发挥，还要调动学生“反哺”老师的主动性和作用性的发挥，使教师的主导作用和学生的主动精神都得到最大限度的展现。[①]北京师范大学进一步加强和改进研究生思想政治理论课，一是增强研究生思想政治理论课的实效。研究生思想政治理论课程在保证体系完整性、内容正确性的基础上，还需要引导研究生运用习近平新时代中国特色社会主义思想就社会争议大的热点问题进行理性思考和判断，以理服人，以春风化雨的方式育人。二是进一步加强研究生思想政治理论课教师队伍建设。要求广大思政课教师做到“六个要”，政治要强、情怀要深、思维要新、视野要广、自律要严、人格要正。三是设立研究生思政课教学改革专项，鼓励教师推进教学改革。[②]

3. 开展研究生党建双创活动

开展研究生党建双创活动是落实党对研究生教育全面领导，发挥研究生党员引领示范作用的创新举措。2018 年 8 月 20 日，教育部办公厅发布《教育部办公厅关于开展高校“百个研究生样板党支部”和“百名研究生党员标兵”创建工作的通知》，本次研究生党建双创活动面向全国高校，遴选创建 100 个研究生样板党支部，推荐产生 100 名研究生党员标兵，辐射带动全国高校研究生党建工作。活动每两年开展一次。研究生样板党支部创建标准包括教育有力、管理有力、监督有力、组织有力、宣传有力、凝聚有力、服务有力七个标准；研究生党员标兵创建标准包括理想信念坚定、学业成绩优秀、带头作用突出、师生高度认可四个标准。2018 年 12 月 10 日，教育部思想政治工作司、教育部学位与研究生教育发展中心公示了全国高校“百个研究生样板党支部”和“百名研究生党员标兵”名单。

研究生党建双创活动开展以来，各省、自治区、直辖市和教育部直属高校积极组织落实。江苏省结合江苏实际和特点，认真研究制订“研究生党建双创”活动具体计划和措施，坚持培育为基、重在建设、典型引领、整体推进的原则，以政治建设为统领，以质量攻坚为动力，以提升组织力为重点，以发挥作用为关键，以推动研究生培养教育为落脚点，扎实有效地推进“研究生党建双创”

---

① 清华大学马克思主义学院内部报告。

② 涂清云．进一步加强和改进研究生思想政治理论课 [EB/OL].[2019-06-25].http://www.moe.gov.cn/jyb_xwfb/moe_2082/zl_2019n/2019_zl31/201904/t20190428_379866.html.

工作[①]；同济大学实施“卓越领航”工程，着眼提升研究生党支部书记等党员骨干队伍能力素质[②]；华东理工大学定期举办“研思班”，提升研究生党支部书记的政策理论水平和党务工作能力[③]。

4.2 优化学位授权审核，适应经济社会需要

4.2.1 背景与意义

学位授权审核是我国学位制度的重要内容，对保证研究生教育质量、促进研究生教育健康发展具有不可替代的作用。目前，我国进入一个新的发展阶段，踏上了全面建设社会主义现代化国家的新征程，在这一经济社会发展背景下，学位与研究生教育事业发展的主要矛盾，已经转化为国家对高层次人才日益增长的需求和研究生教育不平衡不充分发展之间的矛盾。[④] 2018 年，国务院学位委员会在全面总结过去学位授权审核经验的基础上，根据党的十九大精神内涵式发展的要求，对学位授权审核重新进行了顶层设计，着力优化研究生教育结构，更加注重研究生教育的整体布局和平衡充分发展，建立了“由新增学位授权、学位授权点动态调整、学位授权点合格评估共同组成，以实现研究生教育内涵式发展为目的，具有中国特色的学位授权审核机制”，在理念、机制、方法和管理等方面全面推进改革创新。

为了促进研究生教育内涵式发展，使研究生教育布局结构、学科结构、类别结构更加合理，使我国研究生教育更加适应经济社会发展需要，2018 年学位授权审核工作持续推进，增列了学位授权自主审核单位，调整了相关专业学位授权审核和目录，公布了新增学位授权审核结果。其中，试点开展部分高校自主实施学位授权审核具有里程碑意义，学位授权审核在保证质量的基础上，以优化学科结构为重点，围绕国家区域需求，体现国家意志，优先支持边疆地区具有重大国家战略意义的高校，优先支持国家发展亟须或填补国家区域空白的

① 葛道凯 . 深入开展研究生党建”双创”活动 全面提升新时代江苏研究生教育质量 [EB/OL].[2019-04-20]. http://www.moe.gov.cn/jyb_xwfb/moe_2082/zl_2018n/2018_zl58/201808/t20180831_346696.html.

② 新闻中心 . 我校五年来人才培养成绩喜人 [EB/OL].[2019-04-20].https://news.tongji.edu.cn/info/1005/1592.htm.

③ 颜元 . 华东理工大学推进研究生党建工作 [EB/OL].[2019-04-20].http://www.sohu.com/a/277729773_100253943.

④ 特稿 . 开启新时代研究生教育的新征程——访十九大代表、教育部党组成员、副部长杜占元 [J]. 中国研究生，2018（2）.

学科领域，促进了研究生教育平衡充分发展，提升了研究生教育对国家和区域发展的支撑能力。

4.2.2 政策与实践

1. 增列学位授权自主审核单位

增列学位授权自主审核单位是我国学位与研究生教育发展史上具有里程碑意义的一件大事。2018 年 4 月 18 日，国务院学位委员会办公室发布《国务院学位委员会关于开展 2018 年学位授权自主审核单位增列的通知》，通知指出，符合 2017 年印发的《学位授权审核申请基本条件（试行）》中“自主审核单位申请基本条件”的“双一流”建设高校可提出申请。2018 年 4 月 19 日，国务院学位委员会发布《国务院学位委员会关于印发学位授权自主审核单位名单的通知》，北京大学、中国人民大学、清华大学、北京航空航天大学、中国农业大学、北京师范大学、南开大学、天津大学、吉林大学、哈尔滨工业大学、复旦大学、同济大学、上海交通大学、南京大学、浙江大学、中国科学技术大学、厦门大学、武汉大学、西安交通大学、中国科学院大学为可开展学位授权自主审核的单位。

为了加强对高等学校学位授权自主审核工作的质量监督，经国务院学位委员会第三十四次会议审议通过，印发了《国务院学位委员会关于高等学校开展学位授权自主审核工作的意见》。该意见有助于加强国务院学位委员会对自主审核工作的质量监督，规范了高校开展自主审核工作的监督机制。该意见对自主审核单位增列博士、硕士学位授权点提出了较高要求，如要求其必须制定本单位审核办法，明确校内工作流程，学位点审核标准必须高于国家规定的申请基本条件，每年博士学位授权点增列数量不能超过现有博士学位授权点的 5%，新增点 6 年内必须达到相应水平，不能突破质量底线等。通过更高的要求和严格规范的程序，确保有关高校高质量地开展学位授权自主审核工作。

在增列学位授权自主审核单位工作推进过程中，相关高校积极配合国务院学位委员会开展工作，立足本校特色，依托学位自主审核建设有特色的学科格局。北京师范大学要求，“申请新增的学位授权点在某一至两项指标上高于申请基本条件”；南开大学要求，“新增学位授权点标准必须高于国家同类学科或专业学位类别的基本申请条件的 20% ～ 30%；新增交叉学科学位授权点标准必须高于涉及的各相关学科的 10%”。部分高校在基本程序的基础上，还增加了评审的难度。如复旦大学增加了所在学科学位评定分委员会审核环节，规定获得无记名 2/3 及以上成员同意方可视为通过，进入同行专家论证环节。[①]

增列学位授权自主审核单位是我国深化学位授权制度改革，促进研究生教育内涵式发展的重大举措，是高校走内涵式发展道路的标志性改革举措。该举措进一步激发了办学活力，增强了高水平大学凝练特色、按需设置学科、主动服务国家经济社会发展需求的能力。

2 动态调整学位授权审核单位

动态调整和增列学位授权点是我国高校发挥主体作用、凝练学科优势、汇聚发展合力、优化学科结构的重要方式。分高校看，撤销学位点最多的是广西大学，共撤销 13 个学位授权点； 分省份看，撤销学位点最多的是北京市，16 所高校撤销了 38 个学位授权点； 从撤销的学位点类型看，撤销最多的是硕士学位点，博士学位点较少； 从撤销学位点的学科看，工程（项目管理）专业学位点撤销最多，其他撤销较多的还有软件工程、应用化学（撤销 9 个）、管理科学与工程等。此次学位动态调整是在国家“双一流”建设名单和全国第四轮学科评估结果刚公布的背景下进行的，不少高校主动自我评估，撤销低水平重复建设的学位点。

与此同时，共有 24 个省（区、市）的 87 所高校动态增列了 184 个学位点。新增的 184 个学位点中，西部地区高校有 63 个，占 34%。

新增博士学术学位授权点最多的是马克思主义理论，数量为 38 个； 新增博士专业学位授权点最多的是工程博士，数量为 16 个； 新增硕士专业学位授权点最多的是艺术，数量为 57 个。本次学位授权审核过程非常严格，进入专家复审程序的新增博士点 1 429 个，通过复审和公示的 655 个，通过率为 45.8%； 原有二级学科博士点升级为一级学科博士点 283 个，通过率仅为 33.4%。

北京工商大学、北京建筑大学、常州大学、浙江农林大学、西安石油大学、浙江财经大学、南方科技大学 7 所大学的 16 个学科具备博士学位授权； 北京石油化工学院、北京电子科技学院、湖州师范学院、重庆科技学院 4 所高校的 13 个学科和类别具备学科硕士学位授权和专业学位授权。该通知还发布了需要

① 范竹君．各显神通！首批学位授权自主审核高校如何用好自主权？ [EB/OL]. [2019-04-20].http://www.sohu.com/a/290662166_608848.

加强建设的学位授权单位名单，中国民航大学等 21 个博士学位授予单位、山西大同大学等 25 个硕士学位授予单位，需进一步加强建设，补短板强弱项，待其办学水平和研究生培养能力达到相应要求，并通过国务院学位委员会核查后，再开展招生、培养、授予学位工作。

2018 年是我国学位授权审核力度较大的一年，各省（区、市）和相关高校积极配合做好博士硕士学位授权学科与专业学位类别动态调整工作。辽宁省、江苏省等省人民政府学位委员会办公室制订了专门的工作计划，鼓励和支持各学位授予单位增列当地亟须的、空白的或者与社会发展密切相关的学位授权点，要求各学位授予单位主动撤销社会需求不足、学科水平不高或不符合学位授予单位办学目标定位要求的学位授权点，对学生就业困难的学位授权点增列进行了严格管控。除此之外，江苏省还对该年度学位授权点调整提出了一些限制性条件，增加了学位授权点申请前置条件，避免了动态调整过程中可能出现的效率低下、资源浪费等问题。2018 年学位授权单位的动态调整，进一步优化了研究生教育的整体布局，推动了研究生教育供给侧结构性改革，适应了经济社会的发展需要。

4.3 加强质量保障，促进内涵发展

4.3.1 背景与意义

研究生教育质量保障是研究生教育工作的永恒主题。经过多年努力，我国构建了“五位一体”的学位与研究生教育质量保障体系。“五位一体”是指学位授予单位、政府教育行政部门、学术组织、行业部门、社会机构等分别发挥质量保障、质量监管和引导、质量监督和评价等方面的功能与作用，形成利益相关主体协同配合的多元一体的研究生教育质量保障体系。政府有针对性地综合运用研究生教育质量标准、学位授权点合格评估、学位论文抽检、一流大学和一流学科建设、研究生课程建设、增加研究生教育投入、学科目录修订、学位授权审核改革、学科评估、质量信息平台建设、开展科学道德和学风建设宣讲教育等多种政策工具来保障研究生教育质量。

2018 年开展的学位授权点评估、专业学位水平评估结果发布、MBA（工商管理硕士）教育巡视整改回头看、学位论文送审、抽检和评优服务等多项工作，

有效保障了研究生教育质量。学位授予单位积极开展自我评估，质量意识进一步增强；政府利用多种政策工具强化保障研究生教育质量；学术组织、行业部门、社会机构也配合学位授予单位和政府积极发挥引导、监督和评价的作用。教育部、各省（区、市）和相关高校协同推进，各质量保障主体在保障学位与研究生教育质量方面形成合力，使我国学位与研究生质量保障工作在技术环节上更加严密，学位与研究生质量管理闭环运行得以落实。学位与研究生教育质量建设循次而进，质量文化取得新成就。经过多年努力，已经初步构建了我国研究生教育内部质量保障体系，研究生外部质量保障初步实现了从政府一元控制模式向多元主体平衡模式的转变[①]，特别是我国首次开展的大范围专业学位水平评估，是专业学位研究生教育领域质量保障的新尝试，是采用国家委托、第三方组织承担，共同实施专业学位研究生教育质量保障的重大举措，具有示范性、推动性、引领性特点，对提升专业学位研究生教育质量具有重要意义。

4.3.2 政策与实践

1. 推进学位授权点质量保障

学位授权点质量保障手段之一是学位授权点评估。学位授权点评估是我国研究生教育质量保障体系的重要组成部分，也是政府和社会机构常用的政策工具。根据《学位授权点合格评估办法》，学位授权点评估分为专项评估和合格评估。新增学位授权学科获得学位授权满 3 年后，须接受专项评估；获得学位授权满 6 年的学位授权学科，须进行合格评估，合格评估每 6 年进行一轮，每一轮评估的前 5 年为自我评估阶段，最后 1 年为随机抽评阶段。博士学位授权学科合格评估由国务院学位委员会办公室组织实施，硕士学位授权学科合格评估由各省级学位委员会组织实施，其中，军队系统学位授权学科合格评估，由中国人民解放军学位委员会组织实施。

2018 年 2 月 27 日，国务院学位委员会、教育部发布《国务院学位委员会 教育部关于下达 2017 年学位授权点专项评估结果及处理意见的通知》，50 所高校的 129 个博士学位授权学科接受了专项评估，有 3 所高校的中国语言文学博士学位授权学科被“限期整改”； 25 所高校的 68 个硕士学位授权学科接受

① 王战军. 构建质量保障体系 提高研究生教育质量 [J]. 研究生教育研究，2011（1）:3-6.

了专项评估，有 4 所高校的 4 个硕士学位授权学科被“限期整改”； 有 5 所高校的 5 个硕士专业学位授权类别接受了专项评估，均为合格。

2018 年 3 月 19 日，国务院学位委员会、教育部发布《国务院学位委员会 教育部关于开展 2018 年学位授权点专项评估工作的通知》，参加评估的范围主要是 2014 年获得授权且未调整的学位授权学科和 2014 年学位授权学科专项评估结果为“限期整改”的学位授权学科。共有太原理工大学、山东大学和海南大学的 3 个博士授权学科，12 所大学的 14 个硕士学位授权学科和数百所大学的 1 146 个硕士专业学位授权类别参加本次评估，学位授权点专项评估范围逐步扩大，有力地促进了参评学位授权学科点的建设。

在学位授权点评估过程中，相关高校积极开展自我评估，从而实现以评促建、以评促改，以评促强的目的。清华大学、哈尔滨工业大学、武汉大学等一批高校制订了学位授权点自我评估计划，并以此次自我评估为契机，或全面检查学校各学位授权点建设情况，或重点关注学科建设与人才培养方面的不足，切实发挥自我评估在完善学位授权点布局、提升学位授权点建设质量中的作用。2018 年，清华大学的 35 个院系组织了 50 余场次 300 余名外单位专家参加的专家现场评估会，完成了教育部要求范围内的 93 个学位授权点的专家现场评估，并撰写了自我评估总结报告，部分院系如电子系、生命学院、软件学院还开展了国际评估，保质保量地完成了学位授权点评估工作。① 哈尔滨工业大学的 61 个学位授权点开展了自我评估工作，对学位授权点水平与人才培养质量进行了全面检查，该校主要采用聘请校外专家到校评估与国际评估（聘请国际专家）的方式进行自评，并将自我评估结果上传至“全国学位与研究生教育质量信息平台”，向全社会公开，并随机抽评，评估不合格的学位授权点，学校将根据具体情况进行限期整改、调整或者撤销学位授权点。②

2. 重视专业学位质量保障

为了落实习近平新时代中国特色社会主义思想，贯彻落实国家研究生教育发展改革精神，构建中国特色专业学位评价标准和评价体系，帮助学位授予单位了解专业学位培养现状、优势与不足，促进办学单位间的交流与借鉴，满足

---

① 清华新闻网 . 清华大学学位评定委员会 2018 年第四次全体会议举行 [EB/OL].[2019-05-08].https://www.tsinghua.edu.cn/publish/thunews/10303/2018/20181015103701478358985/20181015103701478358985_.html.

② 刘忠奎 . 我校顺利开展学位授权点自我评估工作 [EB/OL].[2019-05-08].http://news.hit.edu.cn/2018/0626/c1510a210784/page.htm.

社会对专业学位学生培养质量的知情需求，受国务院教育督导委员会办公室委托，由教育部学位与研究生教育发展中心根据《国务院教育督导委员会办公室关于开展专业学位水平评估试点工作的通知》，于2016年4月8日在法律、教育、临床医学（不含中医）、口腔医学、工商管理、公共管理、会计、艺术（音乐）8个专业学位类别启动了专业学位水平评估试点工作，其中教育硕士专业学位，临床医学（不含中医相关领域）博士、硕士专业学位，口腔医学博士、硕士专业学位3个专业学位类别评估范围仅限非在职教育部分；工商管理硕士专业学位包括工商管理硕士和高级管理人员工商管理硕士（EMBA）两部分；艺术硕士仅限音乐领域。考虑到办学的实际情况，本次参评专业学位授权点需同时满足以下条件：截至2015年12月31日，已有三届及以上毕业生；近三年毕业生总人数不少于50人。本次评估工作全国符合条件的293个单位、650个专业学位授权点全部参评。2018年7月26日，教育部学位与研究生教育发展中心正式发布专业学位水平评估结果。

本次专业学位水平评估以“导向为主、质量为重、突出特色、分类设置”为指标体系设计理念。在广泛征求意见的基础上根据8个专业学位类别的不同特点，建立了8套专业学位水平评估指标体系，每个专业类别设置不同的权重，共有8套权重。8个指标体系框架包含“培养目标”“师资队伍”“培养过程”“学业质量”“社会评价”“质量保障体系”6个一级指标，9～10个二级指标，若干三级指标及观测点。

为确保“严谨规范、公开透明”，专业学位水平评估严格按照事先公布的指标体系和评估程序，进行评估和结果统计。经过信息采集、信息核查与公示、问卷调查、主观评价、权重确定、结果产生等程序，最后按照“精准计算、分档呈现”的原则公布评估结果。根据“专业学位整体水平得分”的位次百分位，将排位前75%的专业类别分为9档公布：前2%（或前2名）为A+；2%～7%为A（不含2%，下同）；7%～15%为A-；15%～25%为B+；25%～35%为B；35%～45%为B-；45%～55%为C+；55%～65%为C；65%～75%为C-。鉴于科研院所等单位的参评数量较少，该次评估不另做科研单位的单独排名统计，与高校评估结果一并呈现。

该次专业学位水平评估有以下三方面创新：一是强调“三个导向”，即实践导向、质量导向、特色导向。突出实践效果评价，引入反馈评价机制，分类设置指标体系。二是突出“四个注重”，注重数据采集方式多元，多种渠道获取数据；注重数据核查方式严密，确保评估数据可靠性；注重人才评价方式创新，突显毕业生职业发展质量；注重教师评价方式改革，突出教师实践指导能力。三是深化“三个引导”，发挥督导作用，引导高校正确把握专业学位教育定位；加强深入分析，引导高校加强专业学位内涵建设；优化公布方式，引导各方正确看待专业学位建设成效。

在公布首次专业学位水平评估结果的同时，教育部学位管理与研究生教育司于 2018 年 9 月 26 日发布《关于开展 MBA 教育巡视整改回头看的通知》（教研司〔2018〕9 号），通知重申 MBA 教育应当坚持正确办学方向、准确把握办学定位；严控招生计划、严守招生纪律；强化队伍建设、提高师资水平；严格教学管理、规范实践教学；合规合理定价、依规依法收费；加强财务管理、防范廉政风险。MBA 教育巡视整改回头看是我国持续强化 MBA 教育管理，努力提高 MBA 教育质量的有力举措。

为确保专业学位教育质量，相关高校积极探索专业学位教育质量保障模式，完善质量保障体系。清华大学在专业学位质量管理过程中，创新“项目制”运行管理机制。如工程管理硕士教育中心整合 14 个培养院系，设顾问委员会、培养指导委员会、项目管理委员会 3 个委员会和一个全职运营团队。中心跨院系整合资源，设置高质量课程（挑战性课程、境内外移动课堂），构建高水平校内外师资团队，开展产业高层论坛及论文研讨，并精心打造质量保证环节、实践课程系列、全生涯培养平台，发挥项目指导委员会在招生、培养、学位审议等全过程质量把控与评价中的主导作用。① 上海交通大学以机械工程、材料工程、集成电路工程、航空工程、金融、法律、翻译、兽医、应用统计 9 个专业学位类别领域改革试点为抓手，深化全校专业学位研究生教育综合改革，其主要举措包括：引导、督促、推进专业学位研究生教育科学定位，逐步扭转专业学位研究生教育学术化倾向；主动对接行业发展需求，搭建和完善应用型人才培养课程体系；推进专业学位研究生案例体系和实践体系改革；推进专业学位研究生国际化培养进程；优化重组专业学位研究生管理体制。②

---

① 清华大学 . 清华大学深化专业学位研究生教育综合改革举措成效 [EB/OL]. [2019-06-25].http://www.moe.gov.cn/s78/A22/moe_847/201802/t20180226_327757.html.

② 上海交通大学 . 上海交通大学深化专业学位研究生教育综合改革经验举措 [EB/OL]. [2019-06-25].http://www.moe.edu.cn/s78/A22/moe_847/201803/t20180302_328438.html.

3. 加强学位论文质量保障

学位论文是研究生培养质量的重要体现，也是提高研究生教育质量的重要环节。为了保证我国学位与研究生教育质量，自 2014 年国务院学位委员会、教育部发布《博士硕士学位论文抽检办法》，每年例行对上一学年度授予博士、硕士学位的论文进行抽检，博士学位论文的抽检比例为 10% 左右，硕士学位论文的抽检比例为 5% 左右。

在国务院学位委员会和教育部加强学位论文质量保障的同时，各省（区、市）和相关高校也发挥主体作用，如上海市教委发布《关于进一步加强研究生培养质量保障体系建设，切实提高学位论文质量》通知，强调上海市教育行政部门将进一步加强结果控制，市级层面不再开展硕士学位论文双盲抽检评议工作，在积极参与国家博士学位论文抽检的基础上，加大授学位后硕士学位论文抽检力度。[①] 中央财经大学于 2018 年 1 月 18 日发布了《中央财经大学关于进一步加强研究生学位论文质量管理的指导意见》，提出实行博士研究生学年论文制度；强化博士学位论文开题答辩环节；改进博士学位论文匿名评阅工作；建立博士学位论文追责制度，对于在国务院教育督导委员会办公室组织的博士学位论文抽检中被认定为“不合格”的学位论文，在抽检结果返回学校后，学校追究其所在培养单位责任，以 1 ∶ 1 的比例核减该培养单位下一年度的博士研究生招生指标。[②]

4.4 以“双一流”建设为契机，深化研究生教育综合改革

4.4.1 背景与意义

在 2018 年 1 月召开的全国教育工作会议上，教育部党组书记、部长陈宝生强调：“双一流”建设对实现我国从高等教育大国向强国的历史性跨越、整体提升我国教育水平、强化国家核心竞争力意义重大，是党中央、国务院作出的战略决策。在“双一流”建设过程中，要注重绩效管理，研究制定“双一流”

---

① 樊丽萍. 上海出新规加强研究生培养：市级层面不再开展硕士论文双盲抽检，论文质量控制重心前移，监管重心后移 [EB/OL].[2019-06-25]. https://wenhui.whb.cn/third/jinri/201811/20/225695.html?tt_from=weixin&tt_group_id=6625855187540001294.

② 中央财经大学关于进一步加强研究生学位论文质量管理的指导意见 [EB/OL].[2019-06-25].http://law.cufe.edu.cn/info/1038/31349.htm.

建设绩效评价办法，推动建设高校从凝练学科方向、编制建设方案转到全面落实；要探索建设一批新时代中国特色社会主义标杆大学，发挥其排头兵、领头雁作用，成为建设高等教育强国奋进的标杆、学习的样板。①

2018 年 9 月，为深入学习贯彻全国教育大会精神，推进"双一流"加快建设、特色建设、高质量建设，教育部在上海召开"双一流"建设现场推进会，教育部党组书记、部长陈宝生指出：习近平同志重要讲话和全国教育大会精神对"双一流"建设具有重大指导意义，强调统筹推进"双一流"建设开局良好，转入新的历史阶段，要按照可靠的、合格的、真实的、有特色、有竞争力、有产出、可持续的目标，坚持"特色一流、内涵发展、改革驱动、高校主体"；要坚决扭转不科学的教育评价导向，积极探索引导和鼓励建设高校分类发展、特色发展的评价机制和办法，探索构建多元、多层、多维的中国特色一流大学、一流学科评价体系。②

"双一流"建设是党中央、国务院作出的重大战略决策。然而，经相关调研发现，在"双一流"建设起步阶段，各地各高校不同程度地存在着认识不深、思路不清、机制不明、措施不强等情况，个别高校在建设方向、建设重点等一些关键问题上还把握不准，亟待加强引导和指导。③ 在这一背景下，为贯彻落实党的十九大精神，写好新时代教育"奋进之笔"，加快"双一流"建设，2018 年 8 月，教育部会同财政部、国家发展改革委发布《关于高等学校加快"双一流"建设的指导意见》（以下简称《指导意见》）。《指导意见》进一步明确了高等学校"双一流"建设中的指导思想与基本原则，同时对"双一流"建设高校的研究生培养规模、选拔机制、深化研究生教育综合改革、培养方向等问题提出指导意见。

"双一流"建设是我国高等教育内涵发展的引领性、示范性、标志性工程，对新时代研究生教育提出了新的更高的要求：一是一流的研究生教育是一流大

---

① 陈宝生. 陈宝生：在全国教育工作会议上的讲话 [EB/OL]. (2018-01-23) [2019-05-18]. http://www.chinadegrees.cn/xwyyjsjyxx/sy/syzhxw/284075.shtml.

② 教育部. 推动"双一流"加快建设、特色建设、高质量建设——教育部召开"双一流"建设现场推进会 [EB/OL]. (2018-09-30) [2019-04-21]. http://www.moe.gov.cn/jyb_xwfb/gzdt_gzdt/moe_1485/201809/t20180930_350535.html.

③ 教育部. 全面提高人才培养能力　提升高等教育整体水平——教育部学位管理与研究生教育司负责人就《关于高等学校加快"双一流"建设的指导意见》答记者问 [EB/OL]. (2018-08-27) [2019-05-19]. http://www.moe.edu.cn/jyb_xwfb/s271/201808/t20180824_346059.html.

学的旗帜与标志，从数量上看，我国“双一流”高校的在校研究生已经接近或超过在校学生的50%，所培养的研究生总量已超过全国培养总数的50%，这两个50%决定了研究生教育在“双一流”建设中举足轻重的作用；二是研究生教育在“双一流”建设中应承担历史重任，应当发挥好高端引领和战略支撑两个作用；三是研究生教育要抓住机遇、乘势而上，借着“双一流”建设这股东风，进一步深化研究生教育综合改革，补足短板，通过深化体制机制创新，探索出一条中国特色的研究生教育发展之路。①

“双一流”建设的新要求与《教育部 国家发展改革委 财政部关于深化研究生教育改革的意见》②中关于改革招生选拔制度、创新人才培养模式、深化开放合作、强化政策和条件保障等方面的意见相辅相成，探寻如何深化研究生教育各项改革是“双一流”建设中的重要组成部分。2018年，研究生教育系统在高层次人才供给侧结构性改革、招生选拔机制、课程体系建设、推进科教融合等方面进行了进一步部署和实践，为持续深化研究生教育改革和全面推动“双一流”建设作出了积极而有益的尝试。

4.4.2 政策与实践

1. 推进高层次人才供给侧结构性改革

推进高层次人才供给侧结构性改革是高校加快“双一流”建设的重要内容。《指导意见》指出，需求是推动建设的源动力，各高校要推进高层次人才供给侧结构性改革，优化不同层次学生的培养结构，适应需求，调整培养规模与培养目标，适度扩大博士研究生规模，加快发展博士专业学位研究生教育；深化和扩大专业学位教育改革，强化研究生实践能力，培养高层次应用型人才。

优化学科专业结构是推进高层次人才供给侧结构性改革的首要目标。在“互联网+”热潮下，人工智能、大数据的兴起给产业发展带来巨大机遇，也对研究生教育提出了新的要求。2018年，南开大学、华北理工大学、中国人民警察大学、南京师范大学、南昌大学5所培养单位动态调整增列了“网络空间安全”硕士学位授权一级学科。另外，在现有学位授权自主审核单位增列的学位授权

---

① 教育部．深化研究生教育改革，推动内涵发展再上新水平[EB/OL]. (2018-03-27) [2019-04-21]. https://yz.chsi.com.cn/kyzx/jybzc/201804/20180418/1678583882.html.

② 教育部，国家发展改革委，财政部．教育部 国家发展改革委 财政部关于深化研究生教育改革的意见：教研〔2013〕1号[A/OL]. (2013-03-29) [2019 -04 -21]. http://old.moe.gov.cn/publicfiles/business/htmlfiles/moe/A22_zcwj/201307/154118.html.

点中，浙江大学增列了“人工智能”博士学位授权交叉学科。研究生教育在培养新兴行业人才、促进供给侧和产业需求侧结构要素全方位融合方面将逐渐发挥更大作用。

加快发展专业学位研究生教育是推进高层次人才供给侧结构性改革的主要途径。我国在统筹规划研究生教育类型结构、扩大专业学位研究生规模方面持续开展工作并取得显著成效。2018 年招收的硕士研究生中，专业学位学生约 43.98 万人，占比 57.68%，已超过学术学位学生所占比例。规模扩张之外，专业学位研究生教育的结构优化和质量提升是更加重要的方面。值得关注的是，2018 年工程专业学位在类别领域结构丰富、培养模式优化上取得了突出进展。工程硕士领域中的项目管理、物流工程、工业工程 3 个领域调整到工程管理专业学位类别，调整后的 8 个专业学位类别分为硕士、博士两个层次。为更加体现高层次应用型人才的培养特色，2018 年 5 月，国务院学位委员会办公室专门针对工程专业学位研究生培养模式的优化问题转发工程教育指导委员会研制的《关于制订工程类硕士专业学位研究生培养方案的指导意见》和《工程类博士专业学位研究生培养模式改革方案》，对工程类硕士专业学位的培养定位及目标、学习方式及修业年限、培养方式及导师指导、课程设置及学分要求、专业实践、学位论文、论文评审与答辩、学位授予等方面，工程类博士专业学位研究生培养目标、培养方式、招生对象、工程类博士专业学位获得者应具备的知识、能力和素质，学位论文要求，质量保障与监督等方面进行了说明和规定。部分高校结合相关政策制定了本校的工程类博士专业学位研究生培养制度与方案：清华大学面向国家重点行业、地区、创新型企业，设计开启清华大学创新领军工程博士项目，2018 年完成两期招生，培养院系从 8 个扩展到 22 个工科院系；天津大学开始以“项目制”形式招收工程博士，将具有较好的工程技术理论基础和实践能力的应届硕士毕业生纳入招生范围，增加非全日制学习形式的工程博士招生类型，通过以上三条举措探索符合天津大学特色的工程博士人才培养新模式；哈尔滨工业大学结合学校工科优势和工程博士研究生的培养实际，整合相关学科群的优秀教学资源，按先进制造领域和能源与环保领域分别建设两个跨学科的工程博士培养方案，从而促进学科交叉与融合，提高工程博士的工程创新能力。

2. 积极探索科学有效的招生选拔机制

探索科学有效的招生选拔方式是高校实施“双一流”建设必须完成的重要

任务。《指导意见》提出："双一流"建设高校可以适度扩大高校自主设置学科权限，完善多元化研究生招生选拔机制，适度提高优秀应届本科毕业生直接攻读博士学位的比例；建立健全高等教育招生计划动态调整机制，实施国家急需学科高层次人才培养支持计划，探索研究生招生计划与国家重大科研任务、重点科技创新基地等相衔接的新路径。

部分高校结合自身情况，积极探索科学有效的研究生招生选拔机制。上海交通大学在前期工作的基础上，决定从2018年起，不再统一组织博士入学考试，通过本科直博、硕博连读、申请-考核三种方式招录博士研究生，以改变"一考定终身"的选拔模式，同时强调导师在招收博士生中的自主权，从而有利于科研能力强、综合素质高的学生脱颖而出。哈尔滨工业大学在工程博士招生中开始面向全日制和非全日制两种不同学习方式的生源制定招考方式，面向应届毕业生综合采用校内推荐攻博和校外申请考核等招考方式，录取为非定向就业类；面向在重大、重点工程项目中担任主要技术骨干和管理骨干的非全日制生源，侧重考查考生的科研工作经历、实践成果以及科研获奖等方面，考生须经所在单位推荐方可报考，并录取为定向就业类，以遴选出对工程技术有浓厚兴趣，并具有较好工程技术理论基础和较强工程实践能力的学生。

3. 夯实研究生课程建设

夯实研究生课程建设是高校实施"双一流"建设、搭建高质量人才培养体系的重要构成。《指导意见》对学科建设提出了多项意见，以期达到强化内涵建设、打造一流学科高峰的建设成效，同时要求推进课程改革，加强不同培养阶段课程和教学的一体化设计，坚持因材施教、循序渐进、教学相长，将创新创业能力和实践能力培养融入课程体系。

研究生课程建设的核心在于形成系列规范化的指南和标准，为研究生课程的开设提供参考。2018年5月4日，国务院学位委员会办公室发布《关于委托国务院学位委员会学科评议组和全国专业学位研究生教育指导委员会编写〈研究生核心课程指南〉的通知》，委托国务院学位委员会学科评议组和全国专业学位研究生教育指导委员会编写各一级学科和专业学位类别的《研究生核心课程指南》（以下简称《课程指南》），并指出《课程指南》将成为研究生课程设置、讲授和学习的重要依据。《课程指南》原则上按一级学科和专业学位类别编写，且应以研究生成长成才为中心，注重思维方法和能力培养，全面考虑我国研究生课程建设的实际情况，合理借鉴国际研究生课程建设的先进经验，充分体现中国特色的自我创新，同时应能切实起到指导课程教学的作用，还应为各单位发展特色留有空间。部分高校也不断加大研究生课程建设的力度。例如，中央财经大学印发《中央财经大学研究生精品教材建设项目资助管理办法》，支持、鼓励广大研究生导师和任课教师积极参与研究生教材的编写，以加强研究生课程建设，改革教学内容和教学方法，充实高层次人才培养的基本条件和手段，提升研究生教育整体水平。中国政法大学则积极采取教学改革举措，编写“中国特色社会主义法治理论”研究生教材，构建“跨学科课程建设＋跨学科教改项目＋跨学科选修课程”教学体系，以促进法学学科与其他学科的交叉融合，从而提高研究生培养质量。

4. 积极推动科教融合

科教融合是高校在“双一流”建设中将学科优势、科研优势转化为育人力量的重要途径，是高质量人才培养体系搭建的重要方式。研究生教育，特别是博士生教育必须通过科教的深度融合来提高人才培养质量，以高水平科研助力高质量的人才培养。2018 年是“双一流”建设从遴选认定转为实质性建设的重要一年，很多高校在科教融合上作出了积极探索。如复旦大学通过主动对接上海科创中心建设，构建科教融合协同育人体系，学校将高质量博士生培养与“张江复旦国际创新中心”建设对接，通过瞄准国家重大战略、重大工程、重大需求，聚焦“双一流”建设目标，真正实现将高水平博士生培养与高水平科研有机结合。青岛大学、青岛科技大学、青岛农业大学与中国科学院海洋研究所为进一步探索和完善校所协同创新与人才联合培养机制，通过深度科教融合培养高层次创新创业人才，为我国海洋强国建设等重大战略提供人才支持和智力支撑，启动实施了科教协同育人计划，从 2018 年开始，3 所高校与中科院海洋所根据联合培养协议在水产养殖、海洋化学、环境科学与工程等专业开展联合招收研究生。

4.5 发挥第三方组织作用，完善治理体系

4.5.1 背景与意义

2015 年 5 月，教育部发布《教育部关于深入推进教育管办评分离　促进政府职能转变的若干意见》指出：推进管办评分离是构建“政府—学校—社会”新型关系、深化教育综合改革的重要内容和必然要求。支持教育咨询委员会、

教育智库及专业机构参与教育评价和质量监测，有助于推进建立科学、规范、公正的教育评价制度。文件特别提出，应引入市场机制，将委托专业机构和社会组织开展教育评价纳入政府购买服务范围，保证教育评价服务的质量和效益。①

2015 年 7 月，教育部决定开展教育管办评分离改革试点工作，鼓励试点单位积极探索第三方评估，发挥教育评价结果的激励与约束作用②。2017 年 3 月，为进一步扩大高校办学自主权，教育部等五部门发布《教育部等五部门关于深化高等教育领域简政放权放管结合优化服务改革的若干意见》，要求改革学位授权审核机制，深入推进学位授权点动态调整，国务院学位委员会加强授权监管，完善学位授权准入标准，强化专家评审环节，开展学位授权点合格评估。③

我国研究生教育正处在从“大国”向“强国”迈进的新时代，研究生教育面临新的发展战略要求与建设使命。2018 年 3 月 27 日，教育部副部长杜占元在 2018 年度国务院学位委员会学科评议组、全国专业学位研究生教育指导委员会工作会议上强调了第三方机构和社会组织在改革进程中的积极作用，要“积极引导第三方机构，广泛开展教学、科研、质量、学科等各有侧重的多元评价”，让第三方的质量评价与政府的建设相互呼应，形成多元评价局面。④

4.5.2 政策与实践

国务院学位委员会学科评议组（以下简称“学科评议组”）、全国专业学位研究生教育指导委员会（以下简称“教指委”）、教育部学位与研究生教育发展中心（以下简称“学位中心”）以及中国学位与研究生教育学会（以下简称“学会”）均是在政府领导下建设的第三方组织。这些组织在优化保障教育质量，支撑研究生教育研究、交流、评估、培养等多项工作服务方面作出了重要贡献。

---

① 教育部. 教育部关于深入推进教育管办评分离　促进政府职能转变的若干意见：教政法〔2015〕5 号 [EB/OL].（2015-05-04) [2019-05-18]. http://old.moe.gov.cn/publicfiles/business/htmlfiles/moe/s7049/201505/186927.html.

② 教育部. 教育部办公厅关于组织申报教育管办评分离改革试点的通知：教政法厅〔2015〕1 号 [EB/OL].(2015-07-03) [2019-05-18]. http://www.moe.gov.cn/srcsite/A02/s5911/moe_621/201507/t20150714_193824.html.

③ 教育部. 教育部等五部门关于深化高等教育领域简政放权放管结合优化服务改革的若干意见：教政法〔2017〕7 号 [EB/OL].（2017-03-31) [2019-05-18].http://www.moe.gov.cn/srcsite/A02/s7049/201704/t20170405_301912.html.

④ 杜占元. 深化研究生教育改革，推动内涵发展再上新水平 [EB/OL]. (2018-03-27) [2019-05-18]. http://www.moe.gov.cn/s78/A22/moe_847/201804/t20180417_333427.html.

1. 发挥学科评议组、教指委的咨询功能

国务院学位委员会学科评议组是国务院学位委员会领导下的学术性工作组织。全国专业学位研究生教育指导委员会是国务院学位委员会、教育部、人力资源和社会保障部领导下的专业组织。为进一步发挥学科评议组和教指委的作用，2018 年 5 月，国务院学位委员会、教育部《关于进一步发挥国务院学位委员会学科评议组和专业学位研究生教育指导委员会作用的意见》[①]（以下简称《意见》）提出了把握政治方向、强化职责作用、完善工作机制、严守纪律规矩、加强支持力度五个方面的 18 条意见。

《意见》进一步规范和强化了职责要求：学科评议组、教指委全面履行学科评议组组织章程、教指委工作规程中规定的职责任务，主动开展本学科类别发展状况、社会需求、质量建设、课程设计、人才队伍、人才培养体系等方面的调查研究；每六年应编写一次本学科类别的发展报告；在国务院学位委员会、教育部的领导下开展多种形式的质量监测和专项检查活动；指导引领本学科类别把握学术前沿、促进学科之间协同创新；积极参与“双一流”建设；加强本学科类别学风建设；引领本学科类别积极参与研究生教育综合改革、学位授权审核改革、新兴交叉学科发展等重大改革，主动对接创新驱动发展战略、中国制造 2025、“一带一路”倡议、哲学社会科学繁荣发展等国家重大战略和倡议；加强与海内外学术界、学科类别之间、本学科类别培养单位之间的沟通、研讨与交流。

2018 年 5 月，国务院学位委员会办公室又发布了《关于编写〈一级学科（专业学位类别）发展报告〉的通知》[②]，委托学科评议组、教指委就《一级学科发展报告》和《专业学位类别发展报告》给定提纲，系统梳理国内外学科发展现状，比照自身优势和不足，为学科下一步发展提供指导性意见。《一级学科发展报告》要求包括学科概况、学科基础、人才培养、科学研究、社会服务 / 文化传承、比较分析、未来展望七大板块。《专业学位类别发展报告》要求包括概况、发展现状、人才培养、社会服务 / 文化传承、比较分析与展望五个部分。

---

① 国务院学位委员会，教育部. 关于进一步发挥国务院学位委员会学科评议组和专业学位研究生教育指导委员会作用的意见：学位〔2018〕20 号 [EB/OL]. (2018-05-07) [2019-05-18]. http://www.moe.gov.cn/s78/A22/A22_ztzl/ztzl_03/gzwj/201805/t20180511_335691.html.

② 国务院学位委员会办公室. 关于编写《一级学科（专业学位类别）发展报告》的通知：学位办〔2018〕20 号 [EB/OL]. (2018-05-10) [2019-05-18].http://www.moe.gov.cn/s78/A22/A22_gggs/A22_sjhj/201806/t20180608_338887.html.

国务院学位委员会办公室提供学位授权点合格评估的自评报告、各学位授权点的办学数据供各学科评议组和教指委参考，并给予编写工作必要的经费支持。

2. 委托学位中心推进评估与认证工作

2018 年，政府委托学位中心继续推进研究生教育评估与认证的各项活动，包括博士学位论文年度抽检、专业学位水平评估、研究生培养质量反馈与跟踪调查、中外合作办学项目和机构评估、专业学位质量认证等一系列工作，有力地促进了研究生教育质量提升和内涵发展。

在研究生教育评估方面，2018 年，教育部教育督导局委托学位中心继续开展博士学位论文年度抽检工作，在 6 086 篇博士学位论文中，发现存在问题论文 261 篇，占比 4.29%，呈逐年下降趋势。2018 年 7 月，我国首次专业学位水平评估结果正式公布，这次由国务院教育督导委员会办公室委托学位中心组织开展的评估覆盖了法律、教育、临床医学（不含中医）、口腔医学、工商管理、公共管理、会计、艺术（音乐）8 个专业学位类别，全国符合条件的 293 个单位的 650 个专业学位授权点全部参评。

在前期试点调查基础上，2018 年，国务院学位委员会办公室继续委托学位中心开展研究生培养质量反馈与跟踪调查并发布质量调查报告，该调查目前能够覆盖所有即将毕业的研究生，从而形成我国研究生培养质量反馈调查的常态化机制。另外，在教育部国际司的委托下，学位中心进行了第七次共 94 个中外合作办学项目和机构的评估工作，自 2010 年起，共完成对 811 个参评对象的 953 次评估，约占全部本科及以上层次中外合作办学机构和项目数量的 61.3%。

在学位认证方面，教育部国际司委托学位中心开展中外学历学位文凭互认协议文本起草与咨询工作。2018 年，学位中心完成了中国与阿尔巴尼亚、阿根廷、白俄罗斯等 11 国的学历学位互认协议文本的起草和咨询，还组织开展了对未签署双边协议的“一带一路”国家的情况分析，提出了优先签署互认协议的“一带一路”沿线国家建议名单和分析报告。另外，学位中心还启动了中国高质量 MPA 教育认证首批院校试点，与中国高质量 MBA 教育认证（CAMEA）等认证品牌融合，打造中国特色经管类质量认证品牌群，建立专业学位认证中国模式，提升中国认证标准的国际影响力。

3. 发挥学会的研究与交流功能

中国学位与研究生教育学会是由依法从事学位与研究生教育工作的企事业单位、社会组织和个人组成的全国性、学术性、非营利性的社会组织。2018 年，作为第三方组织的学会开展了一系列工作，有效推进了研究生教育研究和学术交流事业的发展。

教育研究方面，国务院学位委员会办公室委托学会开展“学科目录管理设置机制研究”和“研究生教育创新能力评价”两项课题研究。其中，“学科目录管理设置机制研究”由北京理工大学、清华大学、北京航空航天大学牵头，复旦大学、南京大学等 10 余所院校参与；“研究生教育创新能力评价”由西安交通大学承担。学会还自设了“《教育规律读本——育人三十六则》编著”课题项目，该项目由学会组织，赵沁平院士牵头，清华大学、北京航空航天大学、北京理工大学、哈尔滨工业大学、东南大学、厦门大学、华南理工大学参与。另外，学会下设的专业学位工作委员会还积极支持汉语国际、工程管理、工程、医学分支机构开展专项课题立项，共有 344 项课题得到逾 540 万元的经费支持。

学术交流方面，通过学会组织各分支结构、地方院校、研究院所的研究生教育部门召开专题研讨会或论坛，构建了学术研讨和交流的平台。2018 年 11 月 16 日至 17 日，学会与学位中心、中国研究生院院长联谊会联合主办第四届中国研究生教育国际论坛暨研究生教育的新时代：纪念中国研究生教育恢复招生四十周年研讨会，邀请了清华大学、朱拉隆功大学、印度理工学院孟买分校、纳扎尔巴耶夫大学、北京大学、首尔大学、阿联酋大学、印度尼西亚大学、科伦坡大学、马来亚大学、东京大学等院校参会。2018 年 4 月，学会的二级机构研究生教育学专业委员会，召开了第一届第一次委员会议和第一届会员代表大会，委员会致力于团结组织全国研究生教育研究工作者，促进研究生教育研究人员的沟通交流，深化研究生教育基本理论和重大实践议题的研究，推进研究生教育学学科建设，为我国研究生教育事业的科学发展提供理论支撑和决策支持，为本领域的发展培养专门人才。2018 年 10 月，学会召开了 2018 年会员代表大会暨学术研讨会，就学位授权点建设标准与质量评估、研究生教育理论与方法、研究生“招生—培养—就业”联动机制、专业学位研究生教育的发展与改革、研究生培养创新与国际化、评价与激励等主题进行了学术探讨。2018 年，学会还组织召开了《中华人民共和国学位条例》修订专题调研座谈会，就《中华人民共和国学位条例》修订中涉及的具体内容提出了有针对性的建议。另外，学会开展了第三届（2018 年）学会研究生教育成果奖、第二届学会学术贡献奖、第二届工作贡献奖、第五届理事会优秀工作者、2018 年学术研讨会优秀论文等评选工作，搭建了研究生教育工作者的交流平台。

4.6 本章小结

2018 年，我国学位与研究生教育工作在落实立德树人根本任务、完善学位授权审核机制、优化质量保障体系、深化研究生教育综合改革、完善治理体系五个方面取得了重要进展。

落实立德树人根本任务方面，“研究生党建双创活动”与“高校思想政治理论课教师队伍后备人才培养专项支持计划”等工作的开展，高校思想政治理论课教学工作基本要求的提出，研究生导师立德树人职责的进一步落实，使得社会主义办学方向更加明晰，有助于研究生教育坚持正确的政治方向，立足于服务国家经济社会发展大局，扎根中国大地，紧跟时代主流，从而助力人才强国和科教兴国战略的实现。

完善学位授权审核机制方面，2018 年开展的学位授权审核工作范围较广，力度很大，影响深远，学位授权自主审核更是具有里程碑意义。这一年，20 所符合申请条件的“双一流”建设高校被批准为可开展学位授权自主审核的单位。这一举措是国务院学位委员会结合我国“双一流”建设现状，落实“放管服”要求、提升高校服务经济社会发展需求能力的创新之举，而动态调整与增列学位授权点力度之大则体现了我国优化研究生教育供给侧结构性改革的决心。

优化质量保障体系方面，学位授权点评估、专业学位水平评估、学位论文抽检与评优服务等多元质量保障手段交叉使用，教育部、各省（区、市）和相关高校协同推进，在保障学位与研究生教育质量方面形成合力，使学位与研究生教育质量保障工作在技术环节上更加严密，学位与研究生教育质量管理闭环运行得以落实，我国学位与研究生教育质量建设循次而进，质量文化取得新成就。尤其是专业学位的首次评估，是专业学位研究生教育领域质量督导形式的新尝试，对推动我国高校专业学位内涵建设、提升专业学位研究生教育质量具有重要意义。

深化研究生教育综合改革方面，借“双一流”建设的契机，教育部会同财政部、国家发展改革委发布发布了《关于高等学校加快“双一流”建设的指导意见》，进一步明确了高校在“双一流”建设中应遵循的指导思想与基本原则，也为“双一流”建设高校的研究生教育综合改革提供了指导意见。2018 年，研究生教育系统通过推进高层次人才供给侧结构性改革、探索多元化的招生选拔机制、加强课程体系建设、持续推进科教融合等措施，切实持续深化研究生教育改革，加快推进“双一流”建设，促进我国研究生教育更好地发展。

在完善治理体系方面，我国教育行政管理部门、研究生培养单位、第三方组织各司其职、各尽其责、共促发展的局面正逐步形成。国务院学位委员会学科评议组、全国专业学位研究生教育指导委员会、学位与研究生教育发展中心以及中国学位与研究生教育学会作为有影响力的第三方机构，承担着保障教育质量、开展科研活动、推进学术交流、提供咨询服务等多项职能，有力地促进了研究生教育的高质量、内涵式发展。未来将以专业性、权威性、公正性、引领性为要旨，更好地服务政府、服务高校、服务社会、服务学生。

第 5 章　比较与借鉴①

① 本章数据不包括香港、澳门特别行政区及中国台湾地区。

为了更好地定位我国研究生教育发展状况，本章通过对 10 个国家若干重要指标进行跟踪分析，客观呈现国际研究生教育的发展情况。同时，为进一步呈现国外研究生教育改革动态，本章对 2018 年国外研究生教育的相关动态新闻及研究文献进行了系统梳理。此外，为表征国外研究生教育发展进程中的重点、难点以及应对策略，本章也选取了部分 2018 年国外重要组织、协会发布的报告进行编译。报告内容包括硕士研究生招考改革、研究生资助以及博士教育改革等方面。

5.1 重要指标的跨国比较

本节选取了美国、加拿大、英国、澳大利亚、德国、法国、日本、韩国、俄罗斯和中国 10 个国家，重点观测比较它们研究生教育的规模、类型、结构、相关投入等数据，全面透视各国研究生教育的发展状况。

5.1.1 千人注册研究生数

千人注册研究生数即注册研究生数（我国为在学研究生数，单位：人）除以当年全国人口数（单位：千人）所得数值。它是反映一国研究生教育相对规模的重要指标。

2009 年以来，世界主要国家的研究生教育的相对规模基本稳定。美国、法国千人注册研究生数稳定在 9 人以上，英国围绕着 9 人小幅波动，自 2017 年为 8.58 人；德国和韩国近两年稳定在 6 人至 8 人之间。也有部分国家呈现较快增长趋势，加拿大 2015 年的千人注册研究生数已接近 5 人，比 2009 年增长了 10%；澳大利亚研究生教育实现快速发展，2017 年的千人注册研究生数达到 17.39，相比 2009 年增幅超过 20%。中国、日本和俄罗斯千人注册研究生数水平基本相当，在 2 人以下。需要注意的是，虽然中国人口基数庞大，但其千人注册研究生仍保持较快增长，近年来已超过俄罗斯，达到 1.90 人，比 2009 年增长了 80% 以上。如表 5-1 所示。

表 5-1　不同国家千人注册研究生数（2009—2017 年）　　单位：人

国　家	2009 年	2011 年	2012 年	2013 年	2014 年	2015 年	2016 年	2017 年
美国	9.33	9.41	9.27	9.18	9.14	9.16	9.19	—
加拿大	4.50	4.76	4.90	4.84	4.96	4.97	—	—
英国	8.81	9.30	8.92	8.57	8.42	8.18	8.41	8.58
德国	2.35	3.83	4.71	5.56	5.31	7.70	6.87	7.19
法国	9.14	9.06	9.12	9.33	9.47	9.40	9.41	9.42
澳大利亚	14.40	14.41	14.40	15.00	15.99	16.22	16.60	17.39
日本	2.07	2.13	2.07	2.01	1.98	1.96	1.97	1.98
韩国	6.41	6.63	6.59	6.57	6.56	6.59	6.49	6.34
俄罗斯	1.13	1.16	1.14	1.09	0.86	0.78	0.69	—
中国	1.05	1.22	1.27	1.32	1.35	1.39	1.44	1.90

注：（1）“—”表示数据未公布，下同；（2）资料来源：①人口数据：世界银行数据库。②注册研究生数来源于：美国教育统计中心；加拿大大学教师联合会（限于数据可得性，加拿大千人注册研究生数是以全时当量的研究生数计算）；英国高等教育统计署；德国联邦统计局；法国教育部；日本文部科学省；澳大利亚统计局；韩国教育统计中心；俄罗斯联邦统计局；中国统计年鉴。

5.1.2　层次结构

层次结构是指不同教育层次（如本科、硕士和博士）的学生构成状态及比例关系。本报告主要通过学位授予情况来呈现一国研究生教育的层次结构。

从学位授予数上看，近年来各国博士学位授予数占学位授予总数的比例大多在 6% 以下（德国、美国除外）[①]，硕士学位授予数占学位授予总数的比例在 10% ～ 30%（德国、法国、澳大利亚除外），学士学位授予数占学位授予总数的比例大多在 60% 以上（法国除外）。从博士学位授予数上看，西方国家博士学位授予数占比大多高于亚洲国家（加拿大、澳大利亚除外）。中国博士学位授予数占比最低，仅为 1.30%，如图 5-1 所示。

从本硕比来看，西方国家较为稳定，多数国家小于 3（加拿大除外）。但亚洲国家比值较高，韩国的学士学位授予数为硕士学位授予数的 3 倍以上；日本的本硕比在各国中最高，2017 年达到 8.77。2003—2012 年中国的本硕比下降较快，随后随着本专科招生规模的持续增加，本硕比转为增长趋势，2017 年为 6.61，在这 9 个国家中仅次于日本，如图 5-2 所示。

① 美国博士的统计口径中包括了职业型（professional practice）博士，即原第一职业学位（first professional degree，FPD），若仅计入研究型（research scholarship）博士，则博士学位占比约为当前数值的一半。

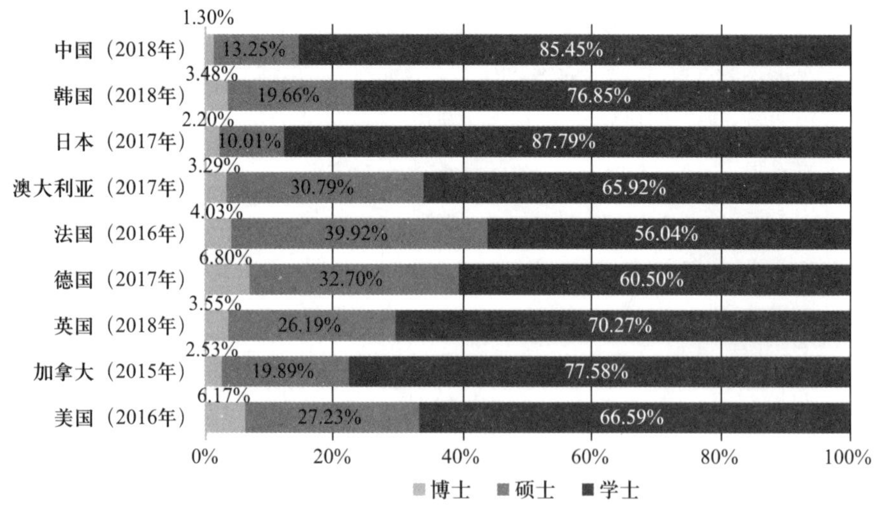

图 5-1　各国高等教育学位授予数比例

注：（1）资料来源同表 5-1；美国博士学位的统计口径包括了职业型博士，即原第一职业学位；（3）加拿大的博士学位统计口径未包括 FPD；（4）英国、澳大利亚的统计口径中仅包括学位性质的研究生；（5）日本近几年学位授予数未公布，均以毕业生数替代，且不包括职业学位课程（professional degree course），本科毕业生包括大学和短期大学的毕业生。

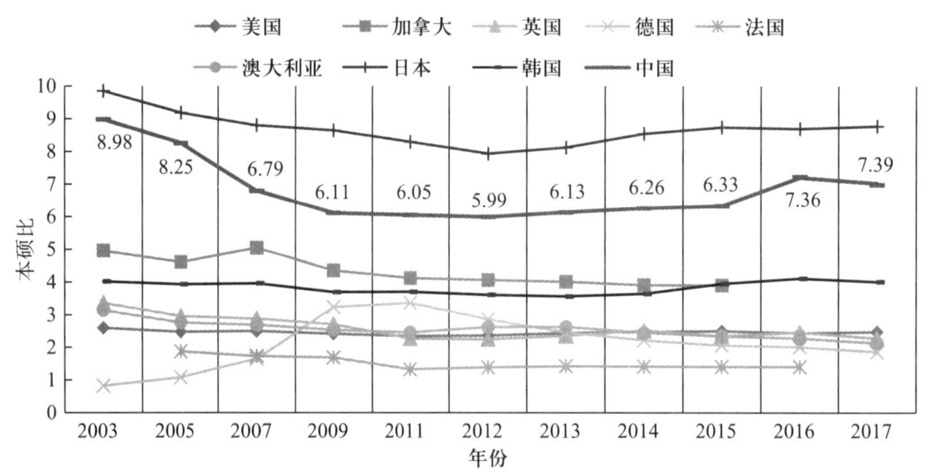

图 5-2　各国授予的学士学位与硕士学位之比（2003—2017 年）

注：（1）资料来源同表 5-1；（2）英国、澳大利亚的统计口径中仅包括学位性质的研究生；（3）日本近几年学位授予数未公布，均以毕业生数替代，且统计口径不包括职业学位课程，本科毕业生包括大学和短期大学的毕业生。

除了美国、日本和德国以外，其他国家目前的硕博比均在 6 ～ 10。若美国的硕士和博士统计口径均不纳入第一职业学位，则其硕博比也在 10 左右。自 2003 年以来，美国、加拿大、日本三国的硕博比没有发生明显变化。德国硕士学位授予数有所增长，其硕博比于 2017 年达到 4.80。法国近两年有上升趋势，硕博比 2016 年上升至 9.90。中国硕士规模也呈现相似的增长趋势，博士规模基本稳定，故硕博比进一步增大，截至 2017 年达到 8.96，如图 5-3 所示。

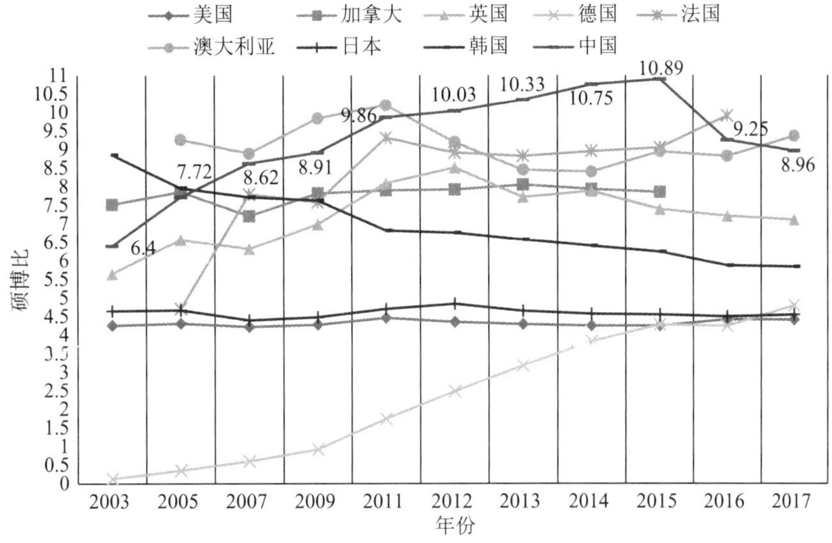

图 5-3　各国授予的硕士学位与博士学位之比（2003—2017 年）

注：（1）资料来源同表 5-1；（2）美国博士学位的统计口径包括了职业型博士，即原第一职业学位；（3）加拿大的博士学位统计口径未包括 FPD；（4）英国、澳大利亚的统计口径仅包括学位性质的研究生；（5）日本近几年学位授予数未公布，均以毕业生数替代，且不包括职业学位课程的毕业生，本科毕业生包括大学和短期大学的毕业生。

5.1.3　类型结构

类型结构是指各国研究生教育系统中学术学位研究生与非学术学位研究生的构成状况，可用二者在学研究生数的比值加以呈现。但由于各国研究生教育并非与我国“学术学位 - 专业学位”这一二分法对应，故本节二分的处理口径以及数据信息仅供参考。

如图 5-4 所示，各国学术学位与非学术学位的在学研究生之比显示：澳大利亚的非学术学位研究生数在 2003 年至 2017 年始终稳定在学术学位研究生数的 4 ～ 5 倍；英国始终稳定在 4 倍左右；德国非学术学位的研究生数量逐年上涨，2015 年已增至学术学位数量的 0.37 倍；法国授予的硕士学位中职业型硕士超过学术型硕士，2016 年已增至学术型硕士的 3 倍以上。日本非学术学位研究生数始终占比较低，2017 年约为学术研究生数的 7%；韩国 2017 年学术学位研究生数与非学术学位研究生数基本相当，非学术学位研究生数略高。2017 年中国学术学位与专业学位的在校研究生之比为 1.22，专业学位主要集中于硕士层次。

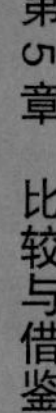

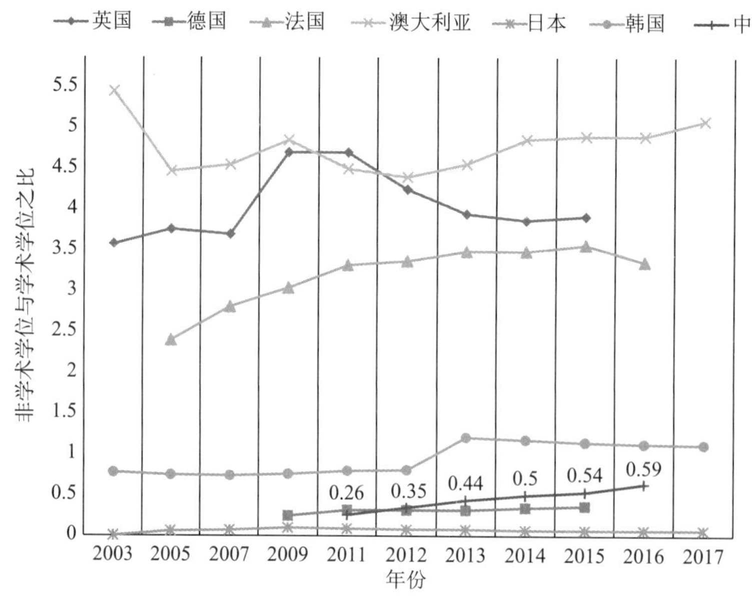

图 5-4 各国非学术学位与学术学位的在学研究生人数之比（2003—2017 年）

注：资料来源同表 5-1。英国和澳大利亚的学术学位研究生包括学术型硕士（master by research）和学术型博士（doctor by research），非学术学位研究生包括授课型硕士（master's by coursework）和授课型博士（doctorate by coursework）、攻读证书（certificate）的研究生和攻读文凭（diploma）的研究生。日本学术学位研究生包括硕士研究生和博士研究生，非学术学位研究生是指专门职学位（professional degree course）研究生。德国的学术学位包括博士研究生（promotionen）和综合性大学（universitäter）条目下的硕士研究生，非学术学位研究生包括应用科技大学（fachhochschule）和教师资格考试（lehramtsprüfung）条目下的硕士研究生。法国自 2005 年起实行"LMD"（licence-master-doctorat）新学制，硕士研究生入学时一般并不区分类型，而是在硕士一年级课程结束后才自主选择攻读以就业为目标的职业型硕士（master professionnel），或以从事研究为目标的研究型硕士（masters recherche）等不同类型的硕士学位。因此采用硕士层次的学位授予数代替在学研究生数计算。其中未进行类型区分的硕士（masters indifférenciés）和博士（doctorats）未纳入分析。韩国学术学位研究生为在通用型研究生院（gerneral graduate schools）注册的研究生，非学术学位研究生为在职型研究生院（professional graduate schools）和特殊型研究生院（special graduate schools）注册的研究生。

5.1.4 在学研究生中留学生的比例

留学生比例是反映高等教育国际化程度的重要指标。西方国家在学博士研究生中留学生的比例大多在 20% 以上，美国、英国甚至达到了 40% 左右，这得益于博洛尼亚进程对欧盟地区学生流动的促进作用以及各国所实施的积极的留学生吸引政策。澳大利亚、美国和加拿大的留学生有所增长，截至 2016 年，法国、澳大利亚和加拿大在学博士研究生中留学生的比例已经突破 30%，日本在学博士研究生中留学生比例也较为稳定，2016 年达到 18%。相较而言，德国、韩国在学博士研究生中留学生比例较低，但也有比较显著的增长趋势，2016 年达到了 9% 左右。中国和俄罗斯在学博士研究生中留学生的比例最低，均低于 6%，如表 5-2 所示。

表 5-2　各国在学博士研究生中国际学生（或外国学生）所占比例（2005—2016 年）　%

年份	美国	加拿大	英国	德国	法国	澳大利亚	日本	韩国	俄罗斯	中国
2005	24.1	21.4	40.0	—	34.4	17.8	16.3	4.7	2.2	1.2
2007	23.7	21.2	42.1	—	37.9	20.8	16.1	5.5	2.3	1.5
2009	28.1	20.2	42.5	—	40.9	26.3	16.0	6.6	2.4	2.0
2010	27.8	20.5	41.7	—	42.0	28.7	17.3	7.5	—	2.3
2011	28.0	21.8	40.9	6.4	42.2	30.7	18.5	7.5	—	2.6
2012	29.0	24.0	41.0	7.0	42.0	32.0	19.0	7.5	—	2.9
2013	32.0	26.0	41.0	7.0	40.0	33.0	19.0	7.0	4.0	3.2
2014	35.0	27.0	42.0	7.0	40.0	34.0	19.0	8.0	5.0	3.9
2015	40.0	32.0	43.0	9.0	40.0	34.0	18.0	9.0	5.0	4.4
2016	40.0	31.8	43.2	9.4	39.5	33.9	18.0	9.3	5.5	5.3

在硕士层次，英国和澳大利亚的国际学生占比非常高，澳大利亚超过 40%，英国超过 35%，2016 年，美国、德国、法国、加拿大均在 10% ～ 20%，俄罗斯、日本、韩国和中国尚未超过 10%（表 5-3）。

表 5-3　各国在学硕士研究生中国际学生（或外国学生）所占比例（2014—2016 年）　%

年份	美国	加拿大	英国	德国	法国	澳大利亚	日本	韩国	俄罗斯	中国
2014	9.0	14.0	37.0	12.0	13.0	40.0	8.0	6.0	6.0	2.34
2015	9.0	14.0	37.0	13.0	13.0	43.0	7.0	6.0	11.0	2.47
2016	10.0	18.0	36.0	13.0	13.0	46.0	7.0	7.0	—	2.80

注：（1）中国资料来源于教育部网站，历年全国来华留学生数据统计；（2）其他国家来源于 OECD（经济合作与发展组织）数据库；（3）OECD 区分国际学生（international students）和外国学生（foreign students），外国学生是指非本国公民的学生，国际学生是指以学习为目的离开来源国而前往另一个国家的学生。俄罗斯、韩国和 2016 年的法国留学生统计口径为外国学生，其他国家的统计口径为国际学生。

5.1.5　在学博士研究生生均高等教育部门研究与试验发展经费

在学博士研究生生均高等教育部门研究与试验发展经费即一国高等教育部门的 R&D 经费数除以一国在学的博士研究生数。它能够反映博士研究生培养的支撑条件。

从投入总量上看，我国高等教育部门的 R&D 经费总量高于所对比的国家。其他各国高等教育部门的 R&D 经费总量虽有所增长，但均低于 200 亿美元（除日本）。从在学博士研究生生均 R&D 经费来看，我国的支撑条件虽在总体增强（2017 年已达到 8.81 万美元），但距发达国家仍有较大差距，同年韩国为 9.64 万美元，日本为 25.19 万美元，德国为 17.33 万美元，法国为 19.87 万美元，详情见表 5-4。

表 5-4　各国高等教育部门 R&D 经费与在学博士研究生人均 R&D 经费（2003—2017 年）

项　　目		国家	2003 年	2005 年	2007 年	2009 年	2011 年	2012 年	2013 年	2014 年	2015 年	2016 年	2017 年
高等教育部门研究与试验发展经费 / 亿美元	（1）	英国	74.68	87.71	100.93	110.62	102.08	103.61	104.83	115.43	105.78	105.56	102.42
		加拿大	66.43	78.41	84.05	89.96	93.78	94.91	97.79	104.31	101.39	105.18	103.87
		德国	100.32	106.37	119.18	146.48	172.74	183.53	181.74	192.41	175.68	187.22	190.45
		法国	71.38	73.87	85.74	103.90	111.89	113.95	114.58	121.03	122.54	122.94	115.05
		澳大利亚	—	25.67	31.65	38.62	46.27	54.46	68.40	—	62.31	—	—
		日本	153.27	172.50	185.59	183.74	196.03	202.65	215.85	209.91	190.03	183.81	186.12
		韩国	24.3	30.4	43.4	51.1	58.9	62.2	63.70	65.40	66.94	69.07	71.62
		中国	59.52	84.80	104.35	148.84	196.50	222.49	243.29	254.42	262.44	278.93	318.76
在学博士研究生人 / 万人	（2）	英国	—	—	—	—	8.52	9.50	9.67	10.02	10.03	—	—
		加拿大	3.04	3.50	3.78	4.37	4.91	5.06	—	—	5.19	—	—
		德国	—	7.64	8.29	9.80	10.83	11.07	11.14	11.14	11.04	11.03	10.99
		法国	—	6.86	6.68	6.54	6.39	6.25	6.17	6.07	5.97	5.83	5.79
		澳大利亚	—	4.08	4.31	4.55	5.15	5.38	5.54	5.65	5.78	5.83	5.84
		日本	7.14	7.49	7.48	7.36	7.48	7.43	7.39	7.37	7.39	7.39	7.39
		韩国	3.65	4.35	4.76	5.04	5.97	6.23	6.59	7.00	7.26	7.42	7.43
		中国	13.67	19.13	22.25	24.29	27.11	28.36	29.83	31.27	32.67	34.20	36.20
高等教育部门研究与试验发展经费 / 在学博士研究生数 /（万美元 / 人）	（1）/（2）	英国	—	—	—	12.98	10.75	10.72	10.46	11.52	10.55	—	—
		加拿大	21.85	22.40	22.23	20.59	19.10	18.76	—	—	20.03	—	—
		德国	—	—	14.38	14.95	15.95	16.58	16.31	17.27	15.91	16.97	17.33
		法国	—	10.77	12.84	15.89	17.51	18.23	18.57	19.94	20.53	21.09	19.87
		澳大利亚	—	6.29	7.34	8.49	8.98	10.12	12.35	—	10.78	—	—
		日本	21.46	23.03	24.87	24.77	25.88	27.28	29.21	28.48	25.71	24.87	25.19
		韩国	6.66	6.99	9.12	10.14	9.87	9.98	9.67	9.34	9.22	9.31	9.64
		中国	4.35	4.43	4.69	6.13	7.25	7.85	8.16	8.14	8.03	8.16	8.81

注：（1）各国研究与试验发展经费计算口径为全社会的研究与试验发展经费支出（gross domestic expenditure on R&D(GERD)，且按购买力评价指数换算成美元），来源于 OECD 数据库；（2）高等教育部门所占经费比例来源于 OECD 数据库；（3）高等教育部门的研究与试验发展经费由总经费与高等教育部门所占经费比例相乘得到；（4）各国在学博士研究生资料来源同表 5-1；（5）OECD 数据库的经费数据在不断修正；（6）澳大利亚 2003 年、2005 年、2007 年、2009 年和 2012 年的研究与试验发展经费空缺，故由其前一年的数据所替代。

5.1.6 具有研究生学历的就业者比例及其薪资相对水平

具有研究生学历的就业者比例是指就业人员中具有研究生学历的人数占就业人员总数的比例。它反映了研究生教育对经济社会发展所需的高学历人才的贡献程度。美国、加拿大、澳大利亚和中国就业人群中研究生学历获得者的比例和人数均在不断增加。中国虽然相对比例小于其他国家，但较之于 5 年前，高层次人才的增幅规模远大于加拿大和澳大利亚（表 5-5）。

表 5-5 各国具有研究生学历的就业人群数量（2003—2017 年）

年 份	美国		加拿大		澳大利亚		中国	
	人数 / 万人	比例 / %	人数 / 万人	比例 / %	人数 / 万人	比例 / %	人数 / 万人	比例 / %
2003	1 276.00	9.85	108.00	7.80	57.00	6.10	—	—
2005	1 339.00	10.14	120.00	8.60	62.00	6.38	—	—
2007	1 500.00	11.95	122.00	8.50	69.00	6.82	154.00	0.20
2009	1 586.00	13.05	131.00	9.20	82.00	7.59	174.00	0.23
2011	1 647.00	13.54	139.00	9.50	89.00	7.79	336.00	0.44
2012	1 690.00	13.66	138.00	9.40	99.00	8.65	368.00	0.48
2013	1 764.00	14.08	150.00	10.00	105.00	9.05	393.00	0.51
2014	1 796.00	14.18	152.00	9.90	115.00	9.95	425.00	0.55
2015	1 879.00	14.49	153.00	10.00	121.00	10.37	542.00	0.70
2016	1 987.00	15.00	172.00	11.00	—	—	621.00	0.80
2017	2 039.00	15.20	—	—	—	—	621.00	0.80

资料来源：①美国资料来源于美国统计局（U.S Census Bureau）；②加拿大资料来源于加拿大大学教师联合会；③澳大利亚资料来源于澳大利亚统计局；④中国资料来源于《中国人口和就业统计年鉴》，其中中国 2016 年和 2017 年总就业人数分别为 77 603 万人和 77 640 万人，比例都为 0.8%，四舍五入之后都为 621 万人。

学历提升带来的薪资收入增加是研究生教育需求的重要影响因素。在 24 ～ 64 岁的就业人群中，拥有硕士学位和学士学位的人薪资比例见表 5-6。法国、美国、韩国三国具有硕士学历的就业人群工资明显高于本科学历就业人群，超过 30%，加拿大硕士学历薪酬超过学士学历薪酬 20%，澳大利亚、德国和英国硕士学历薪酬优势较低，低于 20%。

表 5-6 24 ～ 64 岁就业人群中拥有硕士学历和学士学历薪酬比

年份	澳大利亚	加拿大	法国	德国	韩国	英国	美国
2012	1.12	—	1.51	—	—	—	—
2013	—	1.20	—	—	—	—	—
2014	—	—	—	1.16	1.35	—	—
2015	1.25	1.29	1.49	1.17	1.31	1.20	1.40
2016	1.13	1.22	1.48	1.11	1.33	1.16	1.38

资料来源：OECD 数据库。

5.1.7 学科排名

本节选取ARWU（软科世界大学学术排名）、QS、THE（泰晤士高等教育）、USNews、ESI（基本科学指标）等排名的学科数，对美国、中国、英国、德国、澳大利亚、加拿大、法国、韩国、日本的数据进行比较。

从ARWU的学科排名可以看出，2017年至2018年，在世界前500名院校中，美国的学科总数处于领先地位，分别为3 857和4 661，中国、英国都在1 000个学科数以上，德国、澳大利亚、加拿大、法国皆超过了500个学科数，韩国、日本较少，学科数在300～600（表5-7）。

表5-7 ARWU学科排名情况　　单位：个

国家	2017年					2018年				
	1～50	51～100	101～200	201～500	总计	1～50	51～100	101～200	201～500	总计
美国	1 143	718	935	1 061	3 857	1 151	761	1 167	1 582	4 661
中国	284	253	450	665	1 652	317	321	556	977	2 171
英国	242	212	343	371	1 168	257	227	463	540	1 487
德国	57	133	323	360	873	59	153	320	513	1 045
澳大利亚	135	142	171	186	634	145	150	248	281	824
加拿大	110	131	181	211	633	115	122	259	297	793
法国	58	94	154	268	574	56	88	178	321	643
韩国	41	55	107	194	397	41	60	127	307	535
日本	40	40	91	156	327	37	38	97	216	388

在2016—2018年的QS学科排名（500强）中，美国和英国的入选学科数分别稳定在2 000个以上和1 000个以上，并呈稳步增长趋势。澳大利亚、德国的入选学科数从500多个增加到600多个。日本和韩国的入选学科数从200多个增长到300多个。法国的入选学科维持在200～300。中国的入选学科数增长最快，2018年达到938个（表5-8）。

表5-8 QS学科排名情况　　单位：个

国家	2016年					2017年					2018年				
	1～50	51～100	101～200	201～500	总计	1～50	51～100	101～200	201～500	总计	1～50	51～100	101～200	201～500	总计
美国	753	436	599	346	**2 134**	791	505	622	610	**2 528**	806	490	659	630	**2 585**
英国	322	237	336	139	**1 034**	347	250	364	264	**1 225**	360	249	384	258	**1 251**
中国	159	154	225	192	**730**	181	155	261	323	**920**	202	145	250	341	**938**
澳大利亚	184	143	130	85	**542**	211	146	152	137	**646**	210	146	159	139	**654**
德国	66	113	207	130	**516**	63	117	209	214	**603**	80	116	200	210	**606**

续表

国家	2016年					2017年					2018年				
	1～50	51～100	101～200	201～500	总计	1～50	51～100	101～200	201～500	总计	1～50	51～100	101～200	201～500	总计
加拿大	121	78	178	90	**467**	139	93	187	133	**552**	137	88	175	142	**542**
日本	73	56	95	52	**276**	79	57	122	111	**369**	76	61	108	114	**359**
韩国	45	78	74	70	**267**	65	82	86	139	**372**	56	70	94	120	**340**
法国	30	53	71	82	**236**	22	44	73	143	**282**	26	43	76	133	**278**

在2016—2018年的THE学科排名数据中，美国连续三年百强学科数量超过200个，2018年百强学科总数达到了355个。英国连续两年百强学科数量超过100个。中国在近3年内百强学科数实现翻番，从2016年的30个增长到2018年的65个，在美国、英国、德国之后位居全球第四（表5-9）。

表5-9　THE学科排名情况　　单位：个

国家	2016年			2017年			2018年				
	1～50	51～100	总计	1～50	51～100	总计	1～50	51～100	101～200	201～500	总计
美国	137	75	**212**	182	106	**288**	224	131	146	251	**752**
英国	44	43	**87**	50	64	**114**	71	91	106	124	**392**
中国	13	17	**30**	27	32	**59**	36	29	41	93	**199**
澳大利亚	12	19	**31**	18	26	**44**	24	35	44	84	**187**
德国	22	27	**49**	29	28	**57**	32	35	63	51	**181**
加拿大	18	9	**27**	21	14	**35**	30	19	30	68	**147**
法国	6	9	**15**	9	9	**18**	3	10	23	56	**92**
日本	6	8	**14**	8	7	**15**	10	7	10	60	**87**
韩国	2	10	**12**	4	9	**13**	6	8	20	37	**71**

在2016—2018年的USNews学科排名中，美国2016—2018年全球前500强学科排名数最多，超过了1 600个。英国、德国、澳大利亚、加拿大、法国、韩国学科数趋于稳定，平稳增长或不变，日本的学科排名总数逐年递减。中国的全球500强学科数在三年中增加了100多个，达到677个，总量仅次于美国，位居全球第二。但中国的百强学科增长乏力，总数少于美国和英国，位居全球第三（表5-10）。

表5-10　USNews学科排名情况　　单位：个

国家	2016年					2017年					2018年				
	1～50	51～100	101～200	201～500	总计	1～50	51～100	101～200	201～500	总计	1～50	51～100	101～200	201～500	总计
美国	542	301	526	276	**1 645**	504	310	507	352	**1 673**	476	294	471	473	**1 714**
中国	95	104	169	181	**549**	89	89	191	212	**581**	91	92	175	319	**677**
英国	121	103	168	91	**483**	126	101	181	110	**518**	116	101	171	124	**512**

续表

国家	2016 年					2017 年					2018 年				
	1～50	51～100	101～200	201～500	总计	1～50	51～100	101～200	201～500	总计	1～50	51～100	101～200	201～500	总计
德国	35	81	190	116	**422**	39	84	193	128	**444**	32	69	185	157	**443**
澳大利亚	42	60	83	45	**230**	49	63	85	61	**258**	55	57	85	86	**283**
加拿大	45	42	110	67	**264**	45	41	102	76	**264**	41	41	98	90	**270**
法国	25	40	100	59	**224**	30	34	102	83	**249**	29	46	109	84	**268**
韩国	11	21	51	59	**142**	11	22	46	79	**158**	14	17	49	111	**191**
日本	21	34	70	75	**200**	18	28	61	83	**190**	16	22	50	91	**179**

在进入 ESI 前千分之一学科中，美国按照相对区间和绝对排名的总数都是最多的，为 747 个。中国和英国按相对区间和按绝对排名的总数都超过了 100 个，法国、加拿大、德国、澳大利亚、日本的总数在 20 ～ 100 个，韩国的总数最少（表 5-11）。

表 5-11　ESI 学科排名情况　　单位：个

国家	按相对区间			按绝对排名				
	千分之一*	万分之一	总计	1～50	51～100	101～200	201～500	总计
美国	673	74	**747**	427	208	69	43	**747**
中国	122	8	**130**	59	49	10	12	**130**
英国	115	11	**126**	58	36	21	11	**126**
法国	81	2	**83**	35	29	12	7	**83**
加拿大	56	2	**58**	18	23	7	10	**58**
德国	49	—	**49**	6	20	9	14	**49**
澳大利亚	46	1	**47**	12	24	10	1	**47**
日本	26	—	**26**	8	10	2	6	**26**
韩国	16	—	**16**	—	—	—	3	**3**

注：* 此列千分之一不包含万分之一。

5.2　国外研究生教育发展动态概述

为进一步呈现 2018 年国外研究生教育发展进程中的重点、难点以及应对策略，本报告通过对国外研究生教育动态新闻及相关文献进行梳理，来揭示国外研究生教育发展的若干重要特征，并审视未来我国研究生教育发展的可行之路。

5.2.1　持续增强对国际研究生的吸引力

当前，国际化已经成为世界高等教育发展的三大趋势之一，世界各国大学在发展的过程中都通过采取种种措施来增加对国际研究生的吸引力，留学生的跨国流动已在全球引起广泛关注。在过去不到20年的时间里，据经济合作与发展组织最新发布的《教育概览报告》（*Education at a Glance*）显示，国际高等教育留学生人数增长了一倍多——从1998年的200万增加到2016年的500万，科学、技术、工程和数学（STEM）学科以及博士生项目的人数增长尤为明显，且研究生阶段学位比学士学位对留学生的吸引力更大。[①] 虽然高等教育国际化的趋势已势不可挡，但国际政治格局的变化、国家政策的调整等因素无一不影响着跨国留学生的流动方向和流动领域，研究生的跨国流动也面临着越来越复杂的局面。

一方面，随着留学签证制度的简化、研究经费的支撑，一些国家采取多方面措施来增强对国际研究生的吸引力。2018年2月16日，据荷兰新闻网(Dutch News.nl) 报道，荷兰科技类高校留学生人数再创新高，大学采用英语授课和较低的教育成本是其主要原因。[②] 另一方面，英国和美国的研究生申请数量却呈下降趋势。2018年3月6日，据英国《卫报》(*The Guardian*) 报道，在英国脱欧背景下，英国人才流失严重，越来越多的欧洲学生放弃了申请英国大学博士学位的计划。[③] 此外，英国《大学世界新闻》（*University World News*）于2018年8月31日指出，英国的硬脱欧也给研究生科研带来了巨大压力，使英国产业发展重要的战略引擎——科学、技术、工程和数学学科的发展面临巨大风险，因为在英留学研究生占据了这些学科总体数量的多半，这使英国的研究系统的生命力受到了威胁，从根本上制约了英国大学在未来发展中成为全球一流高校的能力。[④]2018年2月2日，据英国《化学世界》(*Chemistry World*) 报道，因为美国签证政策及其不确定因素，美国国际研究生数量呈下降趋势[⑤]；另外，在2018年10月，美国研究生院理事会和研究生入学考试委员会（GRE）

---

① International tertiary numbers up 200% in two decades – OECD [EB/OL] . [2019-03-20].https://thepienews.com/news/international-tertiary-student-numbers-up-200-since-1998-oecd/.

② Record numbers of foreign students at Dutch universities of technology [EB/OL] . [2019-03-20].https://www.dutchnews.nl/news/2018/02/record-numbers-of-foreign-students-at-dutch-technical-universities/.

③ Brexit brain drain: elite universities say they are losing future research stars [EB/OL] . [2019-03-20].https://www.theguardian.com/education/2018/mar/06/brexit-brain-drain-russell-group-universities-research.

④ Hard Brexit – the risk to postgraduate research [EB/OL] . [2019-05-06].https://www.universityworldnews.com/post.php?story=20180828153902217.

⑤ Number of international students applying and enrolling at US universities drops [EB/OL] . [2019-03-20].https://www.chemistryworld.com/news/number-of-international-students-applying-and-enrolling-at-us-universities-drops/3008611.article.

发布的《研究生招生与学位报告：2007—2017》(*Graduate Enrollment and Degrees*：*2007 to 2017*) 中显示，在学位申请方面，与 2016 年相比，2017 年博士申请数量下降 2.0%，其中，人文艺术学科研究生申请比例、入学比例以及学位授予比例均有所下降。①

值得注意的是，受国际关系的影响，伊朗的大学已做好接收留美学生回国的准备②，《伊朗头条》(*Iran Front Page*) 于 2018 年 5 月 28 日报道了这一事实。2018 年 9 月 13 日，土耳其《埃瓦尔新闻》(*Ahual News*) 也报道了“土耳其政府将停止派遣学生赴美国攻读研究生学位，并且也将限制派往欧洲和亚洲国家的留学生人数”这一消息。③无独有偶，2018 年 9 月 7 日，澳大利亚硕士在线网（MASTERSTUDIES.COM）指出，澳大利亚国立大学副校长布莱恩 • 施密特（Brian Schmidt）认为，如果留学生规模继续扩大，学校不会变得更好。因为自 2014 年以来，澳大利亚国际学生人数的快速增长给学校的管理带来了压力，澳大利亚国立大学决定缩减国际学生招生规模。④

此外，为增强对国际研究生的吸引力，欧美等国也纷纷出台多项措施来重建对国际研究生的吸引力。2018 年 11 月 5 日，据英国《国际教育专才新闻》(*News and business analysis for Professionals in International Education*，The PIE News) 报道，瑞典政府拟简化签证程序、设立更多的国际学生奖学金来增加国际生招生。⑤此外，在 2018 年 12 月 3 日，《国际教育专才新闻》也指出，美国国土安全部（Department of Homeland Security）提议修改 H-1B 工作签证申请制度，此举旨在增加硕士及以上学位申请人的中签概率，使工作签证申请规则向高端人才倾斜。⑥

---

① Graduate Enrollment and Degrees: 2007 to 2017 [EB/OL] . [2019-05-06].https://cgsnet.org/ckfinder/userfiles/files/CGS_GED17_Report.pdf.

② Iranian universities ready to admit students studying abroad [EB/OL] . [2019-03-20].https://ifpnews.com/exclusive/iranian-universities-ready-to-admit-students-studying-abroad/.

③ Turkey to stop sending students to United States for graduate degrees [EB/OL] . [2019-03-20].https://ahvalnews.com/higher-education/turkey-stop-sending-students-united-states-graduate-degrees.

④ Australian University stops increase in student enrollment [EB/OL] . [2019-03-20].https://www.masterstudies.com/news/australian-university-stops-increase-in-student-enrollment/-2963/.

⑤ Sweden develops plans to increase its international recruitment [EB/OL] . [2019-05-24].https://thepienews.com/news/sweden-develops-plans-to-increase-its-international-recruitment/.

⑥ New H-1B system to favour US “higher” degree holders [EB/OL] . [2019-05-06]. https://thepienews.com/news/new-h-1b-system-to-favour-us-higher-degree-holders/.

5.2.2 更加注重研究生群体的权利保障

当前，欧洲、美国、澳大利亚等更加关注研究生权利和地位的保障问题。2018 年 2 月 23 日，据捷克《布拉格每日观察》(*Prague Daily Monitor*) 报道，在捷克，公立大学将为研究生提供更多的奖学金。2018 年，教育部每月为每位研究生拨款 11 250 克朗（约合人民币 3 444 元），研究生奖学金由每年 90 000 克朗（约合人民币 27 552 元）增至 135 000 克朗（约合人民币 41 326 元），以支持学生全身心投入到研究中去。[①] 此外，在美国，在 2018 年 4 月 18 日至 19 日，哈佛大学研究生工会成立，致力于保障美国私立大学研究生的权利； 到 5 月 2 日，哈佛大学承认了该组织的合法地位，并决定与其进行富有成效的对话[②]；2018 年 10 月 26 日，据美国《高等教育内视》(*Inside Higher Ed*) 报道，美国大学研究生助理发起了“15 美元时薪”运动，以保障研究生的基本生活质量[③]。无独有偶，2018 年 5 月 24 日，据英国《大学世界新闻》报道，在澳大利亚，研究生教育理事会根据最新统计数据证明，研究生是研究领域最主要的资源，呼吁为研究生的工作支付报酬。[④]

5.2.3 持续推动技术在研究生教学中的应用

随着技术领域的新发展和新突破，数字技术已成为知识经济体系的领导力量，这将深刻改变未来高等教育领域的学习方式、教学方式和创新格局，也将深刻改变研究生教育中的人才培养模式。2018 年 1 月 30 日，据英国《国际教育专才新闻》报道，在美国，研究生教育数字平台与企业合作开展未来学习和工作的中心，采用新的教学技术来面对时代挑战。“2U”（ a digital graduate-level education platform which partners with US universities and business schools ）是与美国大学和商学院合作的研究生数字教育平台，2018 年，“2U”与“WeWork”——一家专为初创公司和小型企业提供共享办公空间的企业——结成了合作伙伴关系，这意味着，使用“2U”教育平台的学生可以享受该企业

---

① Czech: universities will provide more scholarships for graduate student [EB/OL] . [2019-05-06].http://www.praguemonitor.com/2018/02/13/minister-universities-get-more-money-postgraduate.

② Harvard’s postgraduate union move increases pressure on US elite [EB/OL] . [2019-03-20].https://www.timeshighereducation.com/news/harvards-postgraduate-union-move-increases-pressure-us-elite?site=cn.

③ Grad students “Fight for $15” [EB/OL] . [2019-03-20].https://www.insidehighered.com/news/2018/10/26/graduate-student-assistants-campuses-across-us-are-pushing-15-hour-what-they-call.

④ Australia Call for postgraduate research students to be paid[EB/OL] . [2019-06-30].https://www.universityworldnews.com/post.php?story=20180524144603116.

在全球 20 多个国家的“WeWork”办公空间的使用待遇。除了宣传全球高等教育更好的可及性和灵活性，该项目还旨在利用“社区的力量”，为偏远地区的学生提供一个在现实生活中见面和一起工作的空间。这种合作方式，能够为不同区域学生提供一起共事的机会，从而使他们更好地获取知识，提高接受高等教育的灵活性。此外，“WeWork”和“2U”还计划建立“未来学习和工作”中心，为“2U”教育平台的学生、教师和工作人员提供活动空间，方便举办系列讲座、讲授硕士课程和开展其他与未来工作和学习相关的活动。[①] 这种合作学习的方式为终身学习创造了机遇。

当前，虽然高等教育领域还尚未真正受到人工智能（*artificial intelligence*）的影响，但这一天已不会太遥远。2018 年 4 月 18 日，据澳大利亚《对话》（*The Conversation*）报道，人工智能将有可能从以下五个方面来改善和塑造大学与高等教育的未来：一是个性化学习，为学生提供个性化设置的学习平台；二是移动式学习，打破空间限制，使平板和手机成为学习的工具；三是构建智能校园，以优化学生学习体验；四是提高服务质量，以提高大学运行效率；五是绩效监控，运用区块链来实现学分自动认证和转换，并有可能实现跨校选课，以此来改变高校的运作模式。[②]

5.2.4 特别关注影响初期研究者行为的重要因素

近年来，国外学者越来越关注初期研究者身心发展和职业发展。一些学者发现博士生资助是决定其科研产出的重要因素，获得资助的研究人员表现要显著优于自费的研究人员。[③] 另一些学者发现，博士生导师在博士生专业发展中也占据着重要地位，教师指导和教师支持对博士生的学业坚持和幸福感具有重要影响[④]；还有一些学者发现，工作压力、情感等因素会显著影响博士后的学术职业路径选择：工作压力主要通过紧张感和工作满意度两个中介变量对博士后离职意向产生影响；过度的职业投入会显著影响女博士后的工作紧张感，并

---

① Digital education platform partners with WeWork [EB/OL] . [2019-03-20].https://thepienews.com/news/digital-education-platform-partners-with-wework/.

② Five ways artificial intelligence will shape the future of universities [EB/OL] . [2019-03-20].https://theconversation.com/five-ways-artificial-intelligence-will-shape-the-future-of-universities-94706.

③ HORTA H, CATTANEO M, MEOLI M. PhD funding as a determinant of PhD and career research performance[J]. Studies in Higher Education, 2018,43(3): 542-570.

④ POSSELT J. Normalizing struggle: dimensions of faculty support for doctoral students and implications for persistence and well-being[J]. The Journal of Higher Education, 2018,89(6): 1-26.

且工作压力会对女博士后放弃学术职业产生直接影响；工作满意度在情感上的职业投入和离职意向之间具有明显的调节作用；情感上的职业投入和离职意向之间具有相关性。故学者建议，高校要通过终身教职、签署长期聘用合同等方式来加强对博士后的激励，并通过减少博士后的教学工作、增加奖助学金等方式来吸引博士后重返学术岗位。[①]

5.2.5 系统分析专业博士教育特质

近年来专业博士学位（professional doctorate degree）蓬勃发展。专业博士学位包括工商管理博士（DBA）、教育博士（EdD）、护理实践博士（DNP）和公共卫生博士（DrPH）等。[②] 2018 年 3 月 22 日，据英国《泰晤士高等教育》报道，有些学者，甚至雇主认为，哲学博士学位并不能培养开展专业研究所需要的知识和技能，专业博士学位的出现虽然不能弥补传统博士学位的所有弱点，但却提供了一种可靠的替代方案。[③] 学者 M.Jones 在其文章中指出，专业博士学位和哲学博士学位在学生的未来职业发展、学术研究问题、学术研究类型、入学要求、教育模式、社会化程度、学习领域的广度等方面都存在着较大差异，自哈佛大学于 1921 年授予第一个专业博士学位（professional doctorate）——教育博士学位以来，博士学位已经呈现出专业性与学术性学位并存、共生的格局。[④] 另外，学者 C.Robinson 指出，在英国，英国高等教育资助委员会（Higher Education Funding Council for England, HEFCE）资助了英国高等教育机构专业博士学位设置的现状的调查项目。该项目分析了专业博士学位授予数量的增长和结构异质性如何阻碍了人们对专业博士学位的内涵、专业博士的贡献以及该学位在专业实践中的价值的理解[⑤]。

---

① DORENKAMP I, WEIβE E. What makes them leave? A path model of postdocs' intentions to leave academia[J]. Higher Education, 2018:75(5): 747-767.

② What's the difference between a PhD and a professional doctoral degree?[EB/OL] . [2019-05-06].https://www.waldenu.edu/online-doctoral-programs/resource/what-is-the-difference-between-a-phd-and-a-professional-doctoral-degree.

③ The PhD badly needs a doctor?[EB/OL] . [2019-05-06].https://www.timeshighereducation.com/opinion/phd-badly-needs-doctor?site=cn.

④ JONES M. Contemporary trends in professional doctorates [J]. Studies in Higher Education, 2018, 43(5): 814-825.

⑤ ROBINSON C. The landscape of professional doctorate provision in English higher education institutions: Inconsistencies, tensions and unsustainability[J]. London Review of Education, 2018, 16(1): 90-103.

5.2.6 印度持续推进世界一流大学建设

当前，一些亚洲的高等教育后发型国家，为了持续通往可持续发展的世界一流大学之路，开启了国内的世界一流大学建设之路，以期能够在高等教育发展的全球格局中占据更大的话语权。以印度为例，印度高等教育的主要关注点是在世界一流大学建设、吸引留学生和提高大学教师的准入门槛等方面。首先，为了实现其“通过世界一流大学向世界展示印度的技术和经济实力”的梦想，印度政府已决定斥资数亿美元来进行世界一流大学建设。2018 年 5 月 18 日，据英国《大学世界新闻》报道，为了提高大学的排名，以增强印度大学的全球竞争力，印度政府进行了一系列的行动规划：一是给予国内顶尖高校更大的自主权；二是印度大学积极寻求以终身聘任制来聘任国内本土教师，并对他们进行培训；三是政府同等支持私立大学的发展。[①] 其次，印度政府通过改革重建对国际学生的吸引力。2018 年 3 月 27 日，英国《国际教育专才新闻》指出，“学在印度”（Study in India）倡议旨在将印度打造成国际学生的主要留学目的地，以调节印度生源输出量与国际学生流入量的平衡 [②]；4 月 20 日，英国《大学世界新闻》指出，印度政府通过学费减免吸引亚非一流学生 [③]，使印度成为具有吸引力的留学国家，促进本国的高等教育国际化 [③]。最后，为提高高等教育质量，印度将博士学位作为大学教师的准入门槛；[④] 2018 年 11 月 29 日，据印度《印度有线》（*The Indian Wire*）报道，国外顶尖高校博士可直聘为助理教授；[⑤] 当然，这一标准为世界 500 强的高校，但这仅适用于笔试，海外博士还需要通过面试。印度政府希望通过这一系列举措，来持续提高印度的大学声誉和高等教育质量。

---

① Indian: The road to sustainable world-class universities [EB/OL] . [2019-03-20]. https://www.universityworldnews.com/post.php?story=20180516144034279.

② India aims to rebrand as study destination with Study in India campaign [EB/OL] . [2019-03-20]. https://thepienews.com/news/india-aims-to-become-study-destination/.

③ Indian: Fee waivers bid to draw top students from Asia, Africa [EB/OL] . [2019-03-20]. https://www.universityworldnews.com/post.php?story=20180420134956394.

④ From 2021, PhD a must for university teachers [EB/OL] . [2019-03-20]. https://www.hindustantimes.com/education/from-2021-phd-a-must-for-university-teachers/story-gAS1LGqIXihSUuaIiTYIOL.html.

⑤ Indian: PhD holders from top foreign universities can be directly recruited as assistant professors, says UGC [EB/OL] .[2019-05-24]. https://www.theindianwire.com/news/phd-holders-top-foreign-universities-can-directly-recruited-assistant-professors-says-ugc-84169/.

5.2.7 非洲通过内外合作提升研究生培养水平

非洲国家近年来通过引入教育技术、提高教师质量、建立资历框架及加强校际合作等全面提升研究生培养水平。在东非，通过建立混合式教学合作网络解决教职工短缺问题，这是一种将在线教学媒体与传统课堂相结合的教学方法，高校间通过这种方式来共享稀缺教学资源，这一项目由英国领导并资助。[①] 2018 年 2 月 9 日，据英国《大学世界新闻》报道，非洲联盟（African Union, AU）制订了一份新的十年行动计划——《非洲移民政策框架和行动计划修订版（2018—2027）》，旨在遏制每年多达 7 万名的高水平专业技术人才向发达国家移民。[②] 当前，教师质量也成为阻碍东非高等教育可持续发展的主要原因，为满足日益增长的研究生数量和导师指导需求，近百名学术专家共同探讨如何提高大学教师质量和增加合格大学教师数量。[③] 此外，9 个南部非洲国家着手实施学历互认框架，该框架涵盖高等教育、职业技术教育与培训、中小学教育等阶段，旨在提升各国教育与培训的质量、相关性和影响力，以服务于该地区所有公民的利益。[④] 另外，瑞典国际合作发展署（the Swedish International Development Cooperation Agency，SIDA）与埃塞俄比亚旗舰大学签署了一项价值 2 250 万美元的协议，旨在加强研究生课程并提高当地的研究生教育能力，该协议使埃塞俄比亚的研究生教育得到了巨大的推动。[⑤] 值得关注的是，2018 年 7 月 7 日，非洲顶尖的领导力商学院——非洲领导力大学商学院（African Leadership University School of Business）在卢旺达首都基加利举办了第一届工商管理硕士的毕业典礼，来自 15 个非洲国家的 38 名学生获得了工商管理硕士学位。[⑥]

---

① Blended learning network to overcome faculty shortages [EB/OL] . [2019-03-20]. https://www.universityworldnews.com/post.php?story=20171215130011397.

② African Union devises 10-year plan to stem brain drain [EB/OL] . [2019-03-20]. https://www.universityworldnews.com/post.php?story=20180209080048133.

③ Regional dons meet to discuss quality of university lecturers [EB/OL] . [2019-03-20]. https://www.newtimes.co.rw/news/regional-dons-meet-discuss-quality-university-lecturers.

④ Nine SADC countries geared for qualifications [EB/OL] . [2019-03-20]. https://www.universityworldnews.com/post.php?story=20181018134820588.

⑤ Swedish grant to boost university's postgraduate capacity [EB/OL] . [2019-05-06]. https://www.universityworldnews.com/post.php?story=20180720083851109.

⑥ Africa：Pan-African business school holds first MBA graduation [EB/OL]. [2019-05-06]. https://www.universityworldnews.com/post.php?story=20180712072754665.

5.2.8 更加关注中国高等教育发展

在过去 40 多年的发展中，中国的高等教育取得了举世瞩目的成就。在过去的一年中，国外媒体对中国的教学、科研、大学排名和国际化等方方面面都表现出浓厚的兴趣。一方面，近年来，中国出国留学人数的增速在不断放缓，越来越多的中国学生选择留在国内深造，且来华留学生的数量也在不断增加。[①] 值得注意的是，随着高等教育改革的逐步推进，在“一带一路”倡议下，中国不再只是留学生输出国，而是正逐渐成为新兴的国际高等教育枢纽。[②] 2018 年 7 月 10 日，据英国《泰晤士高等教育》（*The Times Higher Education*）报道，中国优质的高等教育和现代化的基础设施对非洲学生产生了巨大的吸引力，在中国的非洲留学生人数已经赶超英美两国，中国正在成为非洲学生的主要留学目的地。[③] 另一方面，虽然中国才刚刚开始探索专业博士学位和联培项目 [④]，但作为世界第二大博士学位授予国，中国博士生教育的迅猛发展引起了外国学者的广泛关注。他们的关注点主要集中在与博士生教育相关的问题等方面，包括制度改革、博士生就业、教育质量、科研经费、博士教育的意义（专业教育还是培养下一代的学者）等问题； 无疑，他们认为，博士生教育改革将成为中国建设世界一流大学的关键举措。[⑤]

此外，值得关注的是，中美两国的大学引领了 2018 年世界大学学术排名（Academic Ranking of World Universities，ARWU），成为本年度排名的最大赢家 [⑥]，国外媒体认为，教育的投入也推动了中国创新指数排名的提高 [⑦]。据悉，Scopus 学术研究数据库的趋势分析表明，中国整体的论文引用影响力迅速提升，

① A two-way street: why China is not just a student departure lounge anymore [EB/OL] . [2019-03-20]. https://thepienews.com/analysis/international-students-in-china-increasingly-diverse/.

② China: an emerging international higher education hub [EB/OL] . [2019-03-20]. https://www.insidehighered.com/blogs/world-view/china-emerging-international-higher-education-hub.

③ China is becoming African students’ destination du jour [EB/OL] . [2019-06-30]. https://www.timeshighereducation.com/opinion/china-becoming-african-students-destination-du-jour.

④ BAO Y, KEHM B M, MA Y. From product to process. The reform of doctoral education in Europe and China[J]. Studies in Higher Education, 2018, 43(3): 524-541.

⑤ Challenges for doctoral education in East Asia: a global and comparative perspective [EB/OL] . [2019-05-06]. https://link.springer.com/article/10.1007/s12564-018-9527-8.

⑥ China, US lead on gains in ARWU university ranking [EB/OL] . [2019-03-20]. https://www.universityworldnews.com/post.php?story=20180814204614274&query=China.

⑦ Education investment pushes China up innovation ranking [EB/OL] . [2019-03-20]. https://www.timeshighereducation.com/news/education-investment-pushes-china-innovation-ranking.

研究影响力有望在未来七八年赶超美国。[①]此外，英国《大学世界新闻》报道，在 2018 年 7 月，中国教育部叫停了 229 个中外合作办学项目和 5 个中外合作办学机构，因为这些项目和机构教学质量和研究质量较差，受到毕业生、家长、雇主和大众传媒等利益相关方的批评。因此，中国政府在运营和发展国际合作机构和项目方面实施了新的政策，以此来促进合作机构和项目提供更高水平的新兴学科（科学、技术、工程和数学等学科），期望以此提升国家竞争力，并将以内部质量保证和外部评估的方式对合作项目进行更为直接的监管。[②]英国莱斯特大学（University of Leicester）学者张薇指出，中国要始终站在科学技术与创新的前沿，以国家教育科研促进国家经济转型发展，这对中国未来的发展将是至关重要的。[③]

5.3 国外重要报告编译

本节精选了 5 份国外重要的非政府组织在 2018 年与 2019 年发布的相关报告进行编译，包括：美国研究生院理事会发布的《硕士研究生招生——公开、指导与培训》、欧洲大学联合会（European Universities Association，EUA）发布的《欧洲博士教育：院校结构与方法》（*Doctoral Education in Europe Today*：*Approaches and Institutional Structures*）、加拿大研究生研究协会发布的《为新一代加拿大研究者投资》、英国研究生教育委员会（UK Council for Graduate Education，UKCGE）的《关于授课型硕士课程主管的全国调查报告》以及美国国家自然科学基金会（National Science Foundation，NSF）的《2017 年科学、工程、健康领域硕士与博士招生情况报告》（*Differences in Master's and Doctoral Enrollment in Science*，*Engineering*，*and Health in 2017*）。

---

① China on the Rise—U.S. may be overtaken on research impact by mid-2020s, study finds [EB/OL] . [2019-07-28]. https://www.insidehighered.com/news/2018/07/19/china-may-overtake-us-research-impact-scholars-analysis-finds.

② China：What do the international HE programme closures mean? [EB/OL] . [2019-06-30]. https://www.universityworldnews.com/post.php?story=20180822101208887.

③ China on the Rise—U.S. may be overtaken on research impact by mid-2020s, study finds [EB/OL] . [2019-03-20]. https://www.insidehighered.com/news/2018/07/19/china-may-overtake-us-research-impact-scholars-analysis-finds.

5.3.1 美国研究生院理事会：进一步完善硕士招生工作，提高招生质量

据统计，美国目前约有 3/4 的本科毕业生选择继续攻读硕士学位，但是从国家层面来看，联邦政府目前对高校录取研究生的程序与标准知之甚少，因此也无法对其优势与不足加以评断。对于有意攻读硕士学位的学生而言，全面的信息有利于他们选择合适的高校，而高校也需要对招生的程序与标准形成更为全面而深刻的认识以遴选合适的学生。基于此，美国研究生院理事会出版了报告《硕士研究生招生——公开、指导与培训》，在一定程度上丰富了美国硕士招生项目的研究。

在硕士研究生招生过程中，以一种一以贯之的、循证性的方式对学生进行评估至关重要。对硕士招生工作认知的匮乏将会引发多方面的问题，包括：雇主们将会失去各种具有领导才能的雇员，高校也将无法吸引那些能够满足严格的毕业要求的人才前来就读。2016 年美国研究生院理事会进行的一项研究显示，研究生的招生标准与整个培养项目能否取得成功有着密切联系。与之前的研究相比，2018 年发布的报告的内容更为翔实，进一步细致地解释了二者的联系产生的根源以及如何利用好二者的关系以进一步提高研究生培养质量。

从目前的情况来看，美国的硕士研究生招生相当注重常规性申请材料，包括备选者的 GPA（平均学分绩点）、个人陈述以及推荐信，不少院校表示在审核学生的申请材料时会更加注重学生的 GPA 与其标准化考试成绩，然而在实际选拔的过程中，招生项目主管以及相关教师往往掌握着较大程度的自由裁量权。虽然部分地区也会开展关于如何解读学生的 GPA 与考试分数的培训，但是关于在招生中如何权衡不同材料所占比重，暂时没有明确的规范与说明。除此之外，硕士招生的过程中也注重考查学生是否具备扎实的写作功底，辩证、分析性的思维以及常见的认知型品质（如共情能力、正义感、领导力等）。

现行的招生标准有其合理之处，也遴选了不少优秀的研究生，然而经过论证与分析，美国研究生院理事会认为当前的硕士研究生招生路径是有缺陷的，这直接体现在高校缺乏一种对申请者的非认知型品质进行评估的方式。申请材料可以反映出学生在过去的学习生涯中所取得的成果，但是研究生教育的目的在于培养创新型人才，因此对学生的选择也要考虑到其未来发展的潜力。学生

的一些非认知型品质，如逆境商数、创新能力、团队合作能力以及时间管理能力都是影响其未来发展的重要因素。认知型材料在一定程度上可以反映出学生的相关特质，但是大多数都是以一种松散、随机的方式呈现的。因此，如何以有限的精力从多样的材料中找到能够真实反映参选者品质的内容成为进一步完善硕士研究生招生标准的重点与难点所在。另外，在探索对申请者的非认知型品质进行评价的体系时，也需要从实证方面寻找有说服力的证据以说明相关品质与硕士研究生培养密切相关，而不是在缺乏翔实的论证之前将重心过快地转向对非认知型品质的考查。

报告对完善硕士招生机制提出了四点建议。

1. 提高招生程序的透明度

所有参与调查的高校表示有必要提高硕士研究生招生程序的透明度，这样的透明度不仅仅局限于将招生高校所认为的学生能够顺利完成硕士学位所需要的所有品质进行公示，还需要制定对书面文件进行评估的准则，同时也要对学生如何撰写个人陈述进行指导。

2. 对招生人员进行培训

在本次调查中，26% 的受调查高校为负责对申请材料进行评估的教师提供专业培训，有近一半的受调查高校会有专门的负责人指导教师如何分析 GPA 成绩与考试成绩。报告建议在今后的招生工作中还需要在现有的基础上将培训的内容扩大化，如提供关于如何避免偏见以及如何正确利用相关准则的培训活动等。

3. 探索评估非认知型品质的机制

学生的非认知型品质在其学习生活中具有重要意义，因此除了在一些常见的书面材料（个人陈述与推荐信）中进行相关的描述之外，还需要找到合理有效的标准对相关的品质进行评估。

4. 继续开展有关硕士招生最佳路径的研究

美国研究生院理事会通过此次研究总结提出未来在研究生招生领域需要深入探究的三个方面：①以非认知型入学标准为重点，明确硕士研究生招生时候选者应具备的、可预测的品质。②追踪调查提高招生透明度与规范化之后是否切实提高了招生的质量。③以不同的硕士学位模式，如加速学位（accelerated degrees）[1]、在线远程学位（online degrees）/ 混合学位（blend degrees）[2] 等为视角对研究生招生实践进行研究。

5.3.2 欧洲大学联合会：博士培养模式的多元化

2018 年是欧洲大学联合会博士教育分会创会的十周年，10 年来欧洲的博士生教育经历了数次变革。为了更好地呈现出当前欧洲博士生教育的全貌，尤其是体现出高校在博士生培养改革中角色的转变，欧洲大学联合会对超过 311 所欧洲高校进行调查并于 2019 年发布《欧洲博士教育：院校结构与方法》，详细阐述了贯穿于欧洲博士生教育发展的萨尔茨堡进程的三次变革以及欧洲各高校为更好地履行博士生培养的职责所采取的措施。

为了提高博士培养质量，欧洲大学联合会于 2003 年启动“欧洲知识社会博士培养计划”，来自 22 个国家的 48 所高校参与其中，首次审视了欧洲博士教育的概况。该项计划历时近 2 年，最终形成 10 条博士生培养准则并于 2005 年在欧洲大学联合会在萨尔茨堡召开的学术会议上做了呈现，因此这些准则也被称为“萨尔茨堡准则”[3]。这 10 条准则着力强调博士课程的多样性、知识的前沿性、监督与评估的重要性以及学业完成的年限等方面的内容，为欧洲后续的博士生培养提供了重要指导；2010 年欧洲大学联合会进一步提出《萨尔茨堡建议》，以此为蓝本，欧洲高等教育确立了博士培养的通用框架；2015 年欧洲大学联合会对 39 个国家的博士培养情况进行调研后再次提出《萨尔茨堡计划推进——实践与新的挑战》，其中对一些新兴的博士培养的内容做了补充，包括科研诚信问题、科研伦理问题以及科研数字化问题等。通过这 10 年的改革，欧洲博士培养质量有了很大提高。

从组织结构来看，目前欧洲博士生的培养以高校内部的博士生院为主要负

---

① 加速学位（accelerated degree）：主要是指有一定学术实力的学生以比限定年限更早的时间毕业所获得的学位，如本科原要求四年毕业，而加速学位获得者仅用三年即可达到毕业的要求。

② 网络远程学位 (online degrees)/ 混合学位 (blend degrees)：网络远程学位是指学生通过网络而非高校进行全日制学习并且得到开课高校肯定而获得的学位；混合学位则是学生通过课堂授课与网络授课两种方式完成学业而获得的学位。

③ “萨尔茨堡准则”聚焦于博士研究生培养的十个方面，具体包括：①博士生的创新意识与能力，同时也要适应市场；②大学作为主要机构应承担相应的培养职责；③为博士生提供丰富的课程与充足的实践机会；④保障博士基本学术权利，给予其应有的认可；⑤在清晰的合同框架内由博士生本人、导师以及利益相关者对其进行监督与评价；⑥博士生课程规模应满足学生需求；⑦博士课程的学习时间应该保持在一个适度的年限内（全日制通常三至四年完成）；⑧顺应跨学科培养所面临的挑战，促进技术的转移；⑨加强博士生课程跨部门、跨区域、跨国合作与交流；⑩为博士生提供持续适度的经费保障。

责机构，虽然不同国家的院校在博士培养方面有着不同的合作机制，但是校际合办的博士培养机构却是不多见的。据统计，约有 13% 的院校建立了跨校博士生院，11% 的院校中导师可以自由地对博士生进行培养而不必受到学院的监督。关于欧洲博士培养组织的具体情况见图 5-5。

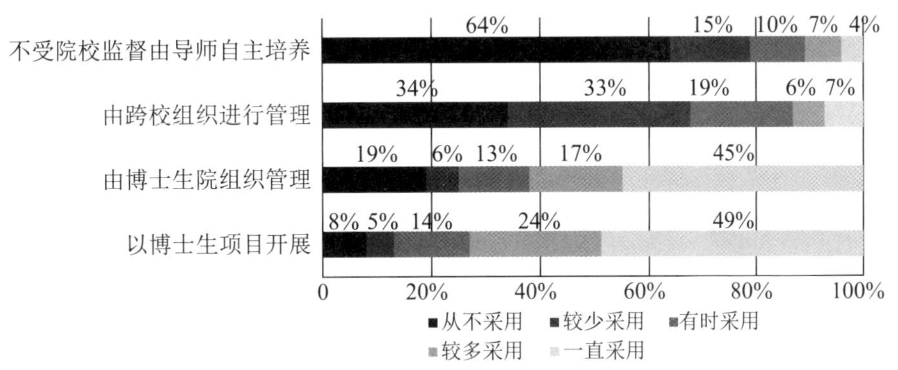

图 5-5　欧洲高校博士培养组织

从入学标准来看，面试入学已经成为欧洲博士入学方式的主流，在受调查的高校中，73% 的高校在大多数情况下选择以面试为主要的考查方式，64% 的高校则要求候选人提交研究计划，52% 的院校还会要求候选人对研究计划进行讲演。具体的调查结果见图 5-6。

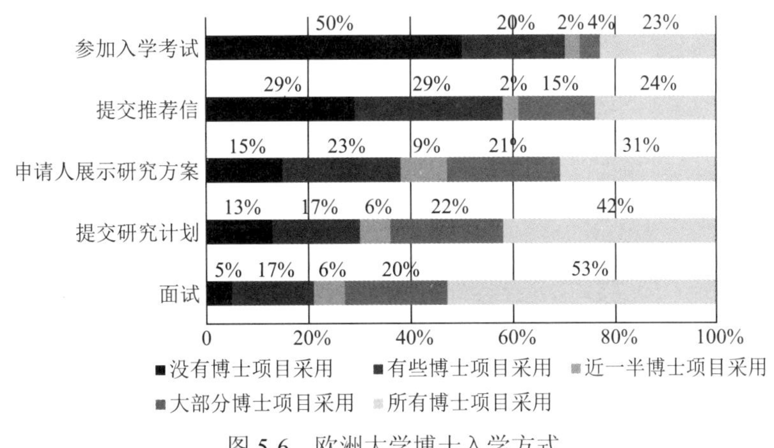

图 5-6　欧洲大学博士入学方式

博士生的培养应当以学术研究能力的提高为重中之重。报告显示，97% 的高校高度重视博士研究生的具体研究能力，包括学科前沿知识的掌握情况、最新的研究方法与技术的学习等。82% 的高校对通用类科研能力（学术写作、学术出版、学术规范等）相当重视。此外知识增值能力（成果转化）、教学能力、管理与领导力也同样受到博士培养机构的关注，详细情况见图 5-7。

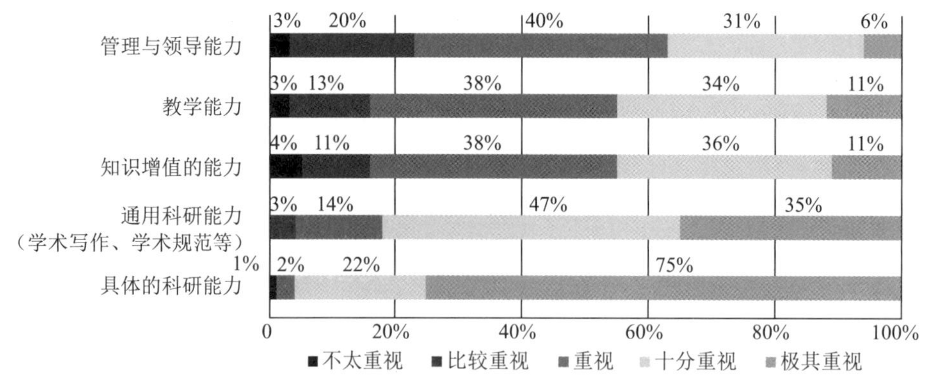

图 5-7　欧洲博士培养对各种能力的重视程度

除了学校的培养目标之外，学生能否成为一个合格的博士更多地取决于自身对学习时间的安排与管理。报告显示，近 95% 的博士生以学术与科研为重，大多数时间都在进行科学研究，从事其他事务的时间明显比科研少了许多，具体见图 5-8。

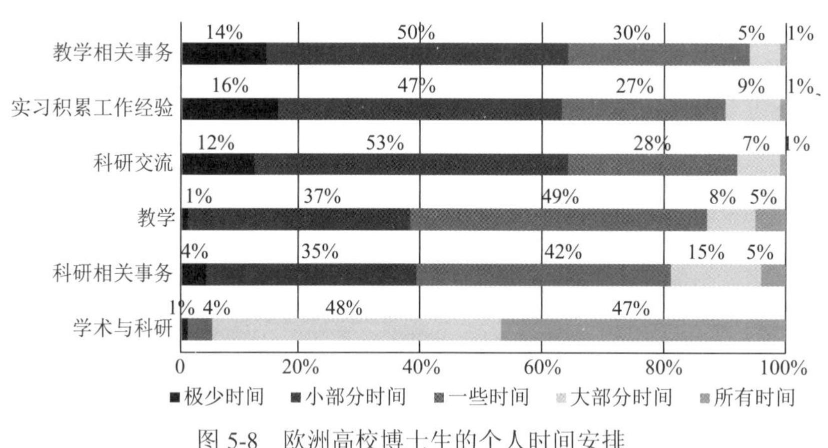

图 5-8　欧洲高校博士生的个人时间安排

在管理方式方面，虽然欧洲大学联合会始终强调博士的培养应注重独立性与灵活性，但是为了确保培养质量，高校、院系与导师都承担了对博士生培养的监督工作，其中以导师的监督为主要手段，具体情况见图 5-9。

报告同样呈现出博士培养中相当重要的一项内容——学业完成时间。该调查发现，学生要用 3.5 年至 4.5 年的时间完成他们的博士毕业论文。在所有受调查的高校中，17% 的高校表示学生平均花 3.5 年完成博士学习，21% 的高校则反映学生需要多花一年的时间才能完成。图 5-10 反映了受调查高校学生完成博士学位的平均时间。

总体看来，欧洲博士教育发展的 10 年间，学生完成博士学位的时间是下降的。根据调查结果，43% 的高校反映相关年限有所减少，42% 的高校表示完成博士学位的时间并未变化，仅有 15% 的高校认为这一时间与 10 年前相比是延长了的，因此综合看来，欧洲博士生获得学位的时间整体是减少的。

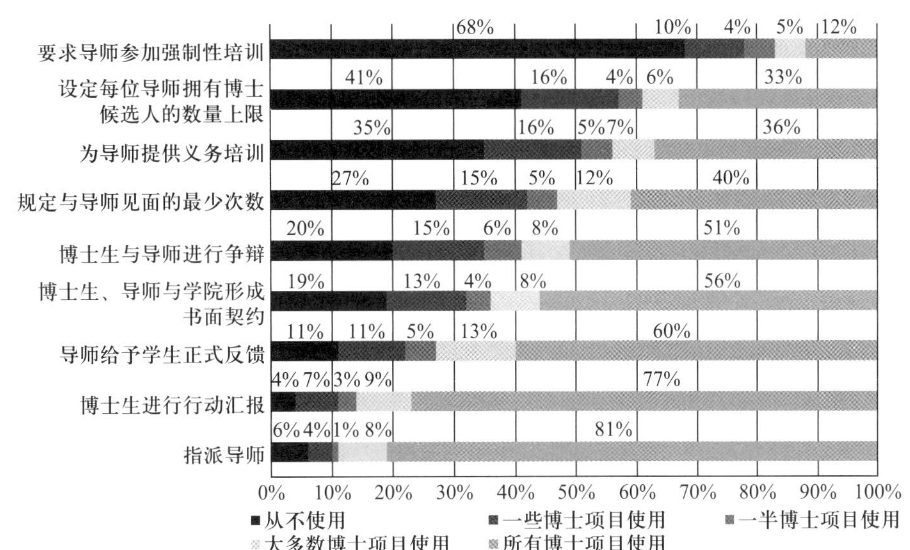

图 5-9 欧洲博士培养的监督规定与指导方案

注：根据报告内容，欧洲大学联合会在撰写报告时为了确保调查结果的代表性创建了一个数据集，将调查结果和来自欧洲高等教育录 (ETER) 的人口统计数据结合起来，但是由于 ETER 本身缺少安道尔、法国、德国部分高校的数据，因此造成部分项目比例异常。

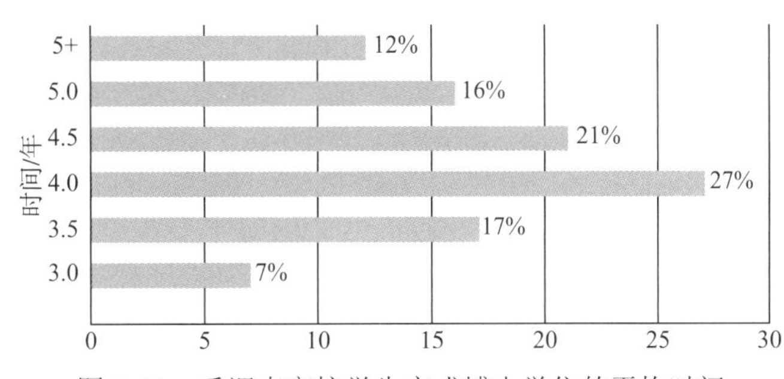

图 5-10 受调查高校学生完成博士学位的平均时间

未来欧洲的博士生教育无疑会面临更多的挑战，社会经济发展会对博士生培养提出更高的要求。欧洲各所高校在统一的原则下灵活地根据自身实际发展需要采取了必要的措施，虽然不同高校间在培养模式和入学标准上都有一定的差异，但是这些差异背后统一的原则却已经维持了 10 多年而未有改变。报告指出，在今后的发展中还需要各博士培养机构加强合作，共同探寻超越具体差异而为各个机构所必需的、新时期欧洲博士培养的基本原则。

5.3.3 加拿大研究生研究协会：创新下一代研究者的培养模式

加拿大政府 2018 年的财政报告中提到，2019 年的政府财政规划将会把更多的资源用于新一代研究人员的培养中；同期，加拿大科研协调委员会也提出要让加拿大在支持科研人员发展方面领先世界。为此，加拿大研究生研究协会结合研究生教育中存在的问题、发展诉求以及现实需要，发布《为新一代加拿大研究者投资》，明晰对包括博士生、博士后在内的所有研究人员加大资助力度的内在原因，强调要开拓更加多元的培养路径，从而培养出新一代的研究者，提高加拿大整体的研究与创新能力，巩固其在科研教育方面的主导地位。

知识生产与创新的方式受多方面因素的影响而发生持续的变化，为了更好地应对这样的变化，研究人员需要学会与来自不同学科的同事共同合作，除了以往强调的扎实的基础知识、缜密的思维以及出众的创新能力之外，他们还应该做到以下三点。

（1）与国际接轨并保持国际竞争力。研究人员的视野要有所拓展，在关注本国科研发展的同时对国外的研究发现与研究人员也要有所留意。新时期的研究者同样需要积极参与到自身所在领域的国际争鸣中，多思考，多发声，与国外学者建立起一张跨越国界的学术关系网。

（2）形成开阔而灵活的思维。当今科学研究所存在的诸多问题已经相当复杂，因此研究者们需要学会多角度观察与思考。从解决问题的角度来看，学会与来自不同学科领域的学者合作、在不同的工作环境与思维方式之间转变是最基础的。

（3）注重并学会将知识实用化。研究效率高的研究员除了能够对自己长时间涉足的研究领域如数家珍之外，还应该具备其他研究领域基本的知识以便与其他的研究人员开展跨学科交流。此外，他们还应当学会如何开展知识流动（knowledge mobilization），在恰当的时机采取合适的方式推进知识流动，常见的进行知识动员的方式有商品化、社会创新以及参与公共讨论等。

能够意识到需要培养怎样的新时代研究人员固然重要，但是更加重要的是经费的保障。报告提出要对现有的奖学金制度进行完善。对博士研究生等科研人员进行直接资助可以确保其科研独立性，还能激励其扩展科研项目。改善目前的奖学金制度可以从四个方面着手：①创设更多的个人奖学金项目。加拿大的博士招生规模在过去的 10 年中已经扩展了 40%，但是“三理会”[①] 设立的博士奖学金项目却并没有增多，因此当务之急是要为学生提供更多直接的资金支

① “三理会”是加拿大健康研究院（CIHR）、自然科学与工程研究理事会（NSERC）以及社会人文研究委员会（SSHRC）的总称。三者共同构成“三理会”基金会，是目前加拿大政府负责对各大高校进行资助并开展培训活动的主要机构，目的在于支持高水平科研活动，提高加拿大科研实力。

持。②除了瓦尼亚研究生奖学金（Vanier CGS）[①]外，所有的奖学金每年资助的额度均应调整至 35 000 美元。金额调整的主要原因是考虑到通货膨胀以及学生们所反映的奖学金不公等因素，此外，将奖学金资助额度进行规范也有利于协调“三理会”之间的关系。③将硕士奖学金每年的资助额度调整至 22 000 美元。④每隔 5 年对奖学金额度进行审查以确保其满足学生的科研需求。

报告还强调探索新的培训项目以增强研究人员的学术探索能力。随着跨学科研究的兴起，硕士、博士乃至博士后在内的科研人员需要形成跨学科思维以解决不同类型的科研问题，为此加拿大研究生研究协会建议建立培训项目竞争机制，统计以往“三理会”开设的研究人员培训项目的成果，对效益不高的培训项目采取必要措施。此外，高校还可以开设跨专业培训项目，让不同专业的研究人员对同一个议题进行研究与探讨，提高研究人员的合作能力，拓展其思维。

5.3.4 英国研究生教育委员会：多方面提高授课型硕士课程质量

英国的授课型硕士（postgraduate taught）教育自建立以来已经发生了重大变化，无论是学生的规模还是教育质量都有了大幅度的提高。然而随着社会对硕士教育的要求越来越高，如何确保授课型硕士教育的可持续发展成为英国研究生教育委员会（以下简称 “英委会”）所面临的重要问题。经过多方讨论，英委会认为长期以来对课程的忽视是影响授课型硕士教育质量的重要因素，因此从 2016 年开始，英委会对全国 60 所高校展开调查，着重了解各所高校授课型硕士教育课程主管对如何提高该类型硕士教育的意见与建议。通过对 382 份反馈材料进行分析与比对，英委会撰写了报告《关于授课型硕士课程主管的全国调查报告》。报告认为，要提高授课型硕士课程的质量，关键在于为各种类型的学生提供好学习保障。目前授课型硕士课程的建设所面临的问题是多元的，并且也很难找到一个通用的解决方案。教育资源的有限性使得此前关于课程的改革收效甚微，因此报告建议，下一阶段的授课型硕士课程改革应当以提高教师质量为主，充分重视教师在授课型硕士教育中所发挥的巨大作用。

① 加拿大瓦尼亚研究生奖学金（Vanier CGS），初创于 2008 年，主要是对世界一流的博士生提供资金支持。受此资金支持者往往有着卓越的研究成果，其具体的研究领域宽泛，包括人文学科、自然科学、工程技术以及生命健康等。

1. 授课型硕士课程中常见的问题

在英委会收回的382份反馈材料中，有213位受调查人员除了填写完封闭式问题之外还写下了他们所发现的目前授课型硕士课程建设中所存在的问题，通过对这些问题进行编码，报告将其分为四大类，分别是：硕士学习预先准备不足、学生的财务问题、学生生活的复杂性以及高校中的其他问题。

1）硕士学习预先准备不足

在213份详细的反馈材料中，有110位课程主管都提到了这个问题。所谓的学习预先准备不足主要是指两个方面。

一个方面是母语非英语的学生在语言能力方面存在着较大的问题，不能娴熟地使用英语在一定程度上影响到了学生的日常学习。目前所使用的英语能力测试也有着诸多不足之处，即使通过了这门考试，学生的英语能力也未必能达到预期目标，部分课程主管认为目前该项考试标准设置得过低。

糟糕的语言能力。有时候即便学生的考试成绩（雅思或托福）显示出他们的英语能力已经达到熟练的程度，但是在课堂上他们也会时常不能理解老师在说些什么。他们也不愿意主动开口说英语，在论文写作方面更是问题重重。

除了英语能力尚未达标之外，不少留学生面对巨大的学术文化差异显得有些不知所措。东亚的留学生在这一方面尤其如此，英国高校里教师和学生的交互方式以及常见的授课形式都让他们难以适应。有一些课程主管表示，一些海外留学生似乎只在乎课程最后的得分，而不是将精力放在学习的过程中。

硕士学习预先准备不足的另一个方面是基本学术能力的缺失，这一点不仅仅体现在留学生群体中，几乎所有的学生都或多或少地体现出这一问题。不少受调查人员提到，基础的学术写作能力与辩证分析能力的缺失严重影响到学生在课程中的学习表现。与本科学习相比，硕士学习对学生的自主学习能力提出了更高的要求，不少学生没有适应这样的身份转变，自然也就会陷入学习的苦恼之中。

（一些）学生初入学时所拥有的基本学术能力（学术写作能力与辩证思维等）实在太差了，这些能力的缺失导致他们无法在授课型硕士课程中获得他们所想要的高分。

2）学生的财务问题

语言能力与学习能力会直接影响学生在课程学习中的表现，而一些学生所面临的财务问题则很有可能让他们无法继续硕士学习。据了解，53%的受调查人员都提到授课型硕士生在财务方面面临着一定压力，这样的压力甚至已经直接影响到学生的学习。造成授课型硕士生财务压力的原因有很多，其中比较关键的是没有设立对应的奖学金，相关的国家财政支持更偏向于有贷款的本科生以及研究型硕士（postgraduate research）。

3）学生生活的复杂性

授课型硕士的学生来源较为多样，授课方式也有所不同。有的课程采用远程授课的方式进行，而选择远程授课的授课型硕士大多数都是全职工作人员，他们需要在时间上做好统筹，既不能错过上课的时间，又不能影响工作的开展。另外学校在授课时间的安排上似乎总是不能让学生满意，相比于本科生而言，全职的授课型硕士研究生面临着更大的时间压力，他们需要平衡好家庭、工作与学习，而学校目前在这一方面所提供的支持似乎远远不够。

4）高校中的其他问题

除了上述三个问题之外，也有少部分课程主管认为高校在这一方面的所作所为才是导致课程质量无法提高的真正原因。有至少10名课程主管表示，与科学研究不同，科研项目往往能够得到一定资助，教学却得不到这样的资助，因此教师往往不注重课堂教学，更加愿意把时间花在科研上。

不少教师都会把教学视作次于科研的任务。甚至有的时候高校只重视科研，他们会将通过教学获得的资金悉数用于科研而不是进一步改进教学。

这种科研优先于教学的情况在论文指导方面有着直接体现。

指导学生的学术论文是一项艰巨的工作，学校很难找到数量充足的教师以给予学生及时的论文反馈。尤其是在一些科研项目已经开始推进的时候，学生们很难得到及时而有效的论文修改意见。

2. 可能的解决方案

上述四个问题普遍存在于英国的授课型硕士教育中，并在一定程度上影响了相关课程的质量，在设计解决方案时，报告认为，师生互动、学生间的相互支持（尤其是课后的同辈来往）以及建立学习社区以提高学生的归属感是解决目前授课型硕士课程中存在问题的主要方向。

首先，教师需要更加投入课程教学。无论设计出怎样的课程教学体系或是评价标准，教师在课程中所发挥的作用都是不可替代的，即便是强调“以学生为中心”的课堂中，教师也应该充分参与。然而调查中发现教师在课程教学方面所下的功夫似乎很少被高校所认可，更没有相应的奖励机制。因此为了让教师更多地参与到课堂教学中，提高课程教学质量，高校应该设定相应的奖励机制，加大课程教学的支持力度。

其次，建立学生社区以加强学生互动也是提高课程质量的有效途径。此前已有的一些研究表明，课程教学所取得的效果不仅仅依赖于课堂上教师与学生的互动与参与，课后学生之间的相互合作、交流讨论也同样会影响到课程的效果。并且对于留学生而言，学生社区的建立可以帮助他们提高归属感，帮助其早日克服文化冲击带来的诸多问题。

最后，高校自身也需要探索新的合作与分享模式，设计一种自上而下的体系帮助学生与教师传播创新型的想法与行动。高校也应当形成一种意识，给予教师应有的福利待遇，确保其充分投入课程教学工作，让他们在授课型硕士教学中发挥更大的作用。

5.3.5 美国国家自然科学基金会：科学领域研究生数量攀升

2019 年 5 月，美国国家自然科学基金会的国家科学与工程统计中心发布了《2017 年科学、工程、健康领域硕士与博士招生情况报告》，通过对一系列数据的收集、汇编以及分析来对这 3 个领域研究生的招生情况进行检测，同时对相关领域的未来人才储备情况进行评估。总体看来，科学、工程与健康领域 2017 年总共招生 649 112 人（包括硕士与博士），其中硕士研究生占比 58%，博士研究生占比 42%。相比较而言，进入科学领域的学生（415 568 人）明显多于工程领域（165 581 人）与健康领域（67 963 人）。

1. 科学、工程与健康领域研究生的学科分布

显然，2017 年科学、工程与健康领域招生的数量差异很大，在各个领域内部，不同学科招收的学生人数的差异也同样显著。以硕士研究生的入学情况为例，临床医学、计算机与信息科学以及工业与制造工程所拥有的学生人数占据了各自领域总体学生人数的 3/4 之多（临床医学占比 85.1%、计算机与信息科学占比 84.1%、工业与制造工程占比 77.2%）；相比而言，物理科学、化学工程以及冶金与材料工程在 2017 年所招收到的研究生数量甚少，其所拥有的研究生人数仅占各自领域总人数的 1/3 以下（物理科学占比 15.2%、化学工程占比 32.4%、冶金与材料工程占比 32.3%）。

已有的数据同样可以反映出每个领域的招生趋势。以硕士研究生为例，

2017年硕士研究生招生最多的分别是计算机与信息科学（75 618人）、社会科学（41 208人）以及生物与生物医学（33 926人）；博士研究生招生最多的学科分别是生物与生物医学（51 291人）、物理科学（35 461人）以及社会科学（35 078人）。

研究生的注册身份在不同学位以及学科领域中也有着明显的区别。87.2%的博士生属于全日制研究生，而硕士研究生中64.7%的人属于全日制。就硕士研究生而言，生物工程与生物医学工程、材料工程以及健康领域的一些专业中，至少有3/4的学生选择成为全日制学生；就博士生而言，生物与生物医学、化学工程、物理科学、冶金与材料工程以及数学与统计学中超过90%的博士生选择成为全日制学生。其具体情况见表5-12。

表5-12 2017年美国科学、工程与健康领域的研究生招生情况

整体领域	总数/人	硕士				博士			
		硕士总数/人	硕士占比/%	全日制占比/%	非全日制占比/%	博士总数/人	博士占比/%	全日制占比/%	非全日制占比/%
三大领域	649 112	378 587	58.3	64.7	35.3	270 525	41.7	87.2	12.8
科学与工程	581 149	325 925	56.1	64.2	35.8	255 224	43.9	88.0	12.0
科学	415 568	229 169	55.1	63.6	36.4	186 399	44.9	88.6	11.4
农业科学	9 347	5 603	59.9	64.4	35.6	3 744	40.1	84.3	15.7
生物与生物医学	85 217	33 926	39.8	70.4	29.6	51 291	60.2	93.5	6.5
计算机与信息科学	89 909	75 618	84.1	58.6	41.4	14 291	15.9	83.2	16.8
地球科学、大气科学与海洋科学	12 545	6 006	47.9	68.4	31.6	6 539	52.1	88.7	11.3
数学与统计学	29 669	16 568	55.8	69.7	30.3	13 101	44.2	90.9	9.1
多学科交叉研究	9 854	6 923	70.3	58.3	41.7	2 931	29.7	79.2	20.8
自然资源与保育	10 879	7 311	67.2	66.6	33.4	3 568	32.8	79.3	20.7
物理科学	41 829	6 368	15.2	65.9	34.1	35 461	84.8	92.9	7.1
心理学	50 033	29 638	59.2	65.2	34.8	20 395	40.8	81.5	18.5
社会科学	76 286	41 208	54.0	62.6	37.4	35 078	46.0	84.6	15.4
工程	165 581	96 756	58.4	65.7	34.3	68 825	41.6	86.6	13.4
航空航天工程	5 708	3 322	58.2	65.7	34.3	2 386	41.8	87.1	12.9
生物工程以及生物医学工程	10 882	4 037	37.1	80.1	19.9	6 845	62.9	89.2	10.8
化学工程	10 166	3 292	32.4	72.8	27.2	6 874	67.6	93.8	6.2
土木工程	21 132	13 506	63.9	67.3	32.7	7 626	36.1	85.6	14.4
电气、电子与通信工程	47 752	29 816	62.4	70.2	29.8	17 936	37.6	85.1	14.9
工业与制造工程	15 905	12 272	77.2	58.8	41.2	3 633	22.8	78.2	21.8
机械工程	27 428	16 279	59.4	66.2	33.8	11 149	40.6	87.4	12.6
冶金与材料工程	6 541	2 115	32.3	75.0	25.0	4 426	67.7	92.0	8.0

续表

整体领域	总数 / 人	硕士				博士			
		硕士总数 / 人	硕士占比 / %	全日制占比 / %	非全日制占比 / %	博士总数 / 人	博士占比 / %	全日制占比 / %	非全日制占比 / %
其他	20 067	12 117	60.4	50.5	49.5	7 950	39.6	81.7	18.3
健康	67 963	52 662	77.5	68.0	32.0	15 301	22.5	72.4	27.6
临床医学	29 693	25 283	85.1	59.5	40.5	4 410	14.9	73.9	26.1
其他	38 270	27 379	71.5	75.8	24.2	10 891	28.5	71.8	28.2

2. 科学、工程与健康领域研究生的群体性特征

数据表明，相较于美国公民或是有在美永远居住资格的人而言，临时签证持有者更加倾向于选择成为全日制研究生。在 2017 年入学的所有博士生中，91.4% 的临时签证持有者选择成为全日制博士生，而这一比例在美国公民与永居资格拥有者中为 85.8%。这一比例的差距在硕士生中更为明显，81.9% 的临时签证人员属于全日制硕士研究生，而入学的硕士研究生中属于美国公民或是已经获得“绿卡”的学生中，仅有 53.5% 的学生选择成为全日制硕士研究生。

就性别而言，科学与工程领域研究生中，攻读硕士学位的男性与女性人数相近，分别占比为 55.5% 与 56.8%，而根据公民身份的不同，男性与女性的注册身份占比情况也有所差别。例如 2017 年招收的所有硕士研究生中，美国女性全日制研究生占比 58.6%，男性占比 49.1%。其具体情况见表 5-13。

表 5-13　科学与工程领域研究生情况调查表

科学与工程领域研究生种族	总数 / 人	硕士				博士			
		硕士人数 / 人	硕士占比 / %	全日制占比 / %	非全日制占比 / %	博士人数 / 人	博士占比 / %	全日制占比 / %	非全日制占比 / %
所有领域	649 112	378 587	58.3	64.7	35.3	270 525	41.7	87.2	12.8
科学与工程	581 149	325 925	56.1	64.2	35.8	255 224	43.9	88.0	12.0
男性	339 317	188 466	55.5	62.7	37.3	150 851	44.5	88.1	11.9
女性	241 832	137 459	56.8	66.3	33.7	104 373	43.2	88.0	12.0
美国公民与永居人	356 217	203 301	57.1	53.5	46.5	152 916	42.9	85.8	14.2
男性	192 434	109 191	56.7	49.1	50.9	83 243	43.3	85.5	14.5
女性	163 783	94 110	57.5	58.6	41.4	69 673	42.5	86.2	13.8
西班牙裔或拉丁裔	37 920	23 858	62.9	56.3	43.7	14 062	37.1	87.5	12.5
非西班牙或拉丁裔									
美洲印第安人或阿拉斯加原住民	1 555	911	58.6	60.8	39.2	644	41.4	77.8	22.2
亚洲人	36 511	21 500	58.9	55.0	45.0	15 011	41.1	88.5	11.5

续表

科学与工程领域研究生种族	总数 / 人	硕士				博士			
		硕士人数 / 人	硕士占比 / %	全日制占比 / %	非全日制占比 / %	博士人数 / 人	博士占比 / %	全日制占比 / %	非全日制占比 / %
黑人或非裔美国人	26 399	18 144	68.7	47.8	52.2	8 255	31.3	79.4	20.6
土著夏威夷人或其他太平洋岛民	573	361	63.0	51.5	48.5	212	37.0	82.5	17.5
白人	221 438	119 792	54.1	53.6	46.4	101 646	45.9	85.7	14.3
多种族	11 699	6 624	56.6	59.6	40.4	5 075	43.4	89.7	10.3
种族不明	20 122	12 111	60.2	48.6	51.4	8 011	39.8	83.8	16.2
临时护照持有者	224 932	122 624	54.5	81.9	18.1	102 308	45.5	91.4	8.6
男	146 883	79 275	54.0	81.4	18.6	67 608	46.0	91.3	8.7
女	78 049	43 349	55.5	83.0	17.0	34 700	44.5	91.6	8.4

3. 全日制研究生的资助情况

整体看来，2017 年入学的研究生中有 37.3% 属于自费，但是不同学位的研究生中自费的比例却相差较多。硕士研究生中 66.6% 自费入学，博士生中自费人数占比则仅为 9.9%。

在受资助的研究生中，大多数人得到的都是来自院校的资助，近 25% 的学生则是受到了来自州政府的资助。相关的资金支持往往以研究助研金、教学助研金以及奖学金的形式发放。相比于博士研究生，硕士研究生中受到资助的人数较少，仅有 30% 左右。在这近 1/3 的学生中，25% 受到学校的资助，5.1% 受到了州政府的资助，常见的资助类型与博士研究生相似。其具体情况见表 5-14。

表 5-14　全日制研究生的受资助情况

资金来源与发放机制	全日制研究生					
	数量		硕士		博士	
	总量 / 人	占比 /%	总量 / 人	占比 /%	总量 / 人	占比 /%
全日制研究生总量	433 916	100.0	209 221	100.0	224 695	100.0
自费	161 641	37.3	139 373	66.6	22 268	9.9
所有资助来源	272 275	62.7	69 848	33.4	202 427	90.1
州政府	65 999	15.2	10 736	5.1	55 263	24.6
农业部	2 361	0.5	938	0.4	1 423	0.6
国防部	8 089	1.9	2 568	1.2	5 521	2.5
能源部	4 472	1.0	491	0.2	3 981	1.8
卫生与公众服务部	19 358	4.5	809	0.4	18 549	8.3
国家卫生研究院	18 096	4.2	699	0.3	17 397	7.7
其他部门	1 262	0.3	110	0.1	1 152	0.5

续表

资金来源与发放机制	全日制研究生					
	数　量		硕　士		博　士	
	总量 / 人	占比 /%	总量 / 人	占比 /%	总量 / 人	占比 /%
国家航空航天局	1 806	0.4	276	0.1	1 530	0.7
国家科学基金会	20 815	4.8	2 192	1.0	18 623	8.3
其他	9 098	2.1	3 462	1.7	5 636	2.5
院校级	182 135	42.0	52 319	25.0	129 816	57.8
其他类型来源	19 432	4.5	5 136	2.5	14 296	6.4
国外资助	4 709	1.1	1 657	0.8	3 052	1.4
所有资助机制	272 275	62.7	69 848	33.4	202 427	90.1
奖学金	39 368	9.1	5 687	2.7	33 681	15.0
受训补贴金	10 945	2.5	1 497	0.7	9 448	4.2
研究助研金	103 586	23.9	19 702	9.4	83 884	37.3
教学助研金	84 499	19.5	22 171	10.6	62 328	27.7
其他机制	33 877	7.8	20 791	9.9	13 086	5.8

5.4 借鉴与思考

5.4.1 适度扩大研究生教育规模，优化人才培养结构

重要指标的跨国比较显示我国研究生教育相对规模较小。2017 年我国千人注册研究生数仅为 1.90，同美国 2016 年数据相比，仅为美国的 20%，与同为亚洲国家的日本持平。2009 年到 2017 年，我国千人注册研究生数增长了 80%，以此同等增长速度推算，预计到 2025 年将达到 3.5 左右，但依然同发达国家存在显著差距。从高等教育部门研究发展经费与在学博士研究生人数比例中可以看出，我国每万名博士研究生的高等教育部门研究发展经费数同发达国家相比存在较大差距，2017 年中国的比例仅为 8.81 亿美元，仅为同期德国的 50%、法国的 44%、日本的 35%、韩国的 91%。因此建议进一步扩大我国博士研究生的数量规模，同时对高校的整体投入应当有所增长。在层次结构方面，我国的硕博占比依然低于法国、澳大利亚、德国等国家。未来应当扩大硕士和博士培养规模。从在学研究生留学生比例中可以看出，我国在学研究生中的留学生比例过低，2016 年，中国的在学研究生中博士留学生比例仅与俄罗斯相当，仅占美国的 12.5%，在学硕士研究生中留学生的比例仅为美国的 30%。应适当扩大留学生规模，目前中国已成为亚洲最大的留学生目的地国，应当要加强对来华留学生的管理，在注重扩大规模的同时，也注重对质量的把握。在就业人

群中研究生学历获得者所占比例数中，中国所占比例较少，2017 年，中国具有研究生学历的就业人群数量占比为 0.80%，约为美国的 1/20、加拿大和澳大利亚的 1/15。随着我国社会经济的发展和创新驱动发展战略下的产业结构转型升级，在可预见的未来人才需求层次必定会整体上移，即对研究生层次人才的需求会持续增长，研究生层次人才供给不足的问题依然长期存在。虽然我国研究生教育规模总量已经具有相当规模，但是相对规模依然存在较大空间。因此，在未来 5 ～ 10 年，我国研究生教育仍可稳步扩张规模。

5.4.2 加强对来华留学生的管理，推进教学、管理和服务的趋同化

国际化是高等教育质量的重要指标，也是我国综合国力的重要体现。为了进一步推进“双一流”建设，我国通过积极建设区域高等教育枢纽，来进一步增强对其他国家留学生的吸引力。到目前，我国的非洲留学生人数已经赶超英美两国，中国正在成为非洲学生的主要留学目的地。[①] 随着来华留学生规模的进一步扩大，对留学生的管理也成为亟须解决的问题之一，因此，我国应重视和加强对来华留学生的管理，逐步实现趋同化管理。根据我国《国家中长期教育改革与发展规划纲要（2010—2020 年）》《留学中国计划》的要求，国家将进一步扩大来华留学生规模，到 2020 年，使我国成为亚洲最大的留学生目的国。其中，接受高等学历教育的留学生达到 15 万人。[②] 因此，做好来华留学生的管理工作是当前的首要问题。在教育部国际司负责人就来华留学相关问题答记者问时提到，对于来华留学生问题，要坚持“质量为先”，“实现中外学生的‘趋同化管理’”，并指出：“《来华留学生高等教育质量规范（试行）》明确提出要推进中外学生教学、管理和服务的趋同化，要求高校将来华留学生教育纳入全校的教育质量保障体系中……但是，趋同化并不意味着等同化，既要对中外学生一视同仁，也要看到来华留学生风俗习惯和语言、文化存在差异，以合理、公平、审慎为原则……在教育教学方面，建立有效的教学辅导体系，向来华留学生提供学业帮扶”。[③]

---

① China is becoming African students’ destination du jour [EB/OL] . [2019-06-30]. https://www.timeshighereducation.com/opinion/china-becoming-african-students-destination-du-jour.

② 教育部. 国家中长期教育改革与发展规划纲要（2010—2020 年）[EB/OL] . [2019-07-29]. http://old.moe.gov.cn/publicfiles/business/htmlfiles/moe/info_list/201407/xxgk_171904.html.

③ 教育部. 质量为先，实现来华留学生内涵式发展——教育部国际司负责人就来华留学相关问题答记者问 [EB/OL] . [2019-07-29]. http://www.moe.gov.cn/jyb_xwfb/s271/201907/t20190719_391532.html.

5.4.3 推进博士生培养体制改革，重视专业博士的发展

当前，博士研究生的就业呈现出多元化的趋势，学术机构不再是博士研究生的唯一选择。在这种情况下，对博士生的培养也呈现出多元化和多样化的要求，而专业博士成为博士层次适应市场和社会需求的重要类型。在英国，所有传统的大学和2/3的新建高等院校都设置了专业博士学位。[①] 到目前为止，欧洲已有 9 种博士生培养模式，中国才刚刚开始探索专业博士学位和联培项目。[②] 1997 年，我国在临床医学领域首次设置专业博士学位，随后又开设了教育、兽医、口腔医学、中医、工程等 6 种类型的专业博士学位。[③] 截至 2018 年，我国学术学位（academic degree）博士研究生招生规模为 88 718 人，而专业学位 (professional degree) 博士研究生招生规模仅为 6 784 人[④]，仅为学术学位博士研究生招生规模的 1/13，未来将有显著的发展空间。尤其对于高等教育后发型国家而言，这是以适应需求为目标，扩大规模、优化结构的重要途径。因此，我国有必要参考发达国家专业博士发展的经验，促进我国专业博士的发展。

5.4.4 树立以学生发展为中心的教育理念，多方面保障研究生培养质量

对国外相关国家于 2018 年在研究生培养方面所采取的改良措施进行梳理可以发现，在过去一年中发达国家主要通过完善招生程序、创新培养模式、加大资金投入等方式为研究生培养质量提供保障。进入信息时代之后，社会对高等教育提出了更高的要求，进入高校学习的学子已经由原先的“学生”变为目的明确、主动性强的“学习者”，这就迫使高校在招收研究生时制定出科学、合理的招生标准与公平、公正的招生程序，在关注学生以往成就的同时也要对学生未来的发展潜力进行简单评估。美国研究生院理事会以招生环节为突破点，提出评估的内容不仅仅局限于学生的认知型品质，更要设计出一套体系对学生的非认知型品质（如逆境商数、创新能力、团队合作能力以及时间管理能力等）

---

① MELLORS-BOURNE R, ROBINSON C, METCALFE J. Provision of professional doctorates in English HE institutions: report for HEFCE by the Careers Research and Advisory Centre (CRAC) [R]. Higher Education Funding Council for England, 2016:22.

② BAO Y, KEHM B M, MA Y. From product to process. The reform of doctoral education in Europe and China[J]. Studies in Higher Education, 2018, 43(3): 524-541.

③ 王世岳，沈文钦 . 教育政策的跨国学习：以专业博士学位为例 [J]. 复旦教育论坛，2018，16(4):94-100.

④ 数据由教育部发展规划司提供。

进行测评；从培养环节来看，导师所发挥的作用越来越明显，其在培养研究生过程中所拥有的权力也越来越大，在欧洲大学联合会调查的310多所高校中，11%的院校中导师可以自由地对博士生进行培养而不必受到学院的监督；从资助力度来看，不少国家也开始反思自身的教育投资情况，在已有的拨款基础上进一步提高奖学金额度以推动研究生教育发展。以加拿大为例，加拿大研究生研究协会将创设更多的个人奖学金项目，并且将所有的奖学金每年资助的额度均调整至35 000美元。

时下，我国研究生人数不断增多，如何在数量激增的同时保障研究生教育的质量是每所高校必须直面的问题。国外高校所采取的系列措施表明，清晰明确、标准合理的准入机制与周密、科学的培养体系是提高研究生教育质量的必然要求。

5.4.5 优化学科结构，加强基础科学人才培养

为了充分发挥高等教育在建设人才强国以及落实创新驱动发展战略方面的重要作用，需要重新审视研究生教育中学位授予的学科结构情况。以美国为例，2017年美国的研究生教育中工程领域所拥有的研究生数量占整体研究生数量的25.50%，相应的工程领域的硕士占整体硕士的25.56%，相关博士的占比为25.44%。相比之下，中国工学研究生在所有学科研究生中的占比（41.07%）高于美国，其中工学硕士占所有学科硕士研究生的34.45%，博士占比为37.26%。差距较为明显的另一个学科为理学，考虑到中国与美国在学科分类方面的差异，此处以中国理学学科的分类标准对美国2017年的统计数据进行筛选与换算。从比值来看，2018年我国理学研究生数量占整体研究生数量的16.82%，远低于美国的43.12%。中国理学硕士在整体硕士中占比15.43%，美国为40.34%，中国相应的博士占比为23.90%，美国为47.01%。

相比较而言，理学属于基础科学，注重理论研究，工学更注重实际应用，研究的是技术，理论研究偏少。随着新贸易壁垒的出现与发展，国家自主创新能力日益成为促进经济发展的重要保障。自主创新能力的提高不仅仅依赖于传统技术的发展，更加需要从理论出发，将理论与实践相结合以追求更大的创新与突破。因此在今后研究生招生的过程中应当合理调整学科招生结构，适当增加理学招生人数，为我国创新驱动战略的实施提供强大的推动力。

附录一　全国学位与研究生教育基本数据

1.1 历年全国研究生教育总况

附表 1-1 历年全国研究生招生数、在校生数 单位：人

年 份	招生数			在校生数		
	合 计	博士研究生	硕士研究生	合 计	博士研究生	硕士研究生
1978	10 708	—	10 708	10 934	—	10 934
1979	8 110	—	8 110	18 830	—	18 830
1980	3 616	—	3 616	21 604	—	21 604
1981	9 363	—	9 363	18 848	—	18 848
1982	11 080	302	10 778	25 847	536	25 311
1983	15 642	172	15 470	37 166	737	36 429
1984	21 970	492	21 478	57 566	1 243	56 323
1985	39 891	2 633	37 258	78 806	3 639	75 167
1986	37 007	2 248	34 759	98 963	5 654	93 309
1987	36 738	3 615	33 123	113 452	8 969	104 483
1988	34 169	3 262	30 907	108 901	10 525	98 376
1989	27 729	2 776	24 953	98 946	10 998	87 948
1990	28 434	3 337	26 207	92 030	11 345	80 685
1991	29 602	4 172	25 430	87 873	12 331	75 542
1992	33 348	5 036	28 312	93 975	14 558	79 417
1993	41 889	6 150	35 739	106 405	17 570	88 835
1994	50 756	9 038	41 718	127 651	22 660	104 991
1995	50 925	11 056	39 869	145 148	28 752	116 396
1996	54 588	10 693	43 895	149 570	30 190	119 380
1997	63 232	12 917	50 315	175 629	39 927	135 702
1998	72 262	14 962	57 300	198 356	45 246	153 110
1999	91 762	19 915	71 847	232 563	54 038	178 525
2000	128 065	25 142	102 923	300 437	67 293	233 144
2001	164 855	32 093	132 762	392 364	85 885	306 479
2002	261 401	38 342	223 059	500 873	108 737	392 136
2003	335 330	48 740	286 590	650 802	136 687	514 115
2004	407 244	53 284	353 960	819 896	165 610	654 286
2005	459 697	54 794	404 903	978 610	191 317	787 293
2006	503 883	55 955	447 928	1 104 653	208 038	896 615
2007	528 536	58 022	470 514	1 195 047	222 508	972 539

续表

年 份	招生数			在校生数		
	合 计	博士研究生	硕士研究生	合 计	博士研究生	硕士研究生
2008	557 642	59 764	497 878	1 283 046	236 617	1 046 429
2009	642 998	61 991	580 997	1 404 179	242 996	1 161 183
2010	646 432	63 105	583 327	1 537 652	258 802	1 278 850
2011	671 066	65 488	605 578	1 644 991	271 055	1 373 936
2012	714 496	68 781	645 715	1 718 948	283 615	1 435 333
2013	737 225	70 420	666 805	1 792 788	297 828	1 494 960
2014	736 225	72 596	663 629	1 846 930	312 470	1 534 460
2015	764 490	74 389	690 101	1 911 707	326 511	1 584 196
2016	667 064	77 252	589 812	1 980 388	341 859	1 638 529
2017	806 103	83 878	722 225	2 175 675	361 997	1 813 678
2018	857 966	95 502	762 464	2 390 107	389 518	2 000 589

资料来源：1978—2001 年数据引自历年《中国教育统计年鉴》，不包括在职联考研究生招生人数；2002—2008 年数据根据历年《中国教育统计年鉴》和国务院学位委员会办公室提供的数据整理；2009—2015 年数据根据教育部发展规划司、国务院学位委员会办公室提供的数据整理，包括在职联考研究生招生人数；2016 年起停止在职联考研究生招生，纳入 2017 年全日制、非全日制研究生招生计划。

附表 1-2　历年全国授予博士、硕士学位数　　单位：个

年 份	合 计	授予博士学位数			授予硕士学位数		
		小计	学术学位	专业学位	小计	学术学位	专业学位
1981	8 665	—	—	—	8 665	8 665	—
1982	5 786	13	13	—	5 773	5 773	—
1983	3 567	19	19	—	3 548	3 548	—
1984	7 880	91	91	—	7 789	7 789	—
1985	12 852	234	234	—	12 618	12 618	—
1986	15 245	307	307	—	14 938	14 938	—
1987	21 453	622	622	—	20 831	20 831	—
1988	38 183	1 682	1 682	—	36 501	36 501	—
1989	37 346	1 904	1 904	—	35 442	35 442	—
1990	34 632	2 127	2 127	—	32 505	32 505	—
1991	33 093	2 556	2 556	—	30 537	30 537	—
1992	27 660	2 540	2 540	—	25 120	25 120	—
1993	26 165	2 114	2 114	—	24 051	24 051	—
1994	29 621	3 590	3 590	—	26 031	26 031	—
1995	32 355	4 364	4 364	—	27 991	27 991	—
1996	41 715	5 578	5 544	34	36 137	35 882	255
1997	46 522	6 781	6 743	38	39 741	38 710	1 031
1998	48 882	8 498	8 448	50	40 384	39 157	1 227
1999	61 652	10 098	10 049	49	51 554	49 352	2 202
2000	70 753	11 318	11 255	63	59 435	54 881	4 554
2001	84 921	12 404	12 350	54	72 517	63 104	9 413
2002	102 263	14 615	14 529	86	87 648	74 717	12 931

续表

年份	合计	授予博士学位数			授予硕士学位数		
		小计	学术学位	专业学位	小计	学术学位	专业学位
2003	137 160	18 527	18 311	216	118 633	101 064	17569
2004	188 609	22 775	22 601	174	165 834	134 139	31 695
2005	244 917	28 090	27 784	306	216 827	169 596	47231
2006	323 635	35 361	34 967	394	288 274	228 072	60 202
2007	410 565	42 671	40 928	1 743	367 894	282 850	85 044
2008	455 006	45 338	43 603	1 735	409 668	309 770	99 898
2009	488 531	49 278	47 036	2 242	439 253	319 983	119 270
2010	508 949	50 735	48 414	2 321	458 214	334 712	123 502
2011	551 398	50 777	48 679	2 098	500 621	345 625	154 996
2012	621 549	56 338	53 011	3 327	565 211	367 165	198 046
2013	640 144	56 513	53 132	3 381	583 631	348 877	234 754
2014	666 225	56 703	52 995	3 708	609 522	330 430	279 092
2015	690 839	58 113	53 615	4 498	632 726	320 525	312 201
2016	702 754	59 649	54 397	5 252	643 105	312 044	331 061
2017	712 893	62 737	57 629	5 108	650 156	306 731	343 425
2018	731 328	65 379	59 947	5 432	665 949	304 042	361 907

资料来源：根据国务院学位委员会办公室提供的数据整理。

1.2 2017 年全国研究生招生情况

附表 1-3 2017 年分学科门类学术学位研究生招生的规模与结构

学科	硕士生		博士生		合计		硕博比
	人数	比重 /%	人数	比重 /%	人数	比重 /%	
哲学	3 438	1.07	914	1.13	4 352	1.08	3.76
经济学	13 828	4.32	2 980	3.53	16 808	4.19	4.64
法学	24 406	7.62	4 098	5.31	28 504	7.10	5.96
教育学	12 055	3.77	1 415	1.68	13 470	3.36	8.52
文学	19 019	5.94	2 681	3.23	21 700	5.41	7.09
历史学	4 292	1.34	1 092	1.29	5 384	1.34	3.93
理学	52 600	16.43	17 481	21.30	70 081	17.46	3.01
工学	116 754	36.47	32 147	40.04	148 901	37.10	3.63
农学	11 995	3.75	3 712	4.70	15 707	3.91	3.23
医学	28 638	8.95	9 176	11.23	37 814	9.42	3.12
军事学	80	0.02	12	0.01	92	0.02	6.67
管理学	24 203	7.56	4 669	5.53	28 872	7.19	5.18
艺术学	8 813	2.75	801	1.11	9 614	2.40	11.00
合计	320 121	100.00	81 178	100.00	401 299	100.00	3.94

资料来源：根据教育部发展规划司提供的数据整理。

附表 1-4　2017 年分地区学术学位研究生招生的规模与结构

省（区、市）	硕士生		博士生		合　计	
	人　数	比重 /%	人　数	比重 /%	人　数	比重 /%
北京	45 243	14.13	22 949	28.27	68 192	16.99
天津	8 853	2.77	2 393	2.95	11 246	2.80
河北	7 115	2.22	714	0.88	7 829	1.95
山西	5 274	1.65	580	0.71	5 854	1.46
内蒙古	3 083	0.96	339	0.42	3 422	0.85
辽宁	16 099	5.03	2 905	3.58	19 004	4.74
吉林	9 797	3.06	2 389	2.94	12 186	3.04
黑龙江	11 623	3.63	2 802	3.45	14 425	3.59
上海	23 824	7.44	7 391	9.10	31 215	7.78
江苏	25 490	7.96	6 429	7.92	31 919	7.95
浙江	10 517	3.29	2 692	3.32	13 209	3.29
安徽	8 989	2.81	2 208	2.72	11 197	2.79
福建	6 704	2.09	1 474	1.82	8 178	2.04
江西	5 627	1.76	368	0.45	5 995	1.49
山东	13 235	4.13	2 257	2.78	15 492	3.86
河南	7 106	2.22	648	0.80	7 754	1.93
湖北	20 600	6.44	5 304	6.53	25 904	6.46
湖南	10 494	3.28	2 223	2.74	12 717	3.17
广东	14 581	4.55	3 721	4.58	18 302	4.56
广西	5 073	1.58	384	0.47	5 457	1.36
海南	763	0.24	94	0.12	857	0.21
重庆	8 729	2.73	1 431	1.76	10 160	2.53
四川	14 776	4.62	3 106	3.83	17 882	4.46
贵州	2 807	0.88	215	0.26	3 022	0.75
云南	5 617	1.75	630	0.78	6 247	1.56
西藏	509	0.16	34	0.04	543	0.14
陕西	17 637	5.51	4 074	5.02	21 711	5.41
甘肃	5 431	1.70	915	1.13	6 346	1.58
青海	544	0.17	65	0.08	609	0.15
宁夏	843	0.26	89	0.11	932	0.23
新疆	3 138	0.98	355	0.44	3 493	0.87

资料来源：根据教育部发展规划司提供的数据整理。

附表 1-5　2017 年分学科门类专业学位研究生招生的规模与结构

学　科	硕士生		博士生		合　计	
	人　数	比重 /%	人　数	比重 /%	人　数	比重 /%
哲学	0	0.00	0	0.00	0	0.00
经济学	17 924	4.46	0	3.53	17 924	4.43
法学	22 552	5.61	0	5.31	22 552	5.57
教育学	41 475	10.31	170	1.68	41 645	10.29

附录一　全国学位与研究生教育基本数据

续表

学科	硕士生		博士生		合计	
	人数	比重 /%	人数	比重 /%	人数	比重 /%
文学	14 076	3.50	0	3.23	14 076	3.48
历史学	758	0.19	0	1.29	758	0.19
理学	0	0.00	0	21.30	0	0.00
工学	132 871	33.04	323	40.04	133 194	32.90
农学	18 575	4.62	35	4.70	18 610	4.60
医学	46 553	11.58	2 172	11.23	48 725	12.04
军事学	0	0.00	0	0.01	0	0.00
管理学	92 022	22.89	0	5.53	92 022	22.73
艺术学	15 298	3.80	0	1.11	15 298	3.78
合计	402 104	100.00	2 700	100.00	404 804	100.00

资料来源：根据教育部发展规划司提供的数据整理。

附表 1-6　2017 年分地区专业学位研究生招生的规模与结构

省（区、市）	硕士生		博士生		合计	
	人数	比重 /%	人数	比重 /%	人数	比重 /%
北京	51 156	12.72	917	33.96	52 073	12.86
天津	12 006	2.99	40	1.48	12 046	2.98
河北	9 323	2.32	10	0.37	9 333	2.31
山西	6 289	1.56	0	0.00	6 289	1.55
内蒙古	4 801	1.19	0	0.00	4 801	1.19
辽宁	20 411	5.08	24	0.89	20 435	5.05
吉林	10 880	2.71	29	1.07	10 909	2.69
黑龙江	10 606	2.64	45	1.67	10 651	2.63
上海	27 993	6.96	311	11.52	28 304	6.99
江苏	32 471	8.08	65	2.41	32 536	8.04
浙江	14 021	3.49	138	5.11	14 159	3.50
安徽	11 024	2.74	34	1.26	11 058	2.73
福建	9 430	2.35	12	0.44	9 442	2.33
江西	7 473	1.86	9	0.33	7 482	1.85
山东	20 017	4.98	55	2.04	20 072	4.96
河南	10 598	2.64	0	0.00	10 598	2.62
湖北	25 347	6.30	69	2.56	25 416	6.28
湖南	14 581	3.63	283	10.48	14 864	3.67
广东	20 254	5.04	276	10.22	20 530	5.07
广西	6 575	1.64	6	0.22	6 581	1.63
海南	1 409	0.35	0	0.00	1 409	0.35
重庆	12 254	3.05	23	0.85	12 277	3.03
四川	18 680	4.65	214	7.93	18 894	4.67
贵州	4 095	1.02	0	0.00	4 095	1.01
云南	7 779	1.93	0	0.00	7 779	1.92
西藏	163	0.04	0	0.00	163	0.04

续表

省（区、市）	硕士生		博士生		合计	
	人数	比重/%	人数	比重/%	人数	比重/%
陕西	19 018	4.73	113	4.19	19 131	4.73
甘肃	6 437	1.60	27	1.00	6 464	1.60
青海	1 121	0.28	0	0.00	1 121	0.28
宁夏	1 346	0.33	0	0.00	1 346	0.33
新疆	4 546	1.13	0	0.00	4 546	1.12

注：此表中的数据不包含在职联考。

资料来源：根据教育部发展规划司提供的数据整理。

1.3 2017年全国在校研究生情况

附表 1-7 2017 年分学科门类在校学术学位研究生的规模与结构

学科	硕士生		博士生		合计		硕博比
	人数	比重/%	人数	比重/%	人数	比重/%	
哲学	10 341	1.12	4 319	1.23	14 660	1.15	2.39
经济学	39 653	4.28	14 073	3.53	53 726	4.20	2.82
法学	70 786	7.64	18 702	5.31	89 488	7.00	3.78
教育学	36 686	3.96	5 922	1.68	42 608	3.33	6.19
文学	56 975	6.15	12 075	3.23	69 050	5.40	4.72
历史学	13 068	1.41	5 068	1.29	18 136	1.42	2.58
理学	147 588	15.93	68 121	21.30	215 709	16.87	2.17
工学	337 460	36.42	148 687	40.04	486 147	38.01	2.27
农学	34 103	3.68	15 106	4.70	49 209	3.85	2.26
医学	80 852	8.73	31 511	11.23	112 363	8.79	2.57
军事学	392	0.04	144	0.01	536	0.04	2.72
管理学	71 592	7.73	25 681	5.53	97 273	7.61	2.79
艺术学	26 959	2.91	3 028	1.11	29 987	2.34	8.90
合计	926 455	100.00	352 437	100.00	1 278 892	100.00	2.63

资料来源：根据教育部发展规划司提供的数据整理。

附表 1-8 2017 年分地区在校学术学位研究生的规模与结构

省（区、市）	硕士生		博士生		合计	
	人数	比重/%	人数	比重/%	人数	比重/%
北京	127 797	13.79	96 904	27.50	224 701	17.57
天津	25 234	2.72	9 312	2.64	34 546	2.70
河北	21 071	2.27	3 096	0.88	24 167	1.89
山西	15 790	1.70	2 719	0.77	18 509	1.45
内蒙古	9 088	0.98	1 558	0.44	10 646	0.83
辽宁	47 116	5.09	15 280	4.34	62 396	4.88

续表

省（区、市）	硕士生		博士生		合计	
	人数	比重/%	人数	比重/%	人数	比重/%
吉林	28 652	3.09	10 413	2.95	39 065	3.05
黑龙江	31 660	3.42	13 004	3.69	44 664	3.49
上海	65 154	7.03	30 520	8.66	95 674	7.48
江苏	76 948	8.31	28 938	8.21	105 886	8.28
浙江	30 732	3.32	11 456	3.25	42 188	3.30
安徽	25 542	2.76	7 826	2.22	33 368	2.61
福建	19 566	2.11	6 163	1.75	25 729	2.01
江西	15 246	1.65	1 421	0.40	16 667	1.30
山东	39 345	4.25	9 812	2.78	49 157	3.84
河南	20 125	2.17	2 345	0.67	22 470	1.76
湖北	59 470	6.42	23 974	6.80	83 444	6.52
湖南	31 442	3.39	11 250	3.19	42 692	3.34
广东	42 071	4.54	14 776	4.19	56 847	4.45
广西	15 008	1.62	1 370	0.39	16 378	1.28
海南	2 167	0.23	313	0.09	2 480	0.19
重庆	25 833	2.79	6 102	1.73	31 935	2.50
四川	44 221	4.77	14 916	4.23	59 137	4.62
贵州	8 279	0.89	750	0.21	9 029	0.71
云南	16 514	1.78	2 721	0.77	19 235	1.50
西藏	1 385	0.15	94	0.03	1 479	0.12
陕西	51 893	5.60	19 785	5.61	71 678	5.60
甘肃	15 808	1.71	3 845	1.09	19 653	1.54
青海	1 625	0.18	176	0.05	1 801	0.14
宁夏	2 508	0.27	219	0.06	2 727	0.21
新疆	9 165	0.99	1 379	0.39	10 544	0.82

资料来源：根据教育部发展规划司提供的数据整理。

附表 1-9　2017 年分学科门类在校专业学位研究生的规模与结构

学科	硕士生		博士生		合计	
	人数	比重/%	人数	比重/%	人数	比重/%
哲学	0	0.00	0	0.00	0	0.00
经济学	35 216	3.97	0	3.53	35 216	3.93
法学	47 280	5.33	0	5.31	47 280	5.27
教育学	73 959	8.34	958	1.68	74 917	8.35
文学	30 200	3.40	0	3.23	30 200	3.37
历史学	1 700	0.19	0	1.29	1 700	0.19
理学	0	0.00	0	21.30	0	0.00
工学	293 963	33.13	1 322	40.04	295 285	32.93
农学	33 845	3.81	91	4.70	33 936	3.78
医学	124 544	14.04	7 189	11.23	131 733	14.69

续表

学　科	硕士生		博士生		合　计	
	人　数	比重/%	人　数	比重/%	人　数	比重/%
军事学	0	0.00	0	0.01	0	0.00
管理学	208 727	23.53	0	5.53	208 727	23.28
艺术学	37 789	4.26	0	1.11	37 789	4.21
合计	887 223	100.00	9 560	100.00	896 783	100.00

资料来源：根据教育部发展规划司提供的数据整理。

附表 1-10　2017 年分地区在校专业学位研究生的规模与结构

省（区、市）	硕士生		博士生		合　计	
	人　数	比重/%	人　数	比重/%	人　数	比重/%
北京	111 553	12.57	2 985	31.22	114 538	12.77
天津	25 590	2.88	161	1.68	25 751	2.87
河北	21 455	2.42	15	0.16	21 470	2.39
山西	13 664	1.54	0	0.00	13 664	1.52
内蒙古	10 136	1.14	0	0.00	10 136	1.13
辽宁	45 042	5.08	86	0.90	45 128	5.03
吉林	24 326	2.74	63	0.66	24 389	2.72
黑龙江	23 286	2.62	128	1.34	23 414	2.61
上海	64 017	7.22	1 355	14.17	65 372	7.29
江苏	70 610	7.96	217	2.27	70 827	7.90
浙江	31 696	3.57	520	5.44	32 216	3.59
安徽	24 300	2.74	93	0.97	24 393	2.72
福建	21 765	2.45	93	0.97	21 858	2.44
江西	17 847	2.01	16	0.17	17 863	1.99
山东	42 503	4.79	248	2.59	42 751	4.77
河南	22 360	2.52	0	0.00	22 360	2.49
湖北	50 172	5.65	352	3.68	50 524	5.63
湖南	34 680	3.91	1 021	10.68	35 701	3.98
广东	45 155	5.09	910	9.52	46 065	5.14
广西	14 014	1.58	12	0.13	14 026	1.56
海南	3 388	0.38	0	0.00	3 388	0.38
重庆	26 303	2.96	111	1.16	26 414	2.95
四川	41 752	4.71	646	6.76	42 398	4.73
贵州	9 562	1.08	0	0.00	9 562	1.07
云南	17 374	1.96	0	0.00	17 374	1.94
西藏	325	0.04	0	0.00	325	0.04
陕西	43 868	4.94	403	4.22	44 271	4.94
甘肃	14 770	1.66	125	1.31	14 895	1.66
青海	2 311	0.26	0	0.00	2 311	0.26
宁夏	2 614	0.29	0	0.00	2 614	0.29
新疆	10 785	1.22	0	0.00	10 785	1.20

资料来源：根据教育部发展规划司提供的数据整理。

1.4　2017 年全国学位授予情况

附表 1-11　2017 年分学科门类学术研究生学位授予的规模与结构

学　科	硕　士		博　士	
	人　数	比重 /%	人　数	比重 /%
哲学	3 386	1.10	709	1.23
经济学	17 552	5.72	2 271	3.53
法学	25 055	8.17	2 863	5.31
教育学	11 717	3.82	835	1.68
文学	20 312	6.62	2 113	3.23
历史学	4 057	1.32	753	1.29
理学	44 977	14.66	13 672	21.30
工学	102 487	33.41	20 870	40.04
农学	9 929	3.24	2 609	4.70
医学	30 221	9.85	7 171	11.23
管理学	27 147	8.85	3 216	5.53
艺术学	9 891	3.22	547	1.11
合计	306 731	100.00	57 629	100.00

资料来源：根据国务院学位委员会办公室提供的数据整理。

附表 1-12　2017 年分类别硕士专业学位授予的规模与结构

专业类别	人　数	比重 /%
法律	16 960	4.94
教育	26 473	7.71
工程	134 643	39.21
建筑学	1 559	0.45
临床医学	30 204	8.79
工商管理	34 895	10.16
农业推广	13 227	3.85
兽医	1 298	0.38
公共管理	14 994	4.37
口腔医学	1 575	0.46
公共卫生	1 907	0.56
会计	10 365	3.02
体育	4 160	1.21
艺术	10 809	3.15
风景园林	1 871	0.54
汉语国际教育	4 197	1.22
翻译	7 951	2.32
社会工作	2 722	0.79
金融	5 664	1.65
应用统计	1 680	0.49

续表

专业类别	人　数	比重/%
税务	897	0.26
国际商务	1 855	0.54
保险	640	0.19
资产评估	743	0.22
警务	324	0.09
应用心理	1 121	0.33
新闻与传播	2 796	0.81
出版	295	0.09
文物与博物馆	522	0.15
林业	399	0.12
护理	424	0.12
药学	1 173	0.34
中药学	651	0.19
旅游管理	505	0.15
图书情报	623	0.18
工程管理	1 282	0.37
审计	977	0.28
城市规划	403	0.12
中医	641	0.19
合计	343 425	100.00

资料来源：根据国务院学位委员会办公室提供的数据整理。

附表 1-13　2017 年分类别博士专业学位授予的规模与结构

专业类别	人　数	比重/%
教育	85	1.66
工程	52	1.02
临床医学	4 600	90.05
兽医	42	0.82
口腔医学	209	4.09
中医	120	2.35
合计	5 108	100.00

资料来源：根据国务院学位委员会办公室提供的数据整理。

附表 1-14　2017 年各地区研究生学位授予规模　　单位：个

省（区、市）	硕士			博士		
	小计	学术学位	专业学位	小计	学术学位	专业学位
北京	96 867	45 785	51 082	18 865	17 707	1 158
天津	19 204	9 237	9 967	1 868	1 650	218
河北	16 397	8 448	7 949	485	451	34
山西	10 758	5 071	5 687	413	413	0

续表

省（区、市）	硕士			博士		
	小计	学术学位	专业学位	小计	学术学位	专业学位
内蒙古	6 931	2 758	4 173	195	195	0
辽宁	33 002	15 391	17 611	1 847	1 822	25
吉林	20 503	8 869	11 634	1 765	1 759	6
黑龙江	21 458	10 400	11 058	1 901	1 829	72
上海	45 532	20 755	24 777	5 647	5 136	511
江苏	51 474	24 602	26 872	4 964	4 547	417
浙江	21 016	10 276	10 740	1 936	1 776	160
安徽	15 795	7 584	8 211	1 468	1 369	99
福建	13 861	6 170	7 691	872	868	4
江西	10 509	5 019	5 490	208	174	34
山东	29 643	13 623	16 020	1 984	1 568	416
河南	15 502	7 530	7 972	576	426	150
湖北	41 213	18 620	22 593	4 430	4 163	267
湖南	22 510	10 910	11 600	2 094	1 800	294
广东	28 752	12 697	16 055	3 225	2 607	618
广西	10 130	5 217	4 913	195	174	21
海南	1 521	633	888	34	34	0
重庆	18 751	9 131	9 620	1 322	1 194	128
四川	27 960	13 889	14 071	2 235	1 933	302
贵州	5 372	2 592	2 780	69	69	0
云南	11 943	5 295	6 648	357	357	0
西藏	467	399	68	2 910	2 797	113
陕西	34 191	16 721	17 470	615	587	28
甘肃	9 549	5 086	4 463	13	13	0
青海	1 326	436	890	29	29	0
宁夏	1 949	854	1 095	215	182	33
新疆	6 070	2 733	3 337	18 865	17 707	1 158

资料来源：根据国务院学位委员会办公室提供的数据整理。

1.5　2018 年全国研究生招生情况

附表 1-15　2018 年分学科门类学术学位研究生招生的规模与结构

学科	硕士生		博士生		合计		硕博比
	人数	比重 /%	人数	比重 /%	人数	比重 /%	
哲学	3 367	1.04	925	1.04	4 292	1.04	3.64
经济学	13 009	4.03	3 134	3.53	16 143	3.92	4.15
法学	25 028	7.76	4 709	5.31	29 737	7.23	5.31
教育学	12 219	3.79	1 489	1.68	13 708	3.33	8.21

续表

学 科	硕士生		博士生		合 计		硕博比
	人 数	比重 /%	人 数	比重 /%	人 数	比重 /%	
文学	18 694	5.79	2 867	3.23	21 561	5.24	6.52
历史学	4 306	1.33	1 143	1.29	5 449	1.32	3.77
理学	54 854	17.00	18 894	21.30	73 748	17.93	2.90
工学	116 318	36.05	35 522	40.04	151 840	36.91	3.27
农学	12 259	3.80	4 167	4.70	16 426	3.99	2.94
医学	29 909	9.27	9 961	11.23	39 870	9.69	3.00
军事学	80	0.02	9	0.01	89	0.02	8.89
管理学	24 011	7.44	4 910	5.53	28 921	7.03	4.89
艺术学	8 606	2.67	988	1.11	9 594	2.33	8.71
合计	322 660	100.00	88 718	100.00	411 378	100.00	3.64

资料来源：根据教育部发展规划司提供的数据整理。

附表 1-16　2018 年分地区学术学位研究生招生的规模与结构

省（区、市）	硕士生		博士生		合 计	
	人 数	比重 /%	人 数	比重 /%	人 数	比重 /%
北京	45 710	14.17	24 752	27.90	70 462	17.13
天津	8 981	2.78	2 563	2.89	11 544	2.81
河北	7 062	2.19	795	0.90	7 857	1.91
山西	5 278	1.64	635	0.72	5 913	1.44
内蒙古	3 013	0.93	376	0.42	3 389	0.82
辽宁	16 216	5.03	3 105	3.50	19 321	4.70
吉林	9 865	3.06	2 568	2.89	12 433	3.02
黑龙江	11 714	3.63	3 117	3.51	14 831	3.61
上海	24 737	7.67	8 087	9.12	32 824	7.98
江苏	25 839	8.01	7 045	7.94	32 884	7.99
浙江	10 592	3.28	3 021	3.41	13 613	3.31
安徽	9 025	2.80	2 419	2.73	11 444	2.78
福建	6 773	2.10	1 649	1.86	8 422	2.05
江西	4 980	1.54	521	0.59	5 501	1.34
山东	13 136	4.07	2 462	2.78	15 598	3.79
河南	7 818	2.42	749	0.84	8 567	2.08
湖北	20 646	6.40	5 717	6.44	26 363	6.41
湖南	10 535	3.27	2 468	2.78	13 003	3.16
广东	14 755	4.57	4 017	4.53	18 772	4.56
广西	5 119	1.59	464	0.52	5 583	1.36
海南	694	0.22	118	0.13	812	0.20
重庆	8 628	2.67	1 538	1.73	10 166	2.47
四川	14 878	4.61	3 459	3.90	18 337	4.46
贵州	2 871	0.89	265	0.30	3 136	0.76
云南	5 702	1.77	710	0.80	6 412	1.56
西藏	552	0.17	47	0.05	599	0.15

续表

省（区、市）	硕士生		博士生		合计	
	人数	比重 /%	人数	比重 /%	人数	比重 /%
陕西	17 559	5.44	4 403	4.96	21 962	5.34
甘肃	5 460	1.69	1 032	1.16	6 492	1.58
青海	534	0.17	77	0.09	611	0.15
宁夏	849	0.26	118	0.13	967	0.24
新疆	3 139	0.97	421	0.47	3 560	0.87

资料来源：根据教育部发展规划司提供的数据整理。

附表 1-17　2018 年分类别专业学位硕士研究生招生的规模与结构

招生类别	人数	比重 /%
金融	9 207	2.09
应用统计	3 092	0.70
税务	1 337	0.30
国际商务	2 542	0.58
保险	861	0.20
资产评估	838	0.19
审计	1 473	0.33
法律	18 843	4.28
社会工作	4 146	0.94
警务	433	0.10
教育	34 331	7.81
体育	5 217	1.19
汉语国际教育	4 688	1.07
应用心理	1 892	0.43
翻译	10 495	2.39
新闻与传播	4 820	1.10
出版	350	0.08
文物与博物馆	883	0.20
建筑学	2 345	0.53
工程	141 901	32.27
城市规划	851	0.19
农业推广	16 773	3.81
兽医	1 932	0.44
风景园林	2 545	0.58
林业	1 189	0.27
临床医学	32 780	7.45
口腔医学	1 858	0.42
公共卫生	1 817	0.41
护理	1 917	0.44
药学	3 147	0.72
中药学	958	0.22
中医	8 742	1.99

续表

招生类别	人　数	比重 /%
工商管理	46 057	10.47
公共管理	24 593	5.59
会计	18 192	4.14
旅游管理	1 293	0.29
图书情报	1 318	0.30
工程管理	6 594	1.50
艺术	17 554	3.99
合计	439 804	100.00

资料来源：根据教育部发展规划司提供的数据整理。

附表 1-18　2018 年分类别专业学位博士研究生的招生规模与结构

招生类别	人　数	比重 /%
教育	445	6.57
工程	2 118	31.22
兽医	138	2.03
临床医学	3 398	50.09
口腔医学	235	3.46
中医	450	6.63
合计	6 784	100.00

资料来源：根据教育部发展规划司提供的数据整理。

附表 1-19　2018 年分地区专业学位研究生招生的规模与结构

省（区、市）	硕士生		博士生		合　计	
	人　数	比重 /%	人　数	比重 /%	人　数	比重 /%
北京	54 195	12.32	1 336	19.69	55 531	12.43
天津	13 120	2.98	134	1.98	13 254	2.97
河北	10 418	2.37	71	1.05	10 489	2.35
山西	6 793	1.54	25	0.37	6 818	1.53
内蒙古	5 022	1.14	0	0.00	5 022	1.12
辽宁	22 023	5.01	80	1.18	22 103	4.95
吉林	11 666	2.65	90	1.33	11 756	2.63
黑龙江	11 578	2.63	217	3.20	11 795	2.64
上海	29 859	6.79	945	13.93	30 804	6.90
江苏	35 823	8.15	431	6.35	36 254	8.12
浙江	15 829	3.60	318	4.69	16 147	3.62
安徽	12 251	2.79	175	2.58	12 426	2.78
福建	10 335	2.35	46	0.68	10 381	2.32
江西	9 224	2.10	32	0.47	9 256	2.07
山东	21 997	5.00	201	2.96	22 198	4.97
河南	11 429	2.60	47	0.69	11 476	2.57

续表

省（区、市）	硕士生		博士生		合计	
	人数	比重/%	人数	比重/%	人数	比重/%
湖北	25 559	5.81	274	4.04	25 833	5.78
湖南	15 266	3.47	574	8.46	15 840	3.55
广东	23 008	5.23	735	10.83	23 743	5.32
广西	7 523	1.71	19	0.28	7 542	1.69
海南	1 766	0.40	0	0.00	1 766	0.40
重庆	13 828	3.14	154	2.27	13 982	3.13
四川	20 321	4.62	345	5.09	20 666	4.63
贵州	4 697	1.07	15	0.22	4 712	1.06
云南	8 739	1.99	40	0.59	8 779	1.97
西藏	171	0.04	0	0.00	505	0.11
陕西	21 377	4.86	334	4.92	21 377	4.79
甘肃	7 340	1.67	127	1.87	7 467	1.67
青海	1 480	0.34	0	0.00	1 480	0.33
宁夏	1 686	0.38	11	0.16	1 697	0.38
新疆	5 481	1.25	8	0.12	5 489	1.23

注：此表中的数据不包含在职联考。

资料来源：根据教育部发展规划司提供的数据整理。

1.6 2018 年全国在校研究生情况

附表 1-20 2018 年分学科门类在校学术学位研究生的规模与结构

学科	硕士生		博士生		合计		硕博比
	人数	比重/%	人数	比重/%	人数	比重/%	
哲学	10 344	1.10	4 396	1.17	14 740	1.12	2.35
经济学	38 298	4.08	14 789	3.94	53 087	4.04	2.59
法学	72 177	7.70	20 121	5.36	92 298	7.03	3.59
教育学	37 411	3.99	6 435	1.71	43 846	3.34	5.81
文学	56 966	6.08	12 797	3.41	69 763	5.31	4.45
历史学	12 912	1.38	5 402	1.44	18 314	1.39	2.39
理学	153 058	16.32	73 000	19.45	226 058	17.22	2.10
工学	338 389	36.09	158 529	42.24	496 918	37.85	2.13
农学	35 296	3.76	16 367	4.36	51 663	3.93	2.16
医学	84 910	9.06	33 791	9.00	118 701	9.04	2.51
军事学	324	0.03	122	0.03	446	0.03	2.66
管理学	70 957	7.57	26 155	6.97	97 112	7.40	2.71
艺术学	26 604	2.84	3 440	0.92	30 044	2.29	7.73
合计	937 646	100.00	375 344	100.00	1 312 990	100.00	2.50

资料来源：根据教育部发展规划司提供的数据整理。

附表 1-21　2018 年分地区在校学术学位研究生的规模与结构

省（区、市）	硕士生		博士生		合　计	
	人　数	比重 /%	人　数	比重 /%	人　数	比重 /%
北京	127 870	13.64	102 489	27.31	230 359	17.54
天津	26 290	2.80	10 185	2.71	36 475	2.78
河北	21 090	2.25	3 401	0.91	24 491	1.87
山西	15 910	1.70	2 888	0.77	18 798	1.43
内蒙古	9 335	1.00	1 695	0.45	11 030	0.84
辽宁	47 339	5.05	15 714	4.19	63 053	4.80
吉林	28 847	3.08	10 845	2.89	39 692	3.02
黑龙江	32 083	3.42	14 088	3.75	46 171	3.52
上海	69 033	7.36	32 557	8.67	101 590	7.74
江苏	76 795	8.19	30 849	8.22	107 644	8.20
浙江	31 060	3.31	12 219	3.26	43 279	3.30
安徽	25 568	2.73	8 619	2.30	34 187	2.60
福建	19 864	2.12	6 828	1.82	26 692	2.03
江西	14 864	1.59	1 751	0.47	16 615	1.27
山东	39 118	4.17	10 467	2.79	49 585	3.78
河南	21 737	2.32	2 702	0.72	24 439	1.86
湖北	60 242	6.42	24 732	6.59	84 974	6.47
湖南	31 695	3.38	12 248	3.26	43 943	3.35
广东	43 229	4.61	15 612	4.16	58 841	4.48
广西	15 279	1.63	1 564	0.42	16 843	1.28
海南	2 096	0.22	393	0.10	2 489	0.19
重庆	25 936	2.77	6 395	1.70	32 331	2.46
四川	44 118	4.71	15 974	4.26	60 092	4.58
贵州	8 507	0.91	898	0.24	9 405	0.72
云南	16 956	1.81	3 050	0.81	20 006	1.52
西藏	1 497	0.16	124	0.03	1 621	0.12
陕西	51 467	5.49	20 849	5.55	72 316	5.51
甘肃	16 105	1.72	4 178	1.11	20 283	1.54
青海	1 641	0.18	206	0.05	1 847	0.14
宁夏	2 556	0.27	288	0.08	2 844	0.22
新疆	9 519	1.02	1 536	0.41	11 055	0.84

资料来源：根据教育部发展规划司提供的数据整理。

附表 1-22　2018 年分类别在校专业学位硕士研究生的规模与结构

专业类别	人　数	比重 /%
金融	19 493	1.83
应用统计	6 315	0.59
税务	2 643	0.25
国际商务	5 381	0.51
保险	1 816	0.17
资产评估	1 724	0.16

续表

专业类别	人　数	比重 /%
审计	3 198	0.30
法律	46 334	4.36
社会工作	8 567	0.81
警务	985	0.09
教育	69 362	6.53
体育	11 466	1.08
汉语国际教育	11 265	1.06
应用心理	4 050	0.38
翻译	23 157	2.18
新闻与传播	10 470	0.99
出版	783	0.07
文物与博物馆	1 956	0.18
建筑学	6 372	0.60
工程	344 815	32.44
城市规划	2 126	0.20
农业推广	33 190	3.12
兽医	3 825	0.36
风景园林	6 017	0.57
林业	2 424	0.23
临床医学	90 761	8.54
口腔医学	5 199	0.49
公共卫生	4 247	0.40
护理	4 599	0.43
药学	7 471	0.70
中药学	2 439	0.23
中医	22 355	2.10
工商管理	127 279	11.97
公共管理	63 155	5.94
会计	41 101	3.87
旅游管理	3 079	0.29
图书情报	2 760	0.26
工程管理	15 597	1.47
艺术	45 167	4.25
合计	1 062 943	100.00

资料来源：根据教育部发展规划司提供的数据整理。

附表 1-23　2018 年分类别在校专业学位博士研究生的规模与结构

专业类别	人　数	比重 /%
教育	1 315	9.27
工程	3 295	23.26
兽医	193	1.36
临床医学	7 965	56.19

续表

专业类别	人　数	比重 /%
口腔医学	552	3.89
中医	854	6.03
合计	14 174	100.00

资料来源：根据教育部发展规划司提供的数据整理。

附表 1-24　2018 年分地区在校专业学位研究生的规模与结构

省（区、市）	硕士生		博士生		合　计	
	人　数	比重 /%	人　数	比重 /%	人　数	比重 /%
北京	129 473	12.18	3 541	24.98	133 014	12.35
天津	31 350	2.95	278	1.96	31 628	2.94
河北	25 305	2.38	86	0.61	25 391	2.36
山西	16 161	1.52	25	0.18	16 186	1.50
内蒙古	11 967	1.13	0	0.00	11 967	1.11
辽宁	53 328	5.02	139	0.98	53 467	4.96
吉林	28 968	2.73	146	1.03	29 114	2.70
黑龙江	26 441	2.49	340	2.40	26 781	2.49
上海	75 035	7.06	2 165	15.27	77 200	7.17
江苏	86 296	8.12	623	4.40	86 919	8.07
浙江	38 544	3.63	724	5.11	39 268	3.65
安徽	29 029	2.73	248	1.75	29 277	2.72
福建	26 304	2.47	133	0.94	26 437	2.45
江西	22 609	2.13	48	0.34	22 657	2.10
山东	52 578	4.95	368	2.60	52 946	4.92
河南	26 513	2.49	47	0.33	26 560	2.47
湖北	60 494	5.69	523	3.69	61 017	5.66
湖南	40 595	3.82	1 332	9.40	41 927	3.89
广东	54 623	5.14	1 366	9.64	55 989	5.20
广西	17 232	1.62	31	0.22	17 263	1.60
海南	4 408	0.41	0	0.00	4 408	0.41
重庆	32 545	3.06	258	1.82	32 803	3.05
四川	50 221	4.72	813	5.74	51 034	4.74
贵州	11 526	1.08	15	0.11	11 541	1.07
云南	21 061	1.98	40	0.28	21 101	1.96
西藏	495	0.05	0	0.00	495	0.05
陕西	52 454	4.93	661	4.66	53 115	4.93
甘肃	17 969	1.69	205	1.45	18 174	1.69
青海	3 101	0.29	0	0.00	3 101	0.29
宁夏	3 574	0.34	11	0.08	3 585	0.33
新疆	12 744	1.20	8	0.06	12 752	1.18

资料来源：根据教育部发展规划司提供的数据整理。

1.7 2018 年全国学位授予情况

附表 1-25 2018 年分学科门类学术研究生学位授予的规模与结构

学 科	硕 士		博 士	
	人 数	比重 /%	人 数	比重 /%
哲学	3 286	1.08	657	1.10
经济学	17 764	5.84	2 253	3.76
法学	24 706	8.13	2 947	4.92
教育学	11 093	3.65	849	1.42
文学	19 472	6.40	2 109	3.52
历史学	4 130	1.36	739	1.23
理学	46 902	15.43	14 326	23.90
工学	104 728	34.45	22 335	37.26
农学	9 854	3.24	2 846	4.75
医学	26 479	8.71	7 064	11.78
管理学	26 751	8.80	3 268	5.45
艺术学	8 877	2.92	554	0.92
合计	304 042	100.00	59 947	100.00

资料来源：根据国务院学位委员会办公室提供的数据整理。

附表 1-26 2018 年分类别硕士专业学位授予的规模与结构

专业类别	人 数	比重 /%
法律	17 484	4.83
教育	30 135	8.33
工程	135 462	37.43
建筑学	1 685	0.47
临床医学	30 147	8.33
工商管理	36 121	9.98
农业推广	14 732	4.07
兽医	1 542	0.43
公共管理	15 773	4.36
口腔医学	1 510	0.42
公共卫生	1 999	0.55
会计	11 719	3.24
体育	4 294	1.19
艺术	12 820	3.54
风景园林	1 945	0.54
汉语国际教育	4 490	1.24
翻译	8 371	2.31
社会工作	2 997	0.83
金融	6 585	1.82
应用统计	1 977	0.55

续表

专业类别	人　数	比重/%
税务	1 009	0.28
国际商务	2 177	0.60
保险	720	0.20
资产评估	720	0.20
警务	144	0.04
应用心理	1 308	0.36
新闻与传播	3 309	0.91
出版	244	0.07
文物与博物馆	598	0.17
林业	584	0.16
护理	914	0.25
药学	1 513	0.42
中药学	458	0.13
旅游管理	581	0.16
图书情报	711	0.20
工程管理	1 552	0.43
审计	1 212	0.33
城市规划	441	0.12
中医	1 924	0.53
合计	361 907	100.00

资料来源：根据国务院学位委员会办公室提供的数据整理。

附表 1-27　2018 年分类别博士专业学位授予的规模与结构

专业类别	人　数	比重/%
教育	82	1.52
工程	86	1.58
临床医学	4 958	91.27
兽医	54	0.99
口腔医学	220	4.05
中医	32	0.59
合计	5 432	100.00

资料来源：根据国务院学位委员会办公室提供的数据整理。

附表 1-28　2018 年各地区研究生学位授予规模　　　单位：个

省（区、市）	硕　士			博　士		
	小计	学术学位	专业学位	小计	学术学位	专业学位
北京	97 346	45 690	51 656	19 453	18 277	1 176
天津	19 593	9 355	10 238	1 896	1 734	162
河北	16 839	7 644	9 195	471	405	66
山西	11 036	5 016	6 020	383	383	0

续表

省（区、市）	硕士			博士		
	小计	学术学位	专业学位	小计	学术学位	专业学位
内蒙古	7 096	2 725	4 371	214	214	0
辽宁	33 368	15 560	17 808	2 060	2 039	21
吉林	20 022	8 803	11 219	1 809	1 798	11
黑龙江	20 940	10 200	10 740	1 906	1 805	101
上海	47 440	20 500	26 940	5 879	5 328	551
江苏	52 912	24 740	28 172	5 394	4 786	608
浙江	22 036	10 434	11 602	2 082	1 906	176
安徽	16 306	7 595	8 711	1 404	1 320	84
福建	13 734	6 353	7 381	909	906	3
江西	11 676	4 782	6 894	254	210	44
山东	29 851	13 077	16 774	2 117	1 553	564
河南	15 525	6 949	8 576	600	441	159
湖北	42 764	18 844	23 920	4 814	4 452	362
湖南	22 902	10 679	12 223	2 046	1 779	267
广东	30 040	12 959	17 081	3 146	2 729	417
广西	10 261	4 990	5 271	267	243	24
海南	1 793	663	1 130	33	33	0
重庆	19 165	8 576	10 589	1 397	1 243	154
四川	29 946	14 127	15 819	2 294	1 989	305
贵州	5 864	2 694	3 170	88	88	0
云南	11 921	5 220	6 701	342	342	0
西藏	495	374	121	8	8	0
陕西	35 608	16 727	18 881	3 177	3 042	135
甘肃	9 922	4 964	4 958	655	638	17
青海	1 497	469	1 028	19	19	0
宁夏	1 471	623	848	12	12	0
新疆	6 580	2 710	3 870	250	225	25

资料来源：根据国务院学位委员会办公室提供的数据整理。

附录二　学位授予和人才培养学科目录

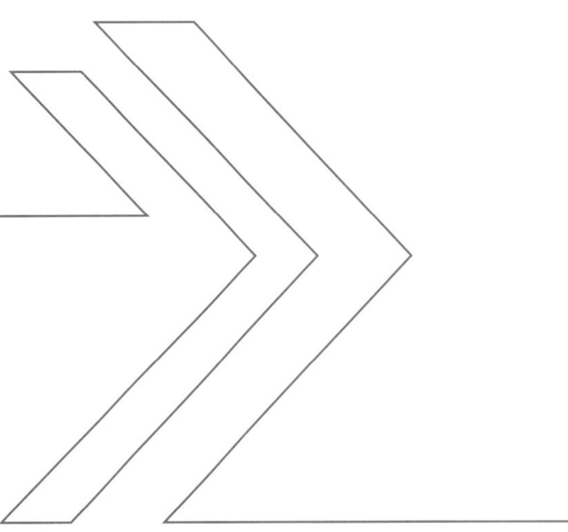

2.1 授予博士、硕士学位和培养研究生的学科、专业目录

代码	代码名称
01	**哲学**
0101	哲学
02	**经济学**
0201	理论经济学
0202	应用经济学
03	**法学**
0301	法学
0302	政治学
0303	社会学
0304	民族学
0305	马克思主义理论
0306	公安学
04	**教育学**
0401	教育学
0402	心理学（可授教育学、理学学位）
0403	体育学
05	**文学**
0501	中国语言文学
0502	外国语言文学
0503	新闻传播学
06	**历史学**
0601	考古学
0602	中国史
0603	世界史
07	**理学**
0701	数学
0702	物理学
0703	化学
0704	天文学
0705	地理学
0706	大气科学
0707	海洋科学
0708	地球物理学
0709	地质学

续表

代　码	代码名称
0710	生物学
0711	系统科学
0712	科学技术史（可授理学、工学、农学、医学学位）
0713	生态学
0714	统计学（可授理学、经济学学位）
08	**工学**
0801	力学（可授工学、理学学位）
0802	机械工程
0803	光学工程
0804	仪器科学与技术
0805	材料科学与工程（可授工学、理学学位）
0806	冶金工程
0807	动力工程及工程热物理
0808	电气工程
0809	电子科学与技术（可授工学、理学学位）
0810	信息与通信工程
0811	控制科学与工程
0812	计算机科学与技术（可授工学、理学学位）
0813	建筑学
0814	土木工程
0815	水利工程
0816	测绘科学与技术
0817	化学工程与技术
0818	地质资源与地质工程
0819	矿业工程
0820	石油与天然气工程
0821	纺织科学与工程
0822	轻工技术与工程
0823	交通运输工程
0824	船舶与海洋工程
0825	航空宇航科学与技术
0826	兵器科学与技术
0827	核科学与技术
0828	农业工程
0829	林业工程
0830	环境科学与工程（可授工学、理学、农学学位）
0831	生物医学工程（可授工学、理学、医学学位）
0832	食品科学与工程（可授工学、农学学位）
0833	城乡规划学
0834	风景园林学（可授工学、农学学位）
0835	软件工程
0836	生物工程

续表

代　码	代码名称
0837	安全科学与工程
0838	公安技术
0839	网络空间安全
09	**农学**
0901	作物学
0902	园艺学
0903	农业资源与环境
0904	植物保护
0905	畜牧学
0906	兽医学
0907	林学
0908	水产
0909	草学
10	**医学**
1001	基础医学（可授医学、理学学位）
1002	临床医学
1003	口腔医学
1004	公共卫生与预防医学（可授医学、理学学位）
1005	中医
1006	中西医结合
1007	药学（可授医学、理学学位）
1008	中药学（可授医学、理学学位）
1009	特种医学
1010	医学技术（可授医学、理学学位）
1011	护理学（可授医学、理学学位）
11	**军事学**
1101	军事思想及军事历史
1102	战略学
1103	战役学
1104	战术学
1105	军队指挥学
1106	军制学
1107	军队政治工作学
1108	军事后勤学
1109	军事装备学
1110	军事训练学
12	**管理学**
1201	管理科学与工程（可授管理学、工学学位）
1202	工商管理
1203	农林经济管理
1204	公共管理
1205	图书情报与档案管理

续表

代　码	代码名称
13	**艺术学**
1301	艺术学理论
1302	音乐与舞蹈学
1303	戏剧与影视学
1304	美术学
1305	设计学（可授艺术学、工学学位）

2.2　专业学位代码和专业学位名称

代　码	名　　称
0251	金融硕士
0252	应用统计硕士
0253	税务硕士
0254	国际商务硕士
0255	保险硕士
0256	资产评估硕士
0257	审计硕士
0351	法律硕士
0352	社会工作硕士
0353	警务硕士
0451	教育（博士、硕士）
0452	体育硕士
0453	汉语国际教育硕士
0454	应用心理硕士
0551	翻译硕士
0552	新闻与传播硕士
0553	出版硕士
0651	文物与博物馆硕士
0851	建筑学（硕士、学士）
0852	工程（博士、硕士）
0853	城市规划硕士
0951	农业硕士
0952	兽医（博士、硕士）
0953	风景园林硕士
0954	林业硕士
1051	临床医学（博士、硕士）
1052	口腔医学（博士、硕士）
1053	公共卫生硕士
1054	护理硕士
1055	药学硕士

续表

代码	名称
1056	中药学硕士
1057	中医（博士、硕士）
1151	军事硕士
1251	工商管理硕士
1252	公共管理硕士
1253	会计硕士
1254	旅游管理硕士
1255	图书情报硕士
1256	工程管理硕士
1351	艺术硕士

附录三　博士、硕士学位授权点情况

3.1　2017年学术学位授权点学科分布

一级学科名称	博士一级	博士二级	硕士一级	硕士二级
哲学	40	10	67	104
理论经济学	35	7	66	61
应用经济学	60	10	152	71
法学	40	2	122	45
政治学	23	10	76	50
社会学	18	8	52	38
民族学	14	2	18	13
马克思主义理论	43	75	193	183
公安学	1	0	2	0
教育学	26	5	88	45
心理学	17	7	49	40
体育学	17	4	61	45
中国语言文学	60	7	104	17
外国语言文学	38	4	127	82
新闻传播学	15	3	75	13
考古学	22	0	18	4
中国史	48	2	52	47
世界史	31	1	34	8
数学	71	6	142	48
物理学	60	7	87	28
化学	66	4	110	27
天文学	5	2	2	9
地理学	24	8	44	24
大气科学	8	1	11	4
海洋科学	9	3	16	12
地球物理学	10	1	11	5
地质学	18	1	13	14
生物学	82	13	119	48
系统科学	3	4	14	12
科学技术史	9	0	17	0
生态学	59	0	60	1
统计学	54	0	91	0
力学	42	17	40	43
机械工程	83	12	113	38

续表

一级学科名称	博士一级	博士二级	硕士一级	硕士二级
光学工程	41	0	55	0
仪器科学与技术	28	4	54	19
材料科学与工程	92	6	102	46
冶金工程	12	1	14	5
动力工程及工程热物理	34	10	51	36
电气工程	33	8	59	33
电子科学与技术	43	13	72	48
信息与通信工程	57	9	99	53
控制科学与工程	60	19	115	50
计算机科学与技术	68	11	188	62
建筑学	16	0	41	4
土木工程	50	13	95	27
水利工程	23	3	28	19
测绘科学与技术	13	2	27	18
化学工程与技术	46	11	107	65
地质资源与地质工程	24	7	16	14
矿业工程	19	0	14	7
石油与天然气工程	7	1	5	6
纺织科学与工程	7	0	12	1
轻工技术与工程	8	1	15	17
交通运输工程	24	4	33	12
船舶与海洋工程	12	2	9	6
航空宇航科学与技术	13	5	22	14
兵器科学与技术	13	2	11	17
核科学与技术	14	4	12	9
农业工程	20	5	19	16
林业工程	8	1	4	5
环境科学与工程	54	7	108	52
生物医学工程	36	0	49	0
食品科学与工程	23	4	62	16
城乡规划学	13	0	41	0
风景园林学	20	0	40	0
软件工程	47	0	136	0
生物工程	1	0	3	0
安全科学与工程	21	0	37	0
公安技术	1	0	2	0
网络空间安全	29	0	6	0
作物学	30	1	16	6
园艺学	19	4	17	4
农业资源与环境	17	3	20	5

续表

一级学科名称	博士一级	博士二级	硕士一级	硕士二级
植物保护	18	7	23	5
畜牧学	23	8	18	11
兽医学	20	2	22	4
林学	15	4	18	28
水产	8	1	10	8
草学	15	0	15	0
基础医学	40	9	59	23
临床医学	51	5	58	21
口腔医学	15	2	26	9
公共卫生与预防医学	29	9	40	14
中医	19	2	20	11
中西医结合	24	10	31	19
药学	31	13	86	44
中药学	25	0	33	0
特种医学	9	0	5	1
医学技术	0	0	1	0
护理学	24	0	42	1
管理科学与工程	90	0	142	0
工商管理	58	12	210	53
农林经济管理	22	4	22	13
公共管理	36	8	123	78
图书情报与档案管理	7	5	34	31
艺术学理论	20	0	43	8
音乐与舞蹈学	12	0	75	4
戏剧与影视学	15	0	49	7
美术学	16	0	101	9
设计学	16	0	107	19

3.2 2017 年专业学位授权点类别分布

学位层次	类别名称	领域名称	授权点数量
博士	教育博士		15
博士	工程博士	电子与信息	17
博士	工程博士	先进制造	14
博士	工程博士	生物与医药	5
博士	工程博士	能源与环保	11
博士	兽医博士		7
博士	临床医学博士		35
博士	口腔医学博士		13

续表

学位层次	类别名称	领域名称	授权点数量
博士	中医博士		17
硕士	金融硕士		149
硕士	应用统计硕士		101
硕士	税务硕士		45
硕士	国际商务硕士		90
硕士	保险硕士		43
硕士	资产评估硕士		52
硕士	审计硕士		41
硕士	法律硕士		201
硕士	社会工作硕士		105
硕士	警务硕士		6
硕士	教育硕士		142
硕士	体育硕士		91
硕士	汉语国际教育硕士		110
硕士	应用心理硕士		68
硕士	翻译硕士		216
硕士	新闻与传播硕士		106
硕士	出版硕士		19
硕士	文物与博物馆硕士		34
硕士	建筑学硕士		37
硕士	工程硕士	机械工程	201
硕士	工程硕士	光学工程	68
硕士	工程硕士	仪器仪表工程	68
硕士	工程硕士	材料工程	168
硕士	工程硕士	冶金工程	20
硕士	工程硕士	动力工程	100
硕士	工程硕士	电气工程	118
硕士	工程硕士	电子与通信工程	184
硕士	工程硕士	集成电路工程	72
硕士	工程硕士	控制工程	177
硕士	工程硕士	计算机技术	230
硕士	工程硕士	软件工程	150
硕士	工程硕士	建筑与土木工程	159
硕士	工程硕士	水利工程	50
硕士	工程硕士	测绘工程	42
硕士	工程硕士	化学工程	175
硕士	工程硕士	地质工程	44
硕士	工程硕士	矿业工程	29
硕士	工程硕士	石油与天然气工程	13
硕士	工程硕士	纺织工程	19

续表

学位层次	类别名称	领域名称	授权点数量
硕士	工程硕士	轻工技术与工程	27
硕士	工程硕士	交通运输工程	70
硕士	工程硕士	船舶与海洋工程	23
硕士	工程硕士	安全工程	60
硕士	工程硕士	兵器工程	16
硕士	工程硕士	核能与核技术工程	17
硕士	工程硕士	农业工程	36
硕士	工程硕士	林业工程	11
硕士	工程硕士	环境工程	159
硕士	工程硕士	生物医学工程	52
硕士	工程硕士	食品工程	80
硕士	工程硕士	航空工程	16
硕士	工程硕士	航天工程	19
硕士	工程硕士	车辆工程	63
硕士	工程硕士	制药工程	63
硕士	工程硕士	工业工程	99
硕士	工程硕士	工业设计工程	82
硕士	工程硕士	生物工程	105
硕士	工程硕士	项目管理	127
硕士	工程硕士	物流工程	120
硕士	城市规划硕士		26
硕士	农业硕士		106
硕士	兽医硕士		42
硕士	风景园林硕士		59
硕士	林业硕士		18
硕士	临床医学硕士		113
硕士	口腔医学硕士		57
硕士	公共卫生硕士		61
硕士	护理硕士		87
硕士	药学硕士		74
硕士	中药学硕士		46
硕士	中医硕士		46
硕士	工商管理硕士		227
硕士	公共管理硕士		222
硕士	会计硕士		199
硕士	旅游管理硕士		66
硕士	图书情报硕士		31
硕士	工程管理硕士		92
硕士	艺术硕士		220

3.3 2018 年博士、硕士学位一级学科授权点地区分布

省（区、市）	博士一级学科授权点个数	硕士一级学科授权点个数
北京	573	574
天津	96	191
河北	76	212
山西	63	112
内蒙古	38	105
辽宁	139	340
吉林	105	189
黑龙江	118	222
上海	249	231
江苏	324	453
浙江	114	233
安徽	90	207
福建	95	124
江西	47	197
山东	148	348
河南	95	258
湖北	206	331
湖南	157	195
广东	186	238
广西	40	129
海南	15	38
重庆	90	158
四川	134	256
贵州	27	82
云南	60	131
西藏	4	29
陕西	203	310
甘肃	58	114
青海	5	41
宁夏	10	42
新疆	42	88
合计	**3 607**	**6 178**

3.4 2018 年博士、硕士学位二级学科授权点地区分布

省（区、市）	博士二级学科授权点个数	硕士二级学科授权点个数
北京	45	179
天津	1	36
河北	1	16
山西	4	42
内蒙古	3	27
辽宁	10	81
吉林	4	31
黑龙江	4	44
上海	11	58
江苏	15	91
浙江	1	15
安徽	2	33
福建	7	19
江西	2	22
山东	5	79
河南	3	44
湖北	7	52
湖南	7	37
广东	10	50
广西	0	22
海南	0	6
重庆	4	17
四川	5	40
贵州	0	13
云南	1	26
西藏	0	3
陕西	11	77
甘肃	4	22
青海	2	8
宁夏	0	7
新疆	0	20
合计	**169**	**1 217**

3.5 2018 年博士、硕士专业学位授权点地区分布

省（区、市）	博士专业学位授权点数	硕士专业学位授权点数
北京	25	734
天津	6	236
河北	5	242
山西	2	138
内蒙古	0	104
辽宁	7	384
吉林	7	225
黑龙江	7	247
上海	15	387
江苏	13	591
浙江	8	281
安徽	4	239
福建	3	157
江西	1	198
山东	9	402
河南	4	271
湖北	10	441
湖南	8	302
广东	11	337
广西	3	141
海南	0	36
重庆	7	192
四川	7	327
贵州	1	86
云南	3	156
西藏	0	20
陕西	10	414
甘肃	3	126
青海	0	25
宁夏	1	35
新疆	3	101
合计	**183**	**7 575**

注：工程博士、硕士按领域统计。

3.6 2018 年学术学位授权点学科分布

一级学科名称	博士一级	博士二级	硕士一级	硕士二级
哲学	40	10	67	104
理论经济学	35	7	66	61
应用经济学	60	10	152	71
法学	40	2	122	45
政治学	23	10	76	50
社会学	18	8	52	38
民族学	14	2	18	13
马克思主义理论	43	75	193	183
公安学	1	0	2	0
教育学	26	5	88	45
心理学	17	7	49	40
体育学	17	4	61	45
中国语言文学	60	7	104	17
外国语言文学	38	4	127	82
新闻传播学	15	3	75	13
考古学	22	0	18	4
中国史	48	2	52	47
世界史	31	1	34	8
数学	71	6	142	48
物理学	60	7	87	28
化学	66	4	110	27
天文学	5	2	2	9
地理学	24	8	44	24
大气科学	8	1	11	4
海洋科学	9	3	16	12
地球物理学	10	1	11	5
地质学	18	1	13	14
生物学	82	13	119	48
系统科学	3	4	14	12
科学技术史	9	0	17	0
生态学	59	0	60	1
统计学	54	0	91	0
力学	42	17	40	43
机械工程	83	12	113	38
光学工程	41	0	55	0
仪器科学与技术	28	4	54	19
材料科学与工程	92	6	102	46
冶金工程	12	1	14	5

续表

一级学科名称	博士一级	博士二级	硕士一级	硕士二级
动力工程及工程热物理	34	10	51	36
电气工程	33	8	59	33
电子科学与技术	43	13	72	48
信息与通信工程	57	9	99	53
控制科学与工程	60	19	115	50
计算机科学与技术	68	11	188	62
建筑学	16	0	41	4
土木工程	50	13	95	27
水利工程	23	3	28	19
测绘科学与技术	13	2	27	18
化学工程与技术	46	11	107	65
地质资源与地质工程	24	7	16	14
矿业工程	19	0	14	7
石油与天然气工程	7	1	5	6
纺织科学与工程	7	0	12	1
轻工技术与工程	8	1	15	17
交通运输工程	24	4	33	12
船舶与海洋工程	12	2	9	6
航空宇航科学与技术	13	5	22	14
兵器科学与技术	13	2	11	17
核科学与技术	14	4	12	9
农业工程	20	5	19	16
林业工程	8	1	4	5
环境科学与工程	54	7	108	52
生物医学工程	36	0	49	0
食品科学与工程	23	4	62	16
城乡规划学	13	0	41	0
风景园林学	20	0	40	0
软件工程	47	0	136	0
生物工程	1	0	3	0
安全科学与工程	21	0	37	0
公安技术	1	0	2	0
网络空间安全	29	0	6	0
作物学	30	1	16	6
园艺学	19	4	17	4
农业资源与环境	17	3	20	5
植物保护	18	7	23	5
畜牧学	23	8	18	11
兽医学	20	2	22	4
林学	15	4	18	28

续表

一级学科名称	博士一级	博士二级	硕士一级	硕士二级
水产	8	1	10	8
草学	15	0	15	0
基础医学	40	9	59	23
临床医学	51	5	58	21
口腔医学	15	2	26	9
公共卫生与预防医学	29	9	40	14
中医	19	2	20	11
中西医结合	24	10	31	19
药学	31	13	86	44
中药学	25	0	33	0
特种医学	9	0	5	1
医学技术	0	0	1	0
护理学	24	0	42	1
管理科学与工程	90	0	142	0
工商管理	58	12	210	53
农林经济管理	22	4	22	13
公共管理	36	8	123	78
图书情报与档案管理	7	5	34	31
艺术学理论	20	0	43	8
音乐与舞蹈学	12	0	75	4
戏剧与影视学	15	0	49	7
美术学	16	0	101	9
设计学	16	0	107	19

3.7 2018 年专业学位授权点类别分布

学位层次	类别名称	领域名称	授权点数量
博士	教育博士		27
博士	工程博士		16
博士	工程博士	电子与信息	17
博士	工程博士	先进制造	14
博士	工程博士	生物与医药	5
博士	工程博士	能源与环保	11
博士	兽医博士		11
博士	临床医学博士		43
博士	口腔医学博士		19
博士	中医博士		20
硕士	金融硕士		199
硕士	应用统计硕士		145

续表

学位层次	类别名称	领域名称	授权点数量
硕士	税务硕士		54
硕士	国际商务硕士		125
硕士	保险硕士		44
硕士	资产评估硕士		50
硕士	审计硕士		53
硕士	法律硕士		243
硕士	社会工作硕士		152
硕士	警务硕士		6
硕士	教育硕士		164
硕士	体育硕士		137
硕士	汉语国际教育硕士		148
硕士	应用心理硕士		98
硕士	翻译硕士		249
硕士	新闻与传播硕士		165
硕士	出版硕士		28
硕士	文物与博物馆硕士		47
硕士	建筑学硕士		37
硕士	工程硕士		48
硕士	工程硕士	机械工程	199
硕士	工程硕士	光学工程	68
硕士	工程硕士	仪器仪表工程	68
硕士	工程硕士	材料工程	167
硕士	工程硕士	冶金工程	20
硕士	工程硕士	动力工程	98
硕士	工程硕士	电气工程	117
硕士	工程硕士	电子与通信工程	178
硕士	工程硕士	集成电路工程	67
硕士	工程硕士	控制工程	177
硕士	工程硕士	计算机技术	225
硕士	工程硕士	软件工程	150
硕士	工程硕士	建筑与土木工程	158
硕士	工程硕士	水利工程	50
硕士	工程硕士	测绘工程	43
硕士	工程硕士	化学工程	171
硕士	工程硕士	地质工程	42
硕士	工程硕士	矿业工程	29
硕士	工程硕士	石油与天然气工程	12
硕士	工程硕士	纺织工程	19
硕士	工程硕士	轻工技术与工程	27
硕士	工程硕士	交通运输工程	69
硕士	工程硕士	船舶与海洋工程	23
硕士	工程硕士	安全工程	60

续表

学位层次	类别名称	领域名称	授权点数量
硕士	工程硕士	兵器工程	15
硕士	工程硕士	核能与核技术工程	17
硕士	工程硕士	农业工程	35
硕士	工程硕士	林业工程	10
硕士	工程硕士	环境工程	158
硕士	工程硕士	生物医学工程	52
硕士	工程硕士	食品工程	78
硕士	工程硕士	航空工程	16
硕士	工程硕士	航天工程	18
硕士	工程硕士	车辆工程	62
硕士	工程硕士	制药工程	60
硕士	工程硕士	工业工程	94
硕士	工程硕士	工业设计工程	81
硕士	工程硕士	生物工程	103
硕士	工程硕士	项目管理	111
硕士	工程硕士	物流工程	114
硕士	城市规划硕士		28
硕士	农业硕士		119
硕士	兽医硕士		49
硕士	风景园林硕士		79
硕士	林业硕士		33
硕士	临床医学硕士		118
硕士	口腔医学硕士		65
硕士	公共卫生硕士		80
硕士	护理硕士		108
硕士	药学硕士		110
硕士	中药学硕士		51
硕士	中医硕士		50
硕士	工商管理硕士		240
硕士	公共管理硕士		231
硕士	会计硕士		257
硕士	旅游管理硕士		99
硕士	图书情报硕士		49
硕士	工程管理硕士		104
硕士	艺术硕士		283

附录四　2018年名誉博士学位批准、授予名单

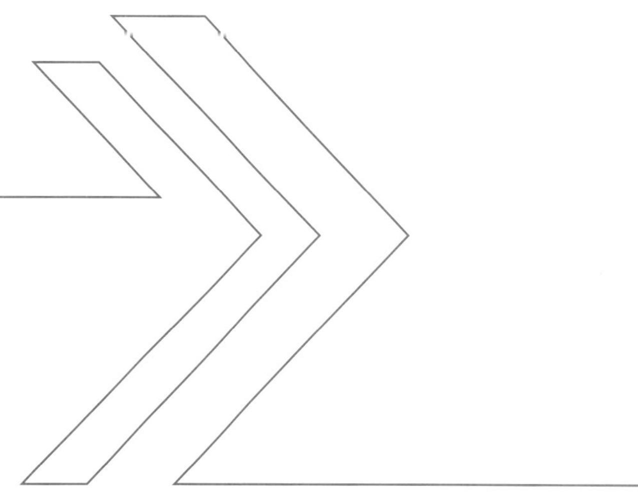

序　号	授予人员姓名	国籍和地区	授 予 单 位
1	阿里・邦戈・翁丁巴	加蓬	武汉大学
2	克莱顿・丹尼尔・牟德	美国	北京大学
3	维克多・罗伊・斯夸尔	澳大利亚	甘肃农业大学
4	林基泽	韩国	大连海事大学
5	梅加瓦蒂・苏加诺普特丽	印度尼西亚	福建师范大学
6	大卫・帕特森	美国	清华大学
7	达里奥・比利亚努艾瓦・普利艾托	西班牙	上海外国语大学
8	杰夫瑞・路易斯・莫比	美国	北京交通大学

附录五　我国研究生对高水平学术论文平均参与率的权重分配方案及计算公式

5.1 高水平论文的来源

国际高水平论文的主要来源是科学引文索引（SCI）、社会科学引文索引（SSCI）、艺术与人文科学引文索引（A&HCI）三大检索库中的“热点论文”（hot papers）。按照 Web of Science 平台的界定，热点论文是指发表后较之于同期相同领域其他文章，其被引次数快速增加的文章。一般而言，文献被引频次在两年、三年甚至四年后达到顶峰，但仍有少量论文在其发表后的短时期内被快速传播，这体现在其快速而显著增长的被引频次上。这些论文通常是他们各自领域的“关键性论文”（key papers）。Web of Science 平台运用“基本科学指标”（essential science indicators，ESI）将这些文章识别出来。选择的依据是各领域中学术论文被引频次分布及其阈值：各时期各领域内被引频次为最高的 0.1% 的论文。这些论文覆盖了 Web of Science 平台所区分的 22 个领域：农业科学、生物与生物化学、化学、临床医学、计算机科学、经济与商学、工程学、环境学与生态学、地理科学、免疫学、材料科学、数学、微生物学、分子生物学和基因学、交叉学科、神经科学和行为科学、药学、物理学、植物与动物科学、心理学、社会科学以及空间科学。

以《中国学术期刊评价研究报告（2016—2017）》中评出的综合得分排在前 5% 的权威期刊上的高引论文作为国内高水平论文的主要来源。《中国学术期刊评价研究报告》依据 2009 年版的《学科分类与代码》，将国内学术期刊分为 62 个一级学科和 3 个综合门类（人文社科综合、理工农林综合、医学综合）。通过对期刊的基金论文比、总被引频次、影响因子、Web 即年下载率、二次文献转载或收录以及同行评价 6 项指标的加权计算，得到各期刊的综合得分，得分在前 5% 的期刊被称为权威期刊。所有期刊的相关指标均为两年内的最新数据。在确定权威期刊的名单后，筛选出每本权威期刊中于 2018 年发表的，被引频次排在前 5% 的论文，以此作为国内高水平论文的来源。

5.2 高水平论文参与率计算方法

将每篇高水平论文视为1个参与单位，并对每篇论文中不同类型的作者身份（第一作者、通讯作者、其他作者等）按参与作用大小进行赋权，权重总和为1。通过计算研究生作者在其中所占的权重，测算他们对高水平论文的篇均参与率。

5.3 国际高水平论文不同类型作者权重分配方案

将论文作者分为第一作者、通讯作者和其他作者三大类。按照第一作者和通讯作者的基本内涵，认为二者在科研上参与相当，区别在于分工不同，故赋予二者相同的权重；其他作者在参与上应弱于第一作者和通讯作者，故赋予其略弱的权重。若多个作者分享同一身份，则其参与视为相同。鉴于大部分作者都共同作为其他作者，因而第一作者、通讯作者的权重与其他作者的权重的差异应尽可能小。经过综合考虑，权重分配表见附表5-1。

附表5-1　国际高水平论文不同类型作者权重分配表

作者类型	第一作者	通讯作者	其他作者
两种	0.50	0.50	—
三种	0.35	0.35	0.30

5.4 国内高水平论文不同类型作者权重分配方案

考虑到绝大多数论文的作者总数不超过5人，因此将研究生的身份分为第一作者、第二作者、第三作者、第四作者、第五作者，为每一种身份赋予不同的权重。按照第一作者的基本内涵，认为第一作者在科研上参与最多，故赋予其最高的权重；第二作者和第三作者在参与上应弱于第一作者，因此赋予其略弱的权重，将第二作者和第三作者参与视为一致，赋予相同权重；第四作者和第五作者在参与上应弱于第二作者和第三作者以及第一作者，因此赋予其更弱的权重，将第四作者和第五作者参与视为一致，赋予相同权重；依据作者人数不同，权重分配见附表5-2。

附表 5-2　不同作者人数的论文中不同身份作者的权重分配

作者人数	权重				
	第一作者	第二作者	第三作者	第四作者	第五作者
1	1.000	0	0	0	0
2	0.670	0.330	0	0	0
3	0.500	0.250	0.250	0	0
4	0.445	0.220	0.220	0.115	0
5	0.400	0.200	0.20	0.100	0.100

5.5　研究生对高水平学术论文参与率的计算公式

为计算在校研究生对高水平论文发表的参与率，提出研究生对高水平论文参与率的计算公式[①]：

$$C=\frac{\sum_{i=1}^{N_1}\sum_{p=1}^{2}\varphi_p\times\frac{n_{gpi}}{n_{tpi}}+\sum_{j=1}^{N_2}\sum_{q=1}^{3}\varphi'_q\times\frac{n_{gqj}}{n_{tqj}}}{N_1+N_2}$$

式中，N_1 为仅有通讯作者和第一作者的文章篇数；N_2 为作者类型包括通讯作者、第一作者和其他作者的文章篇数；φ_p 为仅有通讯作者和第一作者时不同身份作者的参与权重，当角标为 1 时代表第一作者，角标为 2 时代表通讯作者；角标为 3 时代表其他作者；φ'_q 为作者身份包括通讯作者、第一作者和其他作者时，不同身份作者的参与权重，当角标为 1 时代表第一作者，角标为 2 时代表通讯作者；角标为 3 时代表其他作者；n_{gpi} 和 n_{gqj} 为第 i 篇或第 j 篇文章中研究生身份的 p 类或 q 类作者的人数；n_{tpi} 和 n_{tqj} 为第 i 篇或第 j 篇论文中 p 类或 q 类作者的总人数。

以研究生对国外高水平论文的参与率计算为例。该公式将每一篇热点论文视为一个单位的参与。一个单位的参与由通讯作者、第一作者和其他作者所分担，各自分担的比例等于上文所确定的权重。假如一篇论文有 3 个作者，其中第一作者、通讯作者和其他作者各一位，则 3 个作者的参与分别为 0.35、0.35 和 0.3 个单位。若其中第一作者为研究生，其他作者均为教师，则研究生对本篇论文的参与率为 0.35，即有 35% 的参与率。将 2018 年国际高水平论文中以中国作为第一作者单位的论文筛选出米，计算出每篇论文中研究生的参与率，并取其平均数，就得到了我国研究生对 2018 年度国际高水平论文的参与率。

① 该公式主要适用于国际高水平论文参与率的计算。当样本为国内高水平论文时，只需依据此思路，对该公式做适当修改，并采用适合于国内高水平论文的权重分配方案，即可继续使用。

附录六　境外研究生教育基本数据

6.1 美国

附表 6-1 研究生注册情况 单位：万人

年 份	合 计	男性	女性	全日制	非全日制
1990	186	90.4	95.5	84.5	101.5
1995	203	94.1	108.9	98.4	104.7
2000	215.7	94.4	121.3	108.7	107
2005	252.4	104.7	147.6	135.1	117.3
2006	257.5	106.1	151.4	138.6	118.8
2007	264.4	108.8	155.6	142.9	121.5
2008	273.7	112.2	161.5	149.3	124.4
2009	286.2	117.4	168.8	157.9	128.3
2010	293.7	121	172.8	163.1	130.7
2011	293.1	121	172.2	164.2	128.9
2012	291	120.5	170.5	163.9	127.1
2013	290.1	120.1	170	165.9	124.2
2014	291.5	121.1	170.3	167	124.4
2015	294.2	122.2	172	168.4	125.7
2016	297.2	122.1	175	169.6	127.6

注：1995 年之后的数据按学位授予机构统计。学位授予机构是指可以授予副学士及以上学位且参加联邦资助计划的机构，其学位授予的分类与之前的高等教育学科分类是类似的，但包含了更多的两年制大学且剔除了不能授予学位的高等教育机构。一些项目相较于先前公布的数字进行了修订。

资料来源：美国国家教育统计中心（National Center for Education Statistics）。

附表 6-2 学位授予总体情况 单位：人

学 年	副学士学位	学士学位	硕士学位	博士学位
1990—1991	481 720	1 094 538	342 863	105 547
1995—1996	555 216	1 164 792	412 180	115 507
2000—2001	578 865	1 244 171	473 502	119 585
2005—2006	713 066	1 485 242	599 731	138 056
2006—2007	728 114	1 524 092	610 597	144 690
2007—2008	750 164	1 563 069	630 666	149 378

续表

学　年	副学士学位	学士学位	硕士学位	博士学位
2008—2009	787 243	1 601 399	662 082	154 564
2009—2010	848 856	1 649 919	693 313	158 590
2010—2011	943 506	1 716 053	730 922	163 827
2011—2012	1 021 718	1 792 163	755 967	170 217
2012—2013	1 007 427	1 840 381	751 718	175 026
2013—2014	1 005 155	1 870 150	754 582	177 587
2014—2015	1 014 341	1 894 969	758 804	178 548
2015—2016	1 008 314	1 920 718	785 595	177 867
2016—2017	945 000	1 963 000	793 000	180 000
2017—2018	1 029 000	1 875 000	775 000	181 000
2018—2019	1 034 000	1 882 000	780 000	182 000
2019—2020	1 040 000	1 889 000	786 000	183 000
2020—2021	1 041 000	1 891 000	789 000	184 000
2021—2022	1 043 000	1 893 000	794 000	186 000
2022—2023	1 045 000	1 895 000	798 000	187 000
2023—2024	1 049 000	1 898 000	802 000	188 000
2024—2025	1 053 000	1 905 000	805 000	188 000
2025—2026	1 057 000	1 912 000	807 000	189 000
2026—2027	1 062 000	1 919 000	810 000	190 000
2027—2028	1 063 000	1 922 000	814 000	191 000

注：1995 年之后的数据按学位授予机构统计。学位授予机构是指可以授予副学士及以上的学位且参加联邦资助计划的机构，其学位授予的分类与之前的高等教育学科分类是相似的，但包含了更多的两年制大学且剔除了不能授予学位的高等教育机构。一些项目相较于先前公布的数字进行了修订。

（1）博士学位包含 Ph.D.,Ed.D. 和其他博士水平的类似学位，包含了大部分作为第一职业分类的学位，如 M.D.,D.D.S. 和法学学位。

（2）对先前的数据作出了修订。

（3）2016—2017 学年以后为预测数据。

资料来源：美国国家教育统计中心（National Center for Education Statistics）。

附表 6-3　博士学位授予情况

单位：人

学科领域	2000—2001 年	2005—2006 年	2006—2007 年	2007—2008 年	2008—2009 年	2009—2010 年	2010—2011 年	2011—2012 年	2012—2013 年	2013—2014 年	2014—2015 年	2015—2016 年
农业与自然资源 Agriculture and Natural Resources	1 127	1 194	1 272	1 257	1 328	1 147	1 246	1 333	1 411	1 407	1 561	1 508
建筑学与相关服务 Architecture and Related Service	153	201	178	199	212	210	205	255	247	247	272	236
区域、种族、文化、性别与群体研究 Area，Ethnic Cultural，Gender and Group Studies	216	226	233	270	239	253	278	302	291	336	312	316
生物学与生物医学 Biological and Biomedical Sciences	5 225	6 162	6 764	7 400	7 499	7 666	7 693	7 935	7 943	8 302	8 053	7 914
商业 Business	1 180	1 711	2 029	2 084	2 123	2 245	2 286	2 531	2 836	3 039	3 116	3 323
通信、新闻及相关专业 Communication，Journalism and Related Programs	368	461	479	489	533	570	577	563	612	611	644	633
通信技术 Communications Technologies	2	3	1	7	2	3	1	4	0	3	0	4
计算机与信息科学 Computer and Information Sciences	768	1 416	1 595	1 698	1 580	1 599	1 588	1 698	1 826	1 982	1 998	1 979
教育 Education	6 284	7 584	8 261	8 491	9 028	9 233	9 623	9 990	10 572	10 920	11 772	11 829
工程 Engineering	5 485	7 243	7 867	7 922	7 742	7 704	8 369	8 722	9 356	10 010	10 362	10 209
工程技术 Engineering Technologies	62	75	61	55	59	67	56	134	111	107	123	133
英语语言文学 English Language & Literature/Letters	1 330	1 254	1 178	1 262	1 271	1 332	1 344	1 427	1 373	1 393	1 418	1 392

续表

学科领域	2000—2001 年	2005—2006 年	2006—2007 年	2007—2008 年	2008—2009 年	2009—2010 年	2010—2011 年	2011—2012 年	2012—2013 年	2013—2014 年	2014—2015 年	2015—2016 年
家庭与消费科学 / 人类科学 Family & Consumer Sciences/Human Sciences	354	340	337	323	333	296	320	325	35[illegible]	335	335	374
外国语言文学和语言学 Foreign Languages，Literatures & Linguistics	1 078	1 074	1 059	1 078	1 111	1 091	1 158	1 231	1 30[illegible]	1 231	1 243	1 265
卫生健康与相关项目 Health Professions & Related Programs	39 019	45 677	48 943	51 675	54 709	57 746	60 153	62 090	64 19[illegible]	67 448	71 003	73 682
国土、安全执法与消防 Homeland Security，Law Enforcement & Firefighting	44	80	85	88	97	106	131	117	14[illegible]	152	193	205
法律职业与研究 Legal Professions & Studies	38 190	43 569	43 629	43 880	44 304	44 626	44 877	46 836	47 24[illegible]	44 169	40 329	3 7030
博雅文理科、通识研究与人文学科 Liberal Arts & Sciences，General Studies & Humanities	102	84	77	76	67	96	95	93	9[illegible]	90	96	105
图书馆学 Library Science	58	44	52	64	35	64	50	60	50	52	44	54
数学与统计学 Mathematics & Statistics	997	1 293	1 351	1 360	1 535	1 592	1 586	1 669	1 823	1 863	1 801	1 850
跨学科研究 Multi/Interdisciplinary Studies	512	600	683	660	731	631	660	727	730	769	840	849
公园、娱乐、休闲与健身 Parks, Recreation Leisure & Fitness Studies	177	194	218	228	285	266	257	288	295	317	311	331

续表

学科领域	2000—2001 年	2005—2006 年	2006—2007 年	2007—2008 年	2008—2009 年	2009—2010 年	2010—2011 年	2011—2012 年	2012—2013 年	2013—2014 年	2014—2015 年	2015—2016 年
哲学与宗教职业 Philosophy & Religious Studies	600	578	637	635	686	667	805	778	796	698	762	746
自然科学与技术 Physical Sciences & Science Technologies	3 968	4 642	5 041	4 994	5 237	5 063	5 295	5 370	5 514	5 806	5 823	6 016
心理学 Psychology	5 091	4 921	5 153	5 296	5 477	5 540	5 851	5 928	6 323	6 634	6 583	6 532
公共管理与社会服务 Public Administration & Social Services	574	704	726	760	812	838	851	884	979	1 047	1 123	1 065
社会科学与历史 Social Sciences & History	3 930	3 914	3 844	4 059	4 234	4 238	4 390	4 597	4 619	4 724	4 828	4 667
神学与宗教研究 Theology & Religious Vocations	1 461	1 429	1 573	1 615	1 587	2 070	2 374	2 447	2 175	2 103	1 927	1 808
运输与物流 Transportation & Materials Moving	0	0	0	0	0	0	0	0	1	7	5	8
视觉与表演艺术 Visual & Performing Arts	1 167	1 383	1 364	1 453	1 569	1 599	1 646	1 728	1 814	1 778	1 793	1 808
未分类学科 Not Classified by Field of Study	63	0	0	0	0	0	0	0	0	0	0	0

注：学位授予机构是指可以授予副学士及以上的学位且参加联邦资助计划的机构，其学位授予的分类与之前的高等教育学科分类是相似的，但包含了更多的两年制大学且剔除了不能授予学位的高等教育机构。新的指导项目的分类在2009—2010年施行，包含Ph.D., Ed.D. 和其他博士水平的类似学位，包含了大部分被作为第一职业分类的学位，如M.D.,D.D.S. 和法学学位。早些年份的数据被重新分类并在必要的时候使之符合新的分类。为了便于进行趋势比较，这里做了一些聚合使之符合在“IPEDS”“完成调查”中的专业领域，“农业与自然资源”包括农业，农业经营和相关的科学，自然资源和保护；“商业”包括商业、管理、市场和相关的支持服务一级私人服务；“工程技术”包括工程技术和工程相关的领域、建筑行业、机械和维修的技术等。

资料来源：美国国家教育统计中心（National Center for Education Statistics）。

附表 6-4　硕士学位授予情况

单位：人

学科领域	2000—2001 年	2005—2006 年	2006—2007 年	2007—2008 年	2008—2009 年	2009—2010 年	2010—2011 年	2011—2012 年	2012—2013 手	2013—2014 年	2014—2015 年	2015—2016 年
农业与自然资源 Agriculture & Natural Resources	4 272	4 640	4 623	4 684	4 877	5 211	5 773	6 390	6 339	6 544	6 426	6 681
建筑学与相关服务 Architecture & Related Service	4 302	5 743	5 951	6 065	6 587	7 280	7 788	8 448	8 055	8 048	8 006	7 986
区域、种族、文化与群体研究 Area，Ethnic Cultural，Gender & Group Studies	1 555	2 080	1 699	1 778	1 779	1 775	1 914	1 947	1 857	1 824	1 847	1 766
生物学与生物医学 Biological & Biomedical Sciences	7 017	8 781	8 898	9 689	10 017	10 725	11 327	12 415	13 335	13 960	14 650	15 714
商业 Business	115 602	146 406	150 211	155 637	168 375	177 684	18 723	191 571	188 625	189 328	185 222	18 683
通信、新闻及相关专业 Communication，Journalism & Related Programs	5 218	7 244	6 773	6 915	7 092	7 636	8 303	9 005	8 757	9 347	10 135	9 676
通信技术 Communications Technologies	427	501	499	631	475	463	502	491	577	581	554	491
计算机与信息科学 Computer & Information Sciences	16 911	17 055	16 232	17 087	17 907	17 953	19 446	20 917	22 777	24 532	31 474	40 128
教育 Education	127 829	174 620	176 572	175 880	178 564	182 139	185 009	178 062	164 624	154 636	146 561	145 781
工程 Engineering	25 174	30 848	29 299	31 557	34 546	35 088	38 719	40 323	40 417	42 372	51 439	51 621
工程技术 Engineering Technologies	2 013	2 541	2 690	2 873	3 455	4 258	4 515	4 774	4 908	4 954	5 324	6 064
英语语言文学 English Language & Literature/Letters	6 763	8 845	8 742	9 161	9 261	9 201	9 476	9 939	9 755	9 292	8 928	8 577

续表

学科领域	2000—2001 年	2005—2006 年	2006—2007 年	2007—2008 年	2008—2009 年	2009—2010 年	2010—2011 年	2011—2012 年	2012—2013 年	2013—2014 年	2014—2015 年	2015—2016 年
家庭与消费科学 / 人类科学 Family & Consumer Sciences/Human Sciences	1 838	1 983	2 080	2 199	2 453	2 580	2 918	3 157	3 253	3 121	3 148	3 228
外国语言文学和语言学 Foreign Languages，Literatures & Linguistics	3 035	3 539	3 443	3 565	3 592	3 755	3 727	3 827	3 708	3 482	3 566	3 405
卫生健康与相关项目 Health Professions & Related Programs	43 623	51 380	54 531	58 120	62 620	69 084	75 579	83 893	90 931	97 403	102 897	110 348
国土安全、执法与消防 Homel and Security，Law Enforcement & Firefighting	2 514	4 277	4 906	5 760	6 128	6 714	7 433	8 402	8 868	9 310	9 643	9 756
法律职业与研究 Legal Professions & Studies	3 829	4 453	4 486	4 815	5 150	5 734	6 300	6 614	7 013	7 655	7 924	817
博雅文理科、通识研究与人文学科 Liberal Arts & Science，General Studies & Humanities	3 193	3 702	3 634	3 797	3 728	3 804	3 971	3 791	3 268	3 002	2 794	2 599
图书馆学 Library Science	4 727	6 448	6 767	7 162	7 091	7 448	7 727	7 441	6 983	5 839	5 259	4 926
数学与统计学 Mathematics & Statistics	3 209	4 730	4 884	4 980	5 211	5 634	5 843	6 245	6 957	7 273	7 589	8 446
军事技术与应用科学 Military Techno-logies & Applied Sciences	0	0	202	0	3	0	0	29	32	29	71	152
跨学科研究 Multi/Interdisciplinary Studies	3 413	4 391	4 611	5 165	5 225	5 973	6 748	7 745	7 956	8 075	8 098	8 571
公园、娱乐、休闲与健身 Parks, Recreation Leisure & Fitness Studies	2 354	3 992	4 110	4 440	4 822	5 617	6 553	7 047	7 139	7 609	7 639	8 244
哲学与宗教研究 Philosophy & Religious Studies	1 386	1 739	1 716	1 879	1 859	2 043	1 833	2 003	1 931	2 095	1 912	1 756

续表

学科领域	2000—2001 年	2005—2006 年	2006—2007 年	2007—2008 年	2008—2009 年	2009—2010 年	2010—2011 年	2011—2012 年	2012—2013 年	2013—2014 年	2014—2015 年	2015—2016 年
自然科学与技术 Physical Sciences & Science Technologies	5 134	6 063	6 012	6 061	5 862	6 063	6 386	6 910	7 01[illegible]	6 984	7 100	7 122
精细化生产 Precision Production	2	9	5	3	10	10	5	11	[illegible]	15	50	10
心理学 Psychology	16 539	19 770	21 037	21 431	23 415	23 752	25 051	26 834	27 84[illegible]	27 966	26 773	27 645
公共管理与社会服务 Public Administration & Social Services	25 268	30 510	31 131	33 029	33 933	35 729	38 634	41 680	43 59[illegible]	44 490	46 083	46 751
社会科学与历史 Social Sciences & History	13 791	17 369	17 665	18 495	19 240	20 222	21 084	21 889	21 58[illegible]	21 475	20 533	19 828
神学与宗教职业 Theology & Religious Vocations	9 876	11 758	12 436	12 578	12 836	12 824	13 191	13 396	14 27[illegible]	14 128	14 271	14 352
运输与物流 Transportation & Materials Moving	756	784	985	982	1 048	1 074	1 390	1 702	1 42[illegible]	1 243	960	911
视觉与表演艺术 Visual & Performing Arts	11 404	13 530	13 767	14 164	14 918	15 552	16 277	17 331	17 86[illegible]	17 863	17 756	18 048
未分类学科 Not Classified by Field of Study	528	0	0	84	0	0	0	0	[illegible]	0	0	0

注：学位授予机构是指可以授予副学士及以上学位且参加联邦资助计划的机构，其学位授予的分类与之前的高等教育学科分类是相似的，但包含了更多的两年制大学且剔除了不能授予学位的高等教育机构。早些年份的数据被重新分类并在必要的时候使之符合新的分类。为了便于进行趋势比较，这里做了一些聚合使之符合在“IPEDS”“完成调查”中的专业领域，“农业与自然资源”包括农业，农业经营和相关的科学，自然资源和保护；“商业”包括商业、管理、市场和相关的支持服务一级私人服务；“工程技术”包括工程技术和工程相关的领域、建筑行业、机械和维修的技术等。

资料来源：美国国家教育统计中心（National Center for Education Statistics）。

附表 6-5 研究生教育机构职工情况 单位：人

年份	管理人员	教学科研人员	研究生助理	其他人员
1991	144 755	826 252	197 751	1 376 477
2001	152 038	1 113 183	261 136	1 556 996
2003	184 913	1 173 593	292 061	1 537 340
2005	196 324	1 290 426	317 141	1 575 196
2007	217 518	1 371 390	328 979	1 643 541
2009	230 579	1 439 144	342 393	1 711 303
2011	238 718	1 523 615	355 916	1 722 731
2013	—	1 544 060	359 546	1 992 543
2015	—	1 552 256	366 868	1 995 160
2016	—	1 548 732	376 043	2 001 805

资料来源：美国国家教育统计中心（National Center for Education Statistics）。

附表 6-6 研究生教育师资情况 单位：万人

年份	教授	副教授	助理教授	讲师	助教	其他
1999	16	13	13	8	2	7
2001	16	13	15	9	2	7
2003	17	13	15	9	2	6
2005	17	14	16	10	3	8
2007	17	14	17	10	3	9
2009	18	15	17	10	3	9
2011	18	16	17	11	3	11
2013	18	16	17	10	4	15
2015	18	15	17	9	4	15
2016	18	15	17	10	4	15

资料来源：美国国家教育统计中心（National Center for Education Statistics）。

6.2 加拿大

附表 6-7 博士学位授予情况

单位：人

学科门类	2005—2006 年	2006—2007 年	2007—2008 年	2008—2009 年	2009—2010 年	2010—2011 年	2011—2012 年	2012—2013 年	2013—2014 年	2014—2015 年	2015—2016 年
农业自然资源及保护 Agriculture Natural Resources & Conservation	126	144	171	174	195	198	210	—	—	201	234
建筑工程及相关技术 Architecture Engineering & Related Technologies	642	735	870	1 017	1 077	1 107	1 110	—	—	1 452	1 557
商务管理及公共管理 Business Management & Public Administration	132	168	171	183	204	210	234	—	—	261	255
教育 Education	372	348	318	357	372	373	390	—	—	405	438
健康，公园，娱乐及健身 Health，Parks，Recreation & Fitness	312	324	354	384	450	507	531	—	—	639	639
人文科学 Humanities	417	411	378	462	468	444	537	—	—	528	552
数学计算机及信息科学 Mathematics Computer & Information Science	231	246	285	357	399	405	402	—	—	486	426
个人防护及运输服务 Personal Protective & Transportation Sciences	6	9	3	3	6	—	—	—	—	—	—
人体与生命科学技术 Physical & life Science & Technologies	1 101	1 161	1 329	1 431	1 461	1 584	1 560	—	—	1 722	1 791
社会行为科学及法律 Social & Behavioral Sciences & Law	774	792	840	942	969	999	1 119	—	—	1 278	1 338
视觉表演艺术及通信技术 Visual & Performing Arts & Communications Technologies	66	78	84	87	96	96	123	—	—	168	153
其他门类 Other	27	30	33	33	39	39	39	—	—	111	93

资料来源：加拿大第三级教育年鉴（CAUT Almanac of Post-Secondary Education in Canada）。

附表 6-8　硕士学位授予情况

单位：人

学科门类	2005—2006 年	2006—2007 年	2007—2008 年	2008—2009 年	2009—2010 年	2010—2011 年	2011—2012 年	2012—2013 年	2013—2014 年	2014—2015 年	2015—2016 年
农业自然资源及保护 Agriculture Natural Resources & Conservation	855	861	909	1 050	1 203	1 368	1 347	—	—	1 341	1 521
建筑工程及相关技术 Architecture Engineering & Related Technologies	4 557	4 440	4 353	4 311	4 758	5 115	5 514	—	—	7 176	7 506
商务管理及公共管理 Business Management & Public Administration	9 684	9 630	10 086	10 419	13 599	14 733	14 904	—	—	17 577	17 319
教育 Education	3 486	3 879	4 032	4 089	5 265	5 715	5 844	—	—	6 054	6 486
健康，公园，娱乐及健身 Health，Parks，Recreation & Fitness	2 775	3 015	3 162	3 528	5 502	5 409	5 817	—	—	7 692	8 223
人文科学 Humanities	2 256	2 391	2 391	2 652	2 547	2 493	2 454	—	—	2 484	2 550
数学计算机及信息科学 Mathematics Computer & Information Science	2 043	2 082	1 938	1 959	2 019	2 193	2 289	—	—	2 634	2 685
个人防护及运输服务 Personal Protective & Transportation Sciences	12	24	15	9	51	75	126	—	—	141	192
人体与生命科学技术 Physical & life Science & Technologies	2 292	2 541	2 403	2 544	2 823	2 994	2 967	—	—	3 273	3 150
社会行为科学及法律 Social & Behavioral Sciences & Law	4 278	4 467	4 617	4 863	5 889	6 162	6 579	—	—	7 230	7 287
视觉表演艺术及通信技术 Visual & Performing Arts & Communications Technologies	729	729	816	858	1 071	1 179	1 191	—	—	1 368	1 347
其他门类 Other	24	51	72	138	168	312	387	—	—	513	513

资料来源：加拿大第三级教育年鉴（CAUT Almanac of Post-Secondary Education in Canada）。

附表 6-9　博士生注册情况

单位：人

学科门类	2005—2006 年	2006—2007 年	2007—2008 年	2008—2009 年	2009—2010 年	2010—2011 年	2011—2012 年	2012—2013 年	2013—2014 年	2014—2015 年	2015—2016 年
农业自然资源及保护 Agriculture Natural Resources & Conservation	1 092	938	1 094	1 183	1 299	1 415	1 454	—	—	1 482	1 692
建筑工程及相关技术 Architecture Engineering & Related Technologies	5 723	5 761	6 320	6 757	7 020	8 050	8 511	—	—	9 344	9 503
商务管理及公共管理 Business Management & Public Administration	1 404	1 404	1 434	1 492	2 312	1 757	1 799	—	—	1 867	1 889
教育 Education	2 347	2 310	2 523	2 718	2 813	2 872	2 970	—	—	2 764	2 887
健康，公园，娱乐及健身 Health，Parks，Recreation & Fitness	2 279	2 242	2 650	2 930	3 285	3 432	3 582	—	—	5 946	4 218
人文科学 Humanities	4 108	4 204	4 458	4 656	4 807	4 936	5 055	—	—	4 824	4 669
数学计算机及信息科学 Mathematics Computer & Information Science	2 260	2 260	2 442	2 631	2 702	2 871	2 828	—	—	2 985	2 894
个人防护及运输服务 Personal Protective & Transportation Sciences	42	33	36	36	12	12	15	—	—	15	15
人体与生命科学技术 Physical & life Science & Technologies	7 901	7 875	8 540	9 019	9 402	9 747	10 131	—	—	10 327	10 201
社会行为科学及法律 Social & Behavioral Sciences & Law	6 935	7 148	7 935	8 291	8 577	9 312	9 593	—	—	10 453	10 538
视觉表演艺术及通信技术 Visual & Performing Arts & Communications Technologies	698	726	869	945	1 008	1 095	1 157	—	—	1 244	1 258
其他门类 Other	202	226	290	335	425	1 955	1 954	—	—	695	527

注：在校生数量是按照全时当量（FTE）折算得出的。

资料来源：加拿大第三级教育年鉴（CAUT Almanac of Post-Secondary Education in Canada）。

附表 6-10 硕士生注册情况

单位：人

学科门类	2005—2006 年	2006—2007 年	2007—2008 年	2008—2009 年	2009—2010 年	2010—2011 年	2011—2012 年	2012—2013 年	2013—2014 年	2014—2015 年	2015—2016 年
农业自然资源及保护 Agriculture Natural Resources & Conservation	2 658	2 783	2 862	2 919	3 206	3 251	3 318	—	—	3 110	3 525
建筑工程及相关技术 Architecture Engineering & Related Technologies	10 733	10 581	11 117	11 573	14 379	13 893	14 347	—	—	16 241	16 692
商务管理及公共管理 Business Management & Public Administration	15 071	15 071	16 101	16 769	20 473	21 529	21 882	—	—	24 048	24 236
教育 Education	6 114	6 009	6 397	6 652	8 511	8 580	9 180	—	—	9 859	10 075
健康，公园，娱乐及健身 Health，Parks，Recreation & Fitness	7 332	7 704	8 916	9 925	22 539	21 275	25 717	—	—	29 100	29 959
人文科学 Humanities	5 849	5 973	6 325	5 858	5 997	5 898	5 922	—	—	5 632	5 919
数学计算机及信息科学 Mathematics Computer & Information Science	4 365	4 241	4 060	3 959	4 869	5 096	5 404	—	—	5 835	6 116
个人防护及运输服务 Personal Protective & Transportation Sciences	143	138	175	139	154	165	162	—	—	217	185
人体与生命科学技术 Physical & life Science & Technologies	8 058	8 270	8 817	8 944	9 097	9 414	9 342	—	—	9 250	9 236
社会行为科学及法律 Social & Behavioral Sciences & Law	10 286	10 826	11 612	11 949	13 245	13 650	14 001	—	—	15 551	15 209
视觉表演艺术及通信技术 Visual & Performing Arts & Communications Technologies	2 072	2 215	2 381	2 503	2 760	3 004	3 004	—	—	2 912	2 972
其他门类 Other	165	247	361	349	3 183	2 836	2 802	—	—	2 538	3 792

注：在校生数量是按照全时当时（FTE）折算得出的。

资料来源：加拿大第三级教育年鉴（CAUT Almanac of Post-Secondary Education in Canada）。

6.3 英国

附表 6-11 研究生入学情况

单位：人

学科领域	2008—2009 年	2009—2010 年	2010—2011 年	2011—2012 年	2012—2013 年	2013—2014 年	2014—2015 年	2015—2016 年	2016—2017 年	2017—2018 年
医学（含牙医） Medicine & Dentistry	18 570	19 915	20 480	21 210	20 130	21 390	20 400	20 315	19 770	19 915
医学（其他） Subjects Allied to Medicine	50 300	53 450	54 790	57 155	58 230	59 000	62 610	67 695	73 145	73 795
生物科学 Biological Sciences	29 095	31 810	32 230	32 960	32 515	33 050	34595	35680	41 160	44 740
兽医 Veterinary Science	855	945	935	840	870	925	815	1 515	1 680	2 145
农学 Agriculture & Related Subjects	2 690	3 010	3 065	3 380	3 155	3 315	4 075	3 430	3 565	3 650
自然科学 Physical Sciences	18 395	19 500	19 935	19 900	19 230	19 295	19 870	19 595	20 120	20 910
数学科学 Mathematical Sciences	4 855	5 435	5 865	5 925	5 765	5 930	6 265	6 440	6 745	6 955
计算机科学 Computer Science	21 900	23 885	22 480	19 075	16 510	16 615	16 755	16 765	17 500	19 225
工程与技术 Engineering & Technology	38 975	43 620	44 955	41 995	38 865	39 245	39 765	38 805	38 295	37 630
建筑学 Architecture Building & Planning	15 545	16 145	16 010	15 285	14 420	14 150	14 945	15 465	16 465	17 015

续表

学科领域	2008—2009 年	2009—2010 年	2010—2011 年	2011—2012 年	2012—2013 年	2013—2014 年	2014—2015 年	2015—2016 年	2016—2017 年	2017—2018 年
社会研究 Social Studies	42 970	46 950	49 535	49 955	47 785	48 560	48 415	48 990	51 345	52 420
法学 Law	21 650	22 240	21 535	21 770	20 650	19 835	19 445	19 635	20 135	20 375
工商管理 Business & Administrative Studies	106 805	117 845	116 715	113 910	105 770	107 870	103 180	98 295	98 095	102 930
传播学 Mass Communications & Documentation	9 580	10 870	11 365	11 015	9 940	10 020	10 380	10 420	10 825	11 935
语言学 Languages	16 190	17 120	17 395	17 595	15 830	15 635	15 375	14 650	15 935	16 185
历史与哲学研究 Historical & Philosophical Studies	16 465	16 910	17 385	17 915	17 040	16 515	16 345	16 005	17 055	17 250
创意艺术与设计 Creative Arts & Design	18 725	20 865	21 930	22 685	21 965	21 870	21 600	21 925	24 925	26 460
教育 Education	101 005	106 190	109 930	94 460	86 155	84 175	81 425	75 555	73 395	71 665
其他（交叉学科）Combined	2 245	1 995	2 185	1 490	1 610	2 035	1 920	1 795	1 440	1 355

资料来源：英国高等教育统计署（Higher Education Statistics Agency）。

附表 6-12　博士学位授予情况

单位：人

学科领域	2005—2006 年	2006—2007 年	2007—2008 年	2008—2009 年	2009—2010 年	2010—2011 年	2011—2012 年	2012—2013 年	2013—2014 年	2014—2015 年	2015—2016 年	2016—2017 年	2017—2018 年
医学（含牙医） Medicine & Dentistry	1 745	1 730	1 785	1 970	1 945	2 010	2 060	2 090	2 050	2 [illegible]60	2 125	2 070	2 180
医学（其他） Subjects Allied to Medicine	905	955	1 005	965	1 080	1 130	1 165	1 350	1 300	1 [illegible]40	1 405	1 525	1 645
生物科学 Biological Science	2 510	2 635	2 510	2 625	2 940	3 050	3 110	3 365	3 190	3 [illegible]95	3 070	3 255	3 420
兽医 Veterinary Science	85	80	70	50	55	70	65	65	60	65	70	70	70
农学 Agriculture & Related Subjects	230	175	125	175	160	150	170	185	190	200	220	190	230
自然科学 Physical Sciences	2 300	2 405	2 205	2 295	2 510	2 575	2 575	2 845	2 745	2 [illegible]45	2 860	3 005	3 155
数学科学 Mathematical Sciences	450	470	445	430	515	590	560	655	555	655	665	695	760
计算机科学 Computer Science	715	720	720	795	845	870	900	925	795	910	980	965	1 080
工程与技术 Engineering & Technology	2 205	2 395	2 140	2 385	2 530	2 590	2 710	2 885	2 835	2 970	3 170	3 330	3 465
建筑学 Architecture Building & Planning	195	250	230	250	250	260	295	290	295	330	365	395	405

续表

学科领域	2005—2006 年	2006—2007 年	2007—2008 年	2008—2009 年	2009—2010 年	2010—2011 年	2011—2012 年	2012—2013 年	2013—2014 年	2014—2015 年	2015—2016 年	2016—2017 年	2017—2018 年
社会研究 Social Studies	1 315	1 480	1 310	1 500	1 540	1 750	1 770	1 875	1 805	1 930	1 860	1 970	2 090
法学 Law	215	265	250	285	275	295	355	400	385	430	455	455	500
工商管理 Business & Administrative Studies	695	745	765	785	765	945	955	1 040	1 070	1 150	1 165	1 185	1 310
传播学 Mass Communications & Documentation	95	110	95	110	155	150	155	190	155	215	235	230	230
语言学 Languages	905	970	945	945	945	1 080	1 090	1 200	1 165	1 215	1 225	1 225	1 260
历史与哲学研究 Historical & Philosophical Studies	985	1 030	975	1 075	1 065	1 245	1 250	1 300	1 235	1 310	1 455	1 500	1 470
创意艺术与设计 Creative Arts & Design	320	360	405	400	460	515	515	620	610	645	720	725	670
教育 Education	585	680	660	610	725	805	735	885	790	850	785	855	905
其他（交叉学科） Combined	60	95	10	5	0	0	0	0	5	0	5	5	10

资料来源：英国高等教育统计署（Higher Education Statistics Agency）。

附表 6-13 硕士学位授予情况

单位：人

学科领域	2005—2006年	2006—2007年	2007—2008年	2008—2009年	2009—2010年	2010—2011年	2011—2012年	2012—2013年	2013—2014年	2014—2015年	2015—2016年	2016—2017年	2017—2018年
医学（含牙医） Medicine & Dentistry	2 255	2 350	2 415	2 535	2 800	3 255	3 775	3 670	3 940	3 980	3 680	3 485	3 935
医学（其他） Subjects Allied to Medicine	4 430	4 930	5 835	6 340	6 515	7 540	8 615	8 320	8 150	8 325	8 585	9 160	9 760
生物科学 Biological Science	5 565	5 690	5 770	6 305	6 885	7 915	8 535	9 310	9 390	9 570	9 430	9 830	12 725
兽医 Veterinary Science	75	80	80	90	80	100	115	90	100	115	70	75	75
农学 Agriculture & Related Subjects	910	870	815	960	915	1 220	1 045	1 060	930	1 090	1 095	1 100	1 195
自然科学 Physical Sciences	3 625	3 640	3 865	3 770	4 190	4 985	5 135	5 040	4 995	5 [illegible]05	4 795	4 415	5 075
数学科学 Mathematical Sciences	1 150	1 225	1 270	1 320	1 355	1 685	1 780	2 060	2 015	2 [illegible]35	2 140	2 330	2 535
计算机科学 Computer Science	6 545	6 240	6 655	6 060	7 670	9 225	8 345	6 590	5 875	6 [illegible]00	5 920	5 960	6 760
工程与技术 Engineering & Technology	9 455	9 335	9 995	10 030	12 345	15 105	15 685	14 165	13 715	14 [illegible]00	14 040	13 760	13 975
建筑学 Architecture Building & Planning	3 310	3 335	3 915	4 235	5 085	5 205	5 285	5 145	4 430	4 [illegible]35	4 780	5 065	5 820

续表

学科领域	2005—2006 年	2006—2007 年	2007—2008 年	2008—2009 年	2009—2010 年	2010—2011 年	2011—2012 年	2012—2013 年	2013—2014 年	2014—2015 年	2015—2016 年	2016—2017 年	2017—2018 年
社会研究 Social Studies	12 580	13 065	13 390	13 800	14 680	17 255	18 390	18 840	18 760	18 745	18 225	18 775	20 225
法学 Law	5 445	5 510	5 655	5 955	6 510	7 615	8 010	7 730	7 640	7 515	7 270	7 495	8 200
工商管理 Business & Administrative Studies	30 045	30 520	34 610	36 240	42 035	48 490	53 255	51 710	51 055	52 110	50 595	51 930	54 315
传播学 Mass Communications & Documentation	3 435	3 445	3 415	3 605	4 160	5 185	5 475	5 540	5 490	5 595	5 560	5 745	6 445
语言学 Languages	5 035	5 165	5 065	5 105	5 425	6 355	6 590	6 795	6 495	6 200	5 915	5 515	6 275
历史与哲学研究 Historical & Philosophical Studies	4 055	4 380	4 535	4 670	4 935	5 355	5 515	5 835	5 495	5 290	4 720	4 840	5 595
创意艺术与设计 Creative Arts & Design	5 540	6 015	6 565	7 100	8 015	9 205	9 975	10 445	10 255	9 990	10 175	10 520	11 990
教育 Education	5 045	5 010	5 025	5 130	5 695	6 800	8 290	8 750	8 660	7 575	7 455	8 165	8 565
其他（交叉学科） Combined	55	40	65	55	85	35	45	35	45	70	105	55	35

资料来源：英国高等教育统计署（Higher Education Statistics Agency）。

6.4 澳大利亚

附表 6-14 学位授予总体情况 单位：人

年 份	博 士 学 位	硕 士 学 位
2000	3 864	51 705
2005	5 543	81 495
2006	5 851	84 042
2007	6 023	86 564
2008	6 086	93 677
2009	6 089	97 352
2010	6 398	104 422
2011	6 849	109 349
2012	7 166	105 598
2013	8 101	109 016
2014	8 400	114 720
2015	8 627	115 391
2016	9 089	120 729
2017	9 242	127 178

注：表中的博士学位包括 Higher Doctorate，Doctorate by Research，Doctorate by Coursework；硕士学位包括 Master's by Research，Master's by Coursework，Postgrad. Qual/Prelim., Grad. (Post) Dip. - new area，Grad.(Post) Dip. - ext area，Graduate Certificate；2013 年起澳大利亚硕士学位类型增加了 Master's（Extended）。

资料来源：澳大利亚教育部（Australian Government Department of Education）。

附表 6-15　博士学位授予情况

单位：人

学科领域	2005 年	2006 年	2007 年	2008 年	2009 年	2010 年	2011 年	2012 年	2013 年	2014 年	2015 年	2016 年	2017 年
自然与物理科学 Natural & Physical Sciences	1 277	1 300	1 376	1 379	1 395	1 388	1 602	1 621	1 758	1 815	1 907	2 013	2 148
信息技术 Information Technology	164	174	233	224	202	229	250	265	318	313	331	350	352
工程与技术 Engineering & Related Technologies	638	696	774	697	708	789	789	956	1 123	1 272	1 263	1 362	1 421
建筑 Architecture & Building	75	43	63	80	61	57	82	97	99	106	114	126	121
农业与环境研究 Agriculture Environmental & Related Studies	232	256	315	255	279	317	334	360	344	350	427	481	460
健康 Health	749	804	766	872	872	922	1 001	1 071	1 219	1 253	1 321	1 477	1 372
教育 Education	421	422	402	405	390	397	384	388	482	467	468	497	508
管理与贸易 Management & Commerce	475	571	550	577	548	499	555	508	669	690	655	674	652
社会与文化 Society & Culture	1 332	1 399	1 341	1 410	1 430	1 540	1 608	1 594	1 738	1 834	1 803	1 820	1 877
创新艺术 Creative Arts	180	186	203	187	204	228	255	253	346	314	329	307	340
餐饮、酒店及其他服务 Food, Hospitality & Personal Services	0	0	0	0	0	0	0	0	0	0	0	0	0
交叉学科 Mixed Field Programs	0	0	0	0	0	0	0	0	0	0	0	0	0

注：表中的博士学位包括 Higher Doctorate，Doctorate by Research，Doctorate by Coursework。

资料来源：澳大利亚教育部（Australian Government Department of Education）。

附表 6-16　硕士学位授予情况

单位：人

学科领域	2005 年	2006 年	2007 年	2008 年	2009 年	2010 年	2011 年	2012 年	2013 年	2014 年	2015 年	2016 年	2017 年
自然与物理科学 Natural & Physical Sciences	910	910	987	1 221	1 329	1 754	1 958	1 770	1 777	1 981	2 045	1 959	2 198
信息技术 Information Technology	5 668	5 851	4 407	4 401	4 230	5 123	4 675	3 542	3 418	4 018	4 989	5 607	5 909
工程与技术 Engineering & Related Technologies	3 142	2 671	2 816	3 106	3 319	3 880	3 830	3 616	4 003	4 356	4 977	5 675	6 574
建筑 Architecture & Building	575	668	656	1 375	1 627	1 805	1 885	1 979	2 050	2 227	2 249	2 413	2 611
农业与环境研究 Agriculture Environmental & Related Studies	676	626	563	663	731	848	887	1 004	1 008	922	961	939	957
健康 Health	3 403	3 658	3 968	4 385	4 637	5 533	6 322	6 638	7 631	8 597	9 158	9 034	9 877
教育 Education	4 398	4 509	4 939	5 156	5 690	6 521	6 957	7 397	7 690	7 898	8 075	8 640	8 463
管理与贸易 Management & Commerce	24 153	23 998	25 965	28 519	29 483	31 583	30 956	28 014	28 173	29 923	30 923	32 207	35 785
社会与文化 Society & Culture	6 624	7 590	7 368	8 120	8 153	8 888	9 540	9 846	10 487	11 263	11 779	11 290	11 465
创新艺术 Creative Arts	1 789	1 588	1 857	1 943	2 007	2 296	2 423	2 289	2 339	2 502	2 342	2 425	2 678
餐饮、酒店及其他服务 Food, Hospitality & Personal Services	0	0	0	0	0	0	0	0	0	0	0	0	0
交叉学科 Mixed Field Programs	0	0	0	0	0	0	0	0	0	0	0	0	0

注：表中的硕士学位包括 Master's by Research，Master's by Coursework，2013 年起澳大利亚硕士学位类型增加了 Master's（Extended）。

资料来源：澳大利亚教育部（Australian Government Department of Education）。

附表 6-17 硕士研究生证书颁发情况

单位：人

学科领域	2005 年	2006 年	2007 年	2008 年	2009 年	2010 年	2011 年	2012 年	2013 年	2014 年	2015 年	2016 年	2017 年
自然与物理科学 Natural & Physical Sciences	464	404	386	444	473	535	568	552	494	468	462	401	438
信息技术 Information Technology	1 125	786	712	647	555	606	544	438	382	317	247	271	318
工程与技术 Engineering & Related Technologies	327	359	361	396	442	483	577	275	456	463	499	387	333
建筑 Architecture & Building	333	306	258	311	244	181	183	140	101	123	123	93	101
农业与环境研究 Agriculture Environmental & Related Studies	212	201	169	173	208	187	235	154	198	174	136	92	93
健康 Health	2 618	2 591	2 696	2 667	2 759	3 016	2 990	2 860	2 781	2 759	2 818	2 774	2 863
教育 Education	5 778	6 859	6 730	6 425	6 569	6 686	6 759	7 213	7 041	7 351	5 695	4 583	3 874
管理与贸易 Management & Commerce	3 285	3 037	3 004	3 345	2 954	3 079	3 077	2 823	2 710	2 643	2 122	1 996	1 815
社会与文化 Society & Culture	4 149	4 668	4 903	5 884	6 435	5 235	7 496	8 113	7 898	8 435	6 622	7 316	8 183
创新艺术 Creative Arts	872	780	719	690	741	751	813	719	627	599	416	335	356
餐饮、酒店及其他服务 Food, Hospitality & Personal Services	0	0	0	0	0	0	0	0	0	0	0	0	0
交叉学科 Mixed Field Programs	0	0	0	0	0	0	0	0	0	0	0	0	0

注：表中的硕士研究生证书包括 Postgrad. Qual/Prelim., Grad. (Post) Dip. -new area，Grad.(Post) Dip. -ext area。

资料来源：澳大利亚教育部（Australian Government Department of Education）。

附表 6-18 硕士研究生文凭颁发情况

单位：人

学科领域	2005 年	2006 年	2007 年	2008 年	2009 年	2010 年	2011 年	2012 年	2013 年	201[illegible] 年	2015 年	2016 年	2017 年
自然与物理科学 Natural & Physical Sciences	247	333	388	426	429	438	452	426	477	4[illegible]5	413	368	305
信息技术 Information Technology	438	427	380	436	333	360	357	407	479	3[illegible]4	387	461	559
工程与技术 Engineering & Related Technologies	229	306	298	366	396	466	519	470	489	4[illegible]5	509	387	340
建筑 Architecture & Building	155	116	144	129	138	193	211	179	—	1[illegible]7	—	184	172
农业与环境研究 Agriculture Environmental & Related Studies	150	139	181	179	193	223	224	225	227	2[illegible]1	216	229	238
健康 Health	1 910	2 129	2 425	2 806	2 906	3 285	3 537	3 796	4 346	4 3[illegible]3	4 427	4 992	5 489
教育 Education	1 914	2 262	2 266	2 265	2 222	2 306	2 625	2 518	2 932	3 0[illegible]3	2 946	2 971	3 145
管理与贸易 Management & Commerce	3 909	4 303	4 399	4 623	5 079	5 200	5 591	5 226	5 529	5 4[illegible]0	6 273	8 871	7 580
社会与文化 Society & Culture	1 744	1 774	2 410	2 317	2 788	2 662	2 686	2 587	2 849	3 2[illegible]8	3 444	3 728	3 998
创新艺术 Creative Arts	367	352	372	479	517	558	592	474	584	4[illegible]6	473	508	499
餐饮、酒店及其他服务 Food, Hospitality & Personal Services	3	1	1	2	3	0	8	0	5	8	0	9	0
交叉学科 Mixed Field Programs	0	0	0	0	0	0	0	0	0	0	0	0	0

注：硕士研究生英文为：Graduate Certificate。

资料来源：澳大利亚教育部（Australian Government Department of Education）。

附表 6-19　澳大利亚在学研究生数　　　单位：人

年　份	在学研究生数
2005	263 504
2006	270 499
2007	278 257
2008	286 258
2009	307 973
2010	320 455
2011	321 958
2012	327 768
2013	347 069
2014	376 055
2015	386 915
2016	401 858
2017	427 685

注：澳大利亚在学研究生数统计口径包括 Doctorate by Research, Doctorate by Coursework, Master's by Research，Master's by Coursework，Other Postgraduate。

6.5 德国

附表 6-20 硕士研究生注册情况

单位：人

学科	2005—2006 年	2006—2007 年	2007—2008 年	2008—2009 年	2009—2010 年	2010—2011 年	2011—2012 年	2012—2013 年	2013—2014 年	2014—2015 年	2015—2016 年	2016—2017 年	2017—2018 年
语言与文化研究	—	7 566	12 469	17 032	25 324	36 167	49 727	63 865	77 965	89 244	—	—	—
人文社会科学	—	—	—	—	—	—	—	—	—	—	60 572	60 151	62 699
体育	—	197	467	783	1 341	2 046	2 815	3 823	4 302	4 638	5 005	4 981	5 339
法律、经济与社会学	—	16 857	21 559	32 438	48 342	67 536	88 377	106 342	125 337	138 676	187 608	143 605	157 935
数学、自然科学	—	10 266	13 084	18 085	26 905	38 250	51 680	65 695	78 719	89 888	61 213	61 774	63 159
医学与健康科学	—	2 329	2 679	3 200	4 026	5 070	6 488	7 405	8 490	10 112	11 542	6 377	7 566
兽医	—	13	—	37	51	59	25	1	16	1	14 154	13 538	13 738
农业、林业与食品科学	—	3 441	3 754	4 620	5 803	7 117	8 949	10 420	11 983	13 200			
工程科学	—	13 834	14 795	19 094	28 568	41 463	56 785	75 545	95 944	111 477	160 977	151 186	159 287
艺术与艺术史	—	1 145	1 772	2 847	4 411	6 539	8 755	11 509	13 762	15 535	16 648	13 543	14 397
其他	—	11	20	58	88	224	284	346	416	485	586	496	589

注：（1）由于统计口径问题，2006—2007 年的硕士在校人数不包括教师职业培训（Lehamt）硕士人数以及应用大学（Fachhochschul）硕士人数。

（2）2015—2016 年将学科“语言与文化研究”变更为学科“人文社会科学”；将学科“兽医”以及学科“农业、林业与食品科学”合并为新学科“农业，林业与食品科学，兽医”。

资料来源：德国联邦统计局。

附表 6-21　博士研究生注册情况

单位：人

学　　科	2005—2006 年	2006—2007 年	2007—2008 年	2008—2009 年	2009—2010 年	2010—2011 年	2011—2012 年	2012—2013 年	2013—2014 年	2014—2015 年	2015—2016 年	2016—2017 年	2017—2018 年
语言与文化研究	19 706	20 069	20 832	20 930	22 592	23 758	24 071	23 901	23 119	22 567	—	—	—
人文社会科学	—	—	—	—	—	—	—	—	—	—	16 707	16 434	15 983
体育	699	705	747	764	777	790	808	802	836	851	835	838	809
法律，经济与社会学	16 224	16 065	16 751	17 791	19 281	19 507	19 663	19 426	18 334	17 683	22 198	21 549	21 070
数学，自然科学	23 868	24 634	26 749	29 541	33 213	35 626	37 480	38 682	39 489	39 801	34 614	34 508	34 430
医学与健康科学	2 859	3 117	3 825	4 386	5 237	5 846	6 593	7 311	7 959	8 666	9 306	10 397	11 371
兽医	1 626	1 625	1 611	1 644	1 680	1 777	1 825	1 848	1 770	1 734	3 864	3 809	3 719
农业、林业与食品科学	1 736	1 652	1 711	1 803	1 981	2 035	2 098	2 221	2 256	2 225			
工程科学	7 000	7 107	7 655	8 327	10 092	11 626	12 426	13 213	14 519	15 001	20 087	20 000	19 770
艺术与艺术史	2 706	2 826	2 830	2 873	3 055	3 071	3 230	3 250	3 098	2 875	2 741	2 712	2 675
其他	—	108	190	93	88	9	51	6	14	23	12	9	25

注：2015—2016 年将学科“语言与文化研究”变更为学科“人文社会科学”；将学科“兽医”以及学科“农业、林业与食品科学”合并为新学科“农业，林业与食品科学，兽医”。

资料来源：德国联邦统计局。

附表 6-22　学位授予情况　　　　单位：人

年　份	博　士	硕　士
1995	22 387	0
2000	25 780	0
2005	25 952	9 158
2006	24 287	11 268
2007	23 843	14 219
2008	25 190	18 422
2009	25 084	23 113
2010	25 629	31 017
2011	26 981	46 891
2012	26 807	66 464
2013	27 707	88 183
2014	28 147	107 833
2015	29 218	124 943
2016	29 303	124 363
2017	28 404	136 457

资料来源：德国联邦统计局（Statistisches Bundesamt ）。

6.6　法国

附表 6-23　博士学位授予情况　　　　单位：人

年　份	法律	经济、管理	社会行政	文学语言	科　学	体育、运动物理学	医学与药学
2005	710	477	—	2 571	6 048	86	485
2006	682	561	—	2 883	6 582	83	630
2007	796	685	—	3 040	6 793	95	597
2008	889	619	3	3 091	7 082	84	588
2009	867	663	1	3 035	7 437	98	601
2010	921	746	4	3 084	7 511	101	516
2011	947	703	1	3 173	7 892	122	536
2012	879	716	7	3 127	8 267	114	576
2013	885	722	—	3 172	8 305	119	545
2014	952	702	2	3 178	8 199	100	542
2015	858	720	3	3 269	8 471	96	540
2016	782	694	4	3 049	7 951	119	409

资料来源：法国教育部发布的 REPÈRES& RÉFÉRENCES STATISTIQUES（2018）。

附表 6-24　硕士学位授予情况　　单位：人

硕士类别	年份	法律	经济、管理	社会行政	文学语言	科学	体育、运动物理学	医学与药学
硕士 - 职业型	2005	7 218	12 314	739	8 229	10 081	591	689
	2006	11 291	18 791	1 604	14 759	13 929	895	902
	2007	11 637	20 722	1 891	15 565	13 853	843	815
	2008	11 033	20 715	1 826	15 761	13 986	979	811
	2009	11 040	21 427	1 205	15 304	12 075	987	728
	2010	10 982	20 127	1 212	15 184	10 906	1 046	689
	2011	10 372	19 080	1 217	20 705	11 322	1 447	776
	2012	10 306	18 422	1 046	18 229	10 650	1 101	911
	2013	9 646	17 957	1 087	17 178	9 898	1 090	848
	2014	9 787	18 312	1 159	16 869	9 636	1 131	801
	2015	9 446	17 289	1 175	10 651	8 773	717	805
	2016	6 618	13 797	462	8 910	6 768	648	367
硕士 - 研究型	2005	2 449	1 177	118	4 645	7 608	144	457
	2006	4 342	1 682	48	9 259	8 373	192	490
	2007	4 150	1 456	60	9 660	7 282	199	411
	2008	3 584	1 204	82	8 981	7 738	184	360
	2009	3 420	1 048	50	8 245	7 368	154	384
	2010	3 077	963	47	8 621	5 653	162	386
	2011	2 958	823	49	9 813	5 440	169	323
	2012	2 880	891	4	8 497	5 219	175	336
	2013	2 749	678	—	7 873	4 731	141	343
	2014	2 572	732	—	7 590	5 092	155	373
	2015	2 387	602	—	5 556	4 698	104	354
	2016	1 941	521	—	4 567	3 759	86	315
硕士 - 未分类	2005	186	35	—	51	299	10	66
	2006	447	211	—	1 012	1 207	12	96
	2007	487	373	—	1 267	2 708	23	162
	2008	1 777	1 519	19	1 355	2 226	25	148
	2009	2 337	2 982	303	2 978	3 930	142	182
	2010	3 818	5 780	394	5 783	8 149	275	349
	2011	4 722	7 659	389	15 319	10 729	855	458
	2012	5 191	8 544	576	15 470	12 197	829	570
	2013	6 621	9 436	517	15 882	13 078	908	637
	2014	7 067	9 190	613	15 814	13 900	956	677
	2015	7 911	10 500	473	27 655	14 911	1 374	881
	2016	10 843	14 799	447	32 341	19 593	1 358	684

资料来源：法国教育部发布的 REPÈRES& RÉFÉRENCES STATISTIQUES（2018）。

附表 6-25　研究生注册情况　　单位：人

类别	2008—2009 年	2009—2010 年	2010—2011 年	2011—2012 年	2012—2013 年	2013—2014 年	2014—2015 年	2015—2016 年	2016—2017 年	2017—2018 年
硕士	506 817	527 947	509 063	493 043	520 461	535 976	548 878	566 533	571 072	574 098
博士	65 419	64 990	64 279	62 132	62 499	61 707	60 661	59 669	58 299	57 896

资料来源：法国教育部发布的 REPÈRES& RÉFÉRENCES STATISTIQUES（2018）。

6.7 日本

附表 6-26　博士研究生入学情况　　单位：人

年份	人文科学	社会科学	理学	工学	农学	保健	商船	家政	教育	艺术	其他
1990	917	606	929	1 399	580	3 076	—	21	165	24	96
2000	1 710	1 581	1 764	3 402	1 192	5 339	—	61	373	117	1 484
2005	1 621	1 571	1 621	3 359	1 057	5 696	—	94	410	183	1 941
2006	1 558	1 539	1 461	3 403	1 131	5 289	—	103	432	188	2 027
2007	1 555	1 503	1 322	3 264	1 006	5 672	—	93	453	204	1 854
2008	1 413	1 325	1 199	3 001	925	5 776	—	85	447	219	1 881
2009	1 371	1 346	1 259	2 954	900	5 538	—	62	487	183	1 801
2010	1 318	1 303	1 285	3 139	902	5 850	—	79	488	199	1 908
2011	1 190	1 269	1 284	2 800	874	5 770	—	65	480	175	1 778
2012	1 183	1 186	1 233	2 759	794	6 051	—	52	494	173	1 632
2013	1 162	1 157	1 244	2 706	811	6 135	—	44	466	167	1 599
2014	1 150	1 164	1 251	2 738	765	6 089	—	61	467	188	1 545
2015	1 091	1 112	1 211	2 709	727	6 239	—	58	469	187	1 480
2016	1 053	1 018	1 068	2 523	694	6 256	—	56	484	168	1 652
2017	943	973	1 129	2 362	703	6 260	—	52	487	165	1 692

资料来源：日本文部科学省（Ministry of Education Culture Sports & Technology in Japan）。

附表 6-27　硕士研究生入学情况　　单位：人

年份	人文科学	社会科学	理学	工学	农学	保健	商船	家政	教育	艺术	其他
1990	2 400	2 927	3 291	14 697	2 104	1 376	55	206	2 684	713	280
2000	5 251	10 039	6 285	30 031	3 938	3 424	15	486	5 212	1 437	4 218
2005	5 783	8 747	6 843	31 841	4 025	5 755	28	512	5 366	2 080	6 577
2006	5 582	8 616	6 802	31 531	4 374	5 741	27	553	5 537	2 098	6 990
2007	5 450	8 141	6 696	31 600	4 501	6 259	22	450	5 409	2 019	6 904
2008	5 503	8 000	6 628	31 730	4 403	6 626	23	504	4 903	2 039	7 037

续表

年份	人文科学	社会科学	理学	工学	农学	保健	商船	家政	教育	艺术	其他
2009	5 296	7 977	6 610	32 479	4 463	6 699	19	489	4 698	2 020	7 369
2010	5 633	8 341	6 974	36 501	4 746	5 132	30	519	4 865	2 136	7 433
2011	5 498	7 866	6 848	34 855	4 477	5 094	21	476	4 722	2 090	7 438
2012	5 063	7 206	6 625	32 424	4 310	4 986	25	437	4 635	1 982	7 292
2013	4 750	7 075	6 453	31 696	4 142	5 065	19	419	4 499	1 937	7 298
2014	4 934	6 772	6 389	31 683	4 063	5 016	16	423	4 408	1 922	7 230
2015	4 690	6 624	6 433	31 424	3 937	5 028	22	385	4 302	1 921	7 199
2016	4 502	6 376	6 349	31 002	4 123	5 314	16	377	3 889	1 957	8 475
2017	4 376	6 585	6 746	31 446	4 098	5 303	18	391	3 758	2 022	8 698

资料来源：日本文部科学省（Ministry of Education Culture Sports & Technology in Japan）。

附表 6-28　专业学位课程研究生入学情况　　单位：人

年份	人文科学	社会科学	理学	工学	农学	卫生与健康	商船	家政	教育	艺术	其他
2003	—	486	—	—	—	43	—	—	—	—	43
2005	32	5 566	—	34	—	82	—	—	—	—	255
2006	29	8 284	—	90	—	85	—	—	37	—	374
2007	85	8 386	—	104	—	112	—	—	20	—	352
2008	77	8 118	—	147	—	112	—	—	686	—	328
2009	126	7 650	—	164	—	105	—	—	802	—	400
2010	126	7 224	—	182	—	109	—	—	878	—	412
2011	124	6 453	—	166	—	115	—	—	773	—	442
2012	121	5 910	—	133	—	110	—	—	808	—	463
2013	128	5 514	—	137	—	126	—	—	825	—	478
2014	117	4 979	—	135	—	126	—	—	803	—	478
2015	106	5 053	—	133	—	118	—	—	891	—	458
2016	123	4 782	—	128	—	115	—	—	1 228	—	491
2017	115	4 587	—	142	—	149	—	—	1 352	—	532

注：专业学位课程（专门职学位课程）英文为 Professional Degree Course。

资料来源：日本文部科学省（Ministry of Education Culture Sports & Technology in Japan）。

附表 6-29　博士研究生在读情况　　单位：人

年份	人文科学	社会科学	理学	工学	农学	卫生与健康	商船	家政	教育	艺术	其他
2000	6 871	6 195	6 410	11 818	4 204	20 051	—	215	1 537	347	4 833
2005	7 662	7 553	6 460	13 927	4 318	23 898	—	383	1 851	692	8 163

续表

年份	人文科学	社会科学	理学	工学	农学	卫生与健康	商船	家政	教育	艺术	其他
2006	7 697	7 519	6 278	13 971	4 385	23 914	—	411	1 917	724	8 549
2007	7 684	7 479	5 784	13 948	4 256	23 833	—	399	1 982	742	8 704
2008	7 508	7 315	5 313	13 755	4 113	24 134	—	391	2 021	788	8 893
2009	7 307	7 137	5 135	13 572	3 945	24 253	—	366	2 122	768	8 960
2010	7 057	7 024	5 120	13 822	3 900	25 039	—	354	2 138	759	9 219
2011	6 713	6 908	5 255	13 944	3 890	25 508	—	324	2 201	709	9 327
2012	6 456	6693	5 178	13 741	3 798	26 053	—	287	2 267	696	9 147
2013	6 248	6 503	5 171	13 503	3 718	26 725	—	243	2 246	689	8 871
2014	6 149	6 438	5 237	13 297	3 638	27 247	—	218	2 259	682	8 539
2015	5 974	6 257	5 194	13 189	3 613	28 120	—	220	2 258	703	8 349
2016	5 846	6 120	5 011	12 966	3 580	28 637	—	220	2 276	708	8 487
2017	5 672	5 953	4 849	12 690	3 542	29 085	—	218	2 318	675	8 907

资料来源：日本文部科学省（Ministry of Education Culture Sports & Technology in Japan）。

附表 6-30　硕士研究生在读情况　　单位：人

年份	人文科学	社会科学	理学	工学	农学	卫生与健康	商船	家政	教育	艺术	其他
2000	12 234	21 457	12 785	59 076	7 810	6 492	46	942	10 842	2 936	8 210
2005	13 452	20 586	14 049	65 588	8 371	11 326	57	1 064	11 564	4 226	14 267
2006	13 327	20 047	14 007	65 228	8 636	11 824	67	1 094	11 931	4 387	14 977
2007	12 876	19 219	13 866	65 027	9 074	12 380	63	1 035	11 981	4 321	15 377
2008	12 828	18 740	13 736	65 277	9 108	13 283	61	992	11 467	4 293	15 637
2009	12 588	18 687	13 690	66 492	9 152	13 894	61	1 030	10 802	4 277	16 370
2010	12 826	19 278	14 255	72 103	9 634	12 515	75	1 063	10 707	4 430	16 945
2011	12 907	19 376	14 617	74 702	9 701	11 101	79	1 049	10 806	4 501	17 141
2012	12 451	18 334	14 295	70 614	9 257	11 051	75	974	10 602	4 364	16 886
2013	11 592	17 344	13 866	67 598	8 956	11 105	71	921	10 358	4 200	16 682
2014	11 498	16 603	13 655	66 541	8 707	11 081	51	917	10 049	4 129	16 698
2015	11 302	16 215	13 548	66 465	8 600	11 195	57	884	9 796	4 104	16 808
2016	10 867	15 930	13 539	65 890	8 715	11 663	57	840	9 253	4 156	18 204
2017	10 641	15 949	13 795	65 530	8 826	11 922	47	839	8 655	4 246	19 937

资料来源：日本文部科学省（Ministry of Education Culture Sports & Technology in Japan）。

附表 6-31　专业学位课程研究生在读情况　　单位：人

年份	人文科学	社会科学	理学	工学	农学	卫生与健康	商船	家政	教育	艺术	其他
2005	32	14 354	—	34	—	155	—	—	—	—	448
2006	61	19 120	—	106	—	167	—	—	37	—	668

续表

年份	人文科学	社会科学	理学	工学	农学	卫生与健康	商船	家政	教育	艺术	其他
2007	116	20 727	—	176	—	206	—	—	57	—	801
2008	163	20 890	—	237	—	220	—	—	707	—	816
2009	203	20 310	—	305	—	219	—	—	1 380	—	964
2010	253	19 639	—	352	—	204	—	—	1 661	—	1 082
2011	252	18 132	—	355	—	211	—	—	1 675	—	1 182
2012	249	16 365	—	364	—	220	—	—	1 652	—	1 272
2013	250	14 985	—	312	—	223	—	—	1 661	—	1 345
2014	247	13 563	—	328	—	244	—	—	1 641	—	1 357
2015	225	12 777	—	334	—	241	—	—	1 709	—	1 337
2016	230	12 389	—	369	—	221	—	—	2 111	—	1 303
2017	241	11 807	—	364	—	255	—	—	2 545	—	1 383

注：专业学位课程（专门职学位课程）英文为 Professional Degree Course。

资料来源：日本文部科学省（Ministry of Education Culture Sports & Technology in Japan）。

附表 6-32　博士生毕业情况　　单位：人

年份	人文科学	社会科学	理学	工学	农学	卫生与健康	家政	教育	艺术	其他
1995	805	584	956	1 783	601	2 956	15	136	27	156
2000	1 086	973	1 456	2 903	990	3 977	56	285	65	584
2005	1 371	1 282	1 421	3 341	1 104	4 730	58	339	119	1 521
2006	1 298	1 302	1 522	3 679	1 056	4 920	58	334	140	1 664
2007	1 271	1 272	1 687	3 719	1 121	5 389	76	362	154	1 750
2008	1 358	1 238	1 610	3 636	1 065	5 074	59	356	150	1 735
2009	1 370	1 285	1 483	3 714	1 114	5 026	69	333	172	1 897
2010	1 393	1 225	1 350	3 569	1 073	4 743	74	375	172	1 868
2011	1 441	1 234	1 255	3 370	1 001	5 068	85	379	189	1 870
2012	1 334	1 239	1 358	3 561	1 004	5 261	83	391	148	1 881
2013	1 346	1 195	1 328	3 669	1 000	5 261	82	433	134	1 997
2014	1 157	1 100	1 317	3 530	958	5 342	72	414	143	1 970
2015	1 182	1 150	1 308	3 494	911	5 167	50	423	131	1 868
2016	1 088	1 047	1 369	3 440	881	5 625	54	406	124	1 739
2017	1 050	1 035	1 373	3 324	909	5 677	48	421	157	1 664

资料来源：日本文部科学省（Ministry of Education Culture Sports & Technology in Japan）。

附表 6-33　硕士生毕业情况　　单位：人

年份	人文科学	社会科学	理学	工学	农学	卫生与健康	商船	家政	教育	艺术	其他
1995	2 933	4 109	42 64	20 197	2 819	1 815	76	252	3 379	869	968
2000	4 154	7 488	5 351	24 762	3 168	2 544	18	381	4 465	1 207	2 500
2005	4 955	9 280	6 194	30 145	3 678	4 629	25	458	4 915	1 666	5 495
2006	5 157	8 679	6 281	30 617	3 825	4 862	20	498	4 847	1 775	5 970
2007	5 337	8 714	6 367	30 995	3 797	5 191	32	474	5 001	1 980	6 105
2008	5 134	8 181	6 266	30 641	4 113	5 299	31	521	5 082	1 976	6 637
2009	5 048	7 891	6 224	30 710	4 185	5 680	28	415	5 024	1 959	6 647
2010	5 016	7 796	6 047	30 362	4 078	6 047	24	458	4 686	1 888	6 818
2011	4 953	7 842	6 115	31 456	4 179	6 197	33	445	4 366	1 930	7 164
2012	5 084	8 245	6 554	35 281	4 444	4 687	36	474	4 542	2 004	7 360
2013	5 148	7 938	6 500	33 677	4 200	4 746	26	441	4 470	2 002	7 363
2014	4 826	7 546	6 347	31 690	4 086	4 625	41	409	4 459	1 887	7 238
2015	4 579	7 171	6 321	30 898	3 897	4 738	27	395	4 298	1 864	7 113
2016	4 465	6 993	6 042	31 086	3 904	4 851	19	399	4 243	1 809	7 205
2017	4 403	6 961	6 185	31 130	3 913	4 863	32	379	4 103	1 833	7 385

资料来源：日本文部科学省（Ministry of Education Culture Sports & Technology in Japan）。

附表 6-34　专业学位研究生毕业情况　　单位：人

年份	人文科学	社会科学	理学	工学	农学	卫生与健康	家政	教育	艺术	其他
2005	—	569	—	—	—	39	—	—	—	41
2006	—	3 298	—	15	—	73	—	—	—	138
2007	30	6 431	—	33	—	66	—	—	—	217
2008	30	7 484	—	77	—	92	—	37	—	314
2009	85	7 625	—	87	—	105	—	110	—	280
2010	74	7 461	—	119	—	118	—	571	—	326
2011	120	7 304	—	146	—	101	—	763	—	378
2012	120	6 935	—	159	—	96	—	798	—	454
2013	124	6 396	—	132	—	118	—	774	—	457
2014	117	5 932	—	119	—	103	—	788	—	552
2015	126	5 455	—	134	—	115	—	772	—	550
2016	113	4 966	—	115	—	128	—	787	—	568
2017	101	4 962	—	169	—	109	—	878	—	539

注：专业学位课程（专门职学位课程）英文为 Professional Degree Course。

资料来源：日本文部科学省（Ministry of Education Culture Sports & Technology in Japan）。

6.8 韩国

附表 6-35　学位授予情况　　单位：人

年　份	合　计	硕　士	博　士
1999	47 068	41 482	5 586
2000	53 367	47 226	6 141
2001	59 330	53 109	6 221
2002	63 222	56 465	6 757
2003	71 499	64 259	7 240
2004	74 728	66 720	8 008
2005	77 041	68 439	8 602
2006	78 743	69 834	8 909
2007	79 174	70 092	9 082
2008	82 484	73 103	9 381
2009	85 597	75 685	9 912
2010	87 870	77 328	10 542
2011	91 048	79 403	11 645
2012	95 008	82 765	12 243
2013	95 563	82 938	12 625
2014	95 736	82 805	12 931
2015	94 741	81 664	13 077
2016	95 342	81 460	13 882
2017	97 921	83 605	14 316
2018	97 511	82 837	14 674

资料来源：韩国教育统计中心（Korean Education Statistics Service）。

6.9 俄罗斯

附表 6-36　副博士在读情况

单位：人

年份	2000	2005	2006	2007	2008	2009	2010	2011	2012	2013	2014	2015	2016
人数	117 714	142 899	146 111	147 719	155 536	160 974	164 564	166 020	163 201	153 891	119 868	109 936	98 352

资料来源：俄罗斯联邦统计局。

附表 6-37　博士在读情况

单位：人

年份	2000	2005	2006	2007	2008	2009	2010	2011	2012	2013	2014	2015	2016
人数	4 213	4 282	4 189	4 109	4 152	4 148	4 133	4 179	4 096	3 755	3 204	2 007	921

资料来源：俄罗斯联邦统计局。

附表 6-38　副博士毕业情况

单位：人

年份	2000	2005	2006	2007	2008	2009	2010	2011	2012	2013	2014	2015	2016
人数	24 828	33 561	35 392	35 747	35 222	37 847	38 725	40 082	41 925	41 418	28 723	25 826	25 992

资料来源：俄罗斯联邦统计局。

附表 6-39　博士毕业情况

单位：人

年份	2000	2005	2006	2007	2008	2009	2010	2011	2012	2013	2014	2015	2016
人数	464	1 451	1 417	1 320	1 349	1 381	1 428	1 494	1 477	1 467	—	1 386	1 346

资料来源：俄罗斯联邦统计局。

6.10 中国香港

附表 6-40 研究类研究生注册人数情况

单位：人

年份	医学	牙医学	与医学及卫生有关的学科	生物	自然	数学科学	电脑科学及资讯科技	工程及科技	建筑学及城市规划	工商管理	社会科学	法学	大众传播及文件管理	语言及相关科目	人文学科	艺术设计及演艺	教育
2000—2001	112	7	27	196	228	83	119	433	26	113	161	7	15	92	69	19	33
2005—2006	200	9	36	177	235	97	107	473	48	86	186	18	29	108	72	30	57
2006—2007	239	16	37	184	261	114	120	489	37	99	223	16	22	111	81	26	57
2007—2008	226	12	43	191	235	109	109	550	49	82	213	20	23	110	87	36	62
2008—2009	209	15	55	146	240	92	115	483	44	93	214	25	20	92	87	27	56
2009—2010	279	14	57	161	278	106	159	606	45	100	218	22	18	100	87	31	52
2010—2011	220	20	58	168	267	101	122	543	38	124	228	16	18	95	81	30	52
2011—2012	225	11	54	155	261	91	130	561	32	111	206	17	17	94	79	38	72
2012—2013	242	15	57	182	296	98	102	588	42	90	221	21	18	91	98	24	64
2013—2014	253	23	59	190	311	111	147	656	40	94	228	11	21	107	81	22	58
2014—2015	241	21	74	184	301	110	151	699	43	120	221	12	23	101	95	37	59
2015—2016	239	18	64	162	272	106	136	658	39	127	241	12	21	80	87	40	80
2016—2017	257	12	73	194	336	125	138	724	38	134	205	16	19	85	103	29	77
2017—2018	264	16	79	168	327	103	161	717	36	154	213	18	14	102	82	33	83

注：表格数据为香港大学教育资助委员会所资助的 8 所高校数据，包括香港城市大学、香港浸会大学、岭南大学、香港中文大学、香港教育学院、香港理工大学、香港科技大学及香港大学，约占香港高校入学总人数的 90%。

资料来源：香港大学教育资助委员会。

附表 6-41　修课类研究生注册人数情况

单位：人

年份	医学	牙医学	与医学及卫生有关的学科	生物	自然	数学科学	电脑科学及资讯科技	工程及科技	建筑学及城市规划	工商管理	社会科学	法学	大众传播及文件管理	语言及相关科目	人文学科	艺术设计及演艺	教育
2000—2001	27	17	91	6	160	95	249	639	180	1 020	306	411	63	332	21	64	1 683
2005—2006	10	0	120	14	38	45	21	185	121	60	47	201	0	94	15	29	1 641
2006—2007	5	0	131	9	14	99	11	50	126	15	60	197	0	142	9	6	1 906
2007—2008	2	0	0	9	17	78	10	0	131	10	27	191	0	108	15	9	1 905
2008—2009	3	0	7	9	19	69	11	0	129	9	61	213	0	76	12	10	1 600
2009—2010	7	0	0	14	22	83	7	0	140	13	40	227	0	100	11	20	1 506
2010—2011	4	0	8	10	17	56	10	0	145	6	66	231	0	97	12	15	1 493
2011—2012	1	0	0	9	18	37	11	0	147	5	35	232	0	94	10	17	1 693
2012—2013	2	0	8	10	19	30	10	0	146	3	68	237	0	74	7	11	1 471
2013—2014	6	0	0	8	15	29	6	0	144	3	40	237	0	76	7	10	1 469
2014—2015	7	0	8	4	11	31	8	0	151	0	104	230	0	81	7	11	1 505
2015—2016	3	0	0	6	17	32	6	0	144	2	72	232	0	72	4	9	1 407
2016—2017	5	0	8	4	12	25	8	0	147	1	91	302	0	51	4	12	783
2017—2018	1	0	0	5	14	19	10	0	143	2	65	285	0	52	6	10	778

注：表格数据为香港大学教育资助委员会所资助的 8 所高校数据，包括香港城市大学、香港浸会大学、岭南大学、香港中文大学、香港教育学院、香港理工大学、香港科技大学及香港大学，约占香港高校入学总人数的 90%。

资料来源：香港大学教育资助委员会。

附表 6-42　研究类研究生毕业情况　　单位：人

年　份	医学、牙科和护理科	理学科	工程材料和科技科	商科和管理科	社会科学科	文科和人文学科	教育科
2000—2001	141	523	432	76	134	144	36
2001—2002	141	546	433	80	156	172	39
2002—2003	139	557	454	73	155	152	32
2003—2004	173	583	464	84	210	184	39
2004—2005	201	599	445	67	178	164	28
2005—2006	204	584	458	82	186	192	38
2006—2007	200	613	538	83	200	197	36
2007—2008	272	617	510	97	199	195	36
2008—2009	288	609	510	74	236	188	49
2009—2010	302	575	490	129	206	190	38
2010—2011	289	624	519	103	240	217	60
2011—2012	379	630	535	81	224	215	48
2012—2013	294	613	545	91	249	218	62
2013—2014	322	635	589	108	267	214	56
2014—2015	327	662	627	143	244	224	81
2015—2016	369	593	665	122	283	228	56
2016—2017	357	654	764	120	287	258	66
2017—2018	381	763	804	144	236	251	86

注：表格数据为香港大学教育资助委员会所资助的 8 所高校数据，包括香港城市大学、香港浸会大学、岭南大学、香港中文大学、香港教育学院、香港理工大学、香港科技大学及香港大学，约占香港高校入学总人数的 90%。

资料来源：香港大学教育资助委员会。

附表 6-43　修课类研究生毕业情况　　单位：人

年　份	医学、牙科和护理科	理学科	工程材料和科技科	商科和管理科	社会科学科	文科和人文学科	教育科
2000—2001	166	451	815	1 158	738	338	1 718
2001—2002	145	482	950	1 010	845	406	1 867
2002—2003	136	676	1 040	1 075	967	484	2 310
2003—2004	222	718	961	706	1 102	521	2 418

续表

年　份	医学、牙科和护理科	理学科	工程材料和科技科	商科和管理科	社会科学科	文科和人文学科	教育科
2004—2005	95	471	824	503	580	331	2 049
2005—2006	107	343	513	207	469	259	1 655
2006—2007	88	137	273	104	294	134	1 480
2007—2008	115	137	182	23	262	135	1 803
2008—2009	106	148	145	11	241	111	1 696
2009—2010	96	97	137	12	276	109	1 366
2010—2011	32	84	132	6	272	110	1 448
2011—2012	26	73	143	4	277	115	1 340
2012—2013	5	63	147	3	270	85	1 662
2013—2014	9	63	143	3	305	97	1 371
2014—2015	1	49	144	0	303	91	1 371
2015—2016	8	65	150	2	319	89	1 421
2016—2017	6	60	137	2	379	77	1 323
2017—2018	11	71	146	3	400	93	1 119

注：表格数据为香港大学教育资助委员会所资助的8所高校数据，包括香港城市大学、香港浸会大学、岭南大学、香港中文大学、香港教育学院、香港理工大学、香港科技大学及香港大学，约占香港高校入学总人数的90%。

资料来源：香港大学教育资助委员会。

6.11 中国澳门

附表 6-44 博士研究生注册情况

单位：人

专业	2005—2006 年	2006—2007 年	2007—2008 年	2008—2009 年	2009—2010 年	2010—2011 年	2011—2012 年	2012—2013 年	2013—2014 年	2014—2015 年	2015—2016 年	2016—2017 年	2017—2018 年
师范教育	—	—	—	—	—	—	—	—	—	—	—	—	—
教育科学	151	10	14	17	18	23	23	30	55	76	105	121	122
体育	—	—	—	—	—	—	—	—	—	—	—	—	—
人文科学	—	1	10	6	18	20	22	15	18	22	22	33	48
语言及文学	11	13	11	19	11	28	40	56	68	72	85	103	92
翻译	—	—	—	—	—	—	—	—	—	—	—	—	—
设计及艺术	—	—	—	—	—	—	—	—	—	1	21	40	61
宗教神学	—	—	3	5	5	5	5	5	7	9	11	16	13
社会及行为科学	—	—	2	5	11	21	36	60	81	114	143	167	188
文化遗产	—	—	—	—	—	—	—	—	—	2	2	3	2
新闻及信息传播	—	—	—	—	2	4	17	32	46	57	69	68	65
商务与管理	359	411	421	392	360	315	225	232	258	292	329	371	396
博彩管理	—	—	—	—	—	—	—	—	—	1	1	1	1
公共行政	3	6	—	12	13	15	9	8	20	24	29	33	27

续表

专　业	2005—2006 年	2006—2007 年	2007—2008 年	2008—2009 年	2009—2010 年	2010—2011 年	2011—2012 年	2012—2013 年	2013—2014 年	2014—2015 年	2015—2016 年	2016—2017 年	2017—2018 年
法律	51	51	52	55	53	61	59	79	110	122	155	194	203
生物科学	—	—	—	—	—	—	32	57	88	104	173	302	329
自然科学	—	—	—	—	—	—	—	—	—	—	—	—	6
数学科学	2	3	4	6	7	7	6	11	19	25	33	40	39
电脑及资讯	14	13	11	18	21	36	41	48	64	80	119	157	195
工程	13	13	10	11	19	35	35	48	56	68	88	128	153
建筑及城市规划	7	6	8	4	4	12	11	12	9		19	22	45
医学	15	18	13	5	6	6	5	6	8	15	26	39	47
护理及卫生	—	—	—	5	6	9	9	14	14	15	19	22	22
药学	5	6	6	19	26	43	18	24	27	39	49	59	71
社会服务	—	—	—	—	—	—	—	—	—	—	—	—	—
旅游及娱乐服务	—	—	—	1	3	8	8	30	59	80	101	122	114
物流及运输	—	—	—	—	—	—	—	—	—	8	9	9	6
环境保护	—	—	—	—	—	—	5	—	6	7	8	—	—
保安	—	—	—	—	—	—	—	—	—	—	—	—	—

资料来源：澳门高等教育辅助办公室网站。

附表 6-45　硕士研究生注册情况

单位：人

专　业	2005—2006 年	2006—2007 年	2007—2008 年	2008—2009 年	2009—2010 年	2010—2011 年	2011—2012 年	2012—2013 年	2013—2014 年	2014—2015 年	2015—2016 年	2016—2017 年	2017—2018 年
师范教育	—	—	—	—	—	—	—	—	—	—	—	—	—
教育科学	—	123	101	171	169	189	126	171	231	267	313	331	353
体育	14	16	23	—	30	40	36	47	45	49	54	32	26
人文科学	9	17	16	25	38	52	61	108	115	150	146	152	174
语言及文学	139	155	126	118	116	132	152	222	279	283	298	260	267
翻译	—	—	20	37	61	73	61	99	113	147	156	146	135
设计及艺术	—	—	—	1	6	14	13	11	12	8	60	115	168
宗教神学	—	12	16	23	16	15	12	1	6	3	1	—	—
社会及行为科学	84	82	84	107	192	267	226	295	320	295	345	406	463
文化遗产	—	—	—	—	—	—	19	11	5	5	—	—	—
新闻及信息传播	41	43	29	34	47	40	81	146	200	213	215	240	242
商务与管理	7 313	6 207	5 911	6 222	5 288	5 448	1 220	1 557	1 736	1 830	1 740	1 683	1 685
博彩管理	—	—	—	—	—	—	—	—	—	—	—	—	—
公共行政	265	262	208	170	171	192	225	298	312	308	346	311	292
法律	420	442	375	311	251	258	301	389	502	578	618	640	675
生物科学	—	—	—	—	—	—	—	—	—	—	—	—	—

续表

专业	2005—2006年	2006—2007年	2007—2008年	2008—2009年	2009—2010年	2010—2011年	2011—2012年	2012—2013年	2013—2014年	2014—2015年	2015—2016年	2016—2017年	2017—2018年
自然科学	—	—	—	—	—	—	—	—	—	—	—	4	32
数学科学	18	15	18	23	27	22	31	41	52	45	47	36	32
电脑及资讯	129	109	135	116	108	111	179	225	242	234	237	232	222
工程	87	80	101	99	107	133	136	181	182	199	201	199	175
建筑及城市规划	52	48	50	50	46	57	68	81	75	66	76	84	101
医学	27	28	28	30	30	32	33	31	25	42	49	58	59
护理及卫生	—	—	—	25	38	55	73	90	91	118	111	115	109
药学	92	100	89	82	93	126	105	121	134	119	104	117	125
社会服务	—	—	—	—	1	9	9	1	—	—	—	6	7
旅游及娱乐服务	9	34	57	113	175	209	220	253	321	395	432	478	446
环境保护	—	—	—	—	—	—	—	—	—	—	11	10	—
保安	—	—	—	—	—	—	—	—	—	—	—	—	—

资料来源：澳门高等教育辅助办公室网站。

附表 6-46　博士学位授予情况

单位：人

专　业	2005—2006 年	2006—2007 年	2007—2008 年	2008—2009 年	2009—2010 年	2010—2011 年	2011—2012 年	2012—2013 年	2013—2014 年	2014—2015 年	2015—2016 年	2016—2017 年
师范教育	—	—	—	—	—	—	—	—	—	—	—	—
教育科学	—	—	2	—	1	1	1	2	3	6	9	6
体育	—	—	—	—	—	—	—	—	—	—	—	—
人文科学	—	—	—	—	2	1	—	—	1	4	4	4
语言及文学	1	1	2	—	—	4	3	5	7	9	9	25
翻译	—	—	—	—	—	—	—	—	—	—	—	—
设计及艺术	—	—	—	—	—	—	—	—	—	—	—	—
宗教神学	—	—	—	—	—	—	—	—	—	1	1	3
社会及行为科学	—	—	1	—	1	—	1	—	6	10	23	25
文化遗产	—	—	—	—	—	—	—	—	—	—	—	—
新闻及信息传播	—	—	—	—	—	—	—	—	—	3	14	11
商务与管理	26	19	40	—	58	102	40	52	31	43	44	67
博彩管理	—	—	—	42	—	—	—	—	—	—	1	1
公共行政	—	1	—	—	1	—	2	—	1	3	1	5
法律	—	2	19	1	4	5	12	9	22	10	15	25
生物科学	—	—	—	—	—	2	5	6	6	8	9	25

续表

专业	2005—2006 年	2006—2007 年	2007—2008 年	2008—2009 年	2009—2010 年	2010—2011 年	2011—2012 年	2012—2013 年	2013—2014 年	2014—2015 年	2015—2016 年	2016—2017 年
自然科学	—	—	—	—	—	—	—	—	—	—	—	—
数学科学	—	1	1	—	1	5	1	2	1	4	6	8
电脑及资讯	4	2	3	2	3	2	3	11	5	11	10	24
工程	2	2	4	—	2	2	5	1	9	6	7	23
制造与加工	—	—	—	—	—	—	—	—	—	—	—	—
建筑及城市规划	—	1	2	2	—	1	1	2	1	2	3	2
医学	3	—	6	3	—	2	2	1	—	—	1	3
护理及卫生	—	—	—	—	—	1	1	2	3	1		4
药学	—	—	3	—	1	1	5	4	2	4	9	10
社会服务	—	—	—	—	—	—	—	—	—	—	—	—
旅游及娱乐服务	—	—	—	—	—	—	—	—	2	3	13	3
物流运输	—	—	—	—	—	2	—	—	—	—	—	—
环境保护	—	—	—	—	—	—	—	1	—	1	—	—
保安	—	—	—	—	—	—	—	—	—	—	—	—

资料来源：澳门高等教育辅助办公室网站。

附表 6-47 硕士学位授予情况

单位：人

专业	2005—2006 年	2006—2007 年	2007—2008 年	2008—2009 年	2009—2010 年	2010—2011 年	2011—2012 年	2012—2013 年	2013—2014 年	2014—2015 年	2015—2016 年	2016—2017 年
师范教育	—	—	—	—	—	—	—	—	—	—	—	—
教育科学	30	30	32	21	27	51	25	45	47	55	91	91
体育	—	4	8	3	6	8	13	19	8	7	21	16
人文科学	2	2	1	—	5	3	9	37	31	53	52	62
语言及文学	18	34	27	28	27	39	32	51	61	82	122	95
翻译	—	—	—	12	3	10	11	21	11	18	53	46
设计及艺术	—	—	—	—	1	—	5	—	4	6	1	45
宗教神学	—	—	4	2	1	2	8	1	3	—	1	—
社会及行为科学	3	11	14	13	20	47	59	72	113	86	90	136
文化遗产	—	—	—	—	—	1	7	8	4	3	—	—
新闻及信息传播	5	11	7	—	15	6	13	31	55	88	71	76
商务与管理	2 414	3 199	2 527	7	2 007	252	342	438	522	625	690	600
博彩管理	—	—	—	2 384	—	—	—	—	—	—	—	—
公共行政	—	78	72	—	43	49	75	88	87	73	126	104
法律	83	132	95	42	57	51	48	95	97	167	191	235
生物科学	—	—	—	—	—	—	—	—	—	—	—	—

续表

专业	2005—2006年	2006—2007年	2007—2008年	2008—2009年	2009—2010年	2010—2011年	2011—2012年	2012—2013年	2013—2014年	2014—2015年	2015—2016年	2016—2017年
自然科学	—	—	—	—	—	—	—	—	—	—	—	—
数学科学	8	4	4	4	12	8	9	13	13	21	12	15
电脑及资讯	32	18	18	34	23	11	26	28	52	61	55	73
工程	13	9	20	5	21	20	13	25	33	41	39	50
建筑及城市规划	2	7	7	16	13	6	8	15	15	12	7	20
医学	7	8	8	6	7	6	8	11	8	7	5	11
护理及卫生	—	—	—	—	—	13	10	24	11	20	16	31
药学	28	28	33	30	34	22	34	39	44	49	32	42
社会服务	—	—	—	—	—	1	2	—	—	—	—	—
旅游及娱乐服务	4	3	1	9	16	29	46	56	43	70	80	115
物流及运输	—	—	—	—	—	—	—	—	—	—	—	—
环境保护	—	—	—	—	—	—	—	—	—	—	—	9
保安	—	—	—	—	—	—	—	—	—	—	—	—

资料来源：澳门高等教育辅助办公室网站。

6.12 中国台湾

附表 6-48 博士研究生在读情况 单位：人

学科领域	2014—2015 年	2015—2016 年	2016—2017 年	2017—2018 年
教育学门	2 615	2 630	2 688	2 713
艺术学门	863	937	958	998
人文学门	825	802	799	799
语文学门	1 599	1 570	1 530	1 481
社会及行为科学学门	1 556	1 513	1 524	1 487
新闻学及图书资讯学门	108	115	122	126
商业及管理学门	2 955	2 927	2 954	2 992
法律学门	314	343	356	394
生命科学学门	2 020	1 839	1 727	1 671
环境学门	119	124	108	104
物理、化学及地球科学学门	1 911	1 822	1 806	1 724
数学及统计学门	230	215	220	210
资讯通讯科技学门	1 534	1 372	1 264	1 198
工程及工程业学门	8 207	7 657	7 301	7 010
制造及加工学门	231	216	192	192
建筑及营建工程学门	1 039	925	890	896
农业学门	434	407	381	381
林业学门	52	49	51	49
渔业学门	78	81	73	74
兽医学门	127	113	114	107
医药卫生学门	3 340	3 267	3 319	3 272
社会福利学门	136	138	154	148
餐饮及民生服务学门	144	156	175	193
卫生及职业卫生服务学门	—	—	—	—
安全服务学门	—	—	—	—
运输服务学门	89	82	74	69
其他学门	23	33	41	58

资料来源：台湾教育主管部门。

附表 6-49 硕士研究生在读情况 单位：人

学科领域	2014—2015 年	2015—2016 年	2016—2017 年	2017—2018 年
教育学门	13 519	13 101	13 166	13 124
艺术学门	11 161	11 130	11 116	11 210
人文学门	3 452	3 408	3 308	3 265
语文学门	8 449	7 924	7 533	7 358
社会及行为科学学门	10 416	10 389	10 402	10 356
新闻学及图书资讯学门	2 370	2 220	2 267	2 209

续表

学科领域	2014—2015 年	2015—2016 年	2016—2017 年	2017—2018 年
商业及管理学门	31 655	31 438	31 292	31 599
法律学门	5 849	5 968	6 284	6 381
生命科学学门	4 389	4 119	4 011	3 987
环境学门	809	790	803	767
物理、化学及地球科学学门	4 970	4 813	4 631	4 523
数学及统计学门	1 948	1 891	1 962	1 936
资讯通讯科技学门	10 013	[illegible]	[illegible]	10 470
工程及工程业学门	38 585	38 056	37 562	36 840
制造及加工学门	1 107	1 088	1 124	1 210
建筑及营建工程学门	5 949	5 800	5 657	5 478
农业学门	1 741	1 633	1 619	1 637
林业学门	381	352	334	313
渔业学门	321	308	296	273
兽医学门	284	261	283	270
医药卫生学门	6 184	6 154	6 460	6 674
社会福利学门	2 179	2 169	2 154	2 195
餐饮及民生服务学门	5 099	5 212	5 352	5 257
卫生及职业卫生服务学门	148	148	149	163
安全服务学门	36	35	35	93
运输服务学门	1 056	1 110	1 077	1 048
其他学门	99	118	154	197

资料来源：台湾教育主管部门。

附表 6-50　博士毕业生情况　　单位：人

学科领域	2014—2015 年	2015—2016 年	2016—2017 年
教育学门	297	271	278
艺术学门	59	92	91
人文学门	86	64	94
语文学门	198	171	199
社会及行为科学学门	184	171	132
新闻学及图书资讯学门	13	15	10
商业及管理学门	346	332	304
法律学门	19	19	13
生命科学学门	295	294	277
环境学门	5	21	13
物理、化学及地球科学学门	287	251	287
数学及统计学门	35	27	26
资讯通讯科技学门	197	177	151
工程及工程业学门	1 224	1 045	979
制造及加工学门	33	22	27
建筑及营建工程学门	129	97	103

续表

学科领域	2014—2015 年	2015—2016 年	2016—2017 年
农业学门	62	53	42
林业学门	6	4	10
渔业学门	8	13	3
兽医学门	15	12	13
医药卫生学门	454	445	413
社会福利学门	14	11	14
餐饮及民生服务学门	14	7	20
卫生及职业卫生服务学门	—	—	—
安全服务学门	—	—	—
运输服务学门	18	8	13
其他学门	2	1	—

资料来源：台湾教育主管部门。

附表 6-51　硕士毕业生情况　　单位：人

学科领域	2014—2015 年	2015—2016 年	2016—2017 年
教育学门	3 633	3 376	3 268
艺术学门	2 701	2 702	2 608
人文学门	661	610	615
语文学门	1 827	1 632	1 433
社会及行为科学学门	2 813	2 661	2 566
新闻学及图书资讯学门	654	610	591
商业及管理学门	12 524	12 472	12 261
法律学门	1 060	990	1 153
生命科学学门	1 647	1 513	1 477
环境学门	227	214	242
物理、化学及地球科学学门	1 891	1 876	1 743
数学及统计学门	741	673	724
资讯通讯科技学门	3 939	4 025	3 879
工程及工程业学门	14 785	14 361	14 220
制造及加工学门	434	394	405
建筑及营建工程学门	2 018	2 045	1 961
农业学门	611	578	563
林业学门	123	102	104
渔业学门	125	126	124
兽医学门	111	80	102
医药卫生学门	2 161	1 972	2 051
社会福利学门	490	498	478
餐饮及民生服务学门	1 780	1 707	1 872
卫生及职业卫生服务学门	54	64	48
安全服务学门	17	18	17
运输服务学门	412	433	414
其他学门	22	20	22

资料来源：台湾教育主管部门。

6.13 层次结构

附表 6-52　各国授予的学士学位与硕士学位之比（2003—2017 年）

年份	美国	加拿大	英国	德国	法国	澳大利亚	日本	韩国	中国
2003	2.60：1	4.96：1	3.36：1	0.82：1	—	3.14：1	9.85：1	4.02：1	8.98：1
2005	2.48：1	4.61：1	2.96：1	1.08：1	1.87：1	2.76：1	9.18：1	3.93：1	8.25：1
2007	2.50：1	5.04：1	2.88：1	1.64：1	1.73：1	2.69：1	8.80：1	3.96：1	6.79：1
2009	2.42：1	4.35：1	2.71：1	3.23：1	1.68：1	2.51：1	8.61：1	3.69：1	6.11：1
2011	2.35：1	4.12：1	2.27：1	3.36：1	1.32：1	2.46：1	8.29：1	3.70：1	6.05：1
2012	2.37：1	4.06：1	2.25：1	2.86：1	1.38：1	2.62：1	7.93：1	3.61：1	5.99：1
2013	2.44：1	4.01：1	2.36：1	2.46：1	1.42：1	2.63：1	8.12：1	3.56：1	6.13：1
2014	2.48：1	3.91：1	2.52：1	2.22：1	1.41：1	2.45：1	8.54：1	3.64：1	6.26：1
2015	2.50：1	3.90：1	2.35：1	2.06：1	1.40：1	2.34：1	8.74：1	3.95：1	6.33：1
2016	2.44：1	—	2.46：1	2.01：1	1.40：1	2.28：1	8.69：1	4.11：1	6.88：1
2017	2.48：1	—	2.28：1	1.85：1	—	2.14：1	8.77：1	4.01：1	6.61：1

附表 6-53　各国授予的硕士学位与博士学位之比（2003—2017 年）

年份	美国	加拿大	英国	德国	法国	澳大利亚	日本	韩国	中国
2003	4.26：1	7.52：1	5.65：1	0.13：1	—	—	4.65：1	8.86：1	6.40：1
2005	4.31：1	7.86：1	6.57：1	0.35：1	4.71：1	9.26：1	4.67：1	7.96：1	7.72：1
2007	4.22：1	7.21：1	6.32：1	0.60：1	7.79：1	8.89：1	4.40：1	7.72：1	8.62：1
2009	4.28：1	7.82：1	6.99：1	0.92：1	7.58：1	9.83：1	4.48：1	7.63：1	8.91：1
2011	4.46：1	7.90：1	8.09：1	1.74：1	9.31：1	10.19：1	4.70：1	6.82：1	9.86：1
2012	4.35：1	7.92：1	8.51：1	2.48：1	8.91：1	9.19：1	4.84：1	6.76：1	10.03：1
2013	4.29：1	8.05：1	7.72：1	3.18：1	8.82：1	8.45：1	4.65：1	6.57：1	10.33：1
2014	4.25：1	7.93：1	7.88：1	3.83：1	8.95：1	8.40：1	4.57：1	6.40：1	10.75：1
2015	4.25：1	7.85：1	7.39：1	4.28：1	9.05：1	8.94：1	4.55：1	6.24：1	10.89：1
2016	4.42：1	—	7.21：1	4.24：1	9.90：1	8.82：1	4.50：1	5.87：1	10.78：1
2017	4.41：1	—	7.11：1	4.80：1	—	9.36：1	4.55：1	5.84：1	10.37：1

附表 6-54　各国学术学位与非学术学位的在学研究生人数之比（2003—2017 年）

年份	英国	德国	法国	澳大利亚	日本	韩国	中国
2003	1：3.58	—	—	1：5.45	1：0.003	1：0.78	—
2005	1：3.76	—	1：2.40	1：4.47	1：0.06	1：0.75	—
2007	1：3.70	—	1：2.81	1：4.55	1：0.07	1：0.74	—
2009	1：4.70	1：0.25	1：3.04	1：4.85	1：0.10	1：0.76	—
2011	1：4.70	1：0.32	1：3.32	1：4.50	1：0.09	1：0.80	1：0.26
2012	1：4.25	1：0.32	1：3.37	1：4.40	1：0.08	1：0.81	1：0.35
2013	1：3.95	1：0.32	1：3.49	1：4.56	1：0.08	1：1.21	1：0.44
2014	1：3.87	1：0.35	1：3.49	1：4.86	1：0.07	1：1.18	1：0.50
2015	1：3.92	1：0.37	1：3.57	1：4.90	1：0.07	1：1.15	1：0.54
2016	—	—	1：3.36	1：4.90	1：0.07	1：1.13	1：0.59
2017	—	—	—	1：5.09	1：0.07	1：1.12	—

6.14 学科排名（国别分析结果 - 按学科）

附表 6-55 ARWU

学科 / 国别	2017 年					2018 年				
	1～50	51～100	101～200	201～500	总计	1～50	51～100	101～200	201～500	总计
航空航天工程										
澳大利亚	2	—	—	—	2	2	—	—	—	2
德国	—	—	—	—	—	1	—	—	—	—
加拿大	2	—	—	—	—	2	—	—	—	—
美国	21	—	—	—	—	17	—	—	—	—
日本	1	—	—	—	—	1	—	—	—	—
英国	7	—	—	—	—	6	—	—	—	6
中国	7	—	—	—	7	10	—	—	—	10
农学										
澳大利亚	6	2	6	10	24	6	3	5	13	27
德国	3	3	14	16	36	3	2	12	22	39
俄罗斯	—	—	—	1	1	—	—	—	1	1
法国	2	3	5	12	22	2	3	7	11	23
加拿大	3	2	3	14	22	3	2	3	12	20
美国	19	10	13	44	86	20	8	12	44	84
日本	1	1	4	9	15	1	1	4	8	14
英国	—	5	11	14	30	—	4	10	18	32
中国	5	4	9	38	56	5	5	9	38	57
大气科学										
澳大利亚	—	—	—	—	—	—	—	8	7	17
德国	—	—	—	—	—	1	5	9	11	26
俄罗斯	—	—	—	—	—	—	—	—	3	3
法国	—	—	—	—	—	4	2	7	6	19
加拿大	—	—	—	—	—	1	3	5	7	16
美国	—	—	—	—	—	20	20	24	42	106
日本	—	—	—	—	—	1	1	3	6	11
英国	—	—	—	—	—	7	7	6	5	25
中国	—	—	—	—	—	5	2	8	20	35
控制科学与工程										
澳大利亚	4	2	—	—	6	4	2	3	—	9
德国	—	4	—	—	4	—	3	—	—	3
俄罗斯	—	1	—	—	1	1	—	—	—	1
法国	3	3	—	—	6	2	3	1	—	6
加拿大	1	4	—	—	5	1	4	4	—	9
美国	16	5	—	—	21	12	7	9	—	28
日本	1	1	—	—	2	—	—	4	—	4

续表

学科 / 国别	2017 年					2018 年				
	1 ～ 50	51 ～ 100	101 ～ 200	201 ～ 500	总计	1 ～ 50	51 ～ 100	101 ～ 200	201 ～ 500	总计
英国	3	2	—	—	5	4	1	3	—	8
中国	11	13	—	—	24	14	16	28	—	58
生物工程										
澳大利亚	2	2	3	12	19	1	3	4	12	20
德国	1	6	17	17	41	1	6	15	21	43
俄罗斯	—	—	—	—	—	—	—	—	1	1
法国	2	2	5	19	28	1	1	8	12	22
加拿大	1	3	5	9	18	1	2	4	10	17
美国	27	12	24	69	132	30	14	25	70	139
日本	2	—	3	11	16	3	1	2	8	14
英国	8	4	13	13	38	7	2	9	22	40
中国	—	1	6	33	40	—	1	6	31	38
生物医学工程										
澳大利亚	—	5	2	2	9	1	1	4	3	9
德国	2	6	9	8	25	—	9	7	9	25
法国	—	2	2	8	12	—	—	4	4	8
加拿大	2	3	4	1	10	1	2	3	6	12
美国	25	9	27	22	83	25	9	26	21	81
日本	1	2	2	6	11	1	2	2	6	11
英国	4	1	3	5	13	2	3	4	7	16
中国	8	9	16	14	47	13	8	15	11	47
生物学										
澳大利亚	1	2	5	1	9	2	1	6	3	12
德国	—	5	8	13	26	—	6	7	24	37
俄罗斯	—	—	—	—	—	—	—	—	1	1
法国	—	2	4	6	12	—	—	6	11	17
加拿大	2	1	3	6	12	2	—	3	10	15
美国	25	16	19	22	82	22	17	22	35	96
日本	1	1	4	2	8	1	1	3	11	16
英国	5	1	4	10	20	5	1	5	9	20
中国	6	10	17	11	44	10	10	17	57	94
工商管理										
澳大利亚	2	3	4	—	9	2	4	6	10	22
德国	—	3	5	—	8	—	1	7	8	16
法国	—	1	2	—	3	1	—	3	6	10
加拿大	4	5	2	—	11	4	4	5	8	21
美国	35	20	44	—	99	34	20	41	43	138
英国	1	7	11	—	19	1	9	11	30	51
中国	1	5	7	—	13	1	4	7	19	31

续表

学科 / 国别	2017 年					2018 年				
	1 ~ 50	51 ~ 100	101 ~ 200	201 ~ 500	总计	1 ~ 50	51 ~ 100	101 ~ 200	201 ~ 500	总计
化学工程										
澳大利亚	4	—	5	3	12	2	2	4	8	16
德国	—	3	4	4	11	—	1	5	12	18
俄罗斯	—	—	—	—	—	—	—	—	4	4
法国	1	3	1	4	9	—	—	4	12	16
加拿大	1	2	7	3	13	1	1	9	6	17
美国	19	3	16	12	50	18	4	16	21	59
日本	—	2	2	3	7	—	1	2	8	11
英国	2	3	4	7	16	3	—	4	11	18
中国	11	11	22	19	63	14	19	23	38	94
化学										
澳大利亚	—	2	4	9	15	—	1	6	8	15
德国	—	8	12	26	46	—	8	11	28	47
俄罗斯	—	—	—	3	3	—	—	—	3	3
法国	1	3	5	18	27	1	2	6	17	26
加拿大	1	2	2	11	16	1	1	3	10	15
美国	26	12	20	54	112	26	13	21	53	113
日本	6	2	1	8	17	4	4	1	6	15
英国	3	2	10	15	30	3	2	8	17	30
中国	8	10	16	48	82	9	12	15	50	86
土木工程										
澳大利亚	3	4	6	3	16	3	5	5	3	16
德国	1	—	1	3	5	1	—	1	6	8
法国	—	—	3	3	6	—	—	2	5	7
加拿大	6	3	5	3	17	5	5	4	3	17
美国	15	19	23	20	77	16	17	25	13	71
日本	1	1	3	2	7	2	1	1	2	6
英国	1	3	8	11	23	1	3	10	7	21
中国	10	5	15	14	44	11	5	12	19	47
临床医学										
澳大利亚	3	2	3	13	21	3	3	1	16	23
德国	2	3	17	15	37	1	4	16	16	37
法国	1	4	3	19	27	1	3	3	13	20
加拿大	2	6	4	5	17	2	6	4	6	18
美国	25	17	31	53	126	27	14	32	58	131
日本	—	—	2	18	20	—	—	2	13	15
英国	8	6	9	21	44	8	7	9	19	43
中国	—	—	5	20	25	—	—	7	18	25

续表

学科 / 国别	2017 年					2018 年				
	1 ～ 50	51 ～ 100	101 ～ 200	201 ～ 500	总计	1 ～ 50	51 ～ 100	101 ～ 200	201 ～ 500	总计
新闻传播学										
澳大利亚	2	4	—	—	6	2	4	8	10	24
德国	2	1	—	—	3	2	2	3	3	10
加拿大	—	2	—	—	2	—	1	8	3	12
美国	32	23	—	—	55	35	24	37	30	126
日本	—	—	—	—	—	—	—	1	—	1
英国	2	6	—	—	8	2	4	15	17	38
中国	2	—	—	—	2	—	2	2	6	10
计算机科学与工程										
澳大利亚	5	2	7	6	20	3	1	7	8	19
德国	—	3	6	19	28	1	2	7	21	31
俄罗斯	—	—	—	1	1	—	—	—	1	1
法国	—	1	1	26	28	1	—	4	19	24
加拿大	3	2	7	10	22	3	3	3	16	25
美国	17	11	22	58	108	20	14	25	56	115
日本	—	—	—	3	3	—	1	—	7	8
英国	4	3	9	17	33	4	1	11	22	38
中国	10	11	20	37	78	10	13	19	35	77
口腔医学										
澳大利亚	1	2	2	—	5	1	2	2	1	6
德国	—	2	23	—	25	—	5	18	8	31
法国	—	1	3	—	4	—	1	2	—	3
加拿大	3	2	2	—	7	3	2	4	—	9
美国	20	14	6	—	40	19	14	10	8	51
日本	3	5	7	—	15	4	2	10	6	22
英国	4	6	3	—	13	4	6	3	4	17
中国	2	5	8	—	15	3	4	6	10	23
地球科学										
澳大利亚	1	6	4	3	14	2	5	4	7	18
德国	—	7	10	6	23	1	5	10	17	33
俄罗斯	—	—	—	1	1	—	—	—	4	4
法国	5	5	8	6	24	6	4	8	14	32
加拿大	1	4	5	9	19	1	3	4	19	27
美国	29	12	20	30	91	22	15	22	70	129
日本	1	2	4	2	9	1	2	4	9	16
英国	9	4	11	8	32	8	7	11	12	38
中国	—	6	3	7	16	3	3	5	28	39

续表

学科/国别	2017年					2018年				
	1～50	51～100	101～200	201～500	总计	1～50	51～100	101～200	201～500	总计
生态学										
澳大利亚	6	6	2	7	21	6	4	4	11	25
德国	1	—	13	10	24	1	3	13	13	30
俄罗斯	—	—	—	—	—	—	—	—	1	1
法国	4	4	5	1	14	4	6	4	10	24
加拿大	3	3	4	9	19	2	3	7	12	24
美国	19	17	28	27	91	20	13	30	45	108
日本	—	—	2	1	3	—	—	1	2	3
英国	7	6	14	8	35	7	9	9	12	37
中国	—	—	1	3	4	—	—	2	8	10
经济学										
澳大利亚	2	4	4	3	13	3	3	5	10	21
德国	2	1	9	3	15	1	3	7	19	30
俄罗斯	—	—	—	1	1	—	—	1	1	2
法国	2	—	5	5	12	2	—	4	22	28
加拿大	2	1	7	6	16	2	1	8	12	23
美国	28	19	22	24	93	28	17	21	67	133
日本	—	—	3	1	4	—	—	1	7	8
英国	5	5	14	16	40	5	6	14	26	51
中国	—	2	10	3	15	—	3	9	24	36
教育学										
澳大利亚	2	8	7	6	23	2	11	6	15	34
德国	—	2	5	3	10	—	1	6	11	18
法国	—	—	—	—	—	—	—	—	1	1
加拿大	1	1	8	6	16	2	—	10	10	22
美国	39	27	49	39	154	37	24	44	93	198
英国	2	3	11	15	31	2	3	13	42	60
中国	2	1	2	8	13	2	1	4	18	25
电子电力工程										
澳大利亚	2	1	5	12	20	2	2	6	9	19
德国	—	4	4	11	19	1	2	5	5	13
俄罗斯	—	—	—	1	1	—	—	—	1	1
法国	—	3	3	17	23	1	2	1	14	18
加拿大	1	4	4	16	25	—	5	10	9	24
美国	25	11	27	50	113	25	11	28	40	104
日本	1	1	1	9	12	—	1	2	9	12
英国	2	7	6	23	38	4	5	7	14	30
中国	10	9	19	43	81	8	9	12	63	92

续表

学科 / 国别	2017 年					2018 年				
	1～50	51～100	101～200	201～500	总计	1～50	51～100	101～200	201～500	总计
能源科学与工程										
澳大利亚	3	1	6	5	15	3	2	7	6	18
德国	2	2	7	5	16	2	3	6	8	19
俄罗斯	—	—	—	1	1	—	—	—	3	3
法国		1	7	6	11		1	6	[illegible]	[illegible]
加拿大	—	1	5	2	8	—	1	5	13	19
美国	16	13	23	14	66	15	10	24	35	84
日本	2	2	3	5	12	—	3	4	8	15
英国	3	2	8	7	20	3	1	7	17	28
中国	12	16	18	18	64	14	19	14	47	94
环境科学与工程										
澳大利亚	2	2	10	12	26	3	1	10	10	24
德国	1	—	4	26	31	1	—	3	19	23
俄罗斯	—	—	—	1	1	—	—	—	—	—
法国	—	—	7	14	21	—	—	7	9	16
加拿大	4	2	7	12	25	3	3	5	13	24
美国	25	19	21	60	125	24	20	20	44	108
日本	—	—	4	6	10	—	—	3	7	10
英国	2	7	11	24	44	3	7	10	15	35
中国	6	7	13	34	60	6	8	15	41	70
金融学										
澳大利亚	4	4	7	—	15	3	5	6	—	14
德国	—	3	3	—	6	—	2	4	—	6
法国	—	1	5	—	6	—	4	3	—	7
加拿大	1	4	4	—	9	1	3	5	—	9
美国	29	21	33	—	83	29	23	33	—	85
英国	6	4	18	—	28	6	2	20	—	28
中国	5	2	13	—	20	4	5	8	—	17
食品科学与工程										
澳大利亚	1	—	3	7	11	1	—	5	3	9
德国	2	—	2	7	11	2	—	2	5	9
法国	—	2	5	1	8	—	4	4	1	9
加拿大	2	2	4	—	8	1	4	2	1	8
美国	9	9	8	4	30	10	9	6	6	31
日本	—	—	3	2	5	—	—	1	5	6
英国	—	2	4	4	10	—	2	3	1	6
中国	9	5	14	21	49	11	5	14	26	56

续表

学科 / 国别	2017 年					2018 年				
	1～50	51～100	101～200	201～500	总计	1～50	51～100	101～200	201～500	总计
地理学										
澳大利亚	3	7	4	—	14	4	5	5	—	14
德国	—	2	13	—	15	—	3	10	—	13
法国	1	6	2	—	9	1	4	1	—	6
加拿大	2	2	6	—	10	2	2	6	—	10
美国	11	12	28	—	51	10	15	24	—	49
日本	—	—	1	—	1	—	—	1	—	1
英国	16	6	15	—	37	15	7	15	—	37
中国	3	2	8	—	13	3	3	8	—	14
旅游休闲管理										
澳大利亚	10	7	—	—	17	10	4	13	—	27
德国	1	—	—	—	1	1	—	—	—	1
加拿大	4	5	—	—	9	3	3	7	—	13
美国	17	10	—	—	27	18	9	22	—	49
英国	9	8	—	—	17	7	8	21	—	36
中国	2	2	—	—	4	2	8	5	—	15
基础医学										
澳大利亚	1	4	1	15	21	2	3	1	14	20
德国	5	7	16	12	40	5	6	17	12	40
法国	2	1	6	12	21	—	3	5	14	22
加拿大	3	1	7	7	18	3	2	6	7	18
美国	23	19	29	68	139	24	20	28	65	137
日本	—	1	2	13	16	—	1	2	12	15
英国	6	3	10	21	40	6	2	11	20	39
中国	—	—	6	32	38	—	—	7	34	41
仪器科学										
澳大利亚	—	3	5	—	8	1	3	3	1	8
德国	—	5	6	4	15	—	4	5	10	19
俄罗斯	—	—	—	1	1	—	—	1	4	5
法国	1	3	3	5	12	—	2	5	5	12
加拿大	1	1	3	5	10	1	1	4	2	8
美国	5	9	15	20	49	6	9	15	20	50
日本	2	2	3	2	9	1	2	4	4	11
英国	4	2	6	6	18	4	1	7	4	16
中国	19	9	14	18	60	22	10	14	8	54
法学										
澳大利亚	4	4	—	—	8	3	5	6	—	14
德国	—	—	—	—	—	—	—	4	—	4
加拿大	3	3	—	—	6	3	3	7	—	13
美国	36	25	—	—	61	37	25	38	—	100

续表

学科/国别	2017 年					2018 年				
	1～50	51～100	101～200	201～500	总计	1～50	51～100	101～200	201～500	总计
英国	6	7	—	—	13	5	7	19	—	31
中国	—	1	—	—	1	—	1	2	—	3
图书情报科学										
澳大利亚	2	2	—	—	4	1	4	—	—	5
加拿大	4	3	—	—	7	4	3	—	—	7
美国	30	19	—	—	49	34	22	—	—	56
英国	3	7	—	—	10	2	6	—	—	8
中国	3	7	—	—	10	2	4	—	—	6
管理学										
澳大利亚	—	4	6	6	16	1	4	6	9	20
德国	—	1	3	8	12	—	—	3	21	24
俄罗斯	—	—	—	—	—	—	—	—	2	2
法国	1	1	1	10	13	1	1	1	15	18
加拿大	2	5	5	11	23	2	5	5	12	24
美国	33	17	43	55	148	30	18	29	76	153
日本	—	—	—	—	—	—	—	—	1	1
英国	3	7	8	15	33	5	6	13	23	47
中国	4	4	11	26	45	5	3	13	41	62
船舶与海洋工程										
澳大利亚	4	—	—	—	4	3	—	—	—	3
加拿大	—	—	—	—	—	1	—	—	—	1
美国	15	—	—	—	15	6	—	—	—	6
日本	3	—	—	—	3	3	—	—	—	3
英国	5	—	—	—	5	5	—	—	—	5
中国	9	—	—	—	9	8	—	—	—	8
材料科学与工程										
澳大利亚	—	2	5	9	16	—	2	4	11	17
德国	1	4	7	26	38	1	4	6	29	40
俄罗斯	—	—	—	2	2	—	—	1	3	4
法国	3	1	8	16	28	2	2	7	17	28
加拿大	—	1	4	8	13	—	2	2	8	12
美国	24	12	22	43	101	25	10	25	40	100
日本	3	3	2	9	17	2	2	4	7	15
英国	4	3	7	11	25	4	4	6	9	23
中国	6	12	20	55	93	7	13	19	54	93
数学										
澳大利亚	—	2	2	7	11	—	1	2	7	10
德国	1	2	10	23	36	1	3	11	25	40
俄罗斯	—	1	2	2	5	—	2	1	2	5
法国	7	11	3	20	41	7	9	7	13	36

续表

学科 / 国别	2017 年					2018 年				
	1 ～ 50	51 ～ 100	101 ～ 200	201 ～ 500	总计	1 ～ 50	51 ～ 100	101 ～ 200	201 ～ 500	总计
加拿大	2	2	4	11	19	2	1	4	12	19
美国	22	14	21	40	97	25	11	19	47	102
日本	1	—	4	5	10	1	—	3	5	9
英国	6	1	3	16	26	5	2	2	19	28
中国	1	6	15	51	73	1	7	12	54	74
机械工程										
澳大利亚	2	1	5	3	11	1	2	7	4	14
德国	2	2	4	3	11	—	4	3	5	12
俄罗斯	—	—	1	—	1	—	—	—	—	—
法国	1	7	5	5	18	—	4	7	5	16
加拿大	—	2	7	7	16	—	2	5	8	15
美国	21	13	15	14	63	21	8	15	14	58
日本	—	1	2	6	9	—	2	2	4	8
英国	2	4	10	11	27	3	6	5	6	20
中国	11	7	12	15	45	14	8	20	14	56
医学技术										
澳大利亚	—	3	3	—	6	—	3	2	4	9
德国	10	6	14	—	30	8	10	12	3	33
法国	1	3	3	—	7	—	2	5	7	14
加拿大	2	4	4	—	10	2	4	3	4	13
美国	18	16	25	—	59	20	12	28	21	81
日本	—	—	2	—	2	—	—	1	7	8
英国	4	2	8	—	14	5	—	9	7	21
中国	—	—	9	—	9	—	—	9	15	24
冶金工程										
澳大利亚	4	2	1	—	7	5	1	—	—	6
德国	3	3	5	—	11	3	3	2	—	8
俄罗斯	—	2	3	—	5	—	2	2	—	4
法国	2	1	10	—	13	2	2	1	—	5
加拿大	1	3	3	—	7	2	2	2	—	6
美国	9	10	18	—	37	12	9	3	—	24
日本	3	1	5	—	9	3	3	3	—	9
英国	5	1	3	—	9	4	3	1	—	8
中国	17	8	21	—	46	12	9	48	—	69
矿业工程										
澳大利亚	9	—	—	—	9	8	1	—	—	9
德国	—	—	—	—	—	1	1	—	—	2
俄罗斯	—	—	—	—	—	—	2	—	—	2
法国	2	—	—	—	2	—	—	—	—	—
加拿大	4	—	—	—	4	4	1	—	—	5

续表

学科 / 国别	2017 年					2018 年				
	1～50	51～100	101～200	201～500	总计	1～50	51～100	101～200	201～500	总计
美国	5	—	—	—	5	5	4	—	—	9
日本	1	—	—	—	1	1	—	—	—	1
英国	1	—	—	—	1	2	—	—	—	2
中国	13	—	—	—	13	16	11	—	—	27
纳米科学与技术										
澳大利亚	—	3	6	3	12	—	4	6	3	13
德国	1	3	6	15	25	1	3	6	18	28
俄罗斯	—	—	—	1	1	—	—	—	3	3
法国	—	2	2	8	12	—	2	4	8	14
加拿大	—	1	3	1	5	1	—	3	5	9
美国	17	10	32	17	76	18	14	29	25	86
日本	1	3	2	5	11	1	2	4	6	13
英国	3	2	2	7	14	3	2	1	9	15
中国	17	20	17	13	67	13	19	19	38	89
护理学										
澳大利亚	10	3	—	—	13	9	5	11	3	28
德国	3	—	—	—	3	—	3	—	—	3
加拿大	5	3	—	—	8	5	2	7	1	15
美国	12	22	—	—	34	16	18	28	48	110
日本	—	—	—	—	—	—	—	—	1	1
英国	4	6	—	—	10	4	3	20	—	27
中国	5	6	—	—	11	3	7	3	3	16
海洋学										
澳大利亚	—	—	—	—	—	4	2	10	—	16
德国	—	—	—	—	—	2	1	1	—	4
法国	—	—	—	—	—	4	2	5	—	11
加拿大	—	—	—	—	—	3	2	2	—	7
美国	—	—	—	—	—	23	19	15	—	57
日本	—	—	—	—	—	2	—	3	—	5
英国	—	—	—	—	—	5	8	9	—	22
中国	—	—	—	—	—	2	—	15	—	17
药学										
澳大利亚	1	3	1	8	13	1	2	2	9	14
德国	3	3	12	17	35	5	3	8	16	32
俄罗斯	—	—	—	1	1	—	—	—	1	1
法国	2	1	5	6	14	1	—	6	7	14
加拿大	1	2	3	11	17	2	1	3	9	15

续表

学科 / 国别	2017 年					2018 年				
	1～50	51～100	101～200	201～500	总计	1～50	51～100	101～200	201～500	总计
美国	22	12	22	54	110	8	16	26	58	108
日本	2	1	—	10	13	1	—	1	8	10
英国	10	3	2	17	32	12	2	2	18	34
中国	—	7	13	41	61	1	9	12	42	64
物理学										
澳大利亚	1	—	2	6	9	1	—	3	5	9
德国	1	6	8	20	35	1	6	8	20	35
俄罗斯	1	—	1	5	7	1	—	2	4	7
法国	5	5	4	9	23	6	5	2	8	21
加拿大	1	4	—	10	15	—	2	3	9	14
美国	22	17	21	54	114	22	15	23	59	119
日本	3	2	3	9	17	3	2	2	10	17
英国	6	4	5	15	30	6	4	5	16	31
中国	3	—	6	20	29	3	1	4	19	27
政治学										
澳大利亚	2	1	4	—	7	2	2	4	14	22
德国	—	3	7	—	10	1	3	5	14	23
俄罗斯	—	—	1	—	1	—	—	1	1	2
法国	—	1	—	—	1	—	—	1	2	3
加拿大	2	1	7	—	10	1	2	6	10	19
美国	35	25	32	—	92	31	26	30	34	121
日本	—	—	1	—	1	—	—	1	1	2
英国	4	9	17	—	30	6	9	18	31	64
中国	—	—	3	—	3	—	—	3	8	11
心理学										
澳大利亚	2	2	5	4	13	2	3	5	13	23
德国	—	3	10	15	28	—	5	8	30	43
法国	—	—	2	1	3	—	—	2	9	11
加拿大	2	4	7	8	21	2	3	8	15	28
美国	35	26	28	34	123	36	23	31	102	192
日本	—	—	—	2	2	—	—	—	2	2
英国	3	6	22	8	39	4	5	18	30	57
中国	—	—	4	2	6	—	—	4	11	15
公共管理										
澳大利亚	2	3	—	—	5	2	4	5	—	11
德国	—	2	—	—	2	1	3	3	—	7
加拿大	1	3	—	—	4	1	3	11	—	15

续表

学科 / 国别	2017 年					2018 年				
	1～50	51～100	101～200	201～500	总计	1～50	51～100	101～200	201～500	总计
美国	20	15	—	—	35	17	15	27	—	59
英国	12	9	—	—	21	11	8	20	—	39
中国	1	—	—	—	1	1	1	5	—	7
公共卫生										
澳大利亚	5	2	8	11	26	4	5	5	10	24
德国	—	1	5	25	31	—	2	5	21	28
法国	—	1	3	11	15	—	—	1	12	13
加拿大	3	5	3	10	21	4	1	7	9	21
美国	25	17	33	60	135	22	11	35	67	135
日本	—	1	2	7	10	—	1	—	8	9
英国	9	2	13	26	50	9	5	12	20	46
中国	—	1	5	21	27	—	4	3	21	28
遥感技术										
澳大利亚	1	—	—	—	1	3	4	—	—	7
德国	3	—	—	—	3	2	1	—	—	3
法国	4	—	—	—	4	3	3	—	—	6
加拿大	2	—	—	—	2	2	1	—	—	3
美国	17	—	—	—	17	15	16	—	—	31
日本	—	—	—	—	—	—	1	—	—	1
英国	—	—	—	—	—	—	4	—	—	4
中国	8	—	—	—	8	9	10	—	—	19
社会学										
澳大利亚	—	5	—	—	5	2	2	10	—	14
德国	—	2	—	—	2	—	1	7	—	8
俄罗斯	—	1	—	—	1	—	1	—	—	1
法国	—	—	—	—	—	—	—	1	—	1
加拿大	3	—	—	—	3	3	1	9	—	13
美国	38	18	—	—	56	34	21	26	—	81
英国	5	12	—	—	17	5	14	17	—	36
中国	—	1	—	—	1	—	—	4	—	4
统计学										
澳大利亚	1	3	3	—	7	1	3	3	—	7
德国	—	4	9	—	13	—	4	7	—	11
法国	2	2	10	—	14	1	3	12	—	16
加拿大	3	4	2	—	9	4	2	6	—	12
美国	32	13	21	—	66	32	15	12	—	59
日本	—	1	—	—	1	—	1	2	—	3
英国	7	4	7	—	18	7	4	3	—	14
中国	2	6	14	—	22	2	5	15	—	22

续表

学科 / 国别	2017 年					2018 年				
	1 ～ 50	51 ～ 100	101 ～ 200	201 ～ 500	总计	1 ～ 50	51 ～ 100	101 ～ 200	201 ～ 500	总计
通信工程										
澳大利亚	2	2	4	—	8	3	2	1	—	6
德国	—	2	5	—	7	1	—	4	—	5
法国	1	1	2	—	4	1	1	4	—	6
加拿大	3	7	8	—	18	4	6	8	—	18
美国	12	12	23	—	47	8	11	22	—	41
日本	—	—	2	—	2	—	—	2	—	2
英国	4	4	9	—	17	5	5	5	—	15
中国	16	5	18	—	39	15	10	23	—	48
交通运输工程										
澳大利亚	4	4	—	—	8	4	5	3	—	12
德国	—	2	—	—	2	—	—	3	—	3
加拿大	5	2	—	—	7	6	2	5	—	13
美国	19	10	—	—	29	15	9	33	—	57
日本	—	1	—	—	1	—	—	3	—	3
英国	4	3	—	—	7	3	5	8	—	16
中国	11	8	—	—	19	15	12	8	—	35
兽医学										
澳大利亚	3	2	5	—	10	3	1	5	1	10
德国	4	1	4	—	9	5	1	2	3	11
法国	1	2	2	—	5	—	4	3	—	7
加拿大	2	3	3	—	8	3	2	4	—	9
美国	13	11	12	—	36	11	10	15	12	48
日本	—	3	9	—	12	—	—	5	12	17
英国	7	4	6	—	17	6	4	6	1	17
中国	—	4	11	—	15	2	6	11	8	27
水资源工程										
澳大利亚	4	4	6	—	14	6	3	4	—	13
德国	—	3	6	—	9	—	6	6	—	12
法国	1	4	4	—	9	1	3	4	—	8
加拿大	3	1	10	—	14	3	2	8	—	13
美国	14	15	19	—	48	19	13	16	—	48
日本	—	—	3	—	3	—	—	3	—	3
英国	2	4	8	—	14	4	1	8	—	13
中国	8	5	9	—	22	6	6	13	—	25

附表 6-56　QS

学科 / 国别	2016 年					2017 年					2018 年				
	1～50	51～100	101～200	201～500	总计	1～50	51～100	101～200	201～500	总计	1～50	51～100	101～200	201～500	总计
会计与金融															
澳大利亚	7	5	5	—	17	6	4	7	—	17	6	5	6	—	17
德国	—	1	5	—	6	—	1	5	—	6	—	1	4	—	5
俄罗斯	—	—	—	—	—	—	—	1	—	1	—	—	1	—	1
法国	2	2	1	—	5	2	1	2	—	5	2	1	2	—	5
加拿大	2	3	6	—	11	2	4	4	—	10	2	3	5	—	10
美国	17	10	25	—	52	17	15	21	—	53	17	13	22	—	52
日本	1		4	—	5	1	—	4	—	5	1	1	3	—	5
英国	8	7	13	—	28	8	6	13	—	27	7	8	12	—	27
中国	2	2	4	—	8	2	2	4	—	8	3	1	4	—	8
农林学															
澳大利亚	6	2	6	—	14	5	3	7	6	21	5	3	8	5	21
德国	1	3	6	—	10	1	6	4	2	13	3	4	4	2	13
法国	1	1	4	—	6	1	1	2	5	9	1	1	1	7	10
加拿大	3	2	6	—	11	3	4	4	—	11	2	4	4	1	11
美国	22	9	12	—	43	21	10	10	14	55	20	12	12	13	57
日本	2	4	4	—	10	2	4	4	1	11	2	2	6	1	11
英国	2	2	6	—	10	1	4	4	4	13	1	1	10	2	14
中国	1	4	6	—	11	1	4	5	8	18	2	4	5	10	21
解剖与生理学															
澳大利亚	—	—	—	—	—	7	—	—	—	7	7	1	—	—	8
德国	—	—	—	—	—	1	4	—	—	5	1	5	—	—	6

续表

学科 / 国别	2016 年					2017 年					2018 年				
	1～50	51～100	101～200	201～500	总计	1～50	51～100	101～200	201～500	总计	1～50	51～100	101～200	201～500	总计
法国	—	—	—	—	—	—	2	—	—	2	—	2	—	—	2
加拿大	—	—	—	—	—	6	5	—	—	11	5	4	—	—	9
美国	—	—	—	—	—	12	14	—	—	26	16	12	—	—	28
日本	—	—	—	—	—	2	3	—	—	5	1	3	—	—	4
英国	—	—	—	—	—	10	3	—	—	13	9	3	—	—	12
中国	—	—	—	—	—	1	1	—	—	2	1	—	—	—	1
人类学															
澳大利亚	5	3	—	—	8	3	3	—	—	6	3	3	—	—	6
德国	2	1	—	—	3	2	3	—	—	5	2	4	—	—	6
法国	—	3	—	—	3	—	1	—	—	1	—	2	—	—	2
加拿大	3	2	—	—	5	3	3	—	—	6	3	3	—	—	6
美国	19	12	—	—	31	19	13	—	—	32	19	12	—	—	31
日本	2		—	—	2	2	—	—	—	2	2		—	—	2
英国	10	2	—	—	12	9	2	—	—	11	9	2	—	—	11
中国		1	—	—	1	—	1	—	—	1	—	1	—	—	1
考古学															
澳大利亚	3	3	—	—	6	3	4	3	—	10	2	4	2	—	8
德国	6	4	—	—	10	4	5	6	—	15	4	5	6	—	15
俄罗斯		1	—	—	1		1	2	—	3	—	—	3	—	3
法国	4	2	—	—	6	2	3	4	—	9	2	3	4	—	9
加拿大	3	2	—	—	5	4	1	4	—	9	4	1	5	—	10
美国	15	6	—	—	21	15	6	23	—	44	16	9	23	—	48

续表

学科 / 国别	2016 年					2017 年					2018 年				
	1 ～ 50	51 ～ 100	101 ～ 200	201 ～ 500	总计	1 ～ 50	51 ～ 100	101 ～ 200	201 ～ 500	总计	1 ～ 50	51 ～ 100	101 ～ 200	201 ～ 500	总计
日本	1	—	—	—	1	1	—	3	—	4	1	—	2	—	3
英国	8	10	—	—	18	9	8	13	—	30	9	7	15	—	31
中国	1	—	—	—	1	1	—	4	—	5		1	3	—	4
建筑 / 建筑环境															
澳大利亚	6	5	—	—	11	6	5	4	—	15	5	4	6	—	15
德国	1	3	—	—	4	2	4	2	—	8	2	4	2	—	8
法国	—	—	—	—	—	—	—	1	—	1	—	—	1	—	1
加拿大	2	3	—	—	5	2	2	3	—	7	2	1	6	—	9
美国	15	8	—	—	23	14	9	18	—	41	13	10	16	—	39
日本	2	—	—	—	2	2	—	6	—	8	2	—	6	—	8
英国	6	6	—	—	12	7	4	10	—	21	6	8	8	—	22
中国	2	4	—	—	6	2	3	7	—	12	2	1	8	—	11
艺术与设计															
澳大利亚	6	6	—	—	12	8	5	5	—	18	7	3	6	—	16
德国		2	—	—	2	—	—	3	—	3	—	3	—	—	3
法国		2	—	—	2	—	—	2	—	2	1	—	3	—	4
加拿大		2	—	—	2	—	2	5	—	7	—	4	3	—	7
美国	18	14	—	—	32	18	9	15	—	42	17	6	19	—	42
日本	—	—	—	—	—	—	—	5	—	5	—	—	2	—	2
英国	8	5	—	—	13	7	5	13	—	25	7	4	16	—	27
中国	4	1	—	—	5	3	3	3	—	9	3	3	3	—	9

续表

学科/国别	2016年					2017年					2018年				
	1～50	51～100	101～200	201～500	总计	1～50	51～100	101～200	201～500	总计	1～50	51～100	101～200	201～500	总计
生物科学															
澳大利亚	3	5	—	8	16	4	4	—	14	22	4	4	—	15	23
德国	3	3	10	15	31	2	3	12	21	38	2	3	11	23	39
俄罗斯	—	—	1	—	1	—	—	1	2	3	—	—	1	1	2
法国	—	1	5	7	13	—	1	4	11	16	—	1	4	12	17
加拿大	3	—	4	11	18	3	—	3	14	20	3	—	4	13	20
美国	23	11	27	50	111	24	12	28	56	120	23	14	28	59	124
日本	3	3	3	9	18	3	1	6	13	23	2	1	6	14	23
英国	7	4	14	7	32	7	4	13	16	40	7	3	15	15	40
中国	1	2	3	12	18	1	3	2	23	29	2	2	4	22	30
工商管理															
澳大利亚	5	4	8	—	17	4	5	8	2	19	5	4	8	2	19
德国	—	1	7	—	8	—	1	5	3	9	—	2	4	4	10
俄罗斯	—	—	1	—	1	—	—	2	1	3	—	—	2	1	3
法国	2	1	3	—	6	2	1	3	1	7	2	1	3	1	7
加拿大	3	2	4	—	9	3	3	4	4	14	2	2	4	5	13
美国	15	13	15	—	43	15	14	18	24	71	15	13	16	26	70
日本	1		3	—	4	—	2	3	2	7	—	3	2	2	7
英国	7	7	11	—	25	7	8	11	8	34	7	6	15	8	36
中国	3	1	3	—	7	3	1	5	2	11	4	—	5	2	11
化学															
澳大利亚	3	3	1	8	15	3	3	2	9	17	3	3	3	11	20
德国	2	5	11	16	34	2	5	8	26	41	2	6	9	22	39

续表

学科 / 国别	2016 年					2017 年					2018 年				
	1～50	51～100	101～200	201～500	总计	1～50	51～100	101～200	201～500	总计	1～50	51～100	101～200	201～500	总计
俄罗斯	—	1	—	2	3	—	1	—	6	7	—	—	1	7	8
法国	—	3	2	10	15	—	2	3	13	18	—	1	3	13	17
加拿大	2	2	5	6	15	3	1	7	10	21	3	1	5	9	18
美国	20	8	19	35	82	19	12	16	57	104	20	12	17	58	107
日本	5	3	4	4	16	5	3	3	9	20	4	4	2	10	20
英国	5	5	12	8	30	5	4	12	12	33	5	5	13	11	34
中国	4	3	6	19	32	4	3	8	22	37	5	2	10	21	38
古典文学与古代史															
德国	—	—	—	—	—	—	—	—	—	—	8	—	—	—	8
法国	—	—	—	—	—	—	—	—	—	—	2	—	—	—	2
加拿大	—	—	—	—	—	—	—	—	—	—	1	—	—	—	1
美国	—	—	—	—	—	—	—	—	—	—	11	—	—	—	11
日本	—	—	—	—	—	—	—	—	—	—	1	—	—	—	1
英国	—	—	—	—	—	—	—	—	—	—	8	—	—	—	8
传播与媒体研究															
澳大利亚	6	2	10	—	18	5	4	8	—	17	5	3	8	—	16
德国	—	3	5	—	8	—	3	5	—	8	1	2	5	—	8
俄罗斯	—	—	1	—	1	—	—	3	—	3	—	—	1	—	1
法国	—	—	3	—	3	—	—	1	—	1	—	—	1	—	1
加拿大	—	4	5	—	9	—	2	6	—	8	—	2	6	—	8
美国	26	10	23	—	59	24	11	25	—	60	22	12	29	—	63
日本	1	—	2	—	3	1		2	—	3	1	—	2	—	3
英国	7	9	9	—	25	6	10	10	—	26	8	8	9	—	25
中国		2	2	—	4		2	3	—	5	—	2	3	—	5

续表

学科 / 国别	2016 年					2017 年					2018 年				
	1 ～ 50	51 ～ 100	101 ～ 200	201 ～ 500	总计	1 ～ 50	51 ～ 100	101 ～ 200	201 ～ 500	总计	1 ～ 50	51 ～ 100	101 ～ 200	201 ～ 500	总计
计算机科学与信息系统															
澳大利亚	4	3	5	10	22	4	4	3	11	22	4	4	4	11	23
德国	1	5	6	20	32	1	4	7	17	29	1	4	5	19	29
俄罗斯	—	1	—	6	7	1	—	1	6	8	1	—	1	8	10
法国	—	2	3	14	19	—	1	2	17	20	—	1	3	13	17
加拿大	3	1	4	10	18	3	1	4	11	19	3	1	4	12	20
美国	20	8	16	46	90	21	9	16	46	92	20	9	19	46	94
日本	1	2	5	3	11	1	2	5	4	12	1	2	3	6	12
英国	5	5	6	29	45	5	2	11	28	46	5	4	9	29	47
中国	3	2	2	23	30	3	3	4	23	33	3	3	1	23	30
牙医学															
澳大利亚	3	—	—	—	3	3	—	—	—	3	3	—	—	—	3
德国	—	—	—	—	—	—	—	—	—	—	1	—	—	—	1
加拿大	2	—	—	—	2	2	—	—	—	2	2	—	—	—	2
美国	15	—	—	—	15	14	—	—	—	14	12	—	—	—	12
日本	2	—	—	—	2	2	—	—	—	2	2	—	—	—	2
英国	6	—	—	—	6	6	—	—	—	6	5	—	—	—	5
中国	1	—	—	—	1	3	—	—	—	3	3	—	—	—	3
发展研究															
澳大利亚	5	2	—	—	7	6	4	—	—	10	4	6	—	—	10
德国	1	1	—	—	2	—	2	—	—	2	—	1	—	—	1
俄罗斯	—	1	—	—	1	—	—	—	—	—	—	—	—	—	—

续表

学科 / 国别	2016 年					2017 年					2018 年				
	1～50	51～100	101～200	201～500	总计	1～50	51～100	101～200	201～500	总计	1～50	51～100	101～200	201～500	总计
法国	—	2	—	—	2	—	—	—	—	—	—	1	—	—	1
加拿大	2	5	—	—	7	2	3	—	—	5	2	3	—	—	5
美国	10	10	—	—	20	12	11	—	—	23	12	11	—	—	23
日本	1	—	—	—	1	1	—	—	—	1	1	—	—	—	1
英国	15	7	—	—	22	15	7	—	—	22	13	7	—	—	20
中国	—	1	—	—	1	—	2	—	—	2	—	1	—	—	1
地球与海洋科学															
澳大利亚	5	7	1	—	13	5	7	1	—	13	7	5	1	—	13
德国	—	4	12	—	16	1	1	14	—	16	—	3	12	—	15
俄罗斯	—	—	1	—	1	—	—	1	—	1	—	—	1	—	1
法国	1	3	3	—	7	—	2	6	—	8	—	2	6	—	8
加拿大	3	1	8	—	12	3	2	7	—	12	3	2	8	—	13
美国	23	15	21	—	59	22	16	17	—	55	21	15	19	—	55
日本	1	4	2	—	7	2	4	4	—	10	1	2	4	—	7
英国	10	1	15	—	26	9	4	13	—	26	9	3	16	—	28
中国	1	2	3	—	6	1	2	3	—	6	1	2	2	—	5
经济学和计量经济学															
澳大利亚	4	3	3	7	17	5	2	2	10	19	5	1	4	11	21
德国	1	2	7	5	15	—	3	7	13	23	—	3	7	11	21
俄罗斯	—	—	3	—	3	—	1	3	2	6	—	—	3	3	6
法国	—	3	2	3	8	—	2	3	6	11	—	2	3	5	10
加拿大	2	2	7	3	14	2	3	5	8	18	2	2	5	9	18

续表

学科/国别	2016年					2017年					2018年				
	1～50	51～100	101～200	201～500	总计	1～50	51～100	101～200	201～500	总计	1～50	51～100	101～200	201～500	总计
美国	21	13	20	15	69	21	14	18	32	85	21	15	19	31	86
日本	1	2	4	3	10	1	2	4	6	13	1	2	4	5	12
英国	6	3	14	11	34	6	3	13	20	42	6	3	15	20	44
中国	2	2	3	4	11	2	2	3	9	16	2	2	3	12	19
教育学															
澳大利亚	7	7	5	9	28	8	7	7	7	29	7	9	5	9	30
德国	—	1	6	3	10	—	1	5	5	11	—	1	5	4	10
俄罗斯	—	—	1	—	1	—	—	1	1	2	—	—	1	2	3
加拿大	4	—	8	5	17	4	—	6	6	16	4	—	5	7	16
美国	18	16	26	28	88	17	16	26	24	83	18	13	30	24	85
日本	—	1	—	2	3	—	1	1	2	4	—	1	—	2	3
英国	10	5	16	7	38	8	6	17	8	39	9	4	16	11	40
中国	—	2	2	1	5	1	1	2	1	5	1	1	2	1	5
化学工程															
澳大利亚	4	2	4	—	10	4	1	4	1	10	4	3	3	1	11
德国	1	4	4	—	9	—	5	3	2	10	1	3	4	2	10
俄罗斯	—	—	—	—	—	—	—	1	1	2	—	—	1	1	2
法国	—	—	3	—	3	—	—	1	4	5	—	—	3	—	3
加拿大	3	2	5	—	10	3	2	7	1	13	2	3	5	2	12
美国	17	11	25	—	53	17	13	24	19	73	16	15	21	22	74
日本	5	3	2	—	10	5	3	2	5	15	5	3	3	3	14
英国	5	5	5	—	15	5	4	4	7	20	5	3	6	6	20
中国	3	1	9	—	13	2	3	9	13	27	3	2	10	12	27

续表

学科/国别	2016年					2017年					2018年				
	1～50	51～100	101～200	201～500	总计	1～50	51～100	101～200	201～500	总计	1～50	51～100	101～200	201～500	总计
土木与结构工程															
澳大利亚	5	5	4	—	14	5	5	4	—	14	6	4	4	—	14
德国	—	4	3	—	7	1	4	2	—	7	—	4	2	—	6
法国	—	—	3	—	3	—	—	2	—	2	—	—	2	—	2
加拿大	2	2	7	—	11	2	2	7	—	11	2	2	6	—	10
美国	12	9	16	—	37	10	12	15	—	37	9	13	15	—	37
日本	3	1	5	—	9	3	1	5	—	9	3	1	5	—	9
英国	5	6	14	—	25	5	3	15	—	23	4	5	13	—	22
中国	3	2	8	—	13	3	2	9	—	14	4	1	8	—	13
电子与电气工程															
澳大利亚	3	4	5	3	15	3	3	6	8	20	2	5	6	8	21
德国	2	2	3	3	10	1	3	4	5	13	2	2	4	5	13
俄罗斯	—	—	—	3	3	—	—	—	9	9	—	—	—	7	7
法国	—	—	3	3	6	—	—	3	8	11	—	1	1	9	11
加拿大	2	2	5	6	15	2	2	5	9	18	2	3	4	9	18
美国	16	9	18	14	57	17	10	18	27	72	16	8	19	26	69
日本	2	3	5	2	12	2	3	5	7	17	2	3	5	7	17
英国	3	4	11	9	27	3	4	9	16	32	4	3	15	11	33
中国	3	2	8	8	21	4	2	9	15	30	4	2	6	19	31
机械、航空航天与制造工程															
澳大利亚	4	2	6	5	17	2	3	7	6	18	1	4	8	5	18
德国	3	3	3	4	13	2	4	3	5	14	3	3	3	7	16
俄罗斯	—	1	1	1	3	—	1	1	4	6	—	1	1	6	8

续表

学科 / 国别	2016 年					2017 年					2018 年				
	1 ~ 50	51 ~ 100	101 ~ 200	201 ~ 500	总计	1 ~ 50	51 ~ 100	101 ~ 200	201 ~ 500	总计	1 ~ 50	51 ~ 100	101 ~ 200	201 ~ 500	总计
法国	1	1	1	4	7	—	—	2	10	12	—	1	1	11	13
加拿大	2	1	4	6	13	2	1	5	7	15	2	1	4	7	14
美国	16	12	14	19	61	16	13	12	36	77	14	13	14	33	74
日本	4	2	4	4	14	4	2	4	7	17	4	3	3	7	17
英国	5	4	14	6	29	4	4	13	10	31	5	4	13	9	31
中国	3	2	8	8	21	4	2	9	17	32	4	2	9	17	32
矿业工程															
澳大利亚	8	2	—	—	10	9	—	—	—	9	8	—	—	—	8
德国	2	3	—	—	5	3	—	—	—	3	3	—	—	—	3
俄罗斯	1	2	—	—	3	1	—	—	—	1	2	—	—	—	2
法国	1	1	—	—	2	—	—	—	—	—	—	—	—	—	
加拿大	5	3	—	—	8	6	—	—	—	6	7	—	—	—	7
美国	13	11	—	—	24	7	—	—	—	7	7	—	—	—	7
日本	3	2	—	—	5	1	—	—	—	1	2	—	—	—	2
英国	4	5	—	—	9	5	—	—	—	5	2	—	—	—	2
中国	2	3	—	—	5	5	—	—	—	5	5	—	—	—	5
英语语言文学															
澳大利亚	5	3	4	5	17	5	3	5	3	16	5	3	4	5	17
德国	—	4	1	10	15	—	3	2	11	16	2	1	4	7	14
俄罗斯	—	1	—	—	1	—	1	—	1	2	—	1	—	1	2
法国	1	—	1	3	5	—	1	2	1	4	—	2	—	4	6
加拿大	4	—	10	7	21	3	1	11	4	19	3	1	8	5	17
美国	19	17	22	24	82	19	17	22	26	84	19	14	26	23	82

续表

学科 / 国别	2016 年					2017 年					2018 年				
	1 ~ 50	51 ~ 100	101 ~ 200	201 ~ 500	总计	1 ~ 50	51 ~ 100	101 ~ 200	201 ~ 500	总计	1 ~ 50	51 ~ 100	101 ~ 200	201 ~ 500	总计
日本	1	1	1	1	4	1	—	2	—	3	1	2	1	—	4
英国	15	8	11	11	45	16	9	9	8	42	15	9	10	10	44
中国	—	2	4	4	10	1	1	5	3	10	1	1	5	2	9
环境科学															
澳大利亚	4	5	7	5	21	6	3	7	5	21	4	5	9	4	22
德国	—	—	6	6	12	—	1	4	7	12	—	1	4	5	10
俄罗斯	—	—	1	—	1	—	—	1	—	1	—	—	—	1	1
法国	—	—	4	1	5	—	—	3	1	4	—	—	3	1	4
加拿大	3	2	7	6	18	3	2	9	5	19	3	2	8	4	17
美国	24	12	22	16	74	23	12	19	22	76	21	13	16	26	76
日本	1	1	5	2	9	2	—	7	1	10	1	1	4	3	9
英国	5	11	9	7	32	4	12	6	10	32	7	8	9	9	33
中国	2	1	6	5	14	2	2	5	7	16	2	2	7	7	18
地理学															
澳大利亚	6	5	6	—	17	5	3	7	—	15	5	3	7	—	15
德国	1	2	14	—	17	1	2	9	—	12	1	3	10	—	14
俄罗斯	—	—	1	—	1	—	—	1	—	1	—	—	1	—	1
法国	1	1	1	—	3	1	1	—	—	2	1	—	1	—	2
加拿大	4	5	8	—	17	3	6	7	—	16	3	5	7	—	15
美国	8	8	15	—	31	10	8	15	—	33	10	8	16	—	34
日本	1	1	1	—	3	1	2	4	—	7	1	1	3	—	5
英国	20	6	11	—	37	16	10	10	—	36	17	8	11	—	36
中国	—	2	6	—	8	1	2	6	—	9	1	2	6	—	9

续表

学科 / 国别	2016 年					2017 年					2018 年				
	1～50	51～100	101～200	201～500	总计	1～50	51～100	101～200	201～500	总计	1～50	51～100	101～200	201～500	总计
历史学															
澳大利亚	4	3	3	—	10	4	3	3	—	10	4	3	2	—	9
德国	4	1	9	—	14	3	2	7	—	12	3	2	8	—	13
俄罗斯	—	—	2	—	2	—	1	2	—	3	—	—	3	—	3
法国	1	1	3	—	5	1	2	3	—	6	1	2	1	—	4
加拿大	3	—	11	—	14	3	—	8	—	11	3	—	8	—	11
美国	17	11	25	—	53	20	12	20	—	52	20	10	21	—	51
日本	2	1	1	—	4	2	—	1	—	3	2	—	1	—	3
英国	14	8	8	—	30	11	9	13	—	33	10	11	10	—	31
中国	1	1	1	—	3	1	2	—	—	3	1	2	1	—	4
酒店与休闲管理															
澳大利亚	—	—	—	—	—	6	—	—	—	6	6	—	—	—	6
俄罗斯	—	—	—	—	—	1	—	—	—	1	1	—	—	—	1
加拿大	—	—	—	—	—	2	—	—	—	2	1	—	—	—	1
美国	—	—	—	—	—	13	—	—	—	13	13	—	—	—	13
英国	—	—	—	—	—	7	—	—	—	7	7	—	—	—	7
法学															
澳大利亚	7	5	1	—	13	7	3	5	8	23	7	5	4	4	20
德国	2	3	7	—	12	2	3	4	5	14	2	3	3	5	13
俄罗斯	—	—	—	—	—	—	1	1	1	3	—	1	1	1	3
法国	1	1	2	—	4	1	1	1	5	8	1	1	1	4	7
加拿大	3	1	7	—	11	3	1	8	2	14	3	1	6	3	13
美国	13	6	14	—	33	13	6	16	17	52	13	7	17	17	54

续表

学科 / 国别	2016 年					2017 年					2018 年				
	1～50	51～100	101～200	201～500	总计	1～50	51～100	101～200	201～500	总计	1～50	51～100	101～200	201～500	总计
日本	2	—	3	—	5	2	—	2	2	6	1	1	3	2	7
英国	10	3	17	—	30	8	6	13	11	38	8	6	15	12	41
中国	2	3	2	—	7	2	3	3	4	12	2	3	3	6	14
图书馆及信息管理															
澳大利亚	—	—	—	—	—	—	—	—	—	—	2	—	—	—	2
德国	—	—	—	—	—	—	—	—	—	—	1	—	—	—	1
加拿大	—	—	—	—	—	—	—	—	—	—	5	—	—	—	5
美国	—	—	—	—	—	—	—	—	—	—	17	—	—	—	17
日本	—	—	—	—	—	—	—	—	—	—	2	—	—	—	2
英国	—	—	—	—	—	—	—	—	—	—	7	—	—	—	7
中国	—	—	—	—	—	—	—	—	—	—	3	—	—	—	3
语言学															
澳大利亚	3	4	4	—	11	4	3	2	4	13	3	4	2	6	15
德国	1	3	10	—	14	1	2	11	6	20	1	5	9	3	18
俄罗斯	1	1	1	—	3	1	1	2	1	5	1	1	3		5
法国		1		—	1		1		3	4			1	3	4
加拿大	3		7	—	10	3	2	3	4	12	3	1	4	3	11
美国	20	12	13	—	45	20	11	15	15	61	19	10	19	18	66
日本	1	1	4	—	6	1	2	3	5	11	1	2	4	6	13
英国	6	6	11		23	7	6	9	10	32	7	5	9	9	30
中国	1	4	5	—	10	2	3	7	4	16	1	3	7	3	14

续表

学科 / 国别	2016 年					2017 年					2018 年				
	1～50	51～100	101～200	201～500	总计	1～50	51～100	101～200	201～500	总计	1～50	51～100	101～200	201～500	总计
材料科学															
澳大利亚	1	3	1	—	5	1	3	1	5	10	3	1	1	4	9
德国	2	6	2	—	10	2	3	4	7	16	1	5	3	8	17
俄罗斯	—	—	1	—	1	—	—	1	1	2	—	—	1	1	2
法国	—	3	4	—	7	—	1	3	6	10	—	1	4	4	9
加拿大	2	3	4	—	9	2	3	3	4	12	1	4	5	2	12
美国	19	11	22	—	52	18	17	20	9	64	18	14	24	15	71
日本	5	3	2	—	10	5	3	2	2	12	5	2	3	2	12
英国	4	4	9	—	17	4	3	9	7	23	4	3	8	8	23
中国	4	4	13	—	21	5	4	16	10	35	5	6	14	11	36
数学															
澳大利亚	3	3	2	8	16	3	3	4	5	15	4	2	4	6	16
德国	3	4	6	15	28	2	5	7	15	29	3	3	7	16	29
俄罗斯	1	—	2	5	8	1	1	3	3	8	1	1	3	4	9
法国	3	2	4	11	20	2	3	4	11	20	2	2	4	11	19
加拿大	3	3	2	11	19	3	3	2	10	18	3	3	2	11	19
美国	20	11	16	23	70	20	12	15	25	72	20	14	13	29	76
日本	2	1	5	5	13	2	1	5	5	13	2	1	5	3	11
英国	5	3	9	17	34	4	4	9	18	35	5	3	9	17	34
中国	2	2	6	17	27	2	3	4	20	29	2	3	5	18	28
医学															
澳大利亚	5	2	2	10	19	5	3	1	11	20	4	4	2	10	20
德国	1	4	13	13	31	2	2	12	16	32	2	2	11	17	32
俄罗斯	—	—	—	1	1	—	—	—	2	2	—	—	—	2	2

续表

学科 / 国别	2016 年					2017 年					2018 年				
	1 ～ 50	51 ～ 100	101 ～ 200	201 ～ 500	总计	1 ～ 50	51 ～ 100	101 ～ 200	201 ～ 500	总计	1 ～ 50	51 ～ 100	101 ～ 200	201 ～ 500	总计
法国	—	1	3	10	14	—	1	3	13	17	—	1	4	13	18
加拿大	4	3	3	6	16	4	2	6	5	17	4	2	4	7	17
美国	22	11	16	30	79	20	13	16	40	89	21	13	19	39	92
日本	2	1	6	11	20	1	2	5	23	31	1	2	5	21	29
英国	8	7	9	9	33	9	7	9	16	41	9	5	11	15	40
中国		1	3	9	13		2	2	17	21		1	5	16	22
现代语言															
澳大利亚	3	3	1	3	10	3	2	3	3	11	3	2	2	4	11
德国	4	2	6	4	16	3	1	7	4	15	3	1	8	3	15
俄罗斯	—	1	1	3	5	1	—	2	2	5	1	1	3	3	8
法国	1	2	1	5	9	2	2	1	8	13	2	2		6	10
加拿大	3	1	4	4	12	3	1	4	1	9	2	2	3	4	11
美国	12	5	18	15	50	12	7	19	13	51	12	8	19	10	49
日本	3	1	5	1	10	3	2	4	2	11	3	4	2	3	12
英国	7	9	10	5	31	7	6	10	9	32	6	7	8	11	32
中国	3	4	2	8	17	3	3	4	7	17	3	3	4	6	16
护理学															
澳大利亚	10	6	—	—	16	10	5	—	—	15	9	6	—	—	15
加拿大	6	4	—	—	10	6	3	—	—	9	6	4	—	—	10
美国	15	17	—	—	32	16	18	—	—	34	16	13	—	—	29
日本		1	—	—	1		1	—	—	1		1	—	—	1
英国	7	5	—	—	12	6	5	—	—	11	7	8	—	—	15
中国	—	1	—	—	1	—	1	—	—	1		2	—	—	2

续表

学科 / 国别	2016 年					2017 年					2018 年				
	1～50	51～100	101～200	201～500	总计	1～50	51～100	101～200	201～500	总计	1～50	51～100	101～200	201～500	总计
表演艺术															
澳大利亚		5	—	—	5	3	5	—	—	8	5	4	—	—	9
德国	4	1	—	—	5	1	6	—	—	7	1	4	—	—	5
俄罗斯	2	—	—	—	2	1	—	—	—	1	—	—	—	—	—
法国	1	3	—	—	4	2	1	—	—	3	2	1	—	—	3
加拿大	2	2	—	—	4	1	3	—	—	4	2	1	—	—	3
美国	19	7	—	—	26	17	11	—	—	28	17	12	—	—	29
日本	—	—	—	—	—	1	1	—	—	2	1	2	—	—	3
英国	12	12	—	—	24	14	7	—	—	21	12	8	—	—	20
药学与药理学															
澳大利亚	4	1	—	—	5	4	1	3	4	12	4	1	5	2	12
德国	2	3	9	—	14	2	3	9	6	20	2	2	9	9	22
俄罗斯	—	—	—	—	—	—	—	—	1	1	—	—	1	—	1
法国	—	4	3	—	7	—	3	4	4	11	—	3	4	2	9
加拿大	5	—	2	—	7	5	—	1	5	11	5	—	2	4	11
美国	15	13	17	—	45	15	11	16	15	57	15	11	17	16	59
日本	2	3	2	—	7	2	3	7	2	14	2	2	4	5	13
英国	8	5	9	—	22	7	8	6	4	25	7	9	4	5	25
中国	1	1	6	—	8	1	1	6	5	13	1	2	6	10	19
哲学															
澳大利亚	2	3	5	—	10	2	4	5	—	11	2	3	5	—	10
德国	4	2	6	—	12	5	1	8	—	14	6	1	6	—	13
俄罗斯		1	2	—	3	—	1	3	—	4	—	1	3	—	4

续表

学科/国别	2016年					2017年					2018年				
	1～50	51～100	101～200	201～500	总计	1～50	51～100	101～200	201～500	总计	1～50	51～100	101～200	201～500	总计
法国	3	1	—	—	4	3	—	—	—	3	3	—	2	—	5
加拿大	4	1	9	—	14	4	3	8	—	15	2	3	7	—	12
美国	20	9	27	—	56	19	14	20	—	53	16	14	23	—	53
日本		2	2	—	4	—	2	1	—	3	—	1	3	—	4
英国	7	7	8	—	22	6	7	9	—	22	7	6	9	—	22
中国	1	5	2	—	8	2	—	7	—	9	2	2	5	—	9
物理与天文学															
澳大利亚	1	2	4	4	11	1	2	4	9	16	2	1	4	7	14
德国	6	4	9	16	35	5	4	10	22	41	5	3	11	21	40
俄罗斯	1	2	2	5	10	3	1	1	11	16	1	3	1	10	15
法国	2	2	3	11	18	1	3	3	12	19	1	2	4	10	17
加拿大	2	1	3	9	15	3	—	4	11	18	2	1	4	12	19
美国	18	14	17	31	80	16	14	17	48	95	18	13	17	52	100
日本	5	1	4	5	15	6	—	4	8	18	5	1	4	9	19
英国	6	3	10	13	32	5	4	9	19	37	6	5	7	20	38
中国	2	—	5	11	18	2	3	2	19	26	2	3	2	23	30
政治与国际研究															
澳大利亚	3	4	4	—	11	3	4	3	—	10	3	3	5	—	11
德国	2	4	3	—	9	2	3	4	—	9	1	3	5	—	9
俄罗斯	—	1	2	—	3	—	2	1	—	3	—	3	1	—	4
法国	1	1	1	—	3	1	1	1	—	3	1	1	1	—	3
加拿大	3	1	5	—	9	3	2	7	—	12	3	1	6	—	10

续表

学科/国别	2016年					2017年					2018年				
	1～50	51～100	101～200	201～500	总计	1～50	51～100	101～200	201～500	总计	1～50	51～100	101～200	201～500	总计
美国	17	7	22	—	46	16	10	19	—	45	17	8	20	—	45
日本	2	2	2	—	6	1	3	3	—	7	2	3	2	—	7
英国	9	9	12	—	30	10	8	13	—	31	10	8	10	—	28
中国	3	—	1	—	4	3	—	2	—	5	3	—	1	—	4
心理学															
澳大利亚	6	2	9	—	17	7	1	9	3	20	6	2	10	3	21
德国	—	3	11	—	14	—	2	9	12	23	—	3	8	12	23
俄罗斯	—	—	—	—	—	—	—	—	1	1	—	—	—	1	1
法国	—	—	1	—	1	—	—	1	1	2	—	—	—	2	2
加拿大	4	5	6	—	15	4	6	4	7	21	3	3	7	6	19
美国	21	18	23	—	62	24	17	22	27	90	24	17	21	29	91
日本	—	1	1	—	2	—	1	1	2	4	—	1	1	1	3
英国	8	8	13	—	29	9	8	14	13	44	10	8	15	10	43
中国	—	1	1	—	2	—	1	1	2	4	—	1	1	2	4
公共管理与行政															
澳大利亚	4	3	—	—	7	4	4	—	—	8	5	2	—	—	7
德国	—	3	—	—	3	1	—	—	—	1	1	—	—	—	1
俄罗斯	—	—	—	—	—	—	1	—	—	1	—	—	—	—	—
法国	1	1	—	—	2	—	1	—	—	1	1	—	—	—	1
加拿大	2	1	—	—	3	2	2	—	—	4	2	1	—	—	3
美国	21	11	—	—	32	18	11	—	—	29	18	11	—	—	29
日本	1	1	—	—	2	2	—	—	—	2	1	1	—	—	2

续表

学科 / 国别	2016 年					2017 年					2018 年				
	1～50	51～100	101～200	201～500	总计	1～50	51～100	101～200	201～500	总计	1～50	51～100	101～200	201～500	总计
英国	7	8	—	—	15	8	8	—	—	16	8	10	—	—	18
中国	2	2	—	—	4	2	2	—	—	4	2	2	—	—	4
社会学															
澳大利亚	5	2	11	—	18	5	4	8	3	20	5	2	7	6	20
德国	2	6	4	—	12	2	4	6	4	16	2	4	6	5	17
俄罗斯	—	—	2	—	2	—	1	2	—	3	—	1	1	2	4
法国	2	—	1	—	3	1	1	1	3	6	1	1	2	2	6
加拿大	3	1	7	—	11	3	1	8	5	17	3	2	6	7	18
美国	19	11	16	—	46	17	11	18	18	64	18	9	17	18	62
日本	1	3	3	—	7	1	2	3	3	9	1	1	4	2	8
英国	9	7	12	—	28	9	5	13	10	37	9	6	14	10	39
中国	1	2	—	—	3	1	1	1	2	5	1	2	1	1	5
体育及相关学科															
澳大利亚	—	—	—	—	—	5	5	—	—	10	6	6	—	—	12
德国	—	—	—	—	—	—	—	—	—	—	—	1	—	—	1
加拿大	—	—	—	—	—	7	5	—	—	12	7	3	—	—	10
美国	—	—	—	—	—	14	8	—	—	22	12	8	—	—	20
日本	—	—	—	—	—	3	—	—	—	3	3	—	—	—	3
英国	—	—	—	—	—	8	9	—	—	17	7	14	—	—	21
中国	—	—	—	—	—	—	1	—	—	1	—	1	—	—	1
统计学与运筹学															
澳大利亚	2	4	3	—	9	2	4	4	—	10	3	3	4	—	10
德国	—	3	3	—	6	—	4	1	—	5	—	4	1	—	5
俄罗斯	—	—	1	—	1	—	—	1	—	1	—	—	1	—	1

续表

学科/国别	2016年					2017年					2018年				
	1～50	51～100	101～200	201～500	总计	1～50	51～100	101～200	201～500	总计	1～50	51～100	101～200	201～500	总计
法国	—	2	3	—	5	—	3	2	—	5	—	3	3	—	6
加拿大	4	3	5	—	12	4	1	8	—	13	4	2	5	—	11
美国	26	10	17	—	53	25	13	13	—	51	25	13	16	—	54
日本	1	1	1	—	3	1	1	2	—	4	1	1	1	—	3
英国	6	6	8	—	20	6	6	9	—	21	6	6	9	—	21
中国	1	3	7	—	11	2	2	8	—	12	3	1	10	—	14
神学与宗教研究															
澳大利亚	—	—	—	—	—	4	2	—	—	6	3	3	—	—	6
德国	—	—	—	—	—	4	4	—	—	8	5	2	—	—	7
法国	—	—	—	—	—	—	1	—	—	1	—	1	—	—	1
加拿大	—	—	—	—	—	2	3	—	—	5	3	4	—	—	7
美国	—	—	—	—	—	16	13	—	—	29	14	13	—	—	27
英国	—	—	—	—	—	12	8	—	—	20	12	5	—	—	17
中国	—	—	—	—	—	—	1	—	—	1	—	1	—	—	1
兽医学															
澳大利亚	4	—	—	—	4	4	—	—	—	4	4	—	—	—	4
德国	2	—	—	—	2	2	—	—	—	2	2	—	—	—	2
加拿大	3	—	—	—	3	3	—	—	—	3	3	—	—	—	3
美国	17	—	—	—	17	18	—	—	—	18	18	—	—	—	18
日本	—	—	—	—	—	1	—	—	—	1	1	—	—	—	1
英国	7	—	—	—	7	7	—	—	—	7	7	—	—	—	7

附表 6-57　THE

学科 / 国别	2016 年			2017 年			2018 年				
	1～50	51～100	总计	1～50	51～100	总计	1～50	51～100	101～200	201～500	总计
艺术与人文											
澳大利亚	3	—	3	3	1	4	2	1	7	15	25
德国	5	6	11	5	3	8	6	2	11	7	26
俄罗斯	—	1	1	—	1	1	—	1	2	2	5
法国	2	—	2	3	—	3	2	1	3	7	13
加拿大	4	—	4	3	—	3	3	—	4	13	20
美国	20	12	32	19	20	39	17	18	20	48	103
日本	1	—	1	1	—	1	1	1	—	2	4
英国	9	10	19	9	10	19	10	9	13	24	56
中国	—	1	1	1	1	2	2	—	4	2	8
商业与经济											
澳大利亚	—	—	—	2	4	6	2	4	7	—	13
德国	—	—	—	3	1	4	3	3	5	—	11
俄罗斯	—	—	—	—	1	1	—	—	4	—	4
法国	—	—	—	1	1	2	—	1	5	—	6
加拿大	—	—	—	3	3	6	3	2	5	—	10
美国	—	—	—	24	11	35	24	11	16	—	51
英国	—	—	—	4	11	15	6	9	20	—	35
中国	—	—	—	2	2	4	2	1	7	—	10
临床前及保健											
澳大利亚	4	1	5	4	3	7	3	3	4	23	33
德国	2	4	6	2	2	4	3	4	11	7	25
俄罗斯	—	—	—	—	—	—	—	—	—	2	2
法国	—	3	3	—	1	1	—	1	5	10	16
加拿大	4	2	6	4	4	8	4	3	5	7	19
美国	24	11	35	25	8	33	23	8	24	47	102
日本	1	1	2	1	1	2	2	1	1	22	26
英国	7	7	14	8	5	13	7	10	12	29	58
中国	—	—	—	—	3	3	2	1	2	9	14
计算机科学											
澳大利亚	—	—	—	2	2	4	1	3	7	7	18
德国	—	—	—	5	6	11	5	5	12	9	31
俄罗斯	—	—	—	1	1	2	—	3	—	2	5
法国	—	—	—	2	—	2	—	2	1	5	8

续表

学科 / 国别	2016 年			2017 年			2018 年				
	1～50	51～100	总计	1～50	51～100	总计	1～50	51～100	101～200	201～500	总计
加拿大	—	—	—	2	1	3	3	2	4	3	12
美国	—	—	—	17	8	25	22	10	19	17	68
日本	—	—	—	1	1	2	1	1	2	3	7
英国	—	—	—	5	7	12	5	4	13	12	34
中国	—	—	—	3	3	6	3	3	3	2	11
教育学											
澳大利亚	—	—	—	—	—	—	4	4	—	—	8
德国	—	—	—	—	—	—	1	4	—	—	5
俄罗斯	—	—	—	—	—	—	—	1	—	—	1
加拿大	—	—	—	—	—	—	3	2	—	—	5
美国	—	—	—	—	—	—	24	15	—	—	39
日本	—	—	—	—	—	—	1	—	—	—	1
英国	—	—	—	—	—	—	7	12	—	—	19
工程与技术											
澳大利亚	—	7	7	1	4	5	—	7	8	9	24
德国	3	4	7	3	3	6	3	5	4	9	21
俄罗斯	—	1	1	—	—	—	—	—	2	8	10
法国	1	1	2	—	3	3	—	2	2	19	23
加拿大	3	2	5	1	4	5	1	3	5	16	25
美国	21	10	31	23	14	37	20	12	22	48	102
日本	2	3	5	2	2	4	2	3	2	10	17
英国	5	4	9	5	6	11	6	4	13	21	44
中国	3	3	6	3	4	7	6	2	7	20	35
法学											
澳大利亚	—	—	—	—	—	—	4	5	—	—	9
德国	—	—	—	—	—	—	—	1	—	—	1
加拿大	—	—	—	—	—	—	4	5	—	—	9
美国	—	—	—	—	—	—	19	11	—	—	30
英国	—	—	—	—	—	—	12	11	—	—	23
生命科学											
澳大利亚	3	4	7	3	4	7	4	3	6	13	26
德国	3	5	8	3	5	8	4	5	10	12	31
俄罗斯	—	1	1	—	—	—	—	—	1	2	3
法国	—	1	1	—	2	2	—	2	6	10	18

续表

学科/国别	2016年			2017年			2018年				
	1～50	51～100	总计	1～50	51～100	总计	1～50	51～100	101～200	201～500	总计
加拿大	3	2	5	3	—	3	3	—	3	15	21
美国	23	13	36	21	15	36	21	14	22	47	104
日本	1	2	3	2	1	3	2	1	3	20	26
英国	7	10	17	6	10	16	6	10	16	18	50
中国	—	1	1	1	—	1	1	1	3	20	25
心理学											
澳大利亚	—	—	—	—	—	—	3	2	—	—	5
德国	—	—	—	—	—	—	4	4	—	—	8
加拿大	—	—	—	—	—	—	3	2	—	—	5
美国	—	—	—	—	—	—	29	18	—	—	47
英国	—	—	—	—	—	—	3	10	—	—	13
中国	—	—	—	—	—	—	1	—	—	—	1
社会科学											
澳大利亚	2	4	6	2	4	6	1	3	5	17	26
德国	3	4	7	2	5	7	3	2	10	7	22
俄罗斯	—	—	—	—	—	—	—	—	—	2	4
法国	—	2	2	—	—	—	1	1	1	5	8
加拿大	3	—	3	3	—	3	3	—	4	14	21
美国	26	17	43	30	15	45	25	14	23	44	106
日本	—	1	1	—	1	1	1	—	2	3	6
英国	10	7	17	6	11	17	9	12	19	20	60
中国	—	2	2	1	1	2	1	1	1	6	9
物理科学											
澳大利亚	—	3	3	1	4	5	—	—	—	—	—
德国	6	4	10	6	3	9	—	—	—	—	—
俄罗斯	1	2	3	—	2	2	—	—	—	—	—
法国	3	2	5	3	2	5	—	—	—	—	—
加拿大	1	3	4	2	2	4	—	—	—	—	—
美国	23	12	35	23	15	38	—	—	—	—	—
日本	1	1	2	1	1	2	—	—	—	—	—
英国	6	5	11	7	4	11	—	—	—	—	—
中国	2	2	4	2	2	4	—	—	—	—	—

附表 6-58 USNews

学科 / 国别	2016 年					2017 年						2018 年					
	1～50	51～100	101～200	201～500	总计	1～50	51～100	101～200	201～500	501～	总计	1～50	51～100	101～200	201～500	501～	总计
农业科学																	
澳大利亚	3	2	4	—	9	3	3	2	—	—	8	3	3	2	—	—	8
德国	2	2	2	—	6	2	2	3	—	—	7	2	2	2	—	—	6
法国	—	2	2	—	4	1	1	2	—	—	4	1	1	7	—	—	9
加拿大	2	4	2	—	8	2	4	2	—	—	8	2	4	3	—	—	9
美国	20	5	16	—	41	20	4	13	—	—	37	19	5	12	—	—	36
日本	—	1	3	—	4		1	3	—	—	4	—	1	3	—	—	4
英国	1	3	—	—	4	1	1	1	—	—	3	1	2	—	—	—	3
中国	6	3	2	—	11	7	1	7	—	—	15	7	1	10	—	—	18
艺术与人文																	
澳大利亚	3	3	6	—	12	3	4	6	—	—	13	3	4	6	—	—	13
德国	1	4	9	—	14	2	3	11	—	—	16	2	2	11	—	—	15
法国	—	—	5	—	5	—	—	5	—	—	5	1	1	3	—	—	5
加拿大	3	1	9	—	13	3		9	—	—	12	3	—	8	—	—	11
美国	27	17	24	—	68	26	17	24	—	—	67	25	17	22	—	—	64
日本	—	—	—	—	—	—	—	—	—	—	—	—	—	1	—	—	1
英国	10	10	15	—	35	10	9	16	—	—	35	10	10	17	—	—	37
生物与生物化学																	
澳大利亚	1	3	2	5	11	2	2	4	4	—	12	2	2	4	6	—	14
德国	1	5	10	21	37	2	5	11	20	—	38	2	4	11	17	—	34
俄罗斯	—	—	1	—	1	—	—	1	—	—	1	—	—	1	1	—	2

续表

学科 / 国别	2016 年					2017 年						2018 年					
	1～50	51～100	101～200	201～500	总计	1～50	51～100	101～200	201～500	501～	总计	1～50	51～100	101～200	201～500	501～	总计
法国	1	2	6	5	14	1	2	6	6	—	15	1	5	4	6	—	16
加拿大	3		4	10	17	3	—	4	9	—	16	3	—	4	9	—	16
美国	31	13	30	41	115	28	13	29	38	—	108	28	13	29	38	—	108
日本	2	1	5	9	17	2	1	4	9	—	16	2	1	3	8	—	14
英国	5	3	10	10	28	6	2	10	11	—	29	5	4	9	11	—	29
中国	1	4	5	17	27	1	2	4	19	—	26	1	2	5	18	—	26
化学																	
澳大利亚	—	2	4	4	10	—	3	4	9	3	19	1	3	4	8	2	18
德国	—	6	10	20	36	—	7	9	26	3	45	—	5	8	24	5	42
俄罗斯	—	—	1	2	3	—	—	1	2	3	6	—	—	1	5	1	7
法国	—	3	5	7	15	—	3	5	17	6	31	1	4	6	6	4	21
加拿大	1	—	5	6	12	1		5	6	2	14	1	—	4	7	2	14
美国	22	11	17	25	75	21	13	19	48	12	113	19	10	21	44	16	110
日本	4	4	—	8	16	3	4	1	9	5	22	3	3	1	6	4	17
英国	3	3	6	10	22	4	1	8	15	3	31	4	1	8	13	2	28
中国	13	8	9	18	48	11	7	9	30	19	76	10	7	8	36	18	79
临床医学																	
澳大利亚	2	2	3	7	14	2	3	2	14	3	24	2	3	2	16	2	25
德国	2	5	15	12	34	3	4	15	14	—	36	2	3	13	15	1	34
法国	—	4	2	7	13	1	3	2	13	2	21	1	1	5	13	—	20
加拿大	4	2	4	3	13	4	4	2	7	1	18	4	3	3	5	1	16

续表

学科 / 国别	2016 年					2017 年						2018 年					
	1 ～ 50	51 ～ 100	101 ～ 200	201 ～ 500	总计	1 ～ 50	51 ～ 100	101 ～ 200	201 ～ 500	501 ～	总计	1 ～ 50	51 ～ 100	101 ～ 200	201 ～ 500	501 ～	总计
美国	28	13	26	29	96	27	9	28	55	12	131	28	7	28	55	10	128
日本	—	2	4	29	35		1	4	32	15	52	—	1	2	24	15	42
英国	7	4	9	9	29	7	6	9	17	4	43	7	6	9	14	4	40
中国	—	1	3	15	19	—	—	4	17	7	28	—	—	4	16	9	29
计算机科学																	
澳大利亚	1	5	1	—	7	3	4	2	—	—	9	4	3	3	—	—	10
德国	1	3	4	—	8	1	3	3	—	—	7	1	1	5	—	—	7
法国	—	1	4	—	5		2	2	—	—	4	1		4	—	—	5
加拿大	3	1	5	—	9	3	1	6	—	—	10	3	1	6	—	—	10
美国	17	14	22	—	53	14	12	19	—	—	45	12	13	17	—	—	42
日本	—	1	3	—	4		1	2	—	—	3	—	—	2	—	—	2
英国	5	4	4	—	13	5	5	4	—	—	14	2	7	5	—	—	14
中国	8	9	10	—	27	9	8	17	—	—	34	12	11	14	—	—	37
经济学与商业																	
澳大利亚	2	5	3	—	10	2	4	7	—	—	13	3	3	8	—	—	14
德国	—	2	4	—	6	1	2	3	—	—	6	—	2	6	—	—	8
法国	1	2	3	—	6	1	1	4	—	—	6	2	1	4	—	—	7
加拿大	2	4	7	—	13	2	4	3	—	—	9	1	5	3	—	—	9
美国	30	15	30	—	75	27	15	29	—	—	71	27	15	25	—	—	67
日本	—	—	1	—	1	—	—	1	—	—	1	—	—	1	—	—	1
英国	8	3	17	—	28	8	4	18	—	—	30	8	4	19	—	—	31

续表

学科 / 国别	2016 年					2017 年						2018 年					
	1 ~ 50	51 ~ 100	101 ~ 200	201 ~ 500	总计	1 ~ 50	51 ~ 100	101 ~ 200	201 ~ 500	501 ~	总计	1 ~ 50	51 ~ 100	101 ~ 200	201 ~ 500	501 ~	总计
中国	—	2	5	—	7	—	2	6	—	—	8	—	3	6	—	—	9
工程学																	
澳大利亚	1	2	10	4	17	2	4	7	6	—	19	3	3	7	6	—	19
德国	—	4	1	6	11	—	4	2	8	6	20	—	3	2	8	4	17
俄罗斯	—	—	—	1	1	—	—	—	1	2	3	—	—	—	1	3	4
法国	—	—	6	9	15	—	—	5	12	8	25	1	1	5	10	7	24
加拿大	1	3	5	11	20	—	5	3	16	5	29	1	3	4	12	7	27
美国	14	12	18	42	86	13	11	21	61	8	114	12	13	16	62	11	114
日本	—	3	2	4	9	—	1	3	7	3	14	—	1	3	7	1	12
英国	2	4	6	16	28	2	5	8	19	1	35	2	5	8	20	2	37
中国	12	4	13	28	57	12	6	16	33	12	79	12	5	17	34	11	79
环境生物学																	
澳大利亚	5	4	4	—	13	6	5	4	—	—	15	6	4	6	9	—	25
德国	—	1	5	—	6	1	1	10	—	—	12	1	2	10	11	—	24
俄罗斯	—	—	—	—	—	—	—	—	—	—	—	—	—	—	1	—	1
法国	1	2	5	—	8	2	1	8	—	—	11	2	2	8	6	—	18
加拿大	3	1	10	—	14	2	2	9	—	—	13	2	3	7	11	—	23
美国	26	15	24	—	65	22	16	27	—	—	65	22	16	23	33	—	94
日本	—	—	3	—	3	—	—	3	—	—	3	—	—	3	3	—	6
英国	4	11	5	—	20	5	9	6	—	—	20	6	7	8	7	—	28
中国	1	2	9	—	12	1	3	4	—	—	8	1	3	3	24	—	31

续表

学科 / 国别	2016 年					2017 年						2018 年					
	1～50	51～100	101～200	201～500	总计	1～50	51～100	101～200	201～500	501～	总计	1～50	51～100	101～200	201～500	501～	总计
地球科学																	
澳大利亚	1	6	4	—	11	2	5	5	—	—	12	3	5	4	—	—	12
德国	1	5	10	—	16	—	5	10	—	—	15	—	4	11	—	—	15
俄罗斯	—	—	1	—	1	—	—	1	—	—	1	—	—	1	—	—	1
法国	3	3	8	—	14	3	3	8	—	—	14	3	4	9	—	—	16
加拿大	1	3	5	—	9	1	3	3	—	—	7	1	3	3	—	—	7
美国	25	14	23	—	62	23	17	24	—	—	64	24	14	20	—	—	58
日本	1	2	5	—	8	1		6	—	—	7	1		4	—	—	5
英国	9	5	8	—	22	10	5	9	—	—	24	8	8	8	—	—	24
中国	2	4	5	—	11	3	3	5	—	—	11	3	3	5	—	—	11
免疫学																	
澳大利亚	2	3	2	—	7	2	3	2	—	—	7	3	2	3	—	—	8
德国	4	6	11	—	21	4	7	8	—	—	19	3	7	10	—	—	20
法国	1	3	3	—	7	2	1	4	—	—	7	1	3	4	—	—	8
加拿大	2	2	5	—	9	1	3	6	—	—	10	2	3	5	—	—	10
美国	25	12	31	—	68	24	12	26	—	—	62	24	14	24	—	—	62
日本	2	1	4	—	7	2	1	3	—	—	6	2	1	2	—	—	5
英国	8	4	5	—	17	8	5	2	—	—	15	8	4	4	—	—	16
中国	—	—	5	—	5			7	—	—	7			7	—	—	7
材料学																	
澳大利亚	2	3	2	8	15	1	4	4	7	—	16	1	3	6	6	—	16

续表

学科/国别	2016年					2017年						2018年					
	1～50	51～100	101～200	201～500	总计	1～50	51～100	101～200	201～500	501～	总计	1～50	51～100	101～200	201～500	501～	总计
德国	1	3	7	14	25	1	4	6	12	—	23	—	4	6	14	—	24
俄罗斯	—	—	1	2	3	—	—	1	4	—	5	—	—	2	3	—	5
法国	—	2	5	12	19	—	2	5	9	—	16	—	3	6	8	—	17
加拿大	—	1	3	6	10	—	1	3	6	—	10	—	1	4	4	—	9
美国	18	6	26	22	72	19	6	27	17	—	69	18	7	24	30	—	79
日本	2	3	3	9	17	2	4	1	8	—	15	2	3	2	4	—	11
英国	3	2	5	8	18	3	2	4	7	—	16	3	2	5	9	—	19
中国	13	13	11	31	68	10	13	18	37	—	78	13	15	12	41	—	81
数学																	
澳大利亚	—	1	2	—	3	—	1	2	—	—	3	—	1	2	—	—	3
德国	1	3	6	—	10	1	5	5	—	—	11	1	4	5	—	—	10
俄罗斯	—	1	2	—	3	—	2	2	—	—	4	—	2	3	—	—	5
法国	4	4	11	—	19	4	3	9	—	—	16	3	7	9	—	—	19
加拿大	2	3	3	—	8	2	1	4	—	—	7	1	2	4	—	—	7
美国	21	11	16	—	48	22	12	13	—	—	47	21	13	16	—	—	50
日本	2	—	4	—	6	1	1	4	—	—	6	1	1	3	—	—	5
英国	4	—	5	—	9	4	1	4	—	—	9	4	3	2	—	—	9
中国	6	8	14	—	28	5	6	12	—	—	23	6	5	10	—	—	21
微生物学																	
澳大利亚	2	3	—	—	5	2	3	—	—	—	5	2	3	—	—	—	5
德国	1	5	12	—	18	2	5	10	—	—	17	1	4	12	—	—	17

续表

学科 / 国别	2016 年					2017 年						2018 年					
	1 ～ 50	51 ～ 100	101 ～ 200	201 ～ 500	总计	1 ～ 50	51 ～ 100	101 ～ 200	201 ～ 500	501 ～	总计	1 ～ 50	51 ～ 100	101 ～ 200	201 ～ 500	501 ～	总计
俄罗斯	—	—	1	—	1	—	—	1	—	—	1	—	—	1	—	—	1
法国	2	3	4	—	9	1	3	6	—	—	10	1	4	5	—	—	10
加拿大	2	1	7	—	10	2	1	7	—	—	10	2	1	6	—	—	9
美国	29	15	30	—	74	25	21	26	—	—	72	27	18	26	—	—	71
日本	1	3	2	—	6	1	3	1	—	—	5	1	3	1	—	—	5
英国	7	2	7	—	16	7	2	7	—	—	16	7	3	7	—	—	17
中国	—	—	5	—	5	—	—	7	—	—	7	—	—	7	—	—	7
分子生物学和遗传学																	
澳大利亚	1	2	4	—	7	2	2	2	—	—	6	1	2	3	5	—	11
德国	2	5	17	—	24	2	5	15	—	—	22	2	3	16	11	—	32
俄罗斯	—	—	—	—	—	—	—	—	—	—	—	—	—	1	1	—	2
法国	—	4	4	—	8	1	2	5	—	—	8	1	3	5	6	—	15
加拿大	2	2	4	—	8	2	1	3	—	—	6	2	1	3	8	—	14
美国	28	13	30	—	71	25	13	26	—	—	64	25	13	27	41	—	106
日本	1	2	4	—	7	1	1	4	—	—	6	1	1	3	13	—	18
英国	6	6	7	—	19	6	5	11	—	—	22	6	5	11	3	—	25
中国		4	3	—	7	—	3	3	—	—	6		3	3	34	—	40
神经系统科学和行为																	
澳大利亚	1	3	2	—	6	1	3	3	—	—	7	2	3	2	8	—	15
德国	7	4	16	—	27	7	2	16	—	—	25	6	3	17	8	—	34
法国	1	—	7	—	8	1		8	—	—	9	—	3	5	6	—	14

续表

学科/国别	2016年					2017年						2018年					
	1～50	51～100	101～200	201～500	总计	1～50	51～100	101～200	201～500	501～	总计	1～50	51～100	101～200	201～500	501～	总计
加拿大	3	2	4	—	9	3	2	4	—	—	9	3	2	4	7	—	16
美国	25	21	25	—	71	25	20	25	—	—	70	24	21	27	36	—	108
日本	—	1	5	—	6	—	1	4	—	—	5	—	—	5	10	—	15
英国	6	2	6	—	14	6	4	6	—	—	16	6	4	8	4	—	22
中国	—	1	4	—	5	—	—	4	—	—	4	—		4	26	—	30
药理学和毒理学																	
澳大利亚	3	1	1	—	5	3	1	2	—	—	6	3	1	2	—	—	6
德国	2	6	4	—	12	1	6	7	—	—	14	1	5	6	—	—	12
法国	1	2	2	—	5	2	1	3	—	—	6	2	—	5	—	—	7
加拿大	1	3	3	—	7	1	3	3	—	—	7	1	2	6	—	—	9
美国	19	12	22	—	53	18	15	19	—	—	52	18	15	21	—	—	54
日本	1	1	5	—	7	—	1	5	—	—	6	—	1	3	—	—	4
英国	8	2	1	—	11	8	1	3	—	—	12	8	1	1	—	—	10
中国	5	4	8	—	17	5	1	11	—	—	17	5	3	9	—	—	17
物理学																	
澳大利亚			3	4	7			3	5	3	11		1	3	4	6	14
德国	4	4	8	14	30	4	4	7	21	10	46	4	4	7	18	12	45
俄罗斯	1	—	2	3	6	1	2	1	5	4	13	1	2	2	5	3	13
法国	4	1	5	6	16	4	2	4	13	7	30	5		3	9	5	22
加拿大		2	2	8	12	1	2	2	9	3	17	1	2	3	6	5	17
美国	26	16	23	29	94	22	17	20	46	14	119	22	15	22	54	10	123

续表

学科 / 国别	2016 年					2017 年						2018 年					
	1 ～ 50	51 ～ 100	101 ～ 200	201 ～ 500	总计	1 ～ 50	51 ～ 100	101 ～ 200	201 ～ 500	501 ～	总计	1 ～ 50	51 ～ 100	101 ～ 200	201 ～ 500	501 ～	总计
日本	2	5	3	7	17	2	4	1	11	5	23	2	4	3	10	2	21
英国	3	6	6	10	25	4	4	6	14	3	31	5	5	5	12	4	31
中国	3	1	4	16	24	3	1	3	20	14	41	3	2	3	18	15	41
植物与动物科学																	
澳大利亚	4	4	5	6	19	4	4	5	7	—	20	5	4	4	7	—	20
德国	2	3	10	11	26	2	4	12	8	—	26	3	3	9	14	—	29
俄罗斯	—	—	—	1	1	—	—	—	1	—	1	—	—	1	1	—	2
法国	1	2	2	10	15	1	3	3	9	—	16	2	3	8	6	—	19
加拿大	2	2	4	13	21	3	—	5	12	—	20	2	2	3	12	—	19
美国	24	12	14	31	81	24	11	12	34	—	81	23	12	14	32	—	81
日本	2	2	5	8	17	2	1	4	6	—	13	1	1	4	5	—	11
英国	4	7	8	9	28	3	8	9	7	—	27	3	7	8	11	—	29
中国	2	3	4	12	21	2	3	3	14	—	22	1	4	2	14	—	21
精神病和心理学																	
澳大利亚	3	2	5	—	10	3	2	5	—	—	10	4	1	7	—	—	12
德国	1	4	15	—	20	1	4	15	—	—	20	1	4	12	—	—	17
法国	—	—	2	—	2	—	—	2	—	—	2	—	—	1	—	—	1
加拿大	3	—	11	—	14	3		11	—	—	14	3		11	—	—	14
美国	32	25	22	—	79	29	24	24	—	—	77	29	26	23	—	—	78
日本	—	—	1	—	1	—	—	—	—	—	—	—	—	—	—	—	—
英国	4	5	13	—	22	4	6	15	—	—	25	4	5	16	—	—	25

学科 / 国别	2016 年					2017 年						2018 年					
	1～50	51～100	101～200	201～500	总计	1～50	51～100	101～200	201～500	501～	总计	1～50	51～100	101～200	201～500	501～	总计
中国	—	—	2	—	2	—	—	2	—	—	2	—	—	[illegible]	—	—	1
社会科学与公共卫生																	
澳大利亚	4	2	10	7	23	4	2	8	9	—	23	4	3	[illegible]	11	—	25
德国	—	—	7	18	25	—	1	6	19	—	26	—	—	[illegible]	17	—	23
俄罗斯	—	—	—	—	—	—	—	—	1	—	1	—	—	—	1	—	1
法国	—	—	1	3	4	—	—	1	4	—	5	—	—	3	8	—	11
加拿大	3	3	4	10	20	3	3	4	11	—	21	3	3	4	9	—	19
美国	30	19	34	57	140	29	16	34	53	—	132	29	17	34	48	—	128
日本	—	—	1	1	2	—	—	1	1	—	2	—	—	1	1	—	2
英国	7	8	16	19	50	8	8	14	20	—	50	9	8	13	20	—	50
中国	—	1	2	6	9	—	1	3	5	—	9	—	1	3	7	—	11
空间科学																	
澳大利亚	1	2	6	—	9	2	1	6	—	—	9	2	1	5	—	—	9
德国	2	1	7	—	10	2	1	9	—	—	12	2	1	8	—	—	11
俄罗斯	—	—	2	—	2	—	—	1	—	—	1	—	—	2	—	—	2
法国	5	—	8	—	13	5	1	5	—	—	11	5	3	5	—	—	13
加拿大	2	2	4	—	8	3	1	4	—	—	8	3	1	4	—	—	8
美国	25	10	23	—	58	21	16	22	—	—	59	20	14	24	—	—	58
日本	1	2	7	—	10	1	2	6	—	—	9	1	2	4	—	—	7
英国	7	9	9	—	25	7	8	11	—	—	26	7	8	10	—	—	25
中国	—	1	3	—	4	—	1	3	—	—	4		1	3	—	—	4

附表 6-59 ESI

学科 / 国别	2018 年 11 月 ESI 排名				
	1 ～ 50	51 ～ 100	101 ～ 200	201 ～ 500	总计
农业科学					
澳大利亚	—	3	—	—	3
德国	1	1	—	—	2
法国	2	—	—	—	2
加拿大	1	—	—	—	1
美国	17	13	—	—	30
中国	6	1	—	—	7
生物学与生物化学					
澳大利亚	—	2	—	—	2
德国	—	2	—	—	2
法国	1	2	—	—	3
加拿大	1	3	—	—	4
美国	26	20	—	—	46
日本	1	2	—	—	3
英国	4	3	—	—	7
化学					
澳大利亚	—	—	2	—	2
德国	—	3	—	—	3
法国	1	7	1	—	9
加拿大	—	1	—	—	1
美国	13	13	8	—	34
日本	3	2	—	—	5
英国	2	3	—	—	5
中国	10	11	1	—	22
临床医学					
澳大利亚	1	1	4	1	7
德国	1	4	8	14	27
法国	1	1	7	7	16
加拿大	1	6	2	10	19
美国	29	19	27	43	118
日本	—	—	1	6	7
英国	4	2	10	11	27
中国	—	—	2	10	12
计算机科学					
法国	1	—	—	—	1
加拿大	3	—	—	—	3
美国	17	—	—	—	17
英国	1	—	—	—	1

续表

学科 / 国别	2018 年 11 月 ESI 排名				
	1 ～ 50	51 ～ 100	101 ～ 200	201 ～ 500	总计
中国	9	—	—	—	9
经济与商业					
美国	25	—	—	—	25
英国	3	—	—	—	3
工程学					
澳大利亚	—	2	1	—	3
德国	—	—	1	—	1
法国	1	1	4	—	6
加拿大	—	4	1	—	5
美国	16	10	8	—	34
日本	—	—	1	—	1
英国	2	1	3	—	6
中国	13	11	5	—	29
环境 / 生态					
澳大利亚	1	3	—	—	4
法国	2	2	—	—	4
加拿大	1	3	—	—	4
美国	20	16	—	—	36
英国	1	5	—	—	6
中国	1	1	—	—	2
地球科学					
法国	5	2	—	—	7
美国	15	7	—	—	22
日本	1	—	—	—	1
英国	3	1	—	—	4
中国	1	2	—	—	3
免疫学					
澳大利亚	1	1	—	—	2
德国	1	2	—	—	3
法国	2	1	—	—	3
加拿大	1	—	—	—	1
美国	25	10	—	—	35
日本	—	1	—	—	1
英国	5	1	—	—	6
材料科学					
澳大利亚	—	1	—	—	1
法国	—	2	—	—	2
美国	11	9	—	—	20

续表

学科 / 国别	2018 年 11 月 ESI 排名				
	1 ～ 50	51 ～ 100	101 ～ 200	201 ～ 500	总计
日本	1	1	—	—	2
英国	2	1	—	—	3
中国	14	8	—	—	22
数学					
法国	3	—	—	—	3
美国	14	—	—	—	14
英国	1	—	—	—	1
微生物学					
法国	2	—	—	—	2
美国	19	—	—	—	19
英国	3	—	—	—	3
分子生物学与遗传学					
澳大利亚	—	1	—	—	1
德国	—	2	—	—	2
法国	1	1	—	—	2
加拿大	1	1	—	—	2
美国	28	7	—	—	35
日本	—	1	—	—	1
英国	4	3	—	—	7
多学科					
美国	4	—	—	—	4
英国	1	—	—	—	1
神经系统科学和行为					
澳大利亚	1	1	—	—	2
德国	2	4	—	—	6
法国	—	1	—	—	1
加拿大	3	—	—	—	3
美国	27	12	—	—	39
英国	5	1	—	—	6
药理学和毒理学					
澳大利亚	2	1	—	—	3
德国	1	—	—	—	1
法国	2	2	—	—	4
加拿大	1	—	—	—	1
美国	16	13	—	—	29
英国	3	3	—	—	6
中国	1	6	—	—	7

续表

学科 / 国别	2018 年 11 月 ESI 排名				
	1 ～ 50	51 ～ 100	101 ～ 200	201 ～ 500	总计
物理学					
德国	—	1	—	—	1
俄罗斯	—	1	—	—	1
法国	6	3	—	—	9
美国	19	6	—	—	25
日本	1	2		—	3
英国	4	1	—	—	5
中国	1	2	—	—	3
动植物科学					
澳大利亚	2	4	2	—	8
德国	—	1	—	—	1
法国	2	4	—	—	6
加拿大	1	1	2	—	4
美国	17	18	8	—	43
日本	1	1	—	—	2
英国	1	3	1	—	5
中国	1	4	—	—	5
精神病学和心理学					
澳大利亚	2	—	—	—	2
加拿大	2	1	—	—	3
美国	33	7	—	—	40
英国	4	1	—	—	5
社会科学					
澳大利亚	2	4	1	—	7
加拿大	2	3	2	—	7
美国	32	28	18	—	78
英国	5	7	7	—	19
空间科学					
法国	3	—	—	—	3
美国	4	—	—	—	4

附录七　2018 年我国学位与研究生教育记事

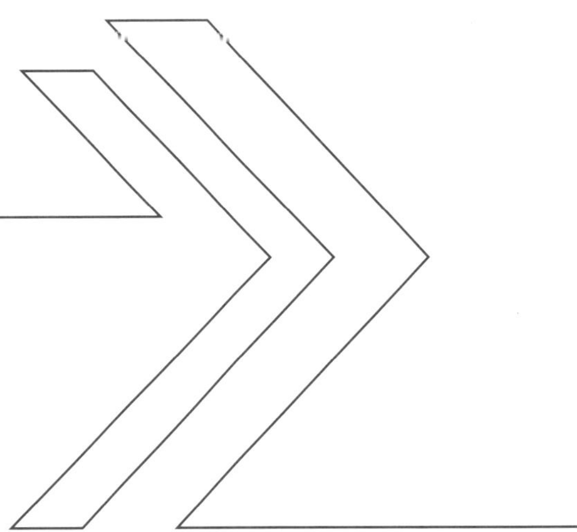

1 月 10 日

国务院学位委员会办公室印发《关于做好 2018 年同等学力人员申请硕士学位外国语水平和学科综合水平全国统一考试工作的通知》(学位办〔2018〕1号)，对考生资格、外国语水平考试语种和学科综合水平考试科目、考试时间、考试报名、命题、考务及阅卷工作、成绩下达和公布等事项都进行了说明和具体规定。

1 月 17 日

教育部发布《教育部关于全面落实研究生导师立德树人职责的意见》(教研〔2018〕1 号)，意见明确了研究生导师立德树人职责，具体包括提升研究生思想政治素质、培养研究生学术创新能力、培养研究生实践创新能力、增强研究生社会责任感、指导研究生恪守学术道德规范、优化研究生培养条件、注重对研究生人文关怀七个方面。

1 月 17 日

教育部印发《教育部关于规范直属高校领导班子成员指导研究生若干事项的通知》(教研〔2018〕2 号)，对教育部直属高校领导班子成员指导研究生的各方面事项提出了具体要求。

1 月 29—30 日

国务院学位委员会第三十四次会议于 2018 年 1 月 29—30 日在北京召开。国务院副总理、国务院学位委员会主任委员刘延东出席会议并做重要讲话。会议议定了如下事项：①审议并举手表决通过了《国务院学位委员会第三十三次会议以来的主要工作和下一阶段工作考虑》；②审议并投票表决通过了《2017 年学位授权审核结果》；③审议并投票表决通过了《2017 年服务国家特殊需求人才培养项目验收评估结果》；④审议并投票表决通过了《2017 年学位授权点专项评估结果》；⑤审议并投票表决通过了《2017 年学位授权点动态调整结果》；⑥审议并投票表决通过了《军队博士、硕士学位授予单位及其学位授权点对应调整名单》；⑦审议并投票表决通过了《西藏农牧学院学位授予权调整名单》；⑧审议并投票表决通过了《工程专业学位类别设置调整方案》；⑨审议并原则通过了《关于推进高等学校做好学位授权自主审核工作的意见》；⑩审议并原则通过了《关于加强授予研究生毕业同等学力人员硕士博士学位管理的工作方案》。

2 月 11 日

国务院学位委员会办公室发布《关于改进建筑学、城市规划专业学位授权审核工作的通知》（学位办〔2018〕4 号），对现行建筑学硕士、建筑学学士和城市规划硕士专业学位授权审核工作进行调整：通过全国高等学校建筑学专业教育评估委员会或住房和城乡建设部高等教育城乡规划专业评估委员会硕士专业评估的单位，可通过学位授权点动态调整工作，申请将建筑学一级学科硕士学位授权点调整为建筑学硕士专业学位授权点、将城乡规划学一级学科硕士学位授权点调整为城市规划硕士专业学位授权点。

2 月 27 日

国务院学位委员会、教育部发布《国务院学位委员会 教育部关于下达 2017 年学位授权点专项评估结果及处理意见的通知》（学位〔2018〕1 号），50 所高校的 129 个博士学位授权学科接受了专项评估，有 3 所高校的中国语言文学博士学位授权学科被“限期整改”；25 所高校的 68 个硕士学位授权学科接受了专项评估，有 4 所高校的 4 个硕士学位授权学科被“限期整改”；有 5 所高校的 5 个硕士专业学位授权类别接受了专项评估，均为合格。评估结果为“限期整改”的学位授权点，2018 年招生结束后暂停招生，进行为期 2 年的整改。整改结束后接受复评，结果为“合格”的恢复招生，达不到“合格”的撤销学位授权。

2 月 27 日

国务院学位委员会发布《国务院学位委员会关于下达 2017 年动态调整撤销和增列的学位授权点名单的通知》（学位〔2018〕3 号），全国 129 所高校撤销了 340 个学位授权点。此外，共有 24 个省 (区、市) 的 87 所高校动态增列了 184 个学位点。

2 月 27 日

国务院学位委员会印发通知，确认西藏农牧学院为硕士学位授予单位，原属西藏大学的“林学”“作物学”“水利水电工程”“预防兽医学”学科的硕士学位授予权，及“农业”“兽医”硕士专业学位类别的学位授予权转由西藏农牧学院行使，西藏大学不再行使上述学科和专业学位类别的学位授予权。

3 月 14 日

国务院学位委员会、教育部发布《国务院学位委员会、教育部关于对工程专业学位类别进行调整的通知》（学位〔2018〕7 号），决定统筹工程硕士和工程博士专业人才培养，将工程专业学位类别调整为电子信息、机械、材料与化工、资源与环境、能源动力、土木水利、生物与医药、交通运输 8 个专业学位类别。工程硕士领域中的项目管理、物流工程、工业工程 3 个领域调整到工程管理专业学位类别。调整后的 8 个专业学位类别分为硕士、博士两个层次。工程专业学位类别待相关学位授权点对应调整完成后不再保留。

3 月 15 日

教育部办公厅发出了关于做好硕士研究生招生调剂工作的通知。文件从进一步提高思想认识，改进调剂工作作风；严格执行招生政策，规范调剂工作程序；升级优化调剂系统，提升调剂工作效率和加强工作检查问责，强化调剂工作监管四个方面提出了明确要求。

3 月 19 日

国务院学位委员会、教育部发布《国务院学位委员会 教育部关于开展 2018 年学位授权点专项评估工作的通知》（学位〔2018〕8 号），参加评估的范围主要是 2014 年获得授权且未调整的学位授权学科和 2014 年学位授权学科专项评估结果为“限期整改”的学位授权学科。国务院学位委员会根据评估结果，对参评点分别作出继续授权、限期整改或撤销学位授权的处理决定。评估结果及处理决定向社会公开。

3 月 22 日

国务院学位委员会发布《国务院学位委员会关于下达 2017 年审核增列的博士、硕士学位授权点名单的通知》（学位〔2018〕9 号），2017 年，共 528 个高校和科研院所获批新增学位点，其中，博士学术学位点 645 个、博士专业学位点 49 个、硕士学术学位点 1 270 个、硕士专业学位点 887 个。

3 月 27 日

2018 年度国务院学位委员会学科评议组、全国专业学位研究生教育指导委员会、省级学位委员会工作会议在北京召开。会议的主要内容有：学习传达国务院学位委员会第三十四次会议精神；部署 2018 年重点工作；总结交流落实《学位与研究生教育发展“十三五”规划》情况。教育部副部长杜占元到会做了题为《深化研究生教育改革推动内涵发展再上新水平》的报告。

4 月 19 日

教育部学位管理与研究生教育司发布《深化专业学位研究生教育综合改革试点单位名单》，北京大学等 13 所大学，上海市教委等 4 个省市，法律教指委等 3 个教指委入列。

4 月 19 日

国务院学位委员会发布《国务院学位委员会关于高等学校开展学位授权自主审核工作的意见》（学位〔2018〕17 号），要求高等学校合理控制自主审核节奏，根据科学技术发展前沿趋势、经济社会发展需求和本单位学科基础条件，以及资源配置能力，统筹考虑新增学位授权点，每年新增博士学位授权点数量不得超过本单位已有博士学位点数量的 5%。

4 月 19 日

国务院学位委员会发布《国务院学位委员会关于印发学位授权自主审核单位名单的通知》（学位〔2018〕18 号），北京大学、中国人民大学、清华大学、北京航空航天大学、中国农业大学、北京师范大学、南开大学、天津大学、吉林大学、哈尔滨工业大学、复旦大学、同济大学、上海交通大学、南京大学、浙江大学、中国科学技术大学、厦门大学、武汉大学、西安交通大学、中国科学院大学为可开展学位授权自主审核的单位。

5 月 2 日

国务院学位委员会发布《国务院学位委员会关于下达 2017 年审核增列的博士、硕士学位授予单位及其学位授权点名单的通知》（学位〔2018〕19 号），北京工商大学等 7 所大学的 16 个学科具备博士学位授权；北京石油化工学院等 4 所高校的 13 个学科和类别具备学科硕士学位授权和专业学位授权；中国民航大学等 21 个博士学位授予单位、山西大同大学等 25 个硕士学位授予单位，需进一步加强建设，补短板强弱项，待其办学水平和研究生培养能力达到相应要求，并通过国务院学位委员会核查后，再开展招生、培养、授予学位工作。

5 月 2 日

国务院学位委员会办公室印发《关于做好 2018 年同等学力人员申请硕士学位全国统一考试安全工作的通知》（学位办〔2018〕13 号），对考试安全工作提出了八项要求。随文件还印发了《2018 年同等学力人员申请硕士学位外国语水平和学科综合水平全国统一考试安全责任书》及《同等学力人员申请硕士学位全国统一考试突发事件应急处置预案》。

5 月 4 日

国务院学位委员会办公室发布《关于制订工程类硕士专业学位研究生培养方案的指导意见》（学位办〔2018〕14 号），对工程类硕士专业学位的培养定位及目标、学习方式及修业年限、培养方式及导师指导、课程设置及学分要求、专业实践、学位论文、论文评审与答辩、学位授予等方面提出了指导意见。

5 月 4 日

国务院学位委员会办公室发布《工程类博士专业学位研究生培养模式改革方案》（学位办〔2018〕15 号），就工程类博士专业学位的培养目标，培养方式，招生对象，应具备的知识、能力和素质，学位论文要求，质量保障与监督提出了要求。

5 月 4 日

国务院学位委员会办公室发布《关于委托国务院学位委员会学科评议组和全国专业学位研究生教育指导委员会编写〈研究生核心课程指南〉的通知》（学位办〔2018〕16 号),《研究生核心课程指南》编写提纲包括课程概述、先修课程、课程目标、适用对象、授课方式、课程内容、考核要求、编写成员名单、课程资源 9 个方面。

5 月 7 日

教育部在京组织召开学习贯彻习近平总书记在北京大学考察时重要讲话精神扎实推进“双一流”建设座谈会，教育部党组成员、副部长杜占元同志出席并讲话。部分“双一流”建设高校负责同志和学科带头人代表以及研究生司全体干部参加座谈。

5 月 10 日

国务院学位委员会办公室发出通知，要求国务院学位委员会学科评议组、全国专业学位研究生教育指导委员会编写《一级学科（专业学位类别）发展报告》。文件中对报告的编写提出了具体要求，同时给出了《一级学科发展报告》和《专业学位类别发展报告》的编写提纲。

6 月 13 日

国务院学位委员会办公室发出通知，要求各学位授予单位按规定完成自我评估工作。此项工作由各省级学位委员会和中国人民解放军学位委员会组织实施。文件还对自评范围和评估材料的报送等进行了说明。

8 月 8 日

教育部、财政部、国家发展改革委发布《关于高等学校加快“双一流”建设的指导意见》（教研〔2018〕5 号）。要求落实立德树人根本任务，培养社会主义建设者和接班人，全面深化改革，强化内涵建设，打造一流学科高峰，形成“双一流”建设合力，推动“双一流”加快建设、特色建设、高质量建设。

8 月 20 日

教育部办公厅发布《教育部办公厅关于开展高校“百个研究生样板党支部”和“百名研究生党员标兵”创建工作的通知》（教思政厅函〔2018〕28 号），通知提出了研究生样板党支部、研究生党员标兵的基本条件和创建标准。该项活动面向全国高校，遴选创建 100 个研究生样板党支部，推荐产生 100 名研究生党员标兵，辐射带动全国高校研究生党建工作的开展。此项活动每两年开展一次。

8 月 24 日

教育部办公厅发布《教育部办公厅关于下达 2019 年“退役大学生士兵”专项硕士研究生招生计划的通知》（教学厅〔2018〕9 号），该通知指出， 2019 年全国共安排“退役大学生士兵计划”5 000 人，由北京大学、清华大学等 455 所普通高等学校承担。该专项计划在全国研究生招生总规模内单列下达，专项专用，原则上不得挪用。

8 月 30 日

国务院学位委员会办公室发出通知，要求对已有的工程硕士、博士专业学位授权点进行对应调整。文件对工程硕士、工程博士专业学位授权点对应调整的原则与要求、工作程序进行了规定。

9 月 25 日

国务院学位委员会发布《国务院学位委员会关于中国社会科学院大学有关学位授权调整事宜的通知》（学位〔2018〕28 号），该通知指出，根据《教育部关于同意创办中国社会科学院大学的函》（教发函〔2017〕71 号），中国社会科学院大学以中国社会科学院研究生院为基础创办。为保持研究生招生、培养、学位授予、就业等工作的一致性，将中国社会科学院研究生院的学位授予权调整至中国社会科学院大学，中国社会科学院大学为博士学位授予单位，中国社会科学院研究生院的学位授予单位资格不再保留。从 2019 年开始招收的研究生，由中国社会科学院大学授予学位。

9 月 26 日

教育部学位管理与研究生教育司发出通知，决定开展 MBA 教育巡视整改回头看工作。通知明确了回头看的主要内容和工作要求，全面落实 MBA 教育巡视整改工作。

9 月 28—29 日

教育部在上海召开“双一流”建设现场推进会。教育部党组书记、部长陈宝生出席会议并讲话。上海市委副书记、市长应勇出席并致辞。教育部党组成员、副部长杜占元主持会议。北京大学、中国人民大学、清华大学、哈尔滨工程大学、南京大学、浙江大学、云南大学、兰州大学、上海市、陕西省代表做了交流发言。财政部、发改委相关负责同志重点对两部委加快“双一流”建设的工作考虑做了说明。137 所“双一流”建设高校、各地教育行政部门和中央军委训练管理部职业教育局负责同志、部分“双一流”建设专家委员会委员参加会议。

11 月 23 日

教育部办公厅印发了《2019 年面向香港、澳门、台湾地区招收研究生工作管理办法》（教学厅〔2018〕12 号），对相关管理机构的职责、考生报考资格、考试招生及学习方式、学费及奖学金政策、招生单位及招生学科专业、报考点、招生办法及程序、违规处理等都进行了详细说明。

12 月 14 日

国务院学位委员会、教育部、人力资源和社会保障部联合发文调整了全国法律、会计、税务、警务、医学、公共管理、旅游、体育、工程、应用心理 10 个专业学位研究生教育指导委员会组成人员。

后　记

在教育部发展规划司、学位管理与研究生教育司及中国学位与研究生教育学会的大力支持下，由清华大学牵头，中国人民大学、天津大学、兰州大学和上海交通大学（按承担章节顺序）四所高校参与，联合编撰的《中国学位与研究生教育发展年度报告（2018）》即将付梓。

该报告编撰的组织、统稿工作主要由清华大学刘惠琴、王传毅承担，具体撰写分工如下：第 1 章由清华大学王传毅、王宇昕负责，第 2 章由中国人民大学李立国、杜帆、黄海军负责；第 3 章由天津大学闫广芬、王梅、高耀、李永刚负责；第 4 章的“改革”章节由兰州大学李硕豪负责，第 4 章的“实践”章节由清华大学李锋亮、庞雅然、王瑜琪、舒宜彬负责；第 5 章由上海交通大学杨颉、曲柳凝、张艳丽、陈庆负责；附录由杨颉、王宇昕、杜帆负责。王传毅、李锋亮和刘惠琴对全书进行了统校。

年度报告编撰得到了教育部发展规划司、学位管理与研究生教育司、教育管理信息中心及中国学位与研究生教育学会相关同志的大力支持，特此致以深深的感谢！

限于编者的能力与水平，加之时间仓促，报告定有不少不足之处，恳请读者提出宝贵的建议。

中国学位与研究生教育发展年度报告课题组

2019 年 10 月 1 日